当代中国财政理论与实践

财政部干部教育中心　组编

中国财政经济出版社

图书在版编目（CIP）数据

当代中国财政理论与实践/财政部干部教育中心组编．—北京：中国财政经济出版社，2014.12

ISBN 978－7－5095－5911－6

Ⅰ．①当…　Ⅱ．①财…　Ⅲ．①财政政策－研究－中国　Ⅳ．①F812.0

中国版本图书馆 CIP 数据核字（2014）第 298478 号

责任编辑：胡　博　　　　版式设计：兰　波

封面设计：邹海东

中国财政经济出版社 出版

URL：http：//www.cfeph.cn

E－mail：cfeph @ cfeph.cn

社址：北京市海淀区阜成路甲 28 号　邮政编码：100142

营销中心电话：88190406　北京财经书店电话：64033436　84041336

北京财经印刷厂印刷　各地新华书店经销

787×1092 毫米　16 开　24 印张　517 000 字

2014 年 12 月第 1 版　2014 年 12 月北京第 1 次印刷

定价：72.00 元

ISBN 978－7－5095－5911－6/F・4766

（图书出现印装问题，本社负责调换）

质量投诉电话：010－88190744

打击盗版举报热线：010－88190492，QQ：634579818

当代中国财政理论与实践

撰稿人：

马海涛（中央财经大学教授）

童　伟（中央财经大学教授）

姜爱华（中央财经大学教授）

肖　鹏（中央财经大学教授）

何　杨（中央财经大学副教授）

任　强（中央财经大学副教授）

徐　涛（中央财经大学副教授）

前　言

2013年11月党的十八届三中全会《关于全面深化改革若干重大问题的决定》（以下简称《决定》）提出，财政是国家治理的基础和重要支柱，是实现国家长治久安的制度保障。《决定》首次提出建立现代财政制度，在财政法治、政府间财政关系调整、税收优惠清理、宏观税负调整、地方税体系构建、预算管理改革、财政透明度提升、财政支出绩效考评等方面均有所涉及。

2014年6月30日，习近平总书记主持中共中央政治局会议，审议通过了《深化财税体制改革总体方案》，目标是2016年基本完成深化财税体制改革的重点工作和任务，2020年基本建立现代财政制度，即健全有利于优化资源配置、维护市场统一、促进社会公平、实现国家长治久安的科学的可持续的财政制度。深化财税体制改革作为全面深化改革的突破口，在改革的路线图和时间表上均作出了规划部署。

根据深化财税体制改革的总体要求，财政干部作为改革的参与者、亲历者，在落实各项财税改革任务中，发挥着基础性作用。为了满足财政干部教育培训和干部自我学习的需要，财政部干部教育中心组织编写了培训教材——《当代中国财政理论与实践》。本教材结合党的十八届三中全会有关精神和《深化财税体制改革总体方案》，以专题的形式，向读者介绍财政的基本知识和基本原理，同时梳理近20年来中国在财政体制、财政管理、财政信息化建设、财政政策等领域推行的改革。在把握中国财政改革逻辑主线的基础上，独立分析和论证了未来我国财税制度改革的路径与政策取向。希望本教材能对财政干部提高业务工作能力和水平、对推动财政改革和发展发挥积极作用，亦希望对财政理论研究和财政教育工作者有所启迪和帮助。

财政部干部教育中心

目 录

第一章
财政理论发展与我国公共财政建设

【本章序言】

财政是国家或政府为了满足公共需要而进行的收入和支出活动，是国家治理的基础和重要支柱。财政作为一种政府分配行为，应以市场经济下资源配置的市场方式与财政方式合理分工为依据，以维护市场合理性和纠正市场偏差，克服市场消极作用为前提，满足公共需要和促进市场体系完善。重点是克服市场失灵，凡是市场机制能够发挥作用的领域，财政应该尽量少介入。与市场失灵的主要表现相对应，财政职能有三个方面，即资源配置职能、收入分配职能和经济稳定职能。

建设公共财政框架要以合理界定政府与市场职能范围为前提，减少政府的干预，发挥市场在资源配置领域中的决定性作用，消除行政垄断。加快政府职能转变，积极推动政府从全能型政府向有限政府、服务型政府和法治政府的转变，强化政府的社会管理和公共服务职能。按照事权确定性原则、财力与事权匹配原则、受益范围原则、效率原则和激励相容原则，科学确定政府间事权和支出责任，同时，建立完善的税收分享体系和规范的转移支付制度，建立规范严格的预算管理制度，强化预算管理和监督，促进财政利益分配机制的科学化、规范化和透明性。

第一节
财政的含义与职能

一、财政含义与特征

财政是国家治理的基础和重要支柱。财政是关于“财”的“政”，也就是政府如何管理财务。现在每个国家的中央政府都有财政部，就是主管财政的部门。但是

“财政”一词并非中国人创造的，而是从日文演化而来的。我国古代虽然没有“财政”这个词，却有属于财政范畴或接近于财政范畴的术语。文献中“乘其财用之出入”，在这里“乘”是计算的意思，“财用”是指货物和货币，“出入”实际上就是指财政收入和支出。除此之外，诸如“国用”、“岁计”、“国计”、“邦计”、“理财”、“度支”、“计政”等也都不同程度地表达了财政思想。

财政的英文是“Public Finance”，finance 一词来源于拉丁语 fintio。13—14 世纪时意大利使用这个词表示按期义务缴款。后来，伴随着社会经济和文化的发展，fintio 又演变为 finare，有支付货款、裁定款项等含义。16 世纪末期，法国政治家布丹所著《共和国六讲》一书的第六讲论及财政问题，他使用了“财政”一词，并且将它由拉丁文的 finare 写成法文 finances，专指财政收入和公共理财活动。18 世纪，英国著名的古典政治经济学代表人物亚当·斯密发表了代表作——《国民财富的性质和原因的研究》，第五篇专门论述了财政问题，也提出了许多财政方面的术语，其中就有 finance 这个词。“Public Finance”字面的含义是公共财政或公共财务，是与“Private Finance”相对的概念，后者为私人财务或企业财务。公共财务的主体是国家或者政府，企业财务的主体是企业或者个人、家庭。

1868 年明治维新以后，日本实行所谓的门户开放政策，自然科学与社会科学有了较大发展。1882 年日本官方文件《财政议》第一次使用了“财政”这个术语。在我国，财政一词是当时维新派在引进西洋文化思想的指导下，从日本“进口”的。政府文献最初启用“财政”一词是在清朝光绪二十四年（1898 年），在戊戌变法的《明定国是》诏书中有“改革财政，实行国家预算”的条文。孙中山在辛亥革命时期宣传三民主义时曾多次使用“财政”一词以强调财政改革。民国政府成立时，主管国家收支的机构被命名为财政部。

20 世纪 40 年代中华书局出版的《辞海》对“财政”一词的解释是：财政谓理财之政，即国家或公共团体以维持其生存发达之目的，而获得收入、支出经费之经济行为也。目前“财政”一词在中文词汇中的应用已经有百余年历史，虽然其含义在学术研究上还有不同理解，但在日常生活中已经是一个没有什么异议的十分确定的词语。例如，管理国家收支的工作称为财政工作，管理机关称为财政部、财政厅、财政局等，已经约定俗成，为社会所公认。

如果对财政概念作一个界定，那么财政是国家或政府为了满足公共需要而进行的收入和支出活动。财政的一般特征具体表现为：

（一）财政是以国家或者政府为主体的行为

所谓国家为主体是指国家在财政分配中居于主导地位，并形成国家与其他分配主体之间的分配关系。当然，这并不表明国家对经济可以为所欲为，从根本上讲，财政由经济决定。在现代市场经济条件下，市场应在经济活动中起决定作用，财政应该尊重市场的活动范围。能够由市场解决的经济活动，政府应该让位于市场；在市场失灵的领域，财政应该发挥积极作用。

（二）财政通过收入和支出活动来调节社会分配关系

调节社会分配关系是财政的职能之一，但是除了调整分配关系，财政还有其他职能。这种分配关系调整得是否合意，不能由国家或者政府独立作出判断，必须根据公共的意愿。

（三）财政的目的是满足社会公共需要

公共需要是相对于私人需要和微观主体需要而言的。在现代市场经济条件下，私人需要可以通过市场活动，凭借价格机制的运作来得到满足；而公共需要由于所具有的特征，决定了其很难借助市场机制的运作来满足，一般需要通过政府的收支活动来实现。政府的财政收支活动要在法律的框架下进行，无论收入还是支出，都要着眼于公共需要，必须经过全民直接或间接的参与才能完成，也才能满足公众的意愿。

（四）财政是国家治理的基础和重要支柱

首先，财政是国家治理的基础，这是因为，在任何经济社会和任何发展阶段，国家治理的主体都是政府，财政则是政府履行职能的基础所在。

政府做任何事或从事任何活动，都是需要花钱的，都是以花钱为条件的。政府所花的钱，来自于财政支出的拨付。政府要花钱，就要筹钱，就得有钱的来源。政府所筹措的钱，构成了财政收入。这一收一支之间或财政收支的过程，实际上便是作为国家治理主体的政府履行职能的活动。没有财政支出的拨付，没有财政收入的筹措，就不可能有政府职能的履行，也就不可能有国家治理的实现。可以说，财政与政府、财政与国家治理如影随形、亦步亦趋，是绑在一起、密不可分的统一体。

相对于其他方面的政府职能，财政职能所具有的一个特殊品质或突出特点，就在于其最具“综合性”——覆盖全部、牵动大部。财政收支既是所有政府活动的基础，又是连接政府和家庭企业的最直接的纽带。财政职能的履行，其范围，能够覆盖于所有政府职能、所有政府部门和所有政府活动领域。其触角，能够延伸至所有家庭和企业、所有经济社会活动领域。牵住了财政职能这个牛鼻子，顺藤摸瓜，就等于抓住了政府职能履行、国家治理实现以及整个经济社会运转的全部内容。

政府的收支或政府的收支活动，自然要遵从一定的制度规范来进行。围绕政府收支形成了一系列财政制度安排，其优劣不仅直接决定着财政职能的履行状况，而且事关所有政府职能的履行状况，进而决定着国家治理体系的运行状况和国家治理的实现水平。所以，财政制度的现代化与国家治理的现代化息息相关。它们之间彼此依存，互为表里，相辅相成。只有打下了现代财政制度的坚实基础，才可能收获现代国家治理体系和治理能力的成果。

其次，财政是国家治理的重要支柱，这是因为，在构成现代国家治理体系的诸多要素中，财政是最重要的。

第一，纵观当今世界各国政府所履行的职能，尽管项目繁多，表现各异，但从大类分，无非是“事”和“钱”两个方面。前者主要涉及行政事务，后者主要指财政事务。与之相适应，国家治理的实现线索，无非位于两个层面：事权与财权的界定和支出责任与财力的配置。只有各级政府和各个政府职能部门的事权与财权界定清楚了，各级政府和各个政府职能部门的支出责任和财力配置妥当了，各项政府职能的履行才可能落到实处，国家治理的相关活动才可能运行顺畅。无论是就政府职能归类的“事”和“钱”的两方面事务而言，还是就国家治理实现的“事权与财权”、“支出责任与财力”的两个层面线索而论，财政都可谓是不可多得的重要支柱。

第二，无论从哪个角度看，在全面深化改革的系统部署中，加快转变政府职能都是一场硬仗，也是一块最难啃的骨头。而在这方面，我们实际面临着从“事”入手还是从“钱”入手来转变政府职能的两种选择。相对于各级政府之间和各个政府部门之间的权力归属和利益分配关系而言，有关“事”的方面即行政管理体制的调整，对政府和政府部门的触动是直接的、正面的，有关“钱”的方面即财税管理体制的调整，对政府和政府部门的触动则是间接的、迂回的。显然，前者实施的难度较大，遇到的阻力因素较多。后者实施的难度和阻力，通常会弱于前者。以财税体制改革为突破口，顺势而上，显然有助于迂回地逼近政府职能格局的调整目标。这意味着，财税体制改革不仅可以也应当作为全面深化改革的重要支柱，而且可以也应当成为实现国家治理现代化的重要支柱。

第三，在现代社会的国家治理体系框架中，政府预算绝对是一个重要载体。通过政府预算治理国家，更是迄今可以观察到的有关现代国家治理活动的一个基本轨迹。作为政府财政收支安排的一个基本计划，政府预算反映和规定了政府在预算年度内的工作或活动范围、方向和重点。一本政府预算，就是一面反映政府工作的镜子，就是一本有关政府活动的详细记录。通过政府预算，我们可以了解政府的工作，透视国家治理的活动；作为各级人民代表大会审批的一个重要文件，政府预算还是人大代表和全体人民监督政府收支运作的途径和窗口。通过政府预算，我们可以评价政府收支运作的成本，考核国家治理工作或活动的绩效；作为必须经过各级人民代表大会审批才能生效的一部具有法律效力的文件，政府预算也是控制政府支出规模的一个有效手段。通过政府预算，可以形成对政府支出规模和国家治理活动成本的有效控制。

二、中国财政改革发展历程

中国的财政改革伴随着自1978年以来的社会经济改革共同走过了30多年的历程，取得了显著的成果。总结财政改革的历程，大致可以分为如下几个阶段。

（一）改革开放时期（1978—1994年）

改革开放时期的总的基调是简政放权、让利放权，从全面的计划经济逐步走向计划调节为主、市场调节为辅的有计划商品经济。这一整体改革思路与财税体制自身的改革任务是一致的，即由下放财权和财力入手，打破或改变“财权集中过度、分配统收统支，税种过于单一”的传统体制格局。

1. 在中央与地方之间的财政分配关系上，实行“分灶吃饭”

从1980年起，先后推出了“划分收支、分级包干”、“划分税种、核定收支、分级包干”以及“收入递增包干、总额分成、总额分成加增长分成、上解递增包干、定额包干、定额补助”等多种不同的体制模式。

2. 在国家与企业之间的分配关系上，实行“减税让利”

从1978年起，先后推出了企业基金制、利润留成制、第一步利改税、第二步利改税、各种形式的盈亏包干制和多种形式的承包经营责任制等制度。

3. 在税收制度建设上，着眼于实行“复合税制”

从1980年起，通过建立涉外税制、建立内资企业所得税体系、全面调整工商税制、建立个人所得税制、恢复和改进关税制度、完善农业税等方面的改革，改变了原来相对单一化的税制格局，建立起了一套以流转税、所得税为主体，其他税种相互配合的多税种、多环节、多层次的复合税制体系。

4. 在与其他领域改革的配合上，给予“财力保障”

以大量的财政支出铺路，配合并支撑了价格、工资、科技、教育等相关领域的改革举措的出台。

（二）改革转轨时期（1994—1998年）

1993年11月召开的中共十四届三中全会作出《中共中央关于建立社会主义市场经济体制若干问题的决定》。与此相适应，以建立适应社会主义市场经济的财税体制为着眼点，从1994年起，中国的财税体制改革踏上了制度创新之路。

1. 按照“统一税法、公平税负、简化税制和合理分权”的原则，通过建立以增值税为主体，消费税和营业税为补充的流转税制，统一内资企业所得税，建立统一的个人所得税制，扩大资源税的征收范围，开征土地增值税以及确立适应社会主义市场经济需要的税收基本规范等一系列的行动，全面改革税收制度，搭建了一个新型的税收制度体系。

2. 在根据中央和地方事权合理确定各级财政支出范围的基础上，将税种划分为中央税、地方税和中央地方共享税，建立中央税收和地方税收体系，分设中央税务机构和地方税务机构，实行中央对地方税收返还和转移支付制度，建立了分税制财政管理体制基本框架。

3. 根据建立现代企业制度的基本要求，在降低国有企业所得税税率、取消能源交通重点建设基金和预算调节基金的同时，国有企业统一按国家规定的33%税率依法纳税，全面改革国有企业利润分配制度。

4. 彻底取消向中央银行的透支或借款，财政上的赤字全部以举借国债方式弥补，从制度上斩断财政赤字与通货膨胀之间的必然联系。

这次改革的显著不同之处，就在于它突破了以往“放权让利”思路的束缚，走上了转换机制、制度创新之路。迄今为止，在中国财税领域，有一系列我们颇为看重并为之自豪的积极变化，比如财政收入步入持续快速增长的轨道，财政“两个比重”持续下滑的局面得以根本扭转，财政的宏观调控功能得以改进和加强，国家与国有企业之间的利润分配关系有了基本的规范。这次财税改革，为我们初步搭建起了适应社会主义市场经济体制的财税体制及其运行机制的基本框架。

（三）构建公共财政框架时期（1998—2003 年）

20 世纪 90 年代后期，以规范政府收支行为及其机制为主旨的“税费改革”以及财政支出管理制度的改革，先后进入中国财税体制改革的重心地带，并由此走上了重新构造之路——构建公共财政体制框架。

在“税费改革”日渐深入并逐步取得成效的同时，财政支出改革也在紧锣密鼓地进行。先后进入改革范围的有：财政支出结构由专注于生产建设领域逐步扩展至整个公共服务领域的优化调整；推行以规范预算编制和分类方法、全面反映政府收支状况为主要着眼点的“部门预算制度”；实行由财政（国库）部门集中收纳包括预算内外收入在内的所有政府性收入，且由国库单一账户集中支付政府部门所有财政性支出的“国库集中收付制度”；推进将政府部门的各项直接支出逐步纳入向社会公开竞价购买轨道的“政府采购制度”。

然而，无论是财政支出的调整，还是以“税费改革”为代表的收入的变动，所涉及的，终归只是财税体制及其运行机制的局部而非全局。1998 年 12 月 15 日举行了全国财政工作会议，决策层作出了“构建中国的公共财政基本框架”的决定，将包括收入、支出、管理以及体制在内的所有财税改革事项融入一个整体的框架之中。这个具有划时代意义的重要决定，为中国财税改革指明了方向。

（四）完善公共财政体制时期（2003—2013 年）

伴随着以构建公共财政基本框架为核心的各项财税体制改革的稳步推进，财税体制改革也逐渐步入深水区而面临着进一步完善的任务。2003 年 10 月，中共十六届三中全会召开并通过了《中共中央关于完善社会主义市场经济体制若干问题的决定》，根据公共财政体制框架已经初步建立的判断，提出了进一步健全和完善公共财政体制的战略目标。以此为契机，中国的财税体制改革又开始了旨在进一步完善公共财政体制的一系列操作。

最先进入操作程序的是税制改革，从 2003 年 10 月以来，已经先后有出口退税制度的改革，上调工薪所得减除额标准和实行高收入者自行申报的个人所得税改革，取消农业税改革，增值税由生产型转为消费型改革，统一内外资企业所得税改革，上海和重庆试点房产税改革，营业税改征增值税改革等。

与此同时，财政支出和财政管理制度也进行了一系列卓有成效的改革：健全公共财政体制，明确各级政府的财政支出责任；进一步完善转移支付制度，加大对中西部地区和民族地区的财政支持；深化部门预算、国库集中收付、政府采购和收支两条线管理改革；清理和规范行政事业性收费，凡能纳入预算的都要纳入预算管理；改革预算编制制度，完善预算编制、执行的制衡机制，加强审计监督；建立预算绩效评价体系，实行全口径预算管理和对或有负债的有效监控；加强各级人民代表大会对本级政府预算的审查和监督。

应当说，在上述的这些方面，财税改革均获得了重要进展：公共财政开始了逐步覆盖农村的进程；财政支出越来越向以教育、就业、医疗、社会保障和住房为代表的基本民生事项倾斜；围绕推进地区间基本公共服务均等化，加大了财政转移支付的力度并相应调整了转移支付制度体系；以实行全口径预算管理和政府收支分类改革为切入点，强化了预算监督管理，进一步推进了政府收支行为及其机制的规范化。

（五）深化财税体制改革时期（2013 年至今）

2013 年 11 月 12 日中共十八届三中全会通过《中共中央关于全面深化改革若干重大问题的决定》，提出了财政是国家治理的基础和重要支柱，科学的财税体制是优化资源配置、维护市场统一、促进社会公平、实现国家长治久安的制度保障；必须完善立法、明确事权、改革税制、稳定税负、透明预算、提高效率，建立现代财政制度，发挥中央和地方两个积极性等深化财税体制改革这一重大战略部署。

1. 改进预算管理制度

实施全面规范、公开透明的预算制度。审核预算的重点由平衡状态、赤字规模向支出预算和政策拓展。清理规范重点支出同财政收支增幅或生产总值挂钩事项，一般不采取挂钩方式。建立跨年度预算平衡机制，建立权责发生制的政府综合财务报告制度，建立规范合理的中央和地方政府债务管理及风险预警机制。

2. 完善一般性转移支付增长机制，重点增加对革命老区、民族地区、边疆地区、贫困地区的转移支付

中央出台增支政策形成的地方财力缺口，原则上通过一般性转移支付调节。清理、整合、规范专项转移支付项目，逐步取消竞争性领域专项和地方资金配套，严格控制引导类、救济类、应急类专项，对保留专项进行甄别，属地方事务的划入一般性转移支付。

3. 完善税收制度

深化税收制度改革，完善地方税体系，逐步提高直接税比重。推进增值税改革，适当简化税率。调整消费税征收范围、环节、税率，把高耗能、高污染产品及部分高档消费品纳入征收范围。逐步建立综合与分类相结合的个人所得税制。加快房地产税立法并适时推进改革，加快资源税改革，推动环境保护费改税。

按照统一税制、公平税负、促进公平竞争的原则，加强对税收优惠特别是区域税收优惠政策的规范管理。税收优惠政策统一由专门税收法律法规规定，清理规范税收优惠政策。完善国税、地税征管体制。

4. 建立事权和支出责任相适应的制度

适度加强中央事权和支出责任，国防、外交、国家安全等作为中央事权；部分社会保障、跨区域重大项目建设维护等作为中央和地方共同事权，逐步理顺事权关系；区域性公共服务为地方事权。中央和地方按照事权划分相应承担和分担支出责任。中央可通过安排转移支付将部分事权支出责任委托地方承担。对于跨区域且对其他地区影响较大的公共服务，中央通过转移支付承担一部分地方事权支出责任。

保持现有中央和地方财力格局总体稳定，结合税制改革，考虑税种属性，进一步理顺中央和地方收入划分。

三、财政职能

财政是以政府为主体的一种行为，是履行和实现社会、政治、经济职能的手段，财政职能的定位取决于政府职能的定位。在市场经济条件下，政府职责的基本领域是满足市场机制满足不了或满足不好的公共需要。财政作为一种政府分配行为，应以市场经济下资源配置的市场与政府的合理分工为依据，以维护市场合理性和纠正市场偏差、克服市场消极作用为前提，为满足公共需要和促进市场体系完善服务，重点是克服市场失灵。凡是市场机制能够发挥作用的领域，财政应该尽量少介入。与市场失灵的主要表现相对应，财政职能有三个方面，即资源配置、收入分配和经济稳定。

（一）资源配置

资源配置是指对相对稀缺的资源在各种不同用途上加以比较作出的选择。资源是指社会经济活动中人力、物力和财力的综合，是社会经济发展的基本物质条件。在社会经济发展的一定阶段上，相对于人们的需求而言，资源总是表现出相对的稀缺性，从而要求人们对有限的、相对稀缺的资源进行合理配置，以便用最少的资源消耗，生产出最适用的商品和劳务，获得最大的效益。

一般而言，资源配置主要有两种方式，即计划配置和市场配置。

计划配置方式，是指计划部门根据社会需要和可能，以计划配额、行政命令来统管资源和分配资源。苏联和东欧国家，正是按照这一理论来实践的，把计划作为资源配置的主要方式。新中国成立初期到改革开放这一段时期，计划也是我国资源配置的主要方式。在计划资源配置方式中，在一定条件下，这种方式有可能从整体利益上协调经济发展，集中力量完成重点工程项目。但是，指令性计划排斥选择，统管取代竞争，从而容易出现资源闲置或资源浪费的现象。

市场配置方式，是依靠市场运行机制进行资源配置。在市场经济条件下，绝大多数产品、资源都变成了可以交换的商品，市场范围不断扩大，进入市场的产品种类和数量越来越多，市场对资源的配置的作用越来越大。这种方式可以使企业与市场发生直接的联系，企业根据市场供求关系的变化状况，根据市场上产品价格的信息，在竞争中实现生产要素的合理配置。但这种方式也存在着一些不足，例如，由于市场机制作用的盲目性和滞后性，有可能产生社会总供给和总需求的不平衡，产业结构不合理，以及市场秩序混乱等问题。

财政资源配置职能，主要是通过财政筹集收入和安排支出，以及财政政策工具的运用，实现对社会现有人力、物力、财力等社会资源结构与流向进行调整与选择。政府通过财政资源配置职能的运用，可以达到合理配置社会资源、实现资源结构合理化、提高资源运用效率、实现经济与社会效益最大化的目标。单纯依靠私人没有办法提供足够的公共物品。财政筹集财政收入后，通过公共选择机制，决定将资源配置于哪种类型的公共物品，这实际上是财政与计划手段相结合的资源配置。没有政府管制的外部性，会导致物品的提供存在产量过多或过少的情况，财政通过征税或补贴的方式，使资源配置达到最佳状态。财政对什么样的行为进行征税或补贴，取决于公共选择机制，但是，征税或补贴实际上提高或降低了原有物品生产过程中资源配置的成本。这是通过价格机制进行调节，利用了市场机制的部分机理。避免垄断负面作用的一个重要措施，是对垄断企业实施国有化，并实施以产业禁入或价格管制的政策，这主要是计划配置资源的机制起作用，同时在一定程度上也利用了市场机制的部分机理。

（二）收入分配

财政的收入分配职能，是指通过财政收支，参与一定时期内社会创造的国民收入分配和再分配，在各地区、各行业、社会各阶层，以及各个社会成员之间形成合理的分割比例，达到收入公平合理的分配目标。政府必须行使财政分配职能的主要原因是社会经济在没有政府参与的情况下，不能实现收入与财富的公平合理分配。收入分配的目标是实现公平。公平包括经济公平和社会公平两个方面。经济公平是市场经济的内在要求，强调的是要素投入和要素收入相对称，它是在平等竞争的条件下由等价交换来实现的。经济公平的要义是要按照生产要素对生产的贡献来获取各自的份额。经济公平本身就意味着效率，会拉大收入差距。社会公平是收入差距要在社会大多数人所承受的范围之内，其政策要义应当是收入分配尽可能地接近结果均等，这种均等遵循社会普遍接受的价值标准或道德伦理观念。因此社会公平不是收入分配的平均主义。当然，收入差距过大、两极分化或收入差距过小乃至平均主义都是社会公平准则难以接受的。

世界各国一般采用基尼系数来表示公平分配的程度，基尼系数为0.3—0.4被视为合理区间。从2000年开始，我国基尼系数已超过0.4的警戒线。2013年1月18日，国家统计局首次公布2003—2012年基尼系数。数据显示，2012年我国基尼系数为0.474，高于0.44的全球平均水平。

专栏1-1

完善收入分配维护社会公平

十八届三中全会《中共中央关于全面深化改革若干重大问题的决定》中对收入分配问题的表述为："形成合理有序的收入分配格局。着重保护劳动所得，努力实现劳动报酬增长和劳动生产率提高同步，提高劳动报酬在初次分配中的比重。""完善以税收、社会保障、转移支付为主要手段的再分配调节机制，加大税收调节力度。建立公共资源出让收益合理共享机制。""规范收入分配秩序，完善收入分配调控体制机制和政策体系，建立个人收入和财产信息系统，保护合法收入，调节过高收入，清理规范隐性收入，取缔非法收入，增加低收入者收入，扩大中等收入者比重，努力缩小城乡、区域、行业收入分配差距，逐步形成橄榄型分配格局。"当前，我们所关注的收入公平问题有的属于经济公平的范畴，有的属于社会公平的范畴。

财政收入分配职能的主要内容包括：

1. 调节个人之间的收入分配关系

在市场经济条件下，尽管市场机制对个人收入的分配能体现效率原则的要求，但难以兼顾公平。由于个人所拥有的财产和禀赋不同，就业机会和竞争条件存在差异，市场分配的结果造成个体之间收入差距悬殊。这种差距不利于社会经济的稳步发展，而市场机制本身难以调整，因而需要政府财政来协调，从而使对个人收入分配关系的协调成为财政调节收入分配职能的首要内容。

2. 调节地区间的收入分配关系

地区间的均衡发展是经济发展和社会进步的重要标志。在市场经济条件下，按照要素投入与要素报酬对等的原则，在经济条件不同的地区之间会形成收入分配不均等的情况，进而导致居住在不同地区的社会成员所享受的个人福利、社会公共物品和服务差距较大。这种差距的存在不符合社会共同进步、人类福利普遍提高的要求。市场机制难以满足缩小差距的要求，因而必须借助于政府的力量，通过财政的收入分配职能来实现。

财政实现收入分配公平的手段，可以通过累进所得税制的转移性支出、社会保障等制度实现。累进所得税制的税率随着收入的增加而提高，收入越高，税率越高，纳税额越多；收入越低，税率越低，纳税额越少。累进税纳税人的负担程度和负税能力成正比，因此累进所得税制具有调节收入分配、公平负担的优点。转移性支出是指政府按照一定方式，把一部分财政资金无偿地、单方面地转移给居民和其他受益者，主要有补助支出、捐赠支出和债务利息支出，它体现的是政府的非市场再分配活动。在财政支出总额中，转移性支出所占的比重越大，财政活动对收入分配的直接影响越大。转移性支出主要由财政补贴和社会保障支出组成。社会保障支出是为实施社会保障制度而发生的财政支出，属于转移性支出的范畴。社会保障就内容来看由两大部分组成：社会保险和社会福利。社会保险是指国家对劳动者在其退休、生病、伤残等丧失或部分丧失劳动能力时，以及在失业时给予货币或实物补助的活动。这是现代社会保障活动的核心内容。社会福利是指国家通过货币或实物形式，向生活有困难的或处于某些特定情况的公民提供补助的活动。所以社会保障制度具有调节收入分配功能，可以维护社会公平正义，而且可以在缩小贫富差距中发挥积极作用。

（三）经济稳定

经济稳定通常是指要实现充分就业、物价稳定、经济增长和国际收支平衡四个方面的目标。

一般来说，充分就业是指一切生产要素（包括劳动）都有机会以自己意愿的报酬参与生产的状态。由于测量各种经济资源参与生产的程度十分困难，因此，经济学家通常以失业与否作为衡量充分就业与否的尺度。由于失业会给社会及失业者本人和家庭带来损失，因此，降低失业率、实现充分就业，常常成为制定宏观经济政策时要考虑的首要或重要目标。

专栏1-2

促进就业促进经济发展

十八届三中全会《中共中央关于全面深化改革若干重大问题的决定》写道："健全促进就业创业体制机制。建立经济发展和扩大就业的联动机制，健全政府促进就业责任制度。规范招人用人制度，消除城乡、行业、身份、性别等一切影响平等就业的制度障碍和就业歧视。完善扶持创业的优惠政策，形成政府激励创业、社会支持创业、劳动者勇于创业新机制。完善城乡均等的公共就业创业服务体系，构建劳动者终身职业培训体系。增强失业保险制度预防失业、促进就业功能，完善就业失业监测统计制度。创新劳动关系协调机制，畅通职工表达合理诉求渠道。

促进以高校毕业生为重点的青年就业和农村转移劳动力、城镇困难人员、退役军人就业。结合产业升级开发更多适合高校毕业生的就业岗位。政府购买基层公共管理和社会服务岗位更多用于吸纳高校毕业生就业。健全鼓励高校毕业生到基层工作的服务保障机制，提高公务员定向招录和事业单位优先招聘比例。实行激励高校毕业生自主创业政策，整合发展国家和省级高校毕业生就业创业基金。实施离校未就业高校毕业生就业促进计划，把未就业的纳入就业见习、技能培训等就业准备活动之中，对有特殊困难的实行全程就业服务。"

那么，什么是充分就业呢？所谓充分就业，是指除了摩擦性失业和自愿性失业以外，所有愿意参加工作的人，都能按他们愿意接受的工资找到工作的一种状况。值得注意的是，充分就业并不是百分之百的就业，它并不排除像摩擦性失业这样的情况存在。目前，大多数经济学家认为，4%—6%的失业率就是正常的失业率。

物价稳定是指价格总水平的稳定。由于通货膨胀对经济有不良影响，所以物价稳定也是国家宏观经济政策的重要目标之一。需要指出的是，在市场经济条件下，由于各种经济因素和非经济因素的影响，物价不可能是一成不变的，物价稳定也不是指每种商品的价格固定不变，而是物价指数相对稳定，通货膨胀率低而稳定。

经济增长，是指一个特定时期内经济社会所生产的人均产量和人均收入的持续增长，通常用一定时期内实际国民生产总值年均增长率来衡量。经济增长和失业常常是相互关联的，如何维持较高的增长率以实现充分就业，是国家宏观经济政策追求的目标之一。尽管经济增长会增加社会福利，缓解失业压力，但也有可能诱发通货膨胀，因而并不是经济增长越快越好，经济增长率的高低要与资源、环境等情况相适应。

随着国际经济交往的增多，如何平衡国际收支也成为一国宏观经济政策的重要目标之一。国际收支对现代开放经济国家是至关重要的。经济学家认为，一国国际收支状况不仅反映这个国家的对外经济交往情况，还反映该国经济的稳定程度。一国国际收支处于失衡状态，就必然会对国内经济形成冲击，从而影响国内就业水平、价格水平及经济增长。

在上述四个目标中，相对于物价稳定和国际收支平衡的目标而言，财政政策对于经济增长和充分就业的作用更大。一般来说，在经济不景气的时候，可以采取扩张性的财政政策，增加财政支出、降低税率、增发国债；在经济过热的时候，可以采取紧缩性的财政政策，减少财政支出、提高税率、偿还国债。一般来说，经济增长速度较快的时候，就业问题也就顺其自然地解决了。

第二节 我国公共财政建设框架

我国已经建立了较为完善的公共财政框架，十八届三中全会作出了深化财税体制改革的战略部署。未来我国公共财政建设应该贯彻《中共中央关于全面深化改革若干重大问题的决定》的要求，以合理界定政府与市场职能范围为前提，减少政府的干预，发挥市场在资源配置领域中的决定性作用，消除行政垄断，完善公共财政框架。按照事权确定性原则、财力与事权匹配原则、受益范围原则、效率原则和激励相容原则，科学确定政府间事权和支出责任，同时，建立完善的税收分享体系和规范的转移支付制度，建立规范严格的预算管理制度，强化预算管理和监督，促进财政利益分配机制的科学化、规范化和透明性。

一、合理界定政府与市场职能范围

合理界定政府与市场职能范围是中国公共财政建设的前提。在市场经济条件下，正确划分政府与市场边界就是要明确哪些事情应该交由市场去办，哪些事情政府应该承担起责任。简单地说，政府该做的事情，即政府的职能就是去做市场解决不了或不能很好解决的事情，即市场存在“失灵”的领域，也就是为社会提供公共物品和服务。竞争性领域的私人物品应该交由市场去提供，这样才符合经济效率的原则。如果一个政府做了很多应该由市场去做的事情，比如竞争性领域的私人物品，那就是政府职能的“越位”；如果一个政府没有去做自己应该做的事情，比如没有向公众提供某些本应该提供的公共物品和服务，那就是政府职能的“缺位”。这都是没有正确划分政府与市场边界、没有科学界定政府职能的表现。很多情况下，政府职能的“越位”与“缺位”是交织并存的，这些都妨碍了政府较好地履行自己的应尽职责。只有正确划分政府与市场的边界，正确划分政府事权与市场事权，才能从总体上明确财政的职能，也才能为中国公共财政建设创造条件。

合理界定政府与市场的职能范围，核心就是减少政府的干预，发挥市场在资源配置领域中的决定性作用，消除行政垄断。这是改革开放的本质，也是中国经济在过去30多年持续增长的根本原因。

（一）充分发挥市场在资源配置中的决定性作用

市场经济的基本特征是商品经济，具有平等性、竞争性、法制性、开放性等一般特征。要充分发挥市场调节的“看不见的手”——价格在资源配置中的基础性作用，而不能随意干预经济。价格调节是市场经济的本质，价格机制能够灵活、合理地调节市场供求，引导资源配置，调节分配收入。价格机制在市场经济运行中最重要的作用就是调节：一是调节供求。价格是市场均衡的产物，它反过来又调节供求。当供过于求时，价格下跌，生产者就减少供给量，但又刺激消费者增加消费，从而使供求重新走向均衡；当供不应求时，价格则上升，刺激生产者增加供给量，又迫使消费者减少需求量，导致供求重新达到均衡。二是配置资源。市场价格对供求关系的调节是由其配置资源的功能引起的。市场价格的变动促使生产要素流动，也使供求关系发生变化。供求状况的实质是社会资源的配置状态。当某种商品的市场价格上升时，生产要素便流入到该种商品的生产上；当某种商品的价格下跌时，生产要素便退出该商品的生产。生产要素在不同产品或部门间的流入和流出，使资源配置保持最佳状态。三是调节分配收入。市场经济之所以能引导资源配置，是因为市场价格具有进行初次分配收入的功能。在市场经济中，市场价格连结商品交换的两端，它的任何变动都会引起交换双方经济利益的得或失和国民收入的再分配。当某种商品价格上升时，收入便由消费者向生产者转换，该商品的生产者若退出该商品的生产，其经济利益必然受到损失。所以，要保证价格的合理形成机制。政府在价格形成方面不应干预价格，让市场通过价格的变化来影响供需关系，从而最后达到均衡。而目前政府通过限价、补贴等手段来维持某些产品的价格稳定，使得财政补贴负担沉重，更为严重的是造成了市场供求关系的扭曲，阻碍竞争，破坏了市场经济秩序。

任何市场经济大都对自然垄断行业、大部分公用事业及公益性领域实行价格管制措施，我们国家也不例外。政府价格规制的依据只能来自于公共风险，例如投机炒作、价格剧烈波动、垄断价格等。因此，应当修订《价格法》及相关法规，明确价格规制的条件、范围或标准、程序等①。同时，政府在向提供这些服务和产品的提供者提供适当的财政补贴和保证生产者获得合理的利润基础上，积极引入社会资本，给予各种资本以公平竞争的机会，从而提高资本的利用效率和社会服务的效益。

（二）打破行政垄断鼓励竞争

打破行政垄断。竞争是市场经济保持活力的根本，只有竞争才有进步，才能最后使消费者受益。竞争是我国改革开放30多年来保持经济持续快速增长的一个基本经验。鼓励竞争就要打破行政垄断，在当前就是打破行业垄断和消灭地方保护主义。目前，垄断行业的改革推进缓慢，已经严重阻碍市场经济的发展和完善，造成中小企业

---

① 刘尚希：“经济体制改革的总体态势及其着力点”，《重庆社会科学》，2012年第4期。

发展困难、价格扭曲、产业结构调整缓慢、资源消耗过高等问题。在这些问题上，政府的关键作用就是要反对垄断，鼓励竞争。所以，要充分发挥市场在资源配置中的基础性作用，必须深化垄断行业改革，维护公平竞争的市场氛围。要在金融、石油、电力、电信等行业深化改革，推进垄断行业股权多元化改革，积极引导民营资本进入这些垄断行业，鼓励竞争。同时，按照十八大报告中"建立公共资源收益的分享机制"的精神，规范国企利润分配，国有资本红利可以用来补充社会保障资金或者作为二次分配资金，用于扩大居民消费。这将缩小我国区域之间、行业之间的收入差距，增强市场经济的活力。

消除地方保护主义。地方保护主义实质是小范围的垄断，在短缺经济时代，受利益驱使，各地竞相上马高耗能、高污染的项目，最终造成产能过剩，效益低下。本该破产的企业，地方政府出于本地利益考虑，想尽办法保住这些企业，通常是限制外地企业进入本地市场。这种地方保护主义不断扩大后，市场就被割得支离破碎，竞争无从谈起，重复建设变得更为严重。因此，地方保护主义泛滥不只是一个经济问题。政府直接参与微观经济活动，几十年的经验证明是出力不讨好。市场经济是要让市场机制在微观层面起调节作用。所以，应该消除地方保护主义，使企业在全国规范的市场环境中进行充分竞争，只有这样才能使市场在资源配置中发挥基础性作用，才能保持整个国民经济的健康可持续发展。

严格执行《反垄断法》。严格按照《发垄断法》的规定，严格执法。同时应该根据市场经济的发展，不断修改和完善《反垄断法》，提高其可操作性，从而鼓励充分竞争，促进社会主义市场经济的不断完善和发展。

（三）促进生产要素自由流动

市场具有优化资源配置的功能，但它有一个前提条件，即生产要素能自由流动。生产要素只有自由流动，才能形成社会平均利润，从而生成最佳的经济结构。

改革生产要素价格形成机制。生产要素价格合理了，才能自由流动。而目前，我国生产要素市场还很不完善，市场机制没有充分发挥作用。土地、资本、能源等要素市场发育滞后。国有企业和民营企业的生产要素价格明显不同，与市场经济的平等竞争原则相悖，造成了生产要素不能自由流动。只有要素能够自由离开收益低的地方，流向收益高的地方，要素收益在空间上才能逐渐趋于平均。如果阻止要素自由流动，在要素过剩的地区，要素的收益必然很低，要素的所有者必然很穷；而要素短缺的地区其收益必然很高，要素的所有者必定暴富。这种扭曲的生产要素价格，不能反映资源的稀缺情况，破坏了市场经济的基础。所以，按照市场化改革的方向，政府要向市场"让路"，建立完善的土地市场和完善的金融市场，形成市场化的价格机制，促进生产要素的自由流动。

城乡一体化改革。城乡二元体制下，城乡被人为地割裂开来，生产要素的流动受到多种限制，造成农民和城市居民的机会不平等，权利不平等。所以，只有积极推动新型城镇化、户籍制度改革、医疗教育服务均等化、城乡社会保障一体化，才能促进生产要素的自由流动，再次释放改革的"红利"，推动社会主义市场经济的进一步发展和完善。

（四）转变政府职能

转变政府职能是经济发展方式转变的关键。加快政府职能转变，积极推动政府从全能型政府向有限政府、服务型政府和法治政府的转变，强化政府的社会管理和公共服务职能，创造有利于市场发挥作用的和经济发展的宏观环境。

1. 从全能型政府向有限政府转变

政府的触角无所不至，政府过度干预经济，市场不能充分发挥应有的作用，降低了效率。经济发展的主体力量在市场，政府的职能是为市场主体服务，创造良好的环境，通过保护市场主体的合法权益和平等竞争，增强经济发展的内在动力。在这方面比较迫切的就是改革审批制度。审批在绝大多数情况下是政府对市场经济的不当干预，违背了公平原则。在市场经济条件下，企业通过竞争获得生存和发展，而政府的一些审批事项，产生了对微观经济的不当干预的后果，严重影响了企业的生产经营活动，限制了市场效率，滋生了大量腐败。所以，要尽量减少审批事项，下大力气改革审批制度，适时考虑把审批制改为备案制。只有这样才能使企业处于良好的市场环境中，公平参与市场竞争，保持市场经济活力。

2. 从发展型政府向服务型政府转变

加快政府职能从“划船”到“掌舵”的转变，施政方式从注重依靠行政手段管理向注重依靠经济法律手段管理的转变。政府要最大限度地缩小自身的“经济人”角色，扩大公共服务范围和力度。一方面，为市场经济主体创造良好的经济社会环境，提供经济发展所需的软件和硬件基础设施。另一方面，政府要建立公平的社会保障体系。在社会保障体系中，政府要发挥关键性作用，为全体公民提供有效的义务教育、基本医疗、公共卫生、公共就业服务和基本社会保障等公共服务，为全体公民参与市场竞争创造公平的起点。

二、科学规范的政府间事权和支出责任

党的十八大报告强调“加快改革财税体制，健全中央和地方财力与事权相匹配的体制”。十八届三中全会又再次强调“建立事权和支出责任相适应的财税制度”。合理规范政府间事权和支出责任是建立公共财政框架的核心内容。

我国1994年的分税制在事权划分上没有进行实质性的改革，而是按1993年中央和地方各自行使事权的实际来划分，较为笼统地规定：中央财政主要承担国家安全、外交和中央国家机关运转所需经费，调整国民经济结构、协调地区发展、实施宏观调控所必需的支出以及由中央直接管理的事业发展支出；地方财政主要承担本地区政权机关运转所需支出以及本地区经济、事业发展所需支出。实际上，除了少数事权如外交、国防等主要属于中央政府外，各级政府的职责并没有明显区别，事权重叠交叉，地方政府拥有的事权几乎全是中央政府的事权延伸或细化，以致形成了同一事务各级政府“齐抓共管”的局面。所以，为了完善公共财政框架，结合中国经济社会发展现实，有必要确定政府间事权划分的原则，政府间事权划分应考

虑以下主要原则。

（一）政府间事权和支出责任划分原则

1. 事权确定性原则

我国现行法律对政府间事权及支出责任只作了原则性划分，规定各级政府和财政应分别承担本级政府在政治、社会、文教及其他各类事业发展方面的支出，但是中央政府与地方政府的固有事权和财政责任的界定笼统模糊，不够清晰、稳定性差。法律规范的缺失，造成各级政府事权交叉、错位。所以，一套规范完备的政府间财政关系法律制度可以确保政府间事权划分的规范性和稳定性，有利于政府间财力的合理分配。事权确定是众多国家的普遍做法。即使初期事权的划分不甚完善，也可以逐步调整。一是要加快各级政府事权划分的法治化进程，构建包括《宪法》、《预算法》及各项单向法律法规在内的法律体系。二是根据我国国情，应该尽量使事权分配精细化，明确规定中央与地方政府各自的事权和支出责任以及中央和地方政府共有的事权和支出责任。

2. 财力与事权匹配原则

要根据因事定财的原则，在合理划分各级政府事权基础上，加快调整中央和地方的财政税收关系，保证地方的基本财力，特别要解决落后地区县乡政府财力不足的问题。同时，要进一步完善财政转移支付制度，构建体现公平和效率的转移支付体系。

3. 受益范围原则

根据公共物品和公共服务的受益范围，确定中央和地方之间的事权和支出责任划分。一般意义上，全国性受益的公共物品由中央政府提供，仅地方一定区域受益的公共物品由地方政府提供，跨区域的公共物品由上一级政府承担。

4. 效率原则

由于信息不对称，再加上我国各地区经济发展水平存在明显的地区差异，各级政府的财力状况也是千差万别，地方政府与居民更为接近，因而比中央政府更关心居民的偏好，获取和处理信息的成本要比中央政府更低。同时，我国地理、文化、自然和人力资源禀赋等方面的多样化以及地方政府提供更符合居民偏好的区域性公共物品的比较优势，决定了必须充分发挥地方政府履行社会职责的积极性。

5. 激励相容原则

哈维茨（Hurwiez）创立的机制设计理论中的“激励相容”是指在市场经济中，每个理性“经济人”都会有自利的一面，其个人会按自利的规则行动；如果能有一种制度安排，使行为人追求个人利益的行为，正好与企业实现集体价值最大化的目标相吻合，则这一制度安排，就是“激励相容”。现代经济学理论与实践表明，贯彻“激励相容”原则，能够有效地解决个人利益与集体利益之间的矛盾冲突，使行为人的行为方式、结果符合集体价值最大化的目标，让每个员工在为企业多作贡献中成就自己的事业，即个人价值与集体价值的两个目标函数实现一致化。应用在政府间事权划分上，就是要设计一种体制，使所有的参与人（中央政府和地方政府）即使按照自己的利益去运作，也能实现整体利益最大化。这种体制就是激励相容的[①]。

（二）中央政府的事权和支出责任

根据政府间事权划分的五大原则，确定中央政府、地方政府以及中央政府和地方政府共担的事权和支出责任。

根据政府间事权划分的五大原则，确定中央政府的事权和支出责任，具体为：

1. 全国性的公共物品

全国性的公共物品的受益范围是全体国民，考虑的国家的整体利益，这些公共物品理应由中央政府承担。主要有：国防（除武警和民兵）、边境安全、界河管理，外交和对外事务，国家级图书馆、博物馆，涉及全国的资源开发与生态保护，跨区域的重大项目建设和维护，特大自然灾害救济，中央政府行政管理。

2. 保持宏观经济稳定运行的事务

保持宏观经济稳定是中央政府的职责，这符合上述六个原则，因此，所涉及的事务也是中央政府的事权和支出责任。主要有：宏观经济政策、环境保护政策和产业结构政策的制定和规划，国家社会发展规划的制定和实施，物价水平稳定。

3. 调节收入分配的事务

调节收入分配也是中央政府的职责，其涉及的事权和支出责任主要有：收入分配政策的制定、收入分配的调节，社会分配公平；就业政策的制定；养老保险政策的制定和实施；中央对地方政府的转移支付。

4. 具有效益外溢性的公共物品和服务

具有效益外溢性的公共物品和服务具有外部性的特点，按照受益原则，涉及国家整体利益的一些公共事务应由中央财政承担。主要有：高等教育（部属高校）；基础科学研究、国防科技和重大科技专项；传染病、疫病预防；海关疫病检疫；全国范围内销售的食品、药品安全；生态建设和环境保护；海洋开发与维护；空间开发；全国性的交通、水利、能源、通讯建设与维护；粮食、石油等战略物资储备等。

5. 维持社会公正稳定涉及事务

维持社会公正稳定是国家长治久安的前提，具有效益外溢性和全国性公共物品的特性，应由中央政府主导。主要涉及：跨区域民事、重度刑事和高级官员贪污渎职等犯罪行为的审理；国家民族宗教政策、支持民族地区及贫困地区的经济社会发展政策的制定。

（三）地方政府的事权和支出责任

地方政府的事权和支出责任划分为：

1. 地方性公共物品

根据受益范围原则、效率原则和激励相容原则，地方性公共物品应由地方政府承担。主要有：地方高校和中等职业及技术培训学校、高中教育、基础教育和学前教育；地方图书馆和博物馆；一般性科学研究、科技推广和服务。

---

① 楼继伟：《中国政府间财政关系再思考》，中国财政经济出版社，2013 年。

2. 协调辖区内经济社会发展

贯彻执行中央制定的政策和法规，按照国家法律、法规和政策的要求，结合本地区的实际情况，制定地区性的法规、政策和规划，以维护辖区内经济社会协调发展。主要有：社会保障（医疗保险、失业保险、生育保险、社会福利、社会救济和优抚安置）；基础医疗卫生服务；地方交通、水利、通讯建设与维护。

3. 维持政府有效运转

维持地方政府党派团体、行政机关运转事务。主要包括：地方政府行政机关、党派团体、公检法等部门的事业经费。

（四）中央和地方政府共担的事权和支出责任

政府间事权和支出责任划分的一个重要原则是以中央财政为主导，但是现实中，一方面，由于一些公共物品和服务的受益范围很难在全国性或地方性之间明确划分，许多事务不可能简单地划分为中央或地方事务；另一方面，由于管理执行、服务成本等方面原因，有些全国性公共物品和服务的提供需要地方政府的参与，而有些地方性公共物品和服务的提供也需要中央政府的参与。更为现实的是，我国是一个单一制国家，各级政策及财政之间存在事实和法律上的上下级关系，也不可能将事权在各级政府之间进行彻底的明确划分，而只能是事权和支出责任共担。

中央和地方共担的事权和支出责任的基本框架见表 1－1。

表 1－1　中央和地方共有事权与责任分工

公共物品及事务	职责分工			
	决策	支出责任	执行与管理	监督
武警、民兵	中央、省级	中央、地方	中央、地方分别管理	中央、省级
治安	中央、省级	中央、省级	中央、省、市、县	中央、省级
环境保护	中央	中央、省级	地方：省、市、县	中央
粮食生产与供给稳定	中央、省级	中央、省级	中央、省、市、县	中央、省级
森林防火	中央、省级	中央、地方	地方：省、市、县	中央、省级
江河防汛	中央、省级	中央、省级	地方：省、市、县	中央、省级
金融监管	中央	中央、省级	中央、省级	中央
区域政策	中央、省级	中央、省级	中央、省级	中央

三、完善的税收分享体系

建立科学完善的税收分享体系，需要完善以中央税为主导、地方税为辅的分税制，按照财力与事权相匹配的原则，合理划分政府间收入来源，其基本思路如下。

（一）基本思路

1. 中央税权为主导

纵观世界各国，无论是联邦制国家还是单一制国家，中央对税权都占有主导地位。我国也不例外。主要理由：一方面，我国各地资源禀赋与经济发展不平衡，中央财政要确保在财政体系中的主导地位，适当提高中央的财力集中度，为中央的宏观调控和社会事业发展提供必要的财力保证。另一方面，中央财政需要通过大量的转移支付来统筹区域经济发展，实现公共服务均等化的目标，更需要强有力的中央财政。另外，在中央税权为主导的前提下，可以赋予地方政府（省级）适当的税权，以此来保证地方政府提供公共服务的需要。

2. 赋予省级政府适当税权

地方政府承担了为本辖区居民提供地区公共服务的职能，中央政府是难以完全和有效提供的，这就要求赋予地方一定的税权特别是税收立法权。赋予地方政府一定税收立法权可以满足地方政府为辖区内居民提供公共服务的职能，同时可以有效规范地方政府的收入行为。在借鉴国外的基本做法并综合考虑我国国情的前提下，比较可行的是在中央规定地方税设立原则的基础上，赋予省级政府适当税权，也就是赋予省级政府适当的税收立法权、税收管理权，赋予省级以下政府一定的税收管理权。

3. 明确地方政府主体税种

地方政府应当有主体税种，以确保地方政府拥有稳定可靠的收入来源，以真正实现分级预算、自主理财、自求平衡。地方政府没有主体税种，或者说缺少主体税种或不明确，就不可能真正成为一级独立的财政。在明确地方主体税种的情况下，必须打破以前按企业隶属关系划分收入的做法，消除各级政府对不同级次企业亲疏厚薄的思想，促进公平竞争，从而有助于消除地方投资的盲目和地方保护主义。

（二）完善税收分享体系

按照财力与事权相匹配的原则，合理调整政府间税收划分，是深化分税制改革的重要内容。根据深化税制改革的构想，未来在以下税种的政府间税收进行合理划分。

1. 改增值税为中央税

增值税改革带来的最主要的问题是政府间收入的划分，在过渡期内增值税仍然是共享税。待全面实施增值税后，建议增值税改为中央税，并由中央全额负担出口退税，并且将增值税作为中央一般性转移支付的资金来源，以更好地平衡各地区的财力。主要理由：一方面，增值税是流转税，最终税负的承担者是消费者，而税收收入是由生产企业和销售企业的所在地获得，地方有追求数量型经济增长的动机，不利于地区间的均衡发展。另一方面，中央财政要占主导，需要强有力的财政来源，中央承担的大量的转移支付也需要有稳定的来源，把增值税作为一般性转移支付资金来源有利于均衡各地财力，同时中央财政全额负担出口退税可以彻底解决受益者和成本承担者分离问题。

2. 改消费税为地方税

全面实行增值税改革后，地方政府存在资金缺口，把消费税改为地方税并赋予一定税权，可以适当填补资金缺口。地方政府有一定的税权，可以在消费税税目和税率方面拥有比较大的税收权限，有助于促进地方政府转变行为模式，不单纯依靠投资，鼓励地方政府从消费者处获得收入。

3. 改革所得税的共享办法

企业所得税和个人所得税仍为共享税，实行不同级次的政府对同一税源按不同税率进行双重征税的办法，既可以调动地方政府的积极性，又有利于加强中央与地方政府的收入关联度。

4. 将房产税确立为地方税，并作为地方税主体税种

随着城市现代化和城镇化的发展，房产税可以成为地方政府的稳定收入来源，同时有助于推动地方政府优化本地的投资环境，搞好基础设施建设和公共服务。

5. 将环境税和资源税确立为地方税

将环境税和资源税确立为地方税，同时规定环境税税收收入只能用于环境保护，实行专款专用，为环境保护提供资金支持。资源税作为地方税有利于支持地区发展，均衡地区财力。

四、规范的转移支付制度

经过近 20 年的发展，我国的转移支付制度在制度化建设，推动经济社会改革和发展、维护社会稳定和民族团结等方面起了比较显著的作用。但是，由于分税制的不彻底，在政府间事权和支出责任不够明确的背景下，现行转移支付制度存在一些问题：转移支付种类繁杂，结构复杂，目标多样化；转移支付制度不规范，无法可依；转移支付方法和结构不合理，一般性转移支付比重较低；缺乏管理规范和监督机制等。未来可考虑在政府间事权和支出责任明确的前提下，建立科学规范的转移支付制度模式。

（一）从资金流向看，要实行纵向转移与横向转移相结合的转移支付模式

实行纵向与横向转移支付相结合的纵横交错模式，中央不仅要对下级政府进行纵向转移支付，还要统一立法，规范和指导下级政府间的横向转移支付。考虑制定《财政转移支付法》。现有转移支付制度缺乏规范性的一个重要原因是无法可依，没有统一的衡量标准。因此，对转移支付进行立法，规范政府间的财政行为，提高财政效率，降低非正式制度的负面影响，已迫在眉睫。立法内容应当至少包括：转移支付项目设置的原则、标准、方式和程序；制度规则和执行机制的标准；各行为主体的法律责任；项目前后评估机制和退出机制。这既可体现中央政府的权威性和政策意图，又有利于调动财力转出地区与财力转入地区的积极性和主动性，减轻中央财政的压力。在我国中央财政能力有限的情况下，实行纵横结合的转移支付模式比单纯依靠纵向转移支付更有利于调节地区间财力差距，从而实现地区间财力分配的合理化。

（二）从转移支付条件看，要实行一般性转移支付和专项转移支付相结合的模式

一般性转移支付又称无条件转移支付，对地方财政自主权干预较小，但不利于中央政策意图的实现。专项转移支付受中央的检查和监督，易于达到预期目标，但地方政府的自主权较小，有时还受配套资金能力和人为主观因素的制约。由于我国各地区的差异很大，应把一般性转移支付作为重点，同时利用专项转移支付，集中力量解决一些比较特殊的社会问题。

五、规范严格的预算管理制度

建立规范严格的预算管理制度，可以强化预算管理和监督，促进财政利益分配机制的科学化、规范化和透明性，有利于提高政府行政管理效率和管理水平，有利于促进政府财力资源的优化配置，真正适应和促进市场经济的发展。

自《预算法》1995 年 1 月 1 日起施行以来，政府自行举债或变相融资等现象非常普遍，预算收支并未达到平衡，普遍存在财政赤字。而对预算预备费的规定受制于年度调度机制的制约，无法发挥应有的作用，需要加以修订和改进。

（一）"跨年度平衡"取代"年度平衡"

《预算法》一直禁止预算赤字和地方政府发债，这就使政府的财务状况一直呈现一个不能自圆其说的尴尬状态：一方面，大量事务性建设呈现出对资金的极度渴求；另一方面，地方政府在法律规定不能负债的情况下，只能过度依赖银行和土地收入，承担巨额的"隐性债务"。

财政的基本职能是通过向国民强制性征税，使国家掌握资源以向公众提供公共服务。因此，原则上说，公共财政并不以追求财政盈余为目标，甚至不以消灭赤字为目标，而是以有效利用公共资源提供尽可能多的公共服务为目标。否则，只要尽可能提高税收，尽量少地提供公共服务便可实现财政盈余，而这种财政盈余是毫无疑义的。"增收节支"是财政微观管理的原则，不是财政宏观政策的原则。宏观财政的原则应是"增收增支"，"跨年度平衡"。财政的可持续性是基于经济增长的可持续性，只要财政支出的增加与经济增长的趋势相匹配，财政支出形成的需求增加与供给能力的提高相匹配，长期保持一定比例的财政赤字仍然是可持续的。

（二）严格定义预算赤字

现行《预算法》只是简单地将赤字定义为"总收入与总支出差额"。多数国家都具有在宏观经济政策指导下开展财政预算活动的良好记录，但是经济转轨国家和发展中国家大多做不到这一点，我国也不例外。而我国《预算法》还规定地方政府不能存在赤字，从而出现了"超收"和"超支"并存的现象，影响了宏观经济稳定。为此，在《预算法》中应清楚定义主要的财政收支概念，区分"收入"、"财政拨款"和"借款"以及"债务本金的偿付"，在此基础上对预算赤字/盈余作出严格而明确的技术性界定：（1）赤字/盈余中应剔除借款；（2）用以计算赤字的"收入"不包含本年和以往年度结余的银行存款和现金；（3）用以计算赤字的"支出"不包括本金偿付（但应包括利息支付）；（4）基于以上三点，预算赤字总额等于政府融资净额。

将赤字界定为“净融资”非常重要，而把赤字定义为“收支差额”时，两者并不对应。

（三）建立地方预算稳定基金，合并预算预备费

地方政府预算预备费与预算稳定基金的功能有相似和重叠的部分，但预算预备费制度存在不少缺陷。例如，预算预备费功能单一，后备不足；具有明显的“激动”特点，缺少单独的管理机制；实行的是流量式管理，年度间调度机制不畅等。这些缺陷严重制约了预算预备费作用的发挥。因此，在构建地方政府预算储备制度时应对现行的预算预备费进行整合，将其纳入预算稳定基金，进行统一的管理和使用。

提取预算预备费制度是1994年颁布的《预算法》明确规定的，对现行的预算预备费进行整合意味着要对现行的预算体制，乃至预算法规作非常大的变动。从最终意义上讲，这一整合要放弃《预算法》中有关提取预算预备费的条款，需要对以前有关预算储备的游戏规则进行重新设计，这可能会对各级政府的经济行为和财政行为产生重大影响。考虑到以上情况，整合预算预备费，并将其纳入到预算稳定基金不可能一步到位，而是一个渐进的过程。

（四）建立公开透明的预算体系

预算公开不仅是公共财政的要求，也是实现公民知情权所必需的。一方面，要实现政府预算的公开，就要对预算的编制、审批、执行、变更、决算的全过程进行公开。除此之外，预算的依据、预算的内容，甚至监督过程和结果也应一并进行公开。另一方面，要使预算高度透明化，还必须要求预算能够覆盖全部的财政收支活动，使政府全部资金纳入预算统一管理。政府性债务、或有负债、税式支出和政府担保的监管也应得到进一步的加强。

第三节

我国公共财政建设的重点、难点与方向

按照十八届三中全会的精神要求，建立现代财政制度是中国公共财政建设的方向，建立完整、规范、透明、高效的现代政府预算管理制度是目前财政建设的重点，而健全中央和地方财力与事权相匹配的财政体制是难点。

一、健全中央和地方财力与事权相匹配的财政体制

按照十八届三中全会《中共中央关于全面深化改革若干重大问题的决定》要求，应立足于建立现代财政制度，在转变政府职能、合理界定政府与市场边界的基础上，充分考虑公共事项的受益范围，信息的复杂性和不对称性以及地方的自主性、积极性，合理划分中央地方事权和支出责任，进一步理顺中央和地方收入划分。

（一）完善中央和地方事权和支出责任划分

目前，我国中央和地方政府事权和支出责任划分不清晰、不合理、不规范，制约了市场统一、司法公正和基本公共服务均等化。一些应由中央负责的事务交给了地方承担，一些适宜地方负责的事务中央承担了较多的支出责任。同时，中央和地方职责交叉重叠，共同管理的事项较多。这种状况客观上造成地方承担了一些不适合承担的事务，而中央不得不通过设立大量专项转移支付项目对地方给予补助。这种格局不仅容易造成资金分配“跑部钱进”、“撒胡椒面”现象，而且容易造成中央部门通过资金安排不适当干预地方事权，影响地方的自主性、积极性，还会造成地方承担中央事权与地方的积极性不一致，导致执政行为不当，影响市场统一、公正。贯彻落实十八届三中全会《中共中央关于全面深化改革若干重大问题的决定》要求，应立足于建立现代财政制度，在转变政府职能、合理界定政府与市场边界的基础上，充分考虑公共事项的受益范围，信息的复杂性和不对称性以及地方的自主性、积极性，合理划分中央地方事权和支出责任。一是适度加强中央事权。将国防、外交、国家安全等关系全国政令统一、维护统一市场、促进区域协调、确保国家各领域安全的重大事务集中到中央，减少委托事务，以加强国家的统一管理，提高全国的公共服务能力和水平。二是明确中央与地方共同事权。将具有地域管理信息优势，但对其他区域影响较大的公共物品和服务，如社会保障、跨区域重大项目建设维护等作为中央与地方共同事权，由中央和地方共同承担。三是明确区域性公共服务为地方事权。将地域信息性强、外部性弱并主要与当地居民有关的事务放给地方，调动和发挥地方政府的积极性，更好地满足区域公共服务的需要。四是调整中央和地方的支出责任。在明晰事权的基础上，进一步明确中央承担中央事权的支出责任，地方承担地方事权的支出责任，中央和地方按规定分担共同事权的支出责任。中央可通过安排转移支付将部分事权支出责任委托地方承担。根据事权和支出责任，在法规明确规定的前提下，中央对财力困难的地区进行一般性转移支付，省级政府也要相应承担起均衡区域内财力的责任，建立健全省以下转移支付制度。

（二）进一步理顺中央和地方收入划分

《中共中央关于全面深化改革若干重大问题的决定》（以下简称《决定》）提出，“保持现有中央和地方财力格局总体稳定，结合税制改革，考虑税种属性，进一步理顺中央和地方收入划分”。这一要求综合考虑了我国地方政府承担事权和支出责任的实际情况，既有利于保证中央履行职能和实施重大决策，又有利于保障地方既得利益，培育地方主体税种，调动地方积极性，从而有利于形成改革共识，确保改革顺利进行。贯彻落实《决定》要求，要根据税种属性特点，遵循公平、便利和效率等原则，合理划分税种，将收入周期性波动较大、具有较强再分配作用、税基分布不均衡、税基流动性较大、易转嫁的税种划为中央税，或中央分成比例多一些，将其余具有明显受益性、区域性特征，对宏观经济运行不产生直接重大影响的税种划为地方税，或地方分成比例多一些，以充分调动两个积极性，为实现“五位一体”的全面小康提供制度保障。

二、完善省以下财政体制

省以下财政体制是中央对地方财政体制的贯彻和延伸，省以下各级地方财政能力和运行状况的好坏，直接关系基层政权建设、民生改善、城乡经济发展和社会稳定。1994 年实行分税制以来，各地参照中央对地方的分税制模式，调整了省以下财政体制。但省以下的现状是各地不一，与规范的分税制要求相比，目前尚未建立起统一的、彻底的省以下分税制制度安排。未来需要在以下方面深化改革。

（一）减少财政级次

目前我国地方政府有省、市、县、乡四级，对税种在各级政府之间进行彻底的划分难度极大，不可能建立起稳定规范的省以下财政体制。所以，要减少财政级次，实行市县同级，取消乡镇财政，变四级地方财政为两级财政，为建立规范的省以下财政体制提供条件。

（二）积极推行省管县和乡财县管

积极推行省管县和乡财县管改革，主要是通过减少管理层级和政策传递环节，理顺政府间财权与事权关系，提高政策效率。“省管县”管理体制使县级政府在经济发展行为和管理方式上，摆脱了现有的市级政府的束缚和干预；在有关社会经济发展的管理权限和范围方面，县一级获得更大自由，能够更好地结合本地实际情况去发展经济。实行乡财县管，将乡镇预算内容归入县级财政管理，形成和完善中央—省—市（县）三级财政体制。这样就可以通过行政体制与财政体制的扁平化，完善省以下财政体制，有利于发挥各级财政基本功能，有利于促进各级政府发展经济，有利于提高政府运行效率和实现公共服务均等化的目标。

（三）培育各级政府的主体税种

在财政级次减少和深化税制改革的前提下，省级政府确立所得税为主体税种，县级政府应以税基较广、收入稳定、流动性不大的房产税为主体税种。主体税种明确可以促进生产要素流动和企业公平竞争，促进政府职能转变，从而强化政府提供公共物品和公共服务的服务功能。同时加快“金财工程”在省以下各级财政的建设，加强财政信息化建设，提高省以下财政管理水平。

（四）完善省以下转移支付机制

由于我国各地情况存在明显差异，省内差异亦很大，所以在保证地方各级政府财力能够维持其正常运转的情况下，各省要创新转移支付模式，以宽覆盖、均等化为导向，完善省以下财政转移支付制度。应在明确省级财政占主导的情况下，确立省级政府弥补县级政府纵向和横向财政缺口的职责。各省应根据中央对地方的转移支付办法，根据当地实际情况建立省以下转移支付制度。各省的转移支付分配办法、分配依据、分配结果和实施效果要接受中央政府监督，公开信息接受社会监督。

三、建立现代政府预算管理制度

（一）改进年度预算控制方式

根据现行预算法相关规定，目前我国预算审批包括收入、支出和收支平衡三个方面内容，但核心是收支平衡，而不是支出规模与政策，这在客观上容易带来预算执行“顺周期”问题。也就是说，当经济下行时，一些财税部门为了完成收入任务可能收“过头税”，造成经济“雪上加霜”；当经济过热时，财税部门完成收入任务后又容易搞“藏富于民”，该收不收，造成经济“热上加热”。这既不利于依法治税，也会影响政府逆周期调控政策效果。因此，《中共中央关于全面深化改革若干重大问题的决定》明确提出，“审核预算的重点由平衡状态、赤字规模向支出预算和政策拓展”。与此同时，收入预算应从约束性转向预期性。这是我国预算审批制度的重大改革，必将有利于加强人大对政府预算的审查监督，也有利于改善政府宏观调控，促进依法治税。

（二）建立跨年度预算平衡机制

预算审核重点由财政收支平衡状态向支出政策拓展后，收入预算从约束性转为预期性，预算执行结果有别于预算预期的平衡状态将成为常态，特别是年度预算赤字可能会出现。要进一步严格规范超收收入的使用管理，原则上不安排当年支出。要建立跨年度弥补机制。为确保财政的可持续，应对全国年度总赤字规模设置一定的警戒线。为实现跨年度预算平衡，还应抓紧研究实行中期财政规划管理，增强财政政策的前瞻性和财政的可持续性。

（三）增进财政和预算透明度

按照财政和预算透明度的要求，未来应在以下几个方面进行努力：（1）加强预算编制过程，参照发达国家的经验，逐渐将年度基础预算改造为中期基础预算。（2）增加预算和财政信息披露内容。公布政府结构图，明确各部门、各单位在提供公共服务方面的责任；公布确定财政收入、财政支出的依据，如宏观经济分析模型、财政收入预测模型、财政支出预测模型及主要假设等；内债和外债应遵循同样的信息披露标准。国内债务也应发布债务规模、期限结构、持有人的结构等信息，发布偿债率、国债负担率等风险指标。（3）加强与国际机构的沟通和协调。透明度是经济全球化发展的客观要求。在协调提高透明度方面，IMF、世界银行等国际机构积累了大量的宝贵经验。加强与国际机构的合作，我们可以借鉴国际有益经验，少走弯路。

（四）探索建立中期预算

传统年度预算构建的目的是有利于对支出进行控制，而不是对资源进行配置。这是因为公共预算在产生之初，很大程度上是出于防止资金盗用的目的[①]。因此，当时的预算集中于对资源（或者投入）进行控制，很少顾及其他方面。中期预算是一个通常为期3—5年（有些国家更长）滚动、具有约束力的支出框架，它为政府和政府

---

① 约翰·L. 米克塞尔：《公共财政管理：分析与应用》，中国人民大学出版社，2005年。

各部门提供未来每个财政年度中支出预算（申请）务必遵守的财政约束（预算限额）。中期预算设定的预算限额可以确定政府政策的连续性，减弱政府领导人的更替对预算和政策造成的不利影响。建立了明确的财政约束，就向政治家、利益集团、官僚以及公共资金的其他申请人清楚地表明了政府的支出限额，以此限制支出需求。中期预算通常并不详细阐述政府的政策意图，但它明确显示了未来若干年度政府的财政趋势（Fiscal Trends）或者政府打算前进的方向，从而有助于公众和其他利害关系者对政府财政承诺的可信度作出判断。在形成和决定预算政策过程中，中期预算框架可在年度预算过程一开始就起到约束公共支出需求的作用，便于政府编制年度预算并研究开支重点，更强有力地约束各支出部门的支出需求，使经济衰退时期的支出控制变得更加可行。

20 世纪 80 年代开始，越来越多的国家采用了形式各异的中期预算制度，核心是为期 3—5 年滚动、具有约束力的预算总量框架，为政府各部门提供未来每个财政年度中的支出预算必须遵守的预算限额。与发达国家不同，我国无论在中央还是地方，都没有建立正式的中期预算制度。国外的实践证明，中期预算框架的建立具有多方面的重要意义。我国需要在中央和地方（县与县以上）政府中建立制度化的中期预算制度。作为预算改革战略，中期预算制度是需要在近期采取优先行动的一个领域。

（五）在预算运营管理中强化绩效导向

预算执行是一个复杂的系统工程，需要公共组织的高层和中下层（支出机构）共同参与。在预算执行过程中，支出机构的主要职责是营运管理，目的就是以适当的成本向其服务的对象（内部和外部顾客）提供更多更好的服务——促进营运效率。应该清楚地认识到，预算过程的两类主要参与者——核心部门和支出机构——的职责与角色是明显不同的。核心部门主要参与预算过程中政治层面的运作（尤其是在预算编制阶段），负责预算总量决策和决定预算资源的战略优先性排序，并在预算执行阶段负责执行控制，以及在预算执行过程中或执行结束后进行审计。

四、完善支出管理和税制改革

（一）清理规范重点支出挂钩机制

据统计，目前与财政收支增幅或生产总值挂钩的重点支出涉及教育、科技、农业、文化、医疗卫生、社保、计划生育等 7 类，2012 年仅财政安排的这 7 类重点支出就占全国财政支出的 48%。支出挂钩机制在特定发展阶段为促进上述领域事业发展发挥了积极作用，但也不可避免地导致财政支出结构固化僵化，肢解了各级政府预算安排，加大了政府统筹安排财力的难度，而且不符合社会事业发展规律，容易引发攀比，甚至导致部分领域出现了财政投入与事业发展“两张皮”、“钱等项目”、“敞口花钱”等问题。这也是专项转移支付过多、预算管理无法全面公开、资金投入重复低效的重要原因。为此，《决定》明确提出，“清理规范重点支出同财政收支增幅或生产总值挂钩事项，一般不采取挂钩方式”。这有利于增强财政投入的针对性、有效性和可持续性。各级财政部门要实事求是地推进清理规范工作，并继续把这些领域作为重点予以优先安排，确保有关事业发展的正常投入。

（二）建设有利于科学发展、社会公平、市场统一的税收制度体系

现阶段，深化税制改革需要把握以下几点：一是有利于促进经济发展方式转变、调节社会财富分配、节约能源资源和保护环境，促进经济社会持续稳定发展。二是坚持税费联动、有增有减，保持宏观税负相对稳定。既要考虑保障国家事业发展和人民生活的正常需要，适当集中财力，也要考虑有关方面特别是企业和居民的承受能力。三是有利于培育地方主体税种，调动地方组织收入的积极性和自主性。四是尽可能不开征新税种，适当简化、合并现有税种与税率，税制设计尽可能简单透明，减少自由裁量权，降低征管成本。五是加快税收立法步伐，推进依法治税。

1. 进一步发挥消费税的调节功能

随着经济社会发展和居民消费水平提高，现行消费税制度存在征收范围较窄、课税环节单一且靠前、税基偏小、税率结构欠合理等问题，对消费行为调控作用总体偏弱，迫切需要进行改革。消费税改革的重点是，适应经济社会发展和居民消费水平的变化，适当扩大消费税的征收范围，将一些高耗能、高污染产品以及部分高档消费品等纳入征税范围；调整征收环节，弱化政府对生产环节税收的依赖，促进解决重复建设和产能过剩问题，努力提高经济发展质量；调整部分税目税率，进一步有效发挥消费税的调节作用。

2. 加快房地产税立法，适时推进相关改革

完善房产税等相关制度，有利于稳定市场预期，引导居民形成合理的住房消费，也有利于为地方政府提供持续、稳定的收入来源。要坚持积极稳妥的方针，认真总结房产税改革试点经验，在充分论证的基础上立税清费，适当减轻建设、交易环节的税费负担，提高保有环节的税收。

3. 加快资源税改革

从经济发展角度考察，资源税从量计征，极易造成税负水平偏低，难以发挥促进资源节约和保护环境的作用，改革迫在眉睫。重点是推进煤炭等重要矿产品资源税从价计征改革，清理相关收费基金；适当提高其他仍实行从量计征的资源品目税额标准，进一步发挥税收的调节作用。

4. 推动环境保护费改税

为发挥税收在节能减排和环境保护方面的调控作用，促进资源节约型、环境友好型社会建设，要按照正税清费、循序渐进、合理负担、有利征管的原则，参照国际通行做法，将现行排污收费改为环境保护税。税率设计要综合考虑现行排污费收费标准、实际治理成本、环境损害成本和收费实际情况等因素。

5. 全面推进增值税改革

按照税收中性原则，全面实行营业税改征增值税，建立符合产业发展规律、规范的消费型增值税制度，消除重复征税问题，更好地发挥市场作用，激发企业活力，推进产业转型升级与商业模式创新。今后，要在交通运输业、邮政电信业和部分现代服务业全面实行“营改增”的基础上，适时将其他服务行业分步纳入改革范围，实现

“十二五”完成“营改增”的改革目标。同时，适当简化税率。

6. 清理规范税收优惠政策

目前，各种税收优惠区林立，已批准或正在申请待批的优惠政策几乎涵盖了全国所有省份；有些地方政府或财税部门执法不严或出台“土政策”，甚至通过税收返还等方式，变相减免税收，制造政策“洼地”。区域性税收优惠政策过多过滥，不利于实现结构优化和社会公平，影响了公平竞争和统一市场环境建设，不符合现代财政制度建设的要求。因此，《中共中央关于全面深化改革若干重大问题的决定》明确提出，“按照统一税制、公平税负、促进公平竞争的原则，加强对税收优惠特别是区域税收优惠政策的规范管理。税收优惠政策统一由专门税收法律法规规定，清理规范税收优惠政策”。

五、完善转移支付制度

未来可考虑在政府间事权和支出责任明确的前提下，实行纵向与横向转移支付相结合的纵横交错模式，制定《财政转移支付法》，清理整合转移支付方式，提高一般转移支付比重，规范转移支付操作程序，加强信息公开和监督评价，增强转移支付制度的透明度，采取一系列措施完善转移支付制度，以更好地实现地区财力和公共服务均等化。

（一）规范转移支付方法和结构

分税制改革以来，我国转移支付方法几经演变，形成现在种类繁多的转移支付方法。而大部分转移支付项目缺乏退出机制，成为日后改革的障碍。我国转移支付项目设置数量多、速度快，在当时的经济社会环境下，对问题的解决的确产生了立竿见影的效果。然而，随着时间推移和经济社会发展，部分要解决的问题已经不复存在，该项转移支付应当给予清理整合。但是，由于缺乏退出机制，大部分项目没有执行期限，许多项目尤其是专项转移支付项目逐渐产生基数效应。这不仅导致大量资金安排的扭曲，而且产生了路径依赖和既得利益，使下一步的改革面临巨大的阻力，以致形成恶性循环，严重阻碍了改革的进一步深入。从近20年的实践情况看，缺乏退出机制是转移支付项目无序膨胀、杂乱无章的重要原因。所以，考虑将现在琳琅满目的转移支付方式进行清理，整合为一般性转移支付和专项转移支付两种方式，保证转移支付的效率和效果。

调整转移支付结构，需要我们进一步转变观念，明确转移支付的目的和意义。把均衡地区间财力分配作为转移支付的首要目标，因此，在转移支付结构的调整中，要不断提高以均衡地区财力为主要目标的一般性转移支付的比重，适当压缩不具有均等化效果的转移支付的比重。从转移支付的形式看，要调整一般性转移支付和专项转移支付之间的关系，逐步提高具有均等化作用的一般性转移支付的比重，适当压缩专项转移支付的比重。主要原因是：（1）一般性转移支付在平衡地区财力和服务均等化方面的作用明显优于专项转移支付。（2）专项转移支付在我们国家的实践中存在诸多问题：①专项拨款的分配缺乏科学的依据和标准，存在“讨价还价”、“人情款”

和"撒胡椒面"等人为的、随意性问题。而在这种中央与各地的博弈过程中，欠发达地区往往缺乏发言权和竞争力，这一点从专项拨款的资金用途与实际地区分布的矛盾中可以得到说明。从总体来看，专项拨款却主要分布于我国东部较发达地区。②中央财政的一些专项转移支付要求地方财政提供一定的配套金，这本是从调动地方政府财力和积极性，促进整体效益改善的角度出发。但是在政策设计时，没有充分考虑地方财政能力差异，使得这种分配方式明显有利于发达地区而对西部贫困地区不利。贫困地区没有钱配套，导致富裕地区的专项拨款多于贫困地区。有的地区为了得到拨款而进行假配套，导致大量的豆腐渣工程出现。

（二）加强转移支付管理和监督评价

一要规范转移支付的操作程序。转移支付项目要通过管理部门的审查，列入预算计划。立项原因、计划过程、评审意见及具体执行人等信息形成项目文件，提交主管部门备案，作为执行和事后检查的依据。建议成立转移支付委员会，其组成人员至少有一半来自地方政府，以实现博弈平衡。成立委员会的目的主要是建立有效的制衡机制，为地方政府参与博弈提供合法的平台，降低非正式博弈的费用。另外，地方政府的需求信息通过委员会进行公开表达、论证，能够提高资金配置效率，避免因信息不对称而造成项目扭曲等一系列不合理的现象。

二要信息公开，加强监督。现阶段要按照国务院办公厅印发的《2014 年政府信息公开工作要点》的规定，将专项转移支付预算和决算公开到具体项目，建立公正、透明的转移支付机制，接受各级人大的监督。所谓公正，是指在核算测定转移支付资金来源和使用时，从制度上保证对不同地区一视同仁，要根据全国各地实际情况和统一考虑的客观因素，公正地核算出每个地方所需财力和转移支付的数额，不受人为因素干扰。所谓透明，是指在转移支付安排的因素测算、公式涉及、标准核实，以及支付的各个环节，要坚持公开、透明，使每个地区能作出较准确的估计，以利于制定预算，便于互相监督。

三要设计一套科学合理的考核指标，对转移支付资金效益进行评价，并建立一套行之有效的惩罚制度。随着国家财政收入的持续增长，中央对地方的转移支付额度与日俱增。转移支付能否发挥预期效果，是中央政府和地方政府的一大关切。因此对各个转移支付项目的实施效果进行阶段性评估就非常必要。通过动态评估，实时合并、削减不合时宜的项目，设置新项目，使转移支付结构处于不断优化之中，充分发挥转移支付资金的经济和社会效益。但是，分税制以来的转移支付制度，只建立了项目设置前的可行性评估机制，并没有建立事后评价机制，这使很多项目的实施效果难以估计，从而使部分项目长期处于效益不佳状态。要强化转移支付管理的权威性，对截留、挪用、挤占、克扣转移支付资金的行为依法处理。在当前宏观体制一时难以触动的现实条件下，适时适度调整政绩考核机制和官员晋升机制是利益整合的有效途径。两个机制调整的目标是使各方的利益取向根植于公共利益和社会价值的基础之上，使各方的行动不敢有意或无意地偏离国家整体利益。

六、完善地方债务管理

地方债务是影响我国宏观经济长期发展的重大隐患之一，截至2013年6月底，全国各级政府负有偿还责任的债务206988.65亿元，负有担保责任的债务29256.49亿元，可能承担一定救助责任的债务66504.56亿元。其中，地方政府负有偿还责任的债务108859.17亿元，负有担保责任的债务26655.77亿元，可能承担一定救助责任的债务43393.72亿元①。为切实加强政府债务管理，防范和化解财政风险，《中共中央关于全面深化改革若干重大问题的决定》提出，"建立权责发生制的政府综合财务报告制度，建立规范合理的中央和地方政府债务管理及风险预警机制"。这意味着建立在地方政府信用评级基础上的地方发债管理体制。2014年5月19日财政部印发《2014年地方政府债券自发自还试点办法》，规定上海、浙江、广东、深圳、江苏、山东、北京、江西、宁夏、青岛试点地方政府债券自发自还。

（一）中央政府必须加强对地方政府的债务管理

巴西出现三次债务危机，主要原因是联邦政府预算约束软化。其具体表现为危机出现之前，地方政府可以无约束举债；危机发生之后，联邦政府以担保者身份出现，帮助地方政府化解风险，最后引火烧身，地方财政风险"倒逼"联邦攻府，引发全国性债务危机。为收拾残局，联邦政府不得不采取强硬措施约束地方政府，债务风险问题才得以解决。巴西地方政府债务管理的经验教训充分说明中央政府管理地方政府债务的重要性和必要性。我国与巴西同属发展中大国，目前地方政府性债务规模庞大，管理不善，如放任下去，后果十分严重。为此，中央政府应尽快加强管理，制定切实有效的管理措施，防范债务风险。

（二）严格实行债务规模限制，控制债务风险

国际经验表明，地方政府大多容易出现过度举债现象。根本原因在于地方政府举债的外部效应，以及地方官员的短视行为，诱使地方政府更多地追求当前利益，出现过度举债，形成债务风险。如日本在经历了"泡沫危机"之后为了刺激经济发展，在财政支出不变的情况下实施减税计划，面临财政困难的政府只能依靠举债融资进行公共工程建设和弥补预算收支缺口，导致日本地方政府债务规模从1993年起迅速膨胀。

为控制地方政府债务风险，美国、英国、日本等国家都出台了债务规模控制措施来控制债务风险。英国的控制措施最为严格。英国政府致力于将地方政府债务余额占GDP的比重控制在4%以内，并且规定全国政府债务余额（包括中央和地方）应当低于GDP的40%，同时建立资本上限以满足可持续投资规则。为此，我们应该借鉴英国的做法，严格实行债务规模限制，具体量化地方债务余额来化解债务风险。

（三）提高地方债务透明度

透明度要求是指地方政府要公开包括债务在内的政府财政状况，并对债务进行确

① 审计署：《全国政府性债务审计结果》（2013年12月30日公告）。

认、记录和报告，防止地方政府债务恶性膨胀，从而控制风险。提高透明度主要包括两个方面要求：完善会计制度，真实有效地反映政府各项经济活动；建立与债务预算制度相适应的地方政府债务统计与报告制度。

目前，我国地方政府债务管理还缺乏统一的会计核算办法和信息管理系统，地方政府债务情况难以实时掌握，信息不对称，不利于国家的宏观管理。应当借鉴其他国家和地区的经验，在对地方政府债务进行必要的会计核算的基础上，逐步建立全国统一的地方政府债务管理信息系统，建立健全债务信息报告制度，提高债务管理的透明度。

思考与讨论：

1. 财政的含义及特征。
2. 财政的职能。
3. 阐述政府与市场的合理边界。
4. 政府间事权和支出责任划分原则。
5. 论述地方政府债务问题。

本章推荐阅读文献：

1. 哈维·S. 罗森、特德·盖亚：《财政学》（第八版），中国人民大学出版社，2011 年。

2. 楼继伟：《财政改革发展若干重大问题研究》，经济科学出版社，2014 年。

3. 楼继伟：《中国政府间财政关系再思考》，中国财政经济出版社，2013 年。

4. 王雍君：《中国公共预算改革：从年度到中期基础》，经济科学出版社，2011 年。

本章主要参考文献：

1. 刘尚希：“经济体制改革的总体态势及其着力点”，《重庆社会科学》，2012 年第 4 期。

2. 楼继伟：“建立现代财政制度”，《人民日报》，2013 年 12 月 16 日，07 版。

3. 田国强：“中国下一步的改革与政府职能转变”，《学术前沿》，2012 年第 5 期。

4. 孙开：“省以下财政体制改革的深化与政策着力点”，《财贸经济》，2011 年第 9 期。

5. 赵全厚：“政府公共服务职责的变迁及其与财政保障能力之间的矛盾与协调”，《经济研究参考》，2010 年第 16 期。

6. 马海涛：“政府间事权与财力、财权划分的研究”，《理论视野》，2009 年第 10

期。

7. 马海涛、姜爱华："建立财力与事权相匹配的财税体制的几点思考"，《中国财政》，2008 年第 6 期。

8. 吕炜、孙克竞："省以下财政体制改革框架分析"，《地方财政研究》，2008 年第 4 期。

9. 陈东琪、宋立："我国历次宏观调控的经验和启示"，《宏观经济管理》，2007 年第 2 期。

10. 贾康、阎坤："完善省以下财政体制改革的中长期思考"，《管理世界》，2005 年第 8 期。

第二章
财政支出理论与我国财政支出分析

【本章序言】

公共财政对经济的影响作用主要表现在政府支出上，政府干预、调节经济的职能主要是通过财政支出来实现的。一定时期财政支出规模的变动涉及多种复杂因素，同当时的政治、经济条件和国家的方针政策甚至国情都有密切的联系。概括起来，主要有经济性、政治性和社会性三方面的因素。

我国财政支出的绝对和相对规模一直增长，财政支出结构也在逐步优化，对“三农”和涉及民生的教育、医疗、社会保障与就业等方面的支出逐步加大，这些领域的支出在财政总支出中的比重不断提高，但仍存在一些问题。综合分析这些问题，我们认为中国财政支出结构应按照十八届三中全会的要求进行以下改革：以政府职能的合理定位为前提，以政府职能转型和满足公共需要的要求，合理安排各项支出；严格控制投资性支出与消费性支出，缩减经济事务支出和一般公共服务支出的比例，加大教育、医疗卫生、社会保障等民生投入；改善公共治理机制，提高财政支出的效率与效果；完善财政支出监督问责机制。

第一节
财政支出规模与结构

财政支出是政府为履行其职能而支出的一切费用总和。财政支出是公共财政活动的一个重要方面，是国家（政府）把筹集到的财政资金用于社会生产和生活的各个方面的分配活动。公共财政对经济的影响作用主要表现在政府支出上，政府干预、调节经济的职能主要是通过财政支出实现的。

一、财政支出规模的衡量指标

（一）财政支出规模的定义

财政支出规模是指在一定时期（预算年度）内，政府通过财政安排和使用的财政资金的绝对量和相对量，是根据一定时期国民经济发展状况和政府职能实现的要求等因素，测算和完成的政府集中性支出在总量上的反映。

从概念上讲，财政支出规模有预算支出规模和决算支出规模两种形式。前者是指政府在编制年度预算时，根据支出的预算要素测算出的年度支出数；后者则是指预算年度内政府财政实际完成的支出总量。预算支出和决算支出往往不完全相等。

财政支出规模反映了政府对国民生产总值的实际占有规模和程度，体现了国家的职能和政府的活动范围，是研究和确定财政分配规模的重要指标。

（二）财政支出规模的衡量指标

衡量财政支出的指标通常有绝对指标和相对指标两类。

财政支出规模的绝对指标也可以称为财政支出的绝对规模，是指以一国货币单位表示的、预算年度内政府实际安排和使用的财政资金的数量总额。它可以直观地反映某一财政年度内政府支配的社会资源总量，但难以反映政府支配的社会资源在社会资源总量中所占的比重，因而不能充分反映政府在整个社会经济发展中的地位。由于绝对指标以本国货币为单位，加之不同国家的经济发展水平存在明显差异，故不便于进行横向的国际比较；另外，这一指标是以现价反映的名义财政支出规模，以前年度特别是物价水平变化较大年度的支出绝对额缺少可比性，故不便于支出规模的纵向分析。因而，通常是以支出的相对指标作为衡量和考察财政支出规模的指标，既可以用于不同国家支出规模的横向比较，也可以用于一国不同经济发展时期支出规模的纵向分析。

财政支出规模的相对指标是指在预算年度内政府实际安排和使用的财政资金的金额占相关经济总量指标（如国民生产总值、国内生产总值和国民收入等）的比率。它反映了一定时期内全社会创造的财富中由政府直接支配和使用的数额，反映了社会资源在市场和政府配置之间的比例，体现了社会财力的集中程度，也反映了财政支出与宏观经济运行以及国民收入分配的相互关联、相互制约的关系。通过该指标，可以全面衡量政府经济活动在整个国民经济活动中的地位及重要性。

一般地讲，在经济发展水平、产业结构等大致相同的条件下，财政支出相对指标越大，说明财政参与国民（内）生产总值分配的比例越高，社会财力越集中，财政支出的规模越大，政府对经济运行的介入或干预程度也就越高；反之亦然。研究财政支出规模不仅要研究其绝对量，更要研究其相对量，以综合全面地反映政府的财政支出水平。如果脱离国民经济和社会发展的相关指标而研究和确定财政支出规模，就割裂了经济运行和财政支出的内在联系，也就不能真实、客观和准确地确定财政支出的规模。

（三）财政支出增长的衡量指标

由财政支出规模的绝对指标和相对指标可以衍生出反映财政支出增减变化情况的三个指标。

1. 财政支出增长率

财政支出增长率表示当年财政支出比上年同期财政支出增长的百分比，即“同比”增长率，用$\Delta G(\%)$表示。其计算公式为：

$$\Delta G(\%)=\frac{\Delta G}{G_{n-1}}=\frac{G_n-G_{n-1}}{G_{n-1}}$$

式中，ΔG表示当年财政支出相对上年财政支出的增（减）额；G_n表示当年财政支出；G_{n-1}表示上年财政支出。

财政支出增长率不仅考虑了经济增长因素，而且在一定程度上消除了物价变动的影响，因而可以全面地说明财政支出的增长趋势。值得注意的是，该指标不能无限提高，其数量极限是客观存在的。

2. 财政支出增长的弹性系数

财政支出增长弹性系数是指财政支出增长率与国内生产总值增长率之比，以E_g表示。弹性系数大于1，表明财政支出增长速度快于国内生产总值增长速度。其计算公式为：

$$E_g=\frac{\Delta G(\%)}{\Delta GDP(\%)}$$

其中，$\Delta GDP(\%)=\frac{\Delta GDP}{GDP_{n-1}}=\frac{GDP_n-GDP_{n-1}}{GDP_{n-1}}$。

式中，$\Delta GDP(\%)$代表国内生产总值增长率；ΔGDP代表当年国内生产总值比上年国内生产总值的增（减）额。

3. 财政支出增长的边际倾向

财政支出增长的边际倾向表明财政支出增长额与国内生产总值增长额之间的关系，即国内生产总值每增加一个单位的同时财政支出增加多少，或财政支出增长额占国内生产总值增长额的比例，以MGP表示。其计算公式为：

$$MGP=\frac{\Delta G}{\Delta GDP}$$

二、财政支出规模增长的理论

在财政理论界，对于财政支出增长现象的解释，主要有以下四种理论：瓦格纳（Adolph Wagner）的“政府活动扩张理论”、皮考克（Alan Peacock）和威斯曼（Jack Wiseman）的“梯度渐进增长理论”、马斯格雷夫（R. A. Musgrave）和罗斯托（W. W. Rostow）的“经济发展阶段理论”，以及鲍莫尔（William Baumol）的“非均衡增长理论”。

（一）政府活动扩张理论

19世纪80年代，德国经济学家瓦格纳考察了英国产业革命和当时的美、法、德、日等国的工业化状况之后认为，一国工业化经济的发展与本国财政支出之间存在着一种函数关系，即随着现代工业社会的发展，“对社会进步的政治压力”增大以及在工业经营方面因“社会考虑”而要求增加政府支出。后人将其称为“瓦格纳法则”。瓦格纳法则可以表述为：随着人均国民生产总值的提高，财政支出占 GDP 的比重相应提高。

瓦格纳认为，财政支出规模上升的最基本的原因是工业化。从政治因素看，随着经济的工业化，不断扩张的市场与这些市场中的行为主体之间的关系更加复杂，这需要建立司法体系和管理制度，以规范行为主体的社会经济活动。从经济因素看，政府对经济活动的干预，以及从事的生产性活动，也会随着经济的工业化而不断扩大。因为随着工业化经济的发展，不完全竞争市场结构更加突出，市场机制不可能完全有效地配置整个社会资源，需要政府对资源进行再配置，实现资源配置的高效率。另外，城市化以及高居住密度会导致外部性和拥挤现象，这些都需要政府出面进行干预和管制。同时，教育、娱乐、文化、保健以及福利服务的需求收入弹性较大。也就是说，随着人均收入的增加，人们对上述服务的需求增加得更快，要求政府为此增加支出。

经济发达国家自 18 世纪末到如今 200 多年经济发展的实践，证明了瓦格纳法则符合财政支出占国内生产总值比重的发展变化的一般趋势。尽管各经济发达国家的国情有所不同，财政支出占国内生产总值比重的高低以及变化情况也有所不同，但明显存在一种共同趋势：财政支出占国内生产总值的比重随着人均国内生产总值的增长而逐渐上升。同时，历史数据也说明，财政支出占国内生产总值比重的上升不可能是无止境的，当经济发展到一定高度，则呈相对稳定的趋势，即稳定在一定的水平上，上下有所波动。目前的经济发达国家已经达到这个阶段。

关于瓦格纳法则，仍然存在着三个问题。首先，瓦格纳法则只解释了财政支出绝对规模增长的原因，没有解释财政支出增长速度快于经济增长速度的原因。其次，瓦格纳以西方工业化国家工业化时期为研究背景，没有考虑政治制度、文化背景，也没有预计到工业化完成后发达国家财政支出规模的基本稳定。如果考虑这些因素，该法则该如何解释？最后，瓦格纳法则集中分析了财政支出规模扩张的需求因素，忽略了供给方面也存在导致财政支出规模扩张的可能性。那么，该如何从供给方面解释财政支出规模的扩张？正是基于这些问题，后来的经济学家对瓦格纳法则作了进一步补充。

（二）梯度渐进增长理论

英国经济学家皮考克和威斯曼在 20 世纪 60 年代初对英国 1890 年以后的财政支出历史数据进行了经验分析。他们认为，在正常年份财政支出呈现一种渐进的上升趋势，但当社会经历激变时（如战争、经济大萧条或其他严重灾害），财政支出会急剧上升；在这过后，财政支出水平将下降，但不会低于原来的趋势水平。这就是梯度渐进增长。这一理论实质上揭示了财政支出增长的两类原因，即内在因素和外在因素，故也称为内外因素论。

财政支出增长的内在因素是指公民可以忍受的税收水平的提高。一般来说，政府的意愿总是财政支出越多越好，这样可以使政府的权力不断扩大；民众的意愿则是税收负担越低越好。政府的征税水平一旦超过了公众的忍受限度，公众就会通过手中的选票行使否决权。因此，政府的财政支出水平在一定程度上受税收水平的制约。但是，随着经济的发展和人均收入水平的提高，即使税率保持不变，税收收入也会增加，财政支出便与GDP同步增长。

财政支出增长的外在因素，是指社会动荡对财政支出造成压力。在危急时期，私人部门无法解决战争、饥荒和经济危急等所造成的种种社会经济问题，只有政府采取行动才能减少这些灾难对社会、经济的消极影响。因此，此时的财政支出必然阶梯式增加。皮考克和威斯曼利用三个相互联系的概念，即置换效应、审视效应和集中效应分析了非常时期的财政支出增长过程。

1. 置换效应

置换效应包括对以前财政支出水平的置换和对私人部门支出的置换。前者是指在危急时期，新的、较高水平的支出（税收）替代了以前的、较低的支出（税收）水平。而在危急时期过后，这种新的支出水平因公众的税收容忍程度提高而不会逆转，即使支出水平有所下降，也不会低于原来的水平。后者是指在社会总资源的配置中，私人部门的份额因公共部门的份额增加而减少。也就是说，在危急时期，财政支出在一定程度上会取代私人支出，而且财政支出阶梯状增加。

2. 审视效应

社会动荡暴露出许多社会问题，迫使政府和公众重新审视公共部门和私人部门各自的职责，认识到有些社会经济活动应当纳入政府的活动范围，公共部门需要提供一些新的公共物品。与此同时，随着公众觉悟水平的提高，可容忍的征税水平在危急时期过后明显提高。这样，公共部门规模的扩张、财政支出规模的增长趋势不可避免。

3. 集中效应

在非常时期，中央政府显然要集中较多的财力，甚至会发行大量国债以满足财力增长的需求。即使在正常时期，为了促进经济增长，中央政府的经济活动在整个公共部门的经济活动中所占比重也会明显提高。

（三）经济发展阶段理论

马斯格雷夫和所斯托用经济发展阶段理论解释财政支持增长的原因，这一理论在罗斯托的《经济成长的过程》、《经济成长的阶段》等著作中得到了集中体现。他们认为，在经济发展的早期阶段，由于公共物品尤其是经济发展所必需的社会基础设施（如公路、铁路、桥梁、法律和秩序、电力、环境卫生、供水系统、通信、教育等）供给不足，政府公共投资往往要在社会总投资中占较高比重。这些公共投资对帮助早期阶段的经济“起飞”，以至中期阶段的经济发展来说是必不可少的前提条件。

当经济发展进入中期阶段后，社会基础设施供求趋于均衡，政府公共投资在社会总投资中的比重有可能降低，但财政支出总规模并不一定下降，甚至有可能继续上升。其原因在于：当经济、社会发展进入中期阶段后，市场失灵问题日益突出，并成为阻碍经济发展进入成熟阶段的关键因素。这就要求政府加强对经济的干预，以矫正、补充、完善市场机制的不足。但是政府对经济干预范围的扩大和干预力度的加大必然导致财政支出的增长。

随着经济发展由中期阶段进入成熟阶段，公共财政支出结构会发生很大变化，即从以社会基础设施投资为主的支出结构，转向以教育、保健和社会福利为主的支出结构，购买性支出相对下降，转移性支出相对上升。从长期来看，财政支出结构的这种变化趋势导致了财政支持规模的不断扩大。

（四）非均衡增长理论

美国经济学家鲍莫尔认为，政府财政支出增长也可以从私人部门与公共部门平均劳动生产率的增长差别（非均衡增长）的角度得到解释。他把国民经济区分为劳动生产率提高迅速的私人部门和劳动生产率提高缓慢的公共部门两个部门，并且假定两部门的工资水平相同，并且随着劳动生产率的提高而相应提高。在对两部门的有关数据进行测算的基础上，他得到如下结论：

1. 生产率提高缓慢的部门，其产品的单位成本不断上涨；生产率不断提高的部门，其产品的单位成本或是维持不变，或是不断下降。

2. 如果消费者对生产率提高缓慢部门的产品需求富有弹性，该部门的产品产量将越来越少，甚至可能停产。

3. 如果要维持生产率较低部门的产品在整个国民经济中的比重，必须使生产力不断进入该部门。

4. 如果要维持这两个部门的均衡增长，政府部门的支出只能增加，同时也会导致整个经济增长率的不断降低。

根据以上结论，鲍莫尔认为生产率偏低的政府公共部门必然越来越大，其支出水平也越来越高。

三、影响财政支出规模的因素

一定时期财政支出规模的变动涉及多种复杂因素，同当时的政治、经济条件和国家的方针政策甚至国情都有密切的联系。概括起来，主要有经济性、政治性和社会性三方面的因素。

（一）经济性因素

1. 经济发展要求

虽然经济的发展不完全取决于投入的增加，还同原有的生产能力的发挥、效益的高低有关，但要维持一定的增长速度，必须有一定的投入来保证。不可否认，二者之间有一定的依存关系。在以公有制经济为主体的国家中，国有资产的投入规模，直接影响经济发展速度。因此，经济增长的要求越高，财政的生产性投资支出越要增加。同时，由于经济增长引起的非公有制经济活动对诸如交通运输、通信等基础设施等“公共生产的外部条件”的需求不断扩大，财政支出也需相应增加。另外，随着技术进步、产业结构中资本密集型产业比重的不断提高，需要有更多的公共设施与公共事业与之配合。由于公共设施的建设和公共事业的发展离不开财政的支持，财政支出规模不断增加。

2. 经济发展水平

财政支出的增加在某种程度上是由经济发展水平的要求引起的，但财政支出能否增加的制约因素却是一定时期的经济发展水平。财政主要是对社会剩余产品进行分配，剩余产品越多，提供给财政分配的数量也就越多。经济发展水平高低直接决定着剩余产品率的高低，因而也就制约着财政支出的规模。所以，对这一因素进行分析后发现，经济发达国家的财政支出规模普遍要比经济发展落后的国家高。

3. 经济体制及分配体制的选择

经济体制及与之相适应的分配体制的选择对财政支出规模的影响非常重要。一般来说，实行计划经济体制的国家的职能和财政分配范围都比较宽，因而财政支出规模都比较大。相反，实行市场经济体制的国家，财政支出的规模则相对较小。与经济体制相适应，实行计划经济体制的国家，分配体制的集中度都比较高，因此，财政支出的规模就比较大。反之，实行市场经济体制的国家，分配体制相对分散，财政支出规模相对较小。

4. 政府的经济干预政策

政府的经济政策对财政支出规模产生影响。但是，如果政府的经济干预主要是通过管制而不是通过财政的资源配置或收入分配活动实现的，它对支出规模的影响并不明显。这是因为，政府通过管制或各种规则干预经济活动时，并未发生政府的资源再配置或收入再分配活动，即财政支出规模基本不变。很明显，政府干预经济活动时，采取法律或行政手段与采取财政、金融等经济手段具有不同的资源再配置效应和收入再分配效应。

5. 价格水平

财政分配是在一定的物价水平基础上进行的。价格的变化虽然不影响社会产品的实物量，但会影响同等数额货币的支付能力，进而影响财政的支付能力和支出规模。如果货币贬值，物价上涨，政府的购买性支出和转移性支出的规模都要扩大，所以，物价上涨是财政支出规模不断扩大的重要因素。当然，在通货紧缩时期情况则相反。由于财政支出具有刚性，支出规模可能并不因此而缩小。

6. 财政收入规模

一定时期政府的财政支出规模在很大程度上受其收入规模的制约。收入是支出的基础，有收入才可能有支出。事实上，财政支出与财政收入是一种相互制约的关系。财政支出对财政收入的制约，主要表现在确定收入预算的环节，即一定时期财政收入预算应当考虑财政支出的需要，遵循“量出为入”的原则。当收入已经确定时，支出的安排就要考虑收入所提供的可能。如果不顾收入的制约，无限扩大财政支出，就会使支出在实际过程中缺乏基础，甚至可能出现预算不能通过、政府停摆的局面。

（二）政治性因素

1. 政府的职能范围

财政分配主要是围绕政府职能的实现来进行的。财政支出的直接目的是为实现政府职能服务，即政府职能范围决定了政府活动的范围和方向，也因此决定了财政支出的范围和规模。从社会经济发展的历史来看，政府职能的大小始终是制约财政支出规模的最为重要的因素。由于实行计划经济体制的国家政府的职能范围较大，因而财政支出占相关经济总量的比重会相对高些；在市场经济体制下这一比重会低一些。随着生产社会化程度的提高、经济规模的不断扩大，政府的管理职能和对经济运行的宏观调控功能不断增强，"市场调节成本"越来越高，财政支出的绝对规模也会相应扩大。

2. 国际环境

国防支出是用来抵御外来侵略、保卫国家主权和领土完整的。因此，国防支出的规模受国际环境尤其是周边国家环境的制约。同时，国际环境又影响国内政局的稳定和社会的安定，这对国防支出、国家安全支出等影响较大，从而影响财政支出规模。

3. 政体结构的行政效率

如果一国的行政机构臃肿，人浮于事，效率低下，经费开支必然增多。我国的行政管理支出长期居高不下，行政效率问题一直得不到有效解决是关键原因所在。从这个意义上讲，我国的行政体制改革任重而道远。

（三）社会性因素

社会性因素包括人口、就业、医疗卫生、社会保障以及城镇化等。这些因素在很大程度上影响财政支出规模。发展中国家人口基数大、增长快，相应的义务教育、卫生保健、社会保障、生态环境保护以及城镇化等支出的增长压力就大。例如，在尚未实现工业化之前我国人口老龄化已经来临，农村富余劳动力的增加迫切要求加快城镇化速度，经济发展和环境生态保护的矛盾日益突出，这些都会对财政支出不断提出新的要求，是影响财政支出规模扩大的重要因素。

四、财政支出结构

财政支出结构，是指在一定的经济体制和财政体制下，财政资金用于行政各部门、国民经济和社会生活各方面的数量、比例及其相互关系。它是按照不同的要求和分类标准对财政支出进行科学归纳、综合所形成的财政支出类别构成及其比例关系。

财政支出结构建立在财政支出分类之上，只有在一定的支出分类基础上，才能对因此而形成的各项支出数额及其所形成的关系作出分析研究。财政支出结构的实质是财政支出的分类组合和配置比例，其目标是确定科学的、合理的和优化的财政支出结构。

（一）财政支出结构的分类

常见的财政支出分类方法和结构类别主要有以下四种。

1. 按政府职能分类

财政支出是为了实现国家职能而安排的。职能分类是比较常用和重要的分类方法，它提供关于某项财政支出的目的信息。国际货币基金组织（IMF）出版的《2001年政府财政统计手册》将政府财政支出划分为10个类别，分别是一般公共服务、国防、公共秩序和安全、经济事务、环境保护、住房和社会福利设施、医疗保健、娱乐文化和宗教、教育，以及社会保护等项目。

按照2007年1月1日正式实施的政府收支分类改革，我国政府支出职能分类设置一般公共服务、外交、国防等大类，类下再分款、项两级。主要支出职能科目包括：一般公共服务、外交、国防、公共安全、教育、科学技术、文化体育与传媒、社会保障和就业、社会保险基金支出、医疗卫生、环境保护、城乡社区事务、农林水事务、交通运输、采掘电力信息等事务、粮油物资储备及金融监管等事务、国债事务、其他支出和转移性支出。

财政支出职能分类方法是目前我国编制、执行财政预算、进行预算拨款采用的分类方法。这种分类法可以较为明确、具体地体现财政支出在各项职能或事业间的分配格局和各项职能的实现程度，并反映各项财政职能在不同时期的变动情况。以这种方法研究财政支出结构可以反映一国政府在某一时期的工作重点。

2. 按经济性质分类

财政支出按其经济性质分为购买性支出和转移性支出。购买性支出是指政府为开展政务活动的需要，按照等价交换原则，从市场上购买商品和劳务而发生的支付活动。具体包括政府部门的消费支出和投资支出，前者如国防支出、行政支出，后者如各级政府公共投资支出。政府在进行这类支出的同时，获得了相应的商品和劳务的所有权和使用。政府只有购买这些商品和劳务，才能生产出公众所需的公共物品和服务。它是政府对经济资源的一种消耗，因此又称为消耗性支出。转移性支出是指政府单方面地、无偿地支付给其他经济主体的财政资金，没有相应地获得商品和劳务。具体包括各种财政补贴支出、社会保障支出和税收支出等。政府在付出资金时，并没有相应地获得任何回报。这时，政府所扮演的是一个“中间人”的角色，将一部分人的收入转移给支出的接受者。所以，它对资源在政府和企业、个人之间的配置不产生影响，只影响企业、个人之间的收入再分配。它体现的是政府在收入分配方面的职能和作用。

按照2007年1月1日正式实施的政府收支分类改革，我国支出经济分类科目设工资福利支出、商品和服务支出等12类，类下设款，具体包括：工资福利支出、商品和服务支出、对个人和家庭的补助、对企事业单位的补贴、转移性支出、赠与、债务利息支出、债务还本支出、基本建设支出、其他资本性支出、贷款转贷及产权参股和其他支出。但这种经济分类尚未正式实行，也唯有这种经济分类的财政支出统计，目前仍在探索试点之中。

经济性质分类是按支出的经济性质和具体用途所作的一种分类。在支出功能分类明确反映政府职能活动的基础上，财政支出经济分类反映政府的钱究竟是怎么花出去的，是政府财政支出具体形式的体现。与支出职能分类相比，支出经济分类从不同侧面、以不同方式反映政府支出活动。

3. 按行政结构分类

一般而言，按照行政结构，财政支出可以分为中央财政支出和地方财政支出。例如，美国是联邦制国家，其政府由联邦政府、州政府和地方政府组成，与之相适应的财政支出也由联邦财政支出、州财政支出和地方财政支出组成。

财政支出的行政分类反映了中央与地方在财政资源配置中的地位和相互关系。从我国历年的改革实践来看，在财政体制中，中央和地方之间的财政分配关系一直是财政体制的核心问题。这一问题的焦点是在中央与地方财政资源配置上如何保证符合客观比例关系。

（二）财政支出结构的影响因素

财政支出结构受多种因素的影响，其中主要有政府职能和活动范围、政府的工作重心和发展目标、经济体制和资源配置方式等。

1. 政府职能和活动范围

财政是实现政府职能的分配工具，财政支出是实现政府职能的财力保证。因此，政府的职能和活动范围决定了一定时期内财政支出的结构。一般来说在市场经济发达的国家，政府不介入或者很少介入微观经济活动，政府职能主要集中于对社会活动的管理，政府的活动范围也主要集中于社会活动领域，由此决定其财政支出中用于社会公益事业支出和社会保障支出等的比例较高。而在市场经济欠发达的国家，政府的经济职能较强，政府的活动范围在经济领域较广，覆盖面较宽，从而用于社会公益事业支出和社会保障支出等的比重则较低。

2. 政府的工作重心和发展目标

由于政府的工作重心不同，以及政府的经济和社会发展目标不同，所以财政支出的结构也不同。财政支出的结构是由政府的工作重心和发展目标决定的，一定时期内的财政资金的流向及其比例，必须同该时期政府的工作重心和经济与社会的发展目标相适应，这样才能保证政府所承担的政治经济任务的完成和发展目标的实现。

3. 经济体制和资源配置方式

经济体制和资源配置的方式与财政支出结构有着密切的内在联系。经济体制决定资源的配置方式，也就决定着财政支出的结构。实行市场经济的国家，市场是资源配置的主要方式，政府的职能主要集中于社会管理领域，因此，财政支出中经济建设支出所占比重较低，而用于社会公益事业和社会保障等方面的支出比例明显较高。而在市场经济不发达国家，情况正好相反。

第二节

我国财政支出分析

近年来，财政支出结构不断调整优化，持续加大对经济社会发展薄弱环节的投入力度，向新农村建设倾斜，向保障和改善民生倾斜，向困难地区、基层和群众倾斜，向结构调整和促进经济发展方式转变倾斜。财政支出的公共性日趋显现，有力地促进了经济社会又好又快发展。

一、全国财政支出情况

我国财政支出由中央财政支出和地方财政支出共同组成。1994 年我国实行分税制以后，中央与地方支出划分基本稳定。我国根据相关改革进展情况进行了必要的调整。从中央与地方支出划分看，中央主要承担国家安全、外交和中央国家机关运转所需经费，调整国民经济结构、协调地区发展、实施宏观调控所需支出，中央直接管理的社会事业发展支出。具体项目包括：国防费，武警经费，国家安全支出，外交和援外支出，中央国家机关行政管理支出，事关全国的重要基础设施建设支出，支持农业生产支出，中央所属文化、教育、卫生、科学研究等单位的支出，中央负担的国内外债务还本和付息支出。地方主要承担本地区政权机关运转所需支出，以及本地区经济、社会事业发展支出。具体包括：地方行政管理支出，地方重要基础社会建设支出，支持农业生产支出，城市建设和维护支出，地方政府所属文化、教育、卫生等事业单位的支出。中央和地方支出划分以后，为解决财力分布的纵向和横向不均衡问题，中央对地方实施转移支付，包括一般性转移支付和专项转移支付。一般性转移支付用于弥补财政实力薄弱地区的财力缺口，均衡地区间财力差距，实现地区间基本公共服务能力的均等化，地方政府可统筹安排使用。专项转移支付重点用于“三农”、教育、医疗卫生、社会保障和就业等领域，以实现特定的宏观政策及事业发展目标，或对中央委托地方事务、中央地方共同事务进行补偿，地方政府必须按规定用途使用。一般转移支付与专项转移支付两者各有特点和作用。比较而言，前者便于地方统筹安排，后者可以体现中央的政策导向，关键在于科学设置、合理搭配。

2012 年，全国财政支出 125953 亿元，中央财政支出 18764.63 亿元，占全国财政支出的 14.9%；地方财政支出 107188.3 亿元，占全国财政支出的 85.1%（见表2－1）。

2010—2012 年财政支出结构基本情况如表 2－2 所示。教育支出是最大支出项目，2012 年教育支出占全国财政支出的 16.87%；一般公共服务是第二大支出项目，2012 年一般公共服务支出占全国财政支出的 10.08%；社会保障和就业支出是第三大支出，2012 年社会保障和就业支出占全国财政支出的 9.99%；农林水事务、城乡社区事务、交通运输、医疗卫生、公共安全、国防、住房保障、科学技术、资源勘探电力信息、环境保护分别占全国财政支出的 9.51%、7.21%、6.51%、5.75%、5.65%、5.31%、3.56%、3.54%、3.50% 和 2.35%。

表 2-1　　2009—2012 年中央和地方财政支出情况表

时间	全国财政支出（亿元）	中央财政支出（亿元）	中央财政支出比重（%）	地方财政支出（亿元）	地方财政支出比重（%）
2009 年	76299.93	15255.79	20	61044.14	80
2010 年	89874.16	15989.73	17.8	73884.43	82.2
2011 年	109247.8	16514.11	15.1	92733.68	84.9
2012 年	125953	18764.63	14.9	107188.3	85.1

资料来源：根据《中国统计年鉴》（2013）相关数据整理计算。

表 2-2　　2010—2012 年全国财政各项支出情况表

项　　目	2012 年		2011 年		2010 年	
	绝对数（亿元）	比重（%）	绝对数（亿元）	比重（%）	绝对数（亿元）	比重（%）
全国财政支出	125953	100.00	109248	100.00	89874	100.00
其中：一般公共服务	12700	10.08	10988	10.06	9337.2	10.39
外交	333.83	0.27	309.58	0.28	269.22	0.30
国防	6691.9	5.31	6027.9	5.52	5333.4	5.93
公共安全	7111.6	5.65	6304.3	5.77	5517.7	6.14
教育支出	21242	16.87	16497	15.10	12550	13.96
科学技术	4452.6	3.54	3828	3.50	3250.2	3.62
文化体育与传媒	2268.4	1.80	1893.4	1.73	1542.7	1.72
社会保障和就业	12586	9.99	11109	10.17	9130.6	10.16
医疗卫生	7245.1	5.75	6429.5	5.89	4804.2	5.35
环境保护	2963.5	2.35	2641	2.42	2442	2.72
城乡社区事务	9079.1	7.21	7620.6	6.98	5987.4	6.66
农林水事务	11974	9.51	9937.6	9.10	8129.6	9.05
交通运输	8196.2	6.51	7497.8	6.86	5488.5	6.11
资源勘探电力信息等事务	4407.7	3.50	4011.4	3.67	3485	3.88
商业服务业等事务	1371.8	1.09	1421.7	1.30	1413.1	1.57

续表

项　　目	2012 年		2011 年		2010 年	
	绝对数（亿元）	比重（%）	绝对数（亿元）	比重（%）	绝对数（亿元）	比重（%）
金融监管等事务支出	459.28	0.36	649.28	0.59	637.04	0.71
地震灾后恢复重建	103.81	0.08	174.45	0.16	1132.5	1.26
援助其他地区支出	126.56	0.10	—	—	—	—
国土资源气象等事务	1665.7	1.32	1521.4	1.39	1330.4	1.48
住房保障支出	4479.6	3.56	3820.7	3.50	2376.9	2.64
粮油物资储备事务	1376.3	1.09	1269.6	1.16	1172	1.30
国债还本付息支出	2635.7	2.09	2384.1	2.18	1844.2	2.05
其他支出	2482.4	1.97	2911.2	2.66	2700.4	3.00

资料来源：根据财政部网站 2010—2012 年历年《全国公共财政支出决算表》计算整理。

（一）持续加大“三农”投入，促进城乡协调发展

2008 年以来，国家出台了一系列强农惠农政策。各级财政不断增加“三农”投入，确保财政支农资金稳定增长。2008—2012 年，全国财政农林水事务支出分别为 4544.01 亿元、6720.4 亿元、8129.6 亿元、9937.6 亿元和 11974 亿元，同比分别增长 33.5%、40.8%、21%、22.2% 和 20.5%。通过加大财政支农力度，支持了农村基础设施建设，改善了农村生产、生活条件，扭转了农民增收多年低速徘徊局面，保障和促进了国家粮食安全，巩固了农业基础地位。同时，公共财政的阳光逐步照耀农村大地，推动了农村各项社会事业的加快发展，有力地促进了社会主义新农村建设和城乡协调发展。

（二）支出保障和改善民生，促进经济社会协调发展

坚持以人为本，财政支出向保障和改善民生倾斜，涉及民生方面的各项支出保持了快速增长，支持解决人民群众最关心、最直接、最现实的利益问题。2008—2011 年，全国财政教育支出、社会保障和就业支出、医疗卫生支出年均增长率分别为 23.4%、19.5% 和 34.1%。2012 年，全国教育、社会保障和就业、医疗卫生等民生支出继续保持较快增长，分别比 2011 年增长 28.7%、13.3% 和 12.7%。此外，加大对社会保障性住房建设和公共文化体系建设等方面的投入力度。在加大投入力度的同时，更加注重改善和保障民生的各项体制机制建设，各项社会事业加快发展，涉及人民群众切身利益的一些热点、难点问题得到较好解决，有力促进了经济社会协调发展。

（三）转移支付规模逐步增加，促进区域协调发展

近年来，各级财政部门按照中央统筹区域发展的战略部署，在认真落实促进西部

大开发、东北等老工业基地振兴、中部崛起等区域财税优惠政策措施的基础之上，通过体制和政策创新，努力推动实现地区间基本公共服务均等化，促进区域协调发展。逐步增加对地方转移支付规模，中央对地方转移支付由2008年的18408.6亿元增加到2012年的40233.64亿元，并主要用于中西部地区。实施“三奖一补”政策，形成了上下共同努力提高县乡财政保障能力的机制，增强了基层政府提供基本公共服务的能力。完善省以下财政体制，推动省以下财政管理方式创新，积极推进“省直管县”和“乡财县管”，进一步规范省以下财政分配关系，提高了财政资金运转效率和财政管理工作效率，促进了县乡财政发展。

（四）支持科技创新和节能环保，促进结构调整和经济发展方式转变

为加快经济结构调整和发展方式转变，财政不断加大对科技创新、环境保护和刺激扩大内需方面的投入和支持力度。在科技创新方面，增加对基础研究、前沿技术研究、社会公益研究等方面的投入，支持重大科技专项的实施；完善有利于提高自主创新能力的财税政策，整合资金，鼓励和引导企业增加研发投入，促进建设创新型国家。2008—2012年全国财政用于科学技术支出分别为2129.21亿元、2744.52亿元、3250.18亿元、3828.02亿元和4452.6亿元，同比分别增长19.4%、28.9%、18.4%、17.8%和16.3%。在节能环保方面，安排专项资金大力推进节能减排，支持十大重点节能工程、中西部地区城市污水管网建设，淘汰落后产能；研究实施有利于节约资源能源和开发新能源的财税政策，支持做好退耕还林等环境保护工作，推进天然林保护等生态工程建设，促进环境友好型社会建设和人与自然和谐发展。2008—2012年，全国财政用于环境保护支出分别为1451.36亿元、1934.04亿元、2441.98亿元、2640.98亿元和2963.5亿元，同比分别增长45.7%、33.3%、26.3%、8.1%和12.2%。同时，采取多种财税政策手段，扩大内需，特别是居民消费，实现内需为主和积极利用外需的共同拉动。

二、政府性基金支出情况

政府性基金支出是政府通过向社会征收基金、收费，以及出让土地、发行彩票等方式取得收入，专项用于支持特定基础设施建设和社会事业发展，是政府支出体系的重要组成部分。其中，用于交通基础设施建设的政府性基金主要包括铁路建设基金、民航基础设施建设基金、民航机场建设费、港口建设费、海南省高等级公路车辆通行附加费等；用于水利建设的政府性基金包括南水北调工程基金、水利建设基金等；用于城市维护建设的政府性基金包括城市基金设施配套费、城镇公用事业附加、地方教育附加、文化事业建设费、国家电影事业发展专项基金、旅游发展基金等；用于移民和社会保障的政府性基金包括大中型水库移民后期扶持基金、大中型水库库区基金、残疾人就业保障金等；用于生态环境建设的政府性基金包括育林基金、森林植被恢复期、山西省煤炭可持续发展基金等；用于其他方面的政府性基金包括农网还贷基金、中央特别国债经营基金等。2012年，全国政府性基金支出36330.87亿元，其中，中央政府性基金本级支出2175.17亿元，地方政府性基金支出34155.70亿元（见

表2－3）。

表2－3　2012年全国政府性基金各项支出情况表

项　目	绝对数（亿元）	比重（%）
全国政府性基金支出	36330.87	100
其中：农网还贷资金支出	141.04	0.39
山西省煤炭可持续发展基金支出	170.62	0.47
铁路建设基金支出	622.5	1.71
民航发展基金支出	236.09	0.65
海南省高等级公路车辆通行附加费安排的支出	13.01	0.04
转让政府还贷道路收费权收入安排的支出	22.84	0.06
港口建设费安排的支出	152.85	0.42
散装水泥专项资金支出	8.96	0.02
新型墙体材料专项基金支出	47.06	0.13
旅游发展基金支出	6.32	0.02
文化事业建设费安排的支出	83.76	0.23
地方教育附加安排的支出	592.02	1.63
国家电影事业发展专项资金支出	6.05	0.02
新菜地开发建设基金支出	6.84	0.02
新增建设用地土地有偿使用费安排的支出	905.08	2.49
育林基金支出	35.84	0.10
森林植被恢复费安排的支出	72.72	0.20
水利建设基金支出	489.95	1.35
南水北调工程基金支出	23.47	0.06
残疾人就业保障金支出	155.56	0.43
政府住房基金支出	164.28	0.45
城市公用事业附加安排的支出	212.8	0.59
国有土地使用权出让收入安排的支出	26663.87	73.39
国有土地收益基金支出	870.01	2.39
农业土地开发资金支出	169.5	0.47
大中型水库移民后期扶持基金支出	156.6	0.43

续表

项　　目	绝对数（亿元）	比重（%）
大中型水库库区基金支出	24.78	0.07
三峡水库库区基金支出	7.47	0.02
中央特别国债经营基金财务支出	682.87	1.88
彩票公益金安排的支出	674.81	1.86
城市基础设施配套费安排的支出	813.86	2.24
小型水库移民扶助基金支出	10.68	0.03
国家重大水利工程建设基金支出	282.02	0.78
车辆通行费安排的支出	1205.29	3.32
船舶港务费安排的支出	55.35	0.15
贸促会收费安排的支出	0.65	0.00
长江口航道维护支出	7.28	0.02
核电站乏燃料处理处置基金支出	0.84	0.00
可再生能源电价附加收入安排的支出	146.15	0.40
无线电频率占用费安排的支出	19.45	0.05
其他政府性基金支出	369.73	1.02

资料来源：财政部网站，《2012年全国政府性基金支出决算表》。

三、国有资本经营支出情况

国有资本经营支出是指国家以所有者身份依法取得国有资本收益，并对所得收益进行分配而发生的支出。国有资本经营支出按照资金使用性质划分为：（1）资本性支出，主要是根据国家产业发展规划、国有经济战略布局和结构调整规划，用于支持国有企业改制、重组、自主创新，提高企业核心竞争力；（2）费用支出，主要用于弥补国有企业改革成本，解决历史遗留问题；（3）其他支出，即用于社会保障等方面。具体支出范围依据国家宏观经济政策以及不同时期国有企业改革和发展的任务，统筹安排确定。必要时，可将部分企业上缴国家的利润统筹用于社会保障等方面。近期，国有资本经营支出主要用于：着力推进经济结构调整和经济发展方式转变；着力解决国有企业发展中的体制性、机制性问题；着力加大社会保障等支出力度，解决涉及企业职工切身利益的问题。2012年，全国国有资本经营支出1402.8亿元，其中地方国有资本经营支出473.01亿元，中央国有资本经营支出929.79亿元（见表2-4）。

表 2-4 2012 年中央国有资本经营各项支出情况表

项目	绝对数（亿元）	比重（%）
中央国有资本经营支出	929.79	100
其中：中央企业兼并重组专项资金	89.38	9.61
国有经济和产业结构调整支出	111	11.94
中央企业重大科技创新项目支出	110	11.83
中央企业重大节能减排项目支出	84	9.03
中央企业境外投资支出	96	10.32
中央企业安全生产保障能力建设支出	10.18	1.09
新兴产业发展支出	35.93	3.86
中央企业对外经济技术合作支出	20	2.15
中央企业改革脱困补助支出	301.7	32.45
中央企业社会保障支出	4.39	0.47
国有股减持收入补充社保基金支出	17.21	1.85
调入公共财政预算用于社保等民生支出	50	5.38

资料来源：财政部网站，《关于 2012 年中央国有资本经营支出决算的说明》。

四、社会保险基金支出情况

社会保障预算是政府预算体系的重要组成部分，是政府编制的，全面反映各项社会保障资金收支规模、结构和变化情况的计划。社会保险基金预算是社会保障预算的重要组成部分，可以为建立健全社会保障预算奠定基础。目前我国社会保险基金支出主要包括企业职工基本养老保险基金支出、城镇职工基本医疗保险基金支出、失业保险基金支出、工伤保险基金支出、生育保险基金支出、居民社会养老保险基金支出和居民社会养老保险基金支出 7 大类。2012 年，我国社会保险基金支出为 23931 亿元，支出结构见表 2-5。

表 2-5 2012 年全国社会保险基金各项支出情况表

项目	绝对数（亿元）	比重（%）
全国社会保险基金支出	23931	100
其中：企业职工基本养老保险基金支出	13948	58.3
失业保险基金支出	450	1.9
城镇职工基本医疗保险基金支出	4726	19.7
工伤保险基金支出	387	1.6

续表

项　　目	绝对数（亿元）	比重（%）
生育保险基金支出	213	0.9
居民社会养老保险基金	1212	5.1
居民基本医疗保险基金	2994	12.5

资料来源：财政部网站，《关于2012年全国社会保险基金决算的说明》。

五、中国财政支出的国际比较

（一）IMF口径的财政支出及结构分析

根据IMF的定义，我国国际可比口径的财政总支出包括财政支出、政府性基金支出、国有资本经营预算支出、社会保险基金支出和预算外支出（预算外资金逐步纳入预算管理，2011年以后已不存在预算外资金，而教育收费和彩票机构业务费仍纳入财政专户管理），但在汇总计算时需要作两个扣除：一是扣除政府性基金支出中的土地出让支出，因为这部分支出是政府用于土地资产购置活动，不影响政府权益，在国际口径中不计入财政支出。二是扣除重复计算项目，如财政支出中对社会保险基金的补助支出，在社会保险基金预算中列为财政补贴收入，属于公共财政预算和社会保险基金预算之间的资金转移，在计算全口径财政支出时应予以扣除；同样的，从车购税中安排的水利建设基金支出也要相应扣除。

根据以上IMF口径计算，2009—2012年我国财政总支出分别为96511.9亿元、112767.7亿元、135883.9亿元和154477.9亿元，占GDP的比重分别为28.3%、28.1%、28.7%和29.7%（见表2-6）。

表2-6　2009—2012年我国IMF口径财政总支出情况　单位：亿元

项　目	2009年	2010年	2011年	2012年
一、财政支出	76299.9	89874.2	109247.8	125953.0
二、政府性基金支出（扣除土地出让支出）	3770.5	5645.2	6774.4	7722.4
三、国有资本经营预算支出	982	542	769.5	929.8
四、社会保险基金支出	11041.2	13310	18877.1	23931
五、预算外支出	6228.3	5754.7	3449	
六、扣除重复计算项	1810	2358.4	3233.9	4058.3
（一）财政对社会保险基金的补助支出	1803.4	2309.8	3153.1	3828.3
（二）车购税划转水利建设基金安排支出	6.6	6.6	15	15
（三）国家重大水利工程建设基金增值税返还安排支出		32	25.8	32.4

续表

项　　目	2009年	2010年	2011年	2012年
（四）国有资本经营收入调入公共财政资金安排支出		10	40	182.6
国际可比口径财政总支出合计	96511.9	112767.7	135883.9	154477.9
国内生产总值（GDP）	340902.8	401512.8	473104.1	519470.1
国际可比口径财政总支出占GDP比重（%）	28.3	28.1	28.7	29.7

资料来源：中华人民共和国财政部：《中国财政情况（2012—2013）》，经济科学出版社，2013年；财政部网站。

按照IMF的口径，2008—2010年，我国一般公共服务支出占财政总支出的比重从11.3%降至10%，社会保障支出占比从16.0%提高至17.9%，医疗保健支出占比从6.2%提高至7.3%，环境保护支出占比从1.9%提高至2.2%（见表2-7）。

表2-7　　2008—2010年我国IMF口径按功能分类财政支出结构情况　　单位：%

年份	按功能分类的分项目支出占财政总支出比重									
	一般公共服务	国防	公共秩序和安全	经济事务	环境保护	住房和社会福利设施	医疗保健	娱乐、文化和宗教	教育	社会保障
2008	11.3	5.2	5.2	30.9	1.9	7.3	6.2	1.8	14.3	16.0
2009	10.3	5.2	5.0	31.7	2.1	6.4	7.0	1.8	13.5	17.1
2010	10.0	4.8	5.0	31.0	2.2	6.5	7.3	1.7	13.6	17.9

资料来源：财政部干部教育中心：《当前财政改革与发展问题研究》，经济科学出版社，2014年。

（二）功能分类的财政支出国际比较情况

1. 财政总支出占GDP比重较低

2010年世界各国按功能分类的财政总支出占GDP的比重的平均水平为42.8%，其中发达国家平均为47.3%，发展中国家平均为36.6%。同期，我国的财政总支出占GDP的比重为28.1%，比世界平均水平低14.7%，比发达国家平均水平低19.2%，比发展中国家平均水平低8.5%。2011年我国财政总支出占GDP的比重为28.7%，而同期法国为55.9%、英国为48.2%、德国为45.2%、美国为41.1%、意大利为49.8%（见表2-8）。我国财政总支出占GDP的比重较低，主要原因：一是总量上，我国预算管理总体实行以收定支、收支平衡原则，政府财政收入规模在一定程度上制约着财政支出规模。二是结构上，发达国家已经建立起比较完善的社会保障体系和社会福利制度，财政支出中社会保险和福利支出较多，而我国社会保障体系目前还处于建立和完善阶段，占比相对较低。

如果与发达国家历史时期相比，2010年我国财政总支出占GDP的比重仅仅相当于发达国家1960年27.9%的平均水平；2012年我国财政总支出占GDP的比重为

29.7%，略低于德国1929年30.6%的水平，略高于美国1957年28.5%和英国1932年28.6%的水平。目前我国经济发展水平大体相当于发达国家1960年的水平，财政支出规模与经济发展水平总体相适应。

表2-8　2007—2011年部分OECD国家一般财政支出占GDP比重　单位：%

国　家	2007年	2008年	2009年	2010年	2011年
澳大利亚	33.0	33.9	36.8	36.2	35.2
加拿大	38.6	39.2	43.7	43.3	41.9
法国	52.6	53.3	56.8	56.6	55.9
德国	43.5	44.1	48.3	48.0	45.2
希腊	47.5	50.6	54.0	51.4	52.0
意大利	47.6	48.6	51.9	50.4	49.8
日本	35.8	36.9	41.9	40.7	42.0
韩国	28.7	30.4	33.1	30.1	30.2
西班牙	39.2	41.4	46.2	46.3	45.7
瑞典	50.9	51.8	54.9	52.4	51.5
英国	43.4	47.2	50.8	49.8	48.2
美国	36.7	38.7	42.7	42.3	41.1

资料来源：OECD网站，www.oecd.org。

2. 我国经济事务支出占比较高，社会保障、医疗保健支出占比较低

从财政各项支出占财政总支出的比重看，2010年世界平均水平较高的前五项支出分别是社会保障支出、一般公共服务支出、教育支出、经济事务支出和医疗保健支出，它们占财政总支出的比重分别为30.8%、14.6%、13.1%、12.6%和12.0%。按可比口径，我国财政总支出中占比居前五位的是经济事务支出、社会保障支出、教育支出、一般公共服务支出和医疗保健支出，占财政总支出的比重分别为31%、17.9%、13.6%、10.0%和7.3%（见表2-9）。

从财政各项支出占GDP的比重看，2010年世界平均水平较高的前五项支出是社会保障支出、一般公共服务支出、教育支出、经济事务支出和医疗保健支出。我国可比口径的财政支出中占比较高的依次是经济事务支出、社会保障支出、教育支出、一般公共服务支出和医疗保健支出，占GDP的比重分别为8.7%、5%、3.8%、2.8%和2%（见表2-10）。

表 2-9　**2010 年按功能分类财政支出结构国际比较**　单位：%

	按功能分类的分项目支出占财政总支出比重									
	一般公共服务	国防	公共秩序和安全	经济事务	环境保护	住房和社会福利设施	医疗保健	娱乐、文化和宗教	教育	社会保障
发达国家平均值	13.2	4.6	3.7	11.7	1.7	2.4	14.0	2.7	12.8	33.4
发展中国家平均值	16.3	4.9	6.7	13.7	1.3	4.1	9.5	2.6	13.4	27.7
世界平均水平	14.6	4.7	5.1	12.6	1.5	3.2	12.0	2.7	13.1	30.8
中国	10.0	4.8	5.0	31.0	2.2	6.5	7.3	1.7	13.6	17.9

资料来源：IMF：《政府财政统计年鉴（2011）》。

表 2-10　**2010 年财政各项支出占 GDP 的比重的国际比较**　单位：%

	按功能分类的分项目支出占财政总支出比重									
	一般公共服务	国防	公共秩序和安全	经济事务	环境保护	住房和社会福利设施	医疗保健	娱乐、文化和宗教	教育	社会保障
发达国家平均值	6.2	1.8	1.7	5.5	0.7	1.0	6.7	1.2	5.8	16.3
发展中国家平均值	5.9	1.6	2.4	5.1	0.4	1.4	3.4	1.0	4.9	10.4
世界平均水平	6.1	1.7	2.0	5.3	0.6	1.2	5.3	1.1	5.4	13.8
中国	2.8	1.3	1.4	8.7	0.6	1.8	2.0	0.5	3.8	5.0

资料来源：IMF：《政府财政统计年鉴（2011）》。

总体上看，我国经济事务支出占财政总支出和 GDP 的比重都较高，这主要是因为我国经济发展水平还相对较低，政府承担了较多的经济发展职能。我国医疗保健和社会保障支出占财政总支出和 GDP 的比重较低，反映了我国社会保障体系正在处于建立和完善的阶段，而发达国家社会保障制度早已比较健全，社会福利水平较高。随着人口老龄化进程加快，发达国家用于社会保障和医疗等方面的支出还在不断扩大，已成为政府开支中最重要的部分。我国教育支出占财政总支出的比重高于发达国家水平，但是由于我国财政总收入和总支出占 GDP 的比重都较低，相应的教育支出占 GDP 的比重仍然较低。

3. 我国人均财政支出水平远低于发达国家

人均财政支出反映了居民所享受的公共服务水平。我国财政支出绝对规模在国际上处于较高水平，但是由于我国人口众多，人均财政支出水平明显低于发达国家水平。2010 年我国按可比口径计算的人均财政支出仅为 1243.3 美元，只相当于法国的 5.3%，加拿大、美国和德国的 6% 左右，意大利、英国和日本的 7% 左右（见表2-11）。

表 2-11　　2010 年人均财政支出国际比较　　单位：美元

国家	法国	加拿大	美国	德国	意大利	英国	日本	中国
人均财政支出	23125.6	20278.8	19764.8	19242.2	17246.3	16849	16776.6	1243.3

资料来源：财政部干部教育中心：《当前财政改革与发展问题研究》，经济科学出版社，2014 年。

第三节

我国财政支出的总量控制与结构优化

我国财政支出的绝对和相对规模一直增长，财政支出结构也在逐步优化，“三农”和涉及民生的教育、医疗、社会保障与就业等方面的支出逐步加大，这些领域的支出在财政总支出中的比重不断提高，但仍存在一些问题。综合分析这些问题，我们认为中国财政支出结构应按照十八届三中全会的要求进行以下改革：以政府职能的合理定位为前提，根据政府职能转型和满足公共需要的要求，合理安排各项支出；严格控制投资性支出与消费性支出，缩减经济事务支出和一般公共服务支出的比例，加大教育、医疗卫生、社会保障等民生投入，促进基本公共服务均等化；完善财政支出方式；建立规范、公开、透明的财政支出管理模式；改善公共治理机制，提高财政支出的效率与效果；完善财政支出监督问责机制。

一、合理界定政府职能及各级财政支出责任的范围

政府职能是财政支出的依据，对政府职能的合理界定是保证财政支出结构合理的前提。按照现代财政理论，市场经济条件下现代政府的三大职能——资源配置、收入分配和经济稳定——决定了财政支出的内容。改革开放以来，我国政府经历了从计划经济条件下的“全能型政府”向市场经济条件下的“有限政府”的转变。随着 1998 年开始建立公共财政基本框架，我国政府职能开始由生产建设型向公共服务型转变，财政支出的范围也发生了明显的变化。

因此，中国财政支出结构的改革应以政府职能的合理定位为前提，要按照十八届三中全会的要求，充分发挥市场在资源配置领域中的决定性作用，加快政府职能转变，积极推动政府从全能型政府向有限政府、服务型政府和法治政府的转变，强化政府的社会管理和公共服务职能，满足社会公共需要，科学界定财政支出责任的范围与层次。这就要求：

第一，把政府的基本职责定位在那些为市场活动界定规则、维护市场公正和社会正义的层面，而不是参与市场活动本身。虽然政府是公共物品与服务的主要提供者，但市场和社会组织依然可以在融资、生产和监管等方面发挥特定优势，健全政府职责体系，提高经济调节和市场监管水平，强化社会管理和公共服务职能。

第二，各级政府间要确立支出责任并重新界定支出责任的划分。政府职能合理与否，在于它们是否着眼于满足社会公共需要。社会公共需要在受益范围和相应的成本分担上，有着很明显的地域特征。如果要有效地满足这些公共需求，必须适应公共需求的不同层次，在各级政府之间合理划分财政支出的责任与范围，并使财力在各级政府间的配置与支出责任的配置相协调。虽然 1994 年分税制改革对政府间支出责任的划分基本清晰，但是这种划分仍然比较粗略，在具体责任的划分上仍然不够清晰。政府间财政关系缺乏稳定性和可持续性，行政性分权改革战略的实施将原来由中央政府履行的一些社会职责下放到地方，并没有伴随财力的下放和补偿，从而造成地方政府财力与事权的不匹配，造成公共服务的地区差异和城乡差异。财政分权以及基于政绩考核的政府竞争，导致地方政府财政支出“重基本建设、轻人力资本投资和公共服务”。为此，需要健全财政转移支付制度，提高一般性转移支付规模；完善省以下财政体制，明确中央、省、市、县各级政府事权和支出责任，着力推动地方政府调整优化支出结构，增强基层政府提供基本公共服务的财力保障，鼓励地方政府探索以购买服务和外包等方式提供基本公共服务的管理创新；建立健全县级基本财力保障制度，增加对县级财政的一般转移支付，逐步提高县级财政在省以下财力分配中的比重，进一步增强县级政府提供基本公共服务的能力，从而真正实现财政支出结构优化。

第三，按照政事分开、事企分开、管办分开、营利性与非营利性分开的要求，积极稳妥推进科技、教育、文化、卫生、体育等事业单位分类改革；调整和规范政府管理的事项，深化行政审批制度改革，减少政府对微观经济活动的干预；继续优化政府结构行政层级、职能责任，深入推进大部门制改革，着力解决机构重叠、职责交叉、政出多门等问题；政府应该灵活运用监督、融资和生产三种角色，充分发掘社会其他主体的潜力，以最小的成本和最能发挥微观主体积极性的方式实现公共物品和服务的供应。

二、按照政府职能转型和满足公共需要的要求，合理安排各项支出

财政支出各组成部分随经济、政治等多种因素的变化而发生变化，因而各项支出之间的相对比重是动态变化的。长期以来，我国的财政支出表现为经济建设投入偏大而社会事业和公共服务投入偏小，购买性支出偏大而转移性支出偏小，投资性支出偏大而消费性支出偏小。未来，应该按照十八届三中全会的精神和转变经济发展方式的要求，合理安排各项支出。

（一）严格控制投资性支出与消费性支出

在处理投资性支出与消费性支出的关系时，要控制并调减投资性支出的规模，注意投资性支出有保有压。严格控制公共资本流向一般竞争性领域和行政事业部门的基本建设，保证社会对基本公共设施的投入需求。在消费性支出上，从严控制行政性公共消费，尤其是“三公消费”，使有限的资金用于教育、医疗、社会保障、就业、“三农”、自主创新、环境保护等社会发展的薄弱环节和与民生有关的方面。

（二）缩减经济事务支出和一般公共服务支出的比例，加大民生投入

政府是维持社会经济发展的组织基础，因此一定的经济事务支出和一般公共服务支出是必要的。但是目前我国经济事务支出仍然较大，已经影响了我国的民生事业，因此必须进一步优化财政支出结构。一是财政要从那些属于市场竞争性的投资中解脱出来，大力支持民生事业的发展。二是深化行政管理体制改革，精简机构，裁减行政冗员；推进事业单位分类改革，将具有经营性质的事业单位逐步推向市场；制定完善的公共服务支出开支标准，推进服务型、节约型政府建设。三是在优化财政支出结构的过程中，把压缩的公共服务支出和减少竞争性领域投资后增加的财政资金的一定比例用于民生领域，加大对民生的投入力度。

（三）加大财政教育支出力度，优化教育支出结构

一是继续加大财政对教育的投入力度。在安排预算时，中央和地方应增加财政预算内教育支出总额，并使财政教育支出增长幅度超出财力的增长幅度，进一步提高财政教育支出占财政支出和 GDP 的比重。拓宽财政性教育经费来源。目前我国的公共财力有限，要增加财政教育支出，必须拓宽教育经费来源，建立多元化的筹资机制。可考虑发行专门用于教育事业的教育公债、教育彩票等，利用社会和民间的闲散资金增加教育投入，减轻政府财政负担，促进教育事业的发展。

二是进一步优化财政教育支出结构。鉴于目前我国教育资源在区域间、城乡间配置不合理的状况，一方面，中央政府可考虑采用有条件非配套拨款的转移支付方式，支持欠发达地区教育发展，缩小区域间教育资源的差距。另一方面，应进一步加大财政对农村义务教育的支持力度，实行城乡统一的公用经费标准，消除义务教育阶段生均教育经费的城乡差异，不断改善农村义务教育条件，提高农村义务教育质量。

（四）进一步增加财政对医疗卫生领域的投入，促进医疗卫生行业的发展

一是继续加大财政对医疗卫生的投入力度。鉴于目前我国财政医疗卫生支出不足的状况，一方面继续增加财政医疗卫生支出额度，使财政卫生支出增长幅度高于经常性财政支出增长幅度，提高财政卫生支出占卫生总支出的比重；另一方面提高财政卫生支出占科教文卫事业费的比重，促使科教文卫事业协调发展。与此同时，政府要采取多种措施，鼓励和动员社会资源投入医疗卫生领域，增加医疗卫生服务的提供，以满足人们对医疗卫生的需要。二是优化财政卫生支出结构，实现城乡医疗卫生服务均等化。实现城乡基本卫生服务均等化是政府财政的重要职能。众所周知，财政在农村基本医疗保障体系和基本医疗服务体系中的投入长期不足，导致新型农村合作医疗制度不完善，许多县、乡医疗卫生机构特别是贫困地区的县、乡医疗卫生机构设备简陋老化，基本和必要的医疗条件匮乏。为此，财政必须调整新增卫生投入的流向，将公共资源更多地投入到市场不足或者容易发生市场失灵的领域，即农村地区的医疗服务体系建设和基本医疗保障体系建设，重点支持县、乡两级医疗卫生机构，改变基层医疗卫生机构设备老化、缺医少药的格局，不断完善新型农村合作医疗制度，提高新农合报销比例，发挥公共财政促进公共服务均等化的积极作用。

（五）提高财政社会保障支出水平，不断完善社会保障体系

十八届三中全会《关于全面深化改革若干重大问题的决定》明确指出："要建立更加公平可持续的社会保障制度。实现基础养老金全国统筹，整合城乡居民基本养老保险制度、基本医疗保险制度。推进城乡最低生活保障制度统筹发展。建立健全合理兼顾各类人员的社会保障待遇确定和正常调整机制。""健全社会保障财政投入制度，完善社会保障预算制度。"基于此，一是提高社会保障支出占财政支出的比例。从2000年末，我国已成为老年型国家。老年人的社会保障问题成为亟待解决的问题。为此，必须增加财政对社会保障的投入金额，建立固定增长的投入机制。二是缩小城乡社会保障支出差距。一方面，要打破城乡二元体制，统筹城乡经济发展，加大农业科技投入，提高农民受教育与培训的程度，加快农业产业化进程，大幅度增加农民收入，为农村社会保障的完善夯实基础。另一方面，必须扭转财政社会保障支出过于偏向城市的做法，从向城市倾斜改为向城乡平衡过渡，进一步加大对农村社会保障的支持力度，促进城乡社会保障事业的协调发展。

（六）促进基本公共服务均等化

按照推进基本公共服务均等化和实施主体功能区规划、国家区域发展战略的要求，逐步建立城乡一体化的基本公共服务制度，促进公共服务资源在城乡、区域之间均衡配置，缩小基本公共服务差距。

第一，促进城乡基本公共服务均等化。加强城乡基本公共服务规划一体化，以服务半径、服务人口为基本依据，打破城乡界限，统筹空间布局，制定实施城乡统一的基本公共服务设施配置和建设标准。推进城乡基本公共服务制度衔接，以制度统一为切入点，抓紧制定和实施城乡基本公共服务制度的工作目标和阶段任务。加大农村基本公共服务支持力度，新增预算内固定资产投资要优先投向农村基本公共服务项目。以输入地政府管理为主，加快建立农民工等流动人口基本公共服务制度，逐步实现基本公共服务由户籍人口向常住人口扩展。结合户籍管理制度改革和完善农村土地管理制度，逐步将基本公共服务领域各项法律法规和政策与户口性质相脱离，保障符合条件的外来人口与本地居民平等享有基本公共服务，支持城镇化发展和城乡发展一体化。

第二，促进区域基本公共服务均等化。推进落实主体功能区基本公共服务政策，对优化开发区域和重点开发区域，要根据工业化、城镇化需要，加强基本公共服务能力建设，使基本公共服务设施布局、供给规模与人口分布、环境交通相适应。加大对贫困地区、革命老区、民族地区、边疆地区和集中连片特殊困难地区的基本公共服务财政投入和公共资源配置力度，政府基本公共服务投资项目优先向这些地区倾斜。建立健全区域基本公共服务均等化协调机制，推动相关制度和规则衔接，做好投资、财税、产业、土地和人口等政策的配套协调，促进区域经济协调发展。

三、完善财政支出方式，提高财政资金使用效益

财政支出方式的选择直接影响财政支出的效果和效益，因此也是优化财政支出结

构的重要内容。

（一）选择合适的财政支出方式

财政支出方式的选择应以财政支出的特点和目标为主要依据，以提高财政支出效率，改善财政支出效果为主要目标。结合我我国现阶段的具体情况，针对财政支出的不同职能，可考虑对财政支出方式的选择作如下安排。

1. 对于一般公共服务、国防、立法和司法、治安、环境保护、基础科学研究、尖端前沿技术研究、义务教育、计划生育、公共卫生防疫等纯公共物品，政府应该选择足额、无偿的财政支出方式。

2. 对于道路中的农村道路、城市道路，一般选择足额支出的方式；对于高速公路等存在收费可能的道路，可选择有偿或部分支出的方式。对于供水、供电、管道煤气等垄断性基础设施，应选择有偿支出的方式，政府对其进行直接投资和经营。对港口、机场、流域治理等具有外部性的基础设施，适宜选择部分支出的方式，财政补贴是增加供给的最有效途径。

3. 对于教育财政支出方式的选择，要根据不同阶段教育而有所区分。对义务教育，应选择无偿、足额的支出方式。对非义务教育阶段的教育产品，国家可选择部分支出的方式。对一些根据市场需求提供的职业教育，可以根据需要选择有偿支出的方式。

4. 对于具有外溢性的文化、科技、卫生等准公共物品，应根据其外溢程度的高低，选择合适的支出方式。对外溢性较高的准公共物品，可选择承担全部支出的方式，也可选择承担部分支出的方式，这要根据国家的财政实力和公共物品的重要性等具体情况而确定。而对外溢性较少的准公共物品，政府应在控制其经营性收费价格的基础上通过财政补贴和税式支出等方式进行扶持。

5. 对于具有稳定收入来源的经营性事业单位，如地方一般性剧团、非学术性杂志社、专业技术学校、地方性医院、康复中心，应采取有偿支出的方式给予支持。

6. 国民经济进行宏观调控时，对具有正外部性的准公共物品和税收弹性明显的领域，适宜选择隐性支出方式中的税式支出方式。从财政支出的具体项目来看，购买性支出只能采取显性支出方式。转移性支出中的社会保险支出和社会福利救济支出，也适合采用显性支出方式。

（二）完善财政拨款方式，提高资金使用效率

第一，要健全地方各级分税制财政体制，减少财政拨款环节。中央和地方分税制财政体制确立后，应加快建立省、市、县、乡（镇）各级分税管理体制，特别是完善乡（镇）财政管理体制。制定科学的县对乡（镇）转移支付制度，提高财政资金的分配效率，缓解收支矛盾。第二，要扩大推行政府采购制度，增加财政拨款的透明度。政府采购制度是一种行之有效的支出管理制度，为世界许多国家所采用。国内外的实践证明，实行政府采购制度，不仅总量节约，还提高了财政资金支出的效率，财政资金可以从国库账户直接进入采购账户，规范了政府分配，减少了分配环节，节约了分配时间，扩大了财政分配资金总量。

（三）合理使用财政补贴方式

第一，清理整顿现行的补贴项目，合理确定补贴范围。对财政补贴项目要进行清理、筛选、压缩，补贴范围应主要集中在以下领域：一是农副产品生产和流通领域。通过财政补贴的介入，以改善农业在市场竞争中的不利地位，保护农民利益，保持主要农副产品生产和供应的稳定。二是固定资产投资领域。在市场化的固定资产投资活动中，非政府投资主体的投资占有举足轻重的作用。政府要贯彻国家产业政策，除直接投资外，还需要利用贴息，以及对某些需要发展的产业、企业、产品实行减免税等间接的财政补贴来诱导主体的投资方向。三是重要的国有企业。如军工、航天、铁路、邮政承担政府赋予的某些特殊责任而发生亏损的企业，需要进行财政补贴。四是社会公益事业。第二，要制定科学合理的补贴标准，逐步减少补贴数额。必要的补贴项目，也要制定科学的合理的补贴标准，大力压缩补贴规模，使之与国家财力相适应。第三，要改进补贴方式。一是变暗补为明补，增加补贴的透明度；二是变全民福利性补贴为目标补贴，实行补贫不补富；三是变刚性补贴为弹性补贴，使补贴适时、适度；四是变被动补贴为主动补贴，按照“亏损—补贴—技术进步—效益提高—盈利—上缴财政—取消补贴”的思维方式实施补贴方案。

（四）提高财政贴息的效果

第一，财政贴息要以产业政策为依据，以市场为导向，以优化产品产业结构为目标。要突出重点，兼顾一般，对重点骨干企业的技术改造和技术引进项目给予优先扶持，充分发挥贴息资金的扶持、引导和带动作用。要有利于优化企业的资本结构，提高经济效益及增加社会就业。第二，加强财政贴息的选项、可行性论证和科学决策，坚持政策性与效益性相统一，可考虑将贴息率按项目盈利能力和回收期限的不同加以区别对待。建立严密的可行性研究、集体决策制度和内部监督机制。加强审计，以抑制与利率双轨制和政策性金融相关的寻租现象。第三，在运用财政贴息方式引导社会资金的过程中，政策部门加强与有关部门的协调，使政策落到实处。

（五）积极利用税式支出方式

第一，科学界定税式支出的范围。在市场经济条件下，政府的主要职能是提供公共物品，为经济、社会安全和协调发展创造良好的外部环境。市场经济中的政府具有经济管理职能，但仅限于市场失灵领域，并主要运用经济手段进行调节。税收的主要职能是取得财政收入，保证政府提供公共物品的物质需要。所以，我国税式支出的范围应限制在市场机制作用不大或者失灵的领域。现阶段特别要运用税式支出政策，贯彻国家的产业政策、区域发展政策和社会政策，如农业、能源、交通、基础设施建设、高新技术产业、社会保障、收入分配等。第二，明确税式支出的政策目标。根据当前的国际形势和我国的基本国情，在界定税式支出范围的基础上，明确税式支出的政策目标。具体说，可以把技术进步作为税式支出的第一政策目标，把产业结构调整作为税式支出的第二政策目标，把吸引和利用外资作为税式支出的第三政策目标。税式支出政策应积极配合国家宏观经济调控目标，鼓励企业技术进步，激励出口产业，提高企业市场竞争能力；鼓励各类企业和个人投资，鼓励发展多种类型经济，扩大就业、促进再就业；鼓励特定产业和部门投资，激励产业结构调整，促进市场主体的公平竞争；鼓励对落后地区的投资，激励外商投资，促进中西部经济快速发展，从而实现科技兴国战略、就业优先战略、西部大开发战略和走新型工业化道路、全面建设小康社会的总体目标。第三，优化税式支出的方式。从税种来说，应当以所得税与财产税等直接税作为税式支出的主要手段，尽可能少地选择增值税等流转税作为税式支出的手段。从税收要素来说，应主要运用由税基和纳税时间构成的间接税收优惠的手段，尽可能少地采用由税率和税额构成的直接税收优惠的税式支出手段。

四、建立规范、公开、透明的财政支出管理模式

建立适应现代市场经济发展要求的规范、公开、透明的财政支出管理模式，是确保财政支出结构优化的重要条件。第一，完善政府预算管理体系。建立健全包括公共财政预算、政府性基金预算、国有资本经营预算和社会保险基金预算的全口径政府预算收支管理制度，全面反映政府收入和支出活动，并实行政府财务报告制度。第二，强化预算编制和执行管理。加快支出标准建设，建立滚动式项目库，强化基本支出管理，完善重大项目预算事前评审机制，科学编制预算，加强预算执行管理，提高预算支出的及时性、均衡性、有效性和安全性。第三，加强预算绩效管理。完善国库集中收付、政府采购、“收支两条线”等预算执行管理制度，建立并完善覆盖各个政府级次的预算动态监控体系。建立健全覆盖预算编制、执行、监督全过程的预算绩效管理机制。强化绩效目标管理，加大绩效监控管理，扩大绩效评价试点范围，提高绩效评价工作质量，完善绩效评价结果应用。构建全国基本统一的绩效评价指标体系，着重加强民生支出绩效评价指标体系。第四，完善财政支出评价机制。深入推进预算绩效考评，实施绩效考评结果公示和应用，促进提高公共服务水平和公共物品质量；进一步推进政府信息公开，提高财政支出的透明度，发挥舆论监督作用。

五、改善公共治理机制，提高财政支出的效率与效果

所谓治理，是指政府官员和公共机构取得并运用权力，制定公共政策和提供公共物品与服务（包括提供基础服务、基础设施以及安全的投资环境等）的方式。高质量的治理往往表现为：公开、透明、可预期的公共政策的制定；恪尽职守的行政系统；得力而负责任的执行机构；公民社会广泛参与公共事务；上述各方行为的法治环境。大多数的经验研究表明，良好的治理有利于提高公共支出的效果。

完善的公共治理机制包含公共支出的决策、融资、生产、监督与问责的全过程。政府的责任是为公民获得基本公共服务提供制度保证，并成为基本公共服务的最后出资人。但这并不是说，所有的公共物品服务都必须由政府出资或生产。有能力的政府将会灵活运用监管、融资和生产三种角色，充分发掘社会其他主体的潜力，以最小的成本和最能发挥非政府主体积极性的方式，达到这一目的。未来，中国政府应努力推动建立一个负责任的个人与负责任的政府良性互动的公共物品与服务治理框架。

六、完善财政支出监督问责机制

财政资金的配置是一种再分配行为。由于政策结果的非中性特征，各利益相关者也会从自身利益出发，通过各种方式游说决策部门，请主管领导打招呼，动员社会舆论，甚至通过直接贿赂来引导财政部门最终采用对其有利的支出方式。这又刺激决策者在选择支出方式的过程中通过创设租金以牟取不正当的利益。因此，仅仅通过政府间职责的划分，不足以使公共部门自动实现公共物品和服务的有效供给。一个有效监督和可问责的政治体系对财政支出结构优化改革的成败是至关重要的。

随着体制改革进程的深入，中国的财政分权越来越需要走向制度化。制度建设的重心应当是使决策单位面临硬预算约束，培养财政决策的可问责性，避免财政贪腐与浪费。为此，未来中国政府应继续深化财政与预算管理制度改革，提高各级政府预算的完整性，强化其法治性，加强立法机关对各级财政及政府部门的监督。

思考与讨论：

1. 试述“瓦格纳法则”的基本原理。
2. 试述购买性支出与转移性支出的区别。
3. 试述我国财政支出的最优规模。
4. 试述我国财政支出结构优化的路径选择。

本章推荐阅读文献：

1. 成思危、厉以宁、吴敬琏、林毅夫：《改革是中国最大的红利》，人民出版社，2013 年。
2. 吴敬琏、马国川：《重启改革议程：中国经济改革二十讲》，生活·读书·新知三联书店，2013 年。

本章主要参考文献：

1. 陈东琪、宋立：《新一轮财政税收体制改革思路》，经济科学出版社，2009 年。
2. 傅勇、张晏：“中国式分权与财政支出结构偏向——为增长而竞争的代价”，《管理世界》，2007 年第 3 期。
3. 龚锋、卢洪友：“中国公共支出结构、偏好匹配与财政分权”，《管理世界》，2009 年第 1 期。
4. 李永友：“公共服务型政府建设与财政支出结构效率”，《经济社会体制比较》，2011 年第 1 期。

5. 吴俊培、吴莲芳："腐败与公共支出结构偏离"，《中国软科学》，2008 年第 5 期。

6. 周黎安："中国地方官员的晋升锦标赛模式研究"，《经济研究》，2008 年第 7 期。

第三章
财政收入理论与中国财政收入分析

【本章序言】　财政收入的分析是财政理论的重要组成部分。财政收入既是国家占有的以货币表现的一定量的国内总收入，又体现了国内总收入在公共部门和私人部门之间的分配关系或利益关系。进行财政收入分析的首要前提是对财政收入作出科学的分类。

在财政收入的构成中，税收收入一般是最为重要的部分，税负水平的高低也是衡量一个经济体财政负担的关键指标之一。党的十八届三中全会将"稳定税负"作为进一步深化财税体制改革的原则之一，因此我们有必要理解宏观税收负担的内涵和我国目前宏观税收负担的水平。除了税收收入之外，财政收入还包括非税收入和债务收入等类型。本章介绍了不同类型财政收入的内容、发展、现状以及存在的问题，探讨了完善财政收入体系的方向与路径。

第一节
财政收入的概念与类型

一、财政收入的概念

财政需要提供公共物品来满足公共需要，要从国内总收入中集中一部分收入。因此，财政收入是指政府为了满足支出的需要，在预算年度内通过一定的形式和程序，有计划地筹措到的归国家支配的资金。财政收入既是一定量的货币收入，又是一个体现各种利益关系的分配过程。财政收入是国家参与国民收入分配的主要形式，也是政府履行职能的财力保障。

在一个规范的财政体制下，财政收入应该等同于政府收入。但是考虑我国经济体制转轨的特殊情况，长期以来我国财政收入的概念较为混乱，特别是收费项目繁多，管理方式不一，财政统计不够规范，形成了政府收入、财政收入、政府性基金收入、预算外收入、制度外收入等不同称谓。在政府收支分类改革之前，财政收入、政府性基金收入、预算外收入、制度外收入等项目加起来的总和构成了政府收入，而预算外和制度外收入不仅未纳入财政收入统计，而且没有实行预算管理，造成了财政收入管理的混乱。

为了进一步规范政府筹集收入的行为，也便于与国际通用做法接轨，经国务院批准，我国财政部自2007年1月1日起实施政府收支分类改革，建立了更加符合公共财政要求的政府收支制度，清理了预算外的乱收费、乱罚款和乱摊派。改革之后，“收入分类”较为全面地反映了政府收入的来源和性质。2011年后，以预算管理模式划分，中国的各类政府收入已经全部纳入预算管理，包括公共财政收入（又称一般预算收入或财政收入）、政府性基金收入、社会保险基金收入和国有资本经营收入四大类。通常我国财政收入主要是指纳入公共财政预算管理，可以统筹安排用于民生支出，提供一般公共物品和服务的公共财政收入。

二、财政收入的类型

按照财政收入的形式分类，财政收入包括税收、收费、债务收入、铸币收入（铸币税）和通货膨胀收入（通货膨胀税）。在2011年之前，按照财政资金的管理方式，我国财政收入还可以分为预算内和预算外两大类。预算内收入的特征是统一纳入国家预算，按照国家预算立法程序实行规范管理，由各级政府统筹安排使用。预算外收入则是各级政府根据具有法律效力的法规采取收费形式而形成的专项资金或专项基金，在使用上由收费各部门安排，在统计上未纳入“财政收入”统计。预算外收入科目2011年被取消，预算外资金全部纳入预算管理。

2011年修订后的《2011年政府收支分类科目》，对财政收入进行更加规范的分类。第一类是税收收入，下设增值税等21款；第二类是社会保险基金收入，下设基本养老保险基金收入等9款；第三类是非税收入，下设政府性基金收入等7款；第四类是贷款转贷回收本金收入，下设国内贷款回收本金收入等4款；第五类是债务收入，下设国内债务收入、国外债务收入2款；第六类是转移性收入，下设返还性收入等9款[①]。

由于税收收入、非税收入、债务收入等将设专章讲授，这里简单介绍一下贷款转贷回收本金收入和转移性收入。

1. 贷款转贷回收本金收入

贷款转贷回收本金收入是指国内外贷款回收本金的收入及国内外转贷回收本金的收入，反映了财政资金在国内外借贷运作中的收益情况。具体包括国内贷款回收本金收入、国外贷款回收本金收入、国内转贷回收本金收入和国外转贷回收本金收入四个

① 财政部网站，《中国财政基本情况》(2011)，http://www.mof.gov.cn/zhuantihuigu/czjbqk2011/。

子目。其中，国内贷款回收本金收入反映的是收回的技改贷款及其他财政贷款本金收入等。国外贷款回收本金收入反映的是收回的我国政府向外国政府贷款、国际组织贷款以及其他国外贷款的本金收入。国内转贷回收本金收入反映的是收回的政府部门向外国政府，国际金融机构借款转贷给其他地方政府、相关部门和企业的款项。国外转贷回收本金收入则是反映收回的中央政府部门向外国政府、国际金融机构借款转贷给国外有关机构和企业的款项。

2. 转移性收入

转移性收入是政府间的财政资金转移。1995 年出台了一般性转移支付制度（也称为过渡期转移支付，现称为均衡性转移支付），作为分税制财政管理体制改革的配套措施，再加上其他专项转移支付制度，形成了多种转移性收入形式并存的局面。

返还性收入是分税制改革后中央对地方的税收返还，包括增值税、消费税返还和所得税基数返还等。均衡性转移支付主要按照各地标准财政收入和标准财政支出差额以及转移支付系数计算确定，凡标准财政收入大于或等于财政支出的地区，不纳入转移支付范围。均衡性转移支付具有显著的均等化效果，有助于增强中西部等经济欠发达地区财力，促进区域间协调发展与社会和谐。专项转移支付则是为了配合中央宏观政策目标，对基础设施建设、农业、教育卫生、社会保障以及环境保护等方面给予专项支持，并通过专门的管理办法确保资金的有效使用。除此之外，转移性收入还包括政府性基金转移收入、地震灾后恢复重建补助收入等。

三、财政收入体系的发展

（一）逐步构建现代税收制度[①]

20 世纪 80 年代之后，随着经济的发展和改革的深化，我国公共财政收入体系逐步向适应市场经济的方向变化，税收收入的比重逐步扩大，先后完成了国营企业“利改税”、工商税制改革、涉外税收法规的建立等重大变化，逐步构建适应市场经济发展的税收制度。

为了进一步适应市场经济的发展和分税制财税体制改革的要求，1994 年，我国进行了税收制度的重大改革。这次税制改革的指导思想是：以复合税制为基础，统一税法、集中税权、公平税负、简化税制，规范分配方式，理顺分配关系，保障国家财政收入的稳定增长，建立符合社会主义市场经济发展要求的税收体系。改革侧重于税制的结构调整，实现公平税负、鼓励竞争。主要内容有：

1. 流转税体制

建立以增值税为主体的新流转税制度，对部分产品开征消费税，改革营业税制，对提供劳务、转让无形资产和销售不动产保留征收营业税。改革后的新流转税制度，统一适用于内资企业和外商投资企业，取消了对外商投资企业征收的工商统一税。原来征收产品税的农、林、牧、水产品，改为征收农业特产税和屠宰税。

① 贾康、赵全厚编著：《中国财税体制改革 30 年回顾与展望》，人民出版社，2008 年 11 月。

2. 所得税制

改革企业所得税制度，取消了按所有制性质设置所得税的做法。对国有企业、集体企业、私营企业以及股份制和各种形式的联营企业，均实行统一的企业所得税制度，相应取消了大中型国有企业调节税，规范了税前扣除项目和列支标准，在统一税基的基础上，实行33%的比例税率，并统一实行由纳税人就地向主管税务机关缴纳的办法。

简并个人所得税，将过去的个人收入调节税、适用于外籍人员的个人所得税和城乡个体工商户所得税简化、合并，建立统一的个人所得税。

3. 其他税收制度的改革和调整

一是加强农业税制与工商税制的衔接，将原来的农林特产农业税和原工商统一税种的农林牧水产品税目合并，改为农业特产税。二是开征土地增值税。三是改革资源税。四是改革城市维护建设税。五是把对股票交易征收印花税的办法，改为征收证券交易税。六是把特别消费税和烧油特别税并入消费税，盐税并入资源税。

在新税制运行过程中，针对出现的问题和变化的经济社会状况，不断进行改革和调整。如十六届三中全会提出“简税制、宽税基、低税率、严征管”的税制改革思路，2004 年 1 月 1 日启动出口退税制度改革，2005 年废除农业税，2008 年 1 月 1 日合并内外资企业所得税，2009 年 1 月 1 日增值税转型改革开始实施，2012 年 1 月 1 日增值税扩围改革开始试点等。

2013 年 11 月 12 日，中国共产党第十八届三中全会通过了《中共中央关于全面深化改革若干重大问题的决定》，提出要进一步“完善税收制度”，以实现“优化资源配置、维护市场统一、促进社会公平、实现国家长治久安”等目标。

（二）非税收入管理的逐步规范

在我国，非税收入曾经包括预算内非税收入和预算外非税收入。2011 年将预算外资金全部纳入预算管理，相应删除了预算外收入科目。

我国预算外资金由来已久，在传统的高度集中的计划经济体制下，预算外资金项目很少，金额也小。但是 20 世纪 80 年代实行经济体制改革后，地方政府和企业自主权扩大了，预算外资金的范围发生了较大变化，规模不断扩大，并且保持了较快的增长速度。当时的预算外资金主要包括三个方面：一是地方财政的各项税费附加；二是行政事业单位的一些收费、基金；三是国有企业的折旧基金、税后留利等。

1996 年，在国务院《关于加强预算外资金管理的决定》发布之后，预算外资金重新定性，即预算外资金属于财政资金，不是部门和单位的自收自支的资金。

2001 年底，国务院办公厅转发了《财政部关于深化收支两条线改革，进一步加强财政管理意见的通知》，以综合预算编制为出发点，以预算外资金管理为重点，以强调收支脱钩为中心，以国库管理制度改革为保障，明确提出进一步深化“收支两条线”改革，标志着预算外资金管理进入了一个新的时期。

专栏 3-1

美国《纽约时报》上曾经有一篇文章，题目是“在中国，公路收费站到底是在为谁收费?”。按照传统财政学的观点，高速公路是一种混合公共物品，通过收费的方式缓解拥堵。过路费作为政府收入的一部分，是以弥补修建高速公路支出为依据的。但是，在中国很多地方，收费公路已经变成了“聚宝盆”。中国国家审计署2006年度审计工作报告显示，中国收费公路违规收费、超期贷款已经成为一个突出问题。其中贵阳市的一条公路，建设投资3196万元，银行贷款约1500万元，但该公路被勒令停收前，收取的过路费已高达6371万元，是贷款的4倍多。另一个相关的问题更具有中国特色，履行过路费征收职能的不是政府部门的派出机构，而是国有企业，如公路发展集团有限公司等。

2010年6月，财政部制发《关于将按预算外资金管理的收入纳入预算管理的通知》，规定自2011年1月1日起，中央各部门各单位的全部预算外收入纳入预算管理，收入全额上缴国库，支出通过公共财政预算或政府性基金预算安排。地方各级财政部门要按照国务院规定，自2011年1月1日起将全部预算外收支纳入预算管理。相应修订《政府收支分类科目》，取消全部预算外收支科目。这是我国预算管理制度改革乃至财政制度改革进程中的又一个重要里程碑。一是规范了政府资金的分配秩序，保证了预算的完整，推动了公共财政预算、政府性基金预算、国有资本经营预算和社会保险基金预算组成的有机衔接的政府预算体系建设；二是规范了市场经济秩序，有利于减少乱收费、乱罚款和乱摊派等不良现象，从源头上治理腐败；三是强化了财政资金管理，有利于加强人大和社会各界对财政资金的监督，提高财政管理透明度和依法理财水平。

（三）国债的发行与国债市场建设

我国于1981年恢复发行国债，到目前国债已经成为调节国家财政收入和调节宏观调控的重要手段。在1993年之前，我国国债发行规模的变化经历了两个阶段：第一阶段是1981—1990年，年均发行额仅为39.5亿元，占同期财政收入的比例很小；第二阶段是1991—1993年，从1991年起发行规模第一次跃上了200亿元的台阶，年均发行额大体在303.1亿元左右。1998年以来，随着积极财政政策和稳健货币政策的执行，国债的发行规模迅速上升。

随着国债发行规模的扩大，国债资金的使用管理日益受到重视。特别是实行积极财政政策以来，为了保证国债建设资金及时到位、合理使用、充分发挥效益，国债资金的管理与监督成为各级财政部门的一项重点工作。各级财政部门除积极参与做好建设项目的选审工作外，还在调整预算、划拨资金、落实配套资金、制定管理办法、加强监督检查等方面做了大量工作。

四、财政收入的规模

财政收入是政府职能发挥的财力保障，同时也反映了企业和居民对政府活动经费的负担水平。财政收入规模过小，会限制政府的活动，导致一些公共服务和公共物品无法提供；财政收入规模过大，将过多占用公共资源，加重企业和居民的负担。因此，有必要保持一个合理的财政收入规模。

需要指出的是，一国的财政收入规模取决于政治、经济、社会以及各国的历史文化传统和特殊国情等多种因素，因此各国的财政收入规模水平各不相同，并且没有一个统一和绝对的标准来判断。一般的分析方法，是采取同本国自身的纵向比较和同外国的横向比较的方式，分析财政收入规模的发展趋势，将其作为合理确定财政收入规模的参考值，最终仍然需要根据本国的国情通过预算程序来确定。

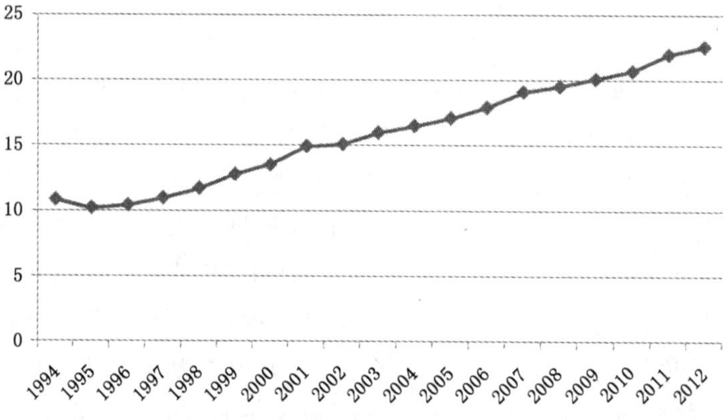

图 3-1 历年公共财政收入占 GDP 的比重（1994—2012 年）

资料来源：《中国统计年鉴（2013）》。

1993 年，党的十四届三中全会第一次提出要“逐步提高财政收入在国民生产总值中的比重，合理确定中央财政收入和地方财政收入的比例”（被称为“两个比重”）。此后几年，党和国家相继在此问题上表达了要提高“两个比重“的观点。1994 年分税制改革之后，“两个比重”都开始回升，并在 1998 年之后表现为快速回升的趋势，2012 年公共财政收入占 GDP 的比重达到 22.57%（见图 3-1）。

表 3-1 党和国家历年对提高“两个比重”的表述

日　期	会议/报告	内　　容
1994.3.24	八届全国人大二次会议政府工作报告	积极培植财源，提高企业效益，严格税收征管，努力增加财政收入，使财政收入增长与经济发展相适应
1994.8.2	全国财政工作会议	充分调动各级财税部门的增收积极性，明确税收返还政策，狠抓收入管理

续表

日 期	会议/报告	内 容
1995.9.28	中共中央关于制定国民经济和社会发展“九五”计划和2010年远景目标的建议	为解决国家财力严重不足、宏观调控能力减弱的问题，必须深化财税改革，健全财政职能，加强税收征管，提高财政收入占国民生产总值的比重和中央财政收入占全国财政收入的比重
1996.3.5	关于国民经济和社会发展“九五”计划和2010年远景目标纲要的报告	要健全财政职能，提高财政收入占国民生产总值的比重，以及中央财政收入占全国财政收入的比重，逐步实行规范的转移支付制度
1997.9.12	中国共产党第十五次全国代表大会	要正确处理国家、企业、个人之间和中央与地方之间的分配关系，逐步提高财政收入占国民生产总值的比重和中央财政收入占全国财政收入的比重，并适应所有制结构变化和政府职能转变，调整财政收支结构，建立稳固、平衡的国家财政
1997.12.11	中央经济工作会议	要继续理顺财政收支结构，强化税收征管，严格控制财政支出，逐步提高财政收入占国民生产总值的比重和中央财政收入占全国财政收入的比重
2000.10.11	中共中央关于制定国民经济和社会发展第十个五年计划的建议	完善分税制，推进税费改革，逐步提高国家财政收入占国内生产总值的比重和中央财政收入占全国财政收入的比重，提高财政保障能力，注意防范财政风险

经济发展是财政收入增长的经济基础。在假定税收制度不变、管理力度不变的条件下，经济发展水平越高，财源越丰富，财政收入占GDP的比重越高。改革开放以来，我国GDP实现了较大增长，2007年GDP达到24.66万亿元，比1978年的3645.2亿元增长了66.7倍，比2002年增长65.5%。近五年来，我国GDP年均增长也达到了10.6%。经济的增长带来了财政收入的增长。

税制改革为财政收入增长奠定了制度基础。1994年的工商税制改革和分税制改革，基本建立了符合社会主义市场经济的工商税收制度和分税制度，为税收的快速增长奠定了制度基础。而分税制改革进一步规范了政府之间的财政关系，调动了中央和地方共同组织收入的积极性，为税收快速增长奠定了组织基础。

第二节

我国宏观税负水平的分析

保证财政收入持续稳定增长一直是世界各国的主要财政目标。为了比较和衡量一国的财政收入规模，通常采用的指标是宏观税负水平。狭义的宏观税负是指一国纳税人一定时期因政府课税而减少的私人部门资源总量，一般通过一定时期的税收总量占GDP的比重加以衡量，表明纳税人对国家课税的承受状况。而广义的宏观税负是指一定时期的财政收入或政府收入占GDP的比重，用来衡量政府在全部国民收入分配中的比重。在国民收入一定的情况下，宏观税负的轻重直接决定着政府集中社会资源的程度，也决定着政府与纳税人之间的经济利益分配格局。因此，宏观税负从来都是一个事关整体利益与局部利益关系的焦点问题。确立合理的宏观税负水平，不仅是一个财政问题，更是一个治国安邦的大问题。

一、衡量宏观税负水平的方法

目前，衡量宏观税收负担比较常用的指标有三个：

$$\text{税收负担率}=\frac{\text{税收收入或政府收入}}{\text{国内生产总值}}\times 100\%$$

$$\text{税收负担率}=\frac{\text{税收收入或政府收入}}{\text{国民生产总值}}\times 100\%$$

$$\text{税收负担率}=\frac{\text{税收收入或政府收入}}{\text{国民收入}}\times 100\%$$

如果将“税收收入”作为分子，反映的是全体纳税人实纳税款的总量，在我国被称为小口径的宏观税负。由于政府机构征收税款和纳税人缴纳税款是征收活动的两个方面，若单从征纳过程中税款征缴的角度看，仅仅是权利行使和义务履行所完成的所有权转移，并不会导致对社会经济财富的任何消耗。因此，通常情况下的税收收入与实纳税额在内容、形态或物量等方面都保持着高度的一致，能准确地反映纳税人实纳税款总量情况。但在实际中，非税收入或预算外收入比重过大可能使得税收收入无法准确衡量纳税人实际负担的程度。而将“政府收入”作为分子，在我国被称为大口径的宏观税负，能够反映政府集中的全部社会资源的程度。OECD和IMF等国际组织在政府收支统计数据中也大多采用这一标准。

这三个指标分别以“国内生产总值”、“国民生产总值”和“国民收入”反映可支配剩余产品的总量。国内生产总值是一国或地区在一定时期（通常为一年）内所生产的全部最终产品和所提供的服务的价值总量。反映该国或地区所属各类生产单位的各类物质产品和服务，在扣除原材料、燃料、动力及支付其他单位提供的劳务费用支出等中间投入后的价值增加成果。从生产角度看，它是各类生产单位的毛增加值之和；从分配角度看，它是利润、税金、劳动者收入、股息、利息、折旧等项之和；从使用角度看，它是消费、投资、库存增加、净出口等项之和。国民生产总值核算反映的内容与国内生产总值基本一致，差别仅在于基本核算单位范围的划分上。国民生产总值依据常住居民标准来确定基本核算单位，而国内生产总值依地域原则来确定基本核算单位。国民收入是指一国或地区各类生产单位的总产值（总收入）在扣除全部物化劳动转移（物质消耗）后的净值增加成果，反映该国或地区各类生产单位当年的新创国民财富。从生产角度看，它是各类生产单位的净产值之和；从分配角度看，它是利润、税金、利息、劳动者收入之和。这三项指标既有联系，又有差别，通过调整可完成三指标之间的转换。国民生产总值比国内生产总值多了“国外净要素收入”一项，比国民收入除多“固定资产折旧”项目外，还多一个因以市场销售价格计算产品和服务支出费用数为标准核算国民生产总值而造成间接税重复计算的因素。

二、对我国宏观税负水平的认识

学术界对我国宏观税负水平高低的争议比较大，大致有三种不同观点。这主要是因为在对我国宏观税负的研究中，存在是采用小口径宏观税负标准、中口径宏观税负标准，还是采用大口径宏观税负标准的问题。

有相当多的学者指出我国大口径宏观税负水平偏高。如安体富、岳树民（1999）从企业负担重和财政困难并存的现实矛盾，对我国宏观税负水平进行了分析和判断，指出我国的小口径宏观税负偏低，但大口径宏观税负偏高。杨斌（2005）也指出，我国法定征收的税收负担水平不重，但由于征税权和征费权的分散性，总体税费负担相当沉重。钟鸣明（2007）分别从财政收入、财政支出以及经济增长的角度研究我国的宏观税负问题，认为从前两个角度来看，我国的宏观税负偏高。李波（2007）通过对我国宏观税负水平的国际比较，认为我国大口径宏观税负大大超过了中低收入国家的合理水平，高于发展中国家宏观税负水平，接近发达国家宏观税负水平。多位学者的实证研究也得出了类似的结论。如薛钢（2011）对我国2001—2009年的宏观税负按照小口径、中口径和大口径分别进行测算，其中大口径宏观税负在9年间平均为28.71%，2009年达到32.20%。陈旭东（2012）对我国2010年的宏观税负水平按不同的7个口径进行测算，以最小口径测算的宏观税负水平为19.45%，以最大口径测算的宏观税负水平为36.16%。

也有许多学者认为我国当前的宏观税负水平并不高。朱青（2007）指出，2005年，瑞典、丹麦、比利时、挪威、芬兰等西欧发达国家的宏观税负都超过40%，在发达国家中只有美国和日本的宏观税负比较低，2005年分别为26.8%和26%。相比之下，中国2006年的宏观税负从小、中、大三个统计口径来说分别是16.5%、20%和25%，因此，中国的宏观税负并不高。林赟、李大明等（2009）按照OECD界定的宏观税负概念，将我国调整后的宏观税负数据与24个OECD国家进行比较，发现我国宏观税负目前仍处于世界较低水平，但增长趋势明显，税负差距逐步缩小。并进一步指出，如果我国经济持续高速增长，而税收政策没有重大调整，短期内我国宏观税负仍会提高。肖捷（2010）批驳了福布斯杂志发布的2009年我国税负痛苦指数世界排名第二的说法，提出要比较分析宏观税负水平，不能脱离不同国家所处的发展阶段和政府职能范围。此外，《人民日报》记者罗彦、谢卫群（2011）采访的多位专家也认为，我国当前的宏观税负水平并不高。如张斌指出，国际上宏观税负有OECD和IMF两种统计口径，按照OECD统计口径计算，2009年我国宏观税负为21.7%，低于美国、日本、德国、法国等发达国家；按照IMF统计口径计算，2009年我国宏观税负约为31.4%，低于发达国家与发展中国家的平均水平。

根据2012年的数据，可以从三个口径来衡量我国的宏观税负。一是小口径的宏观税负，即税收收入占GDP的比重。2012年税收收入为100614.28亿元，税收收入占GDP的比重为19.39%。

二是中口径的宏观税负，是指财政收入占GDP的比重，包括税收收入和纳入公共财政预算管理的非税收入。2012年，公共财政收入为117253.52亿元，占GDP的比重为22.59%。如果加上社会保障基金净收入，则收入达到了144291.81亿元，占GDP的比重为27.80%。

三是大口径的宏观税负，指全部政府收入占GDP的比重。除公共财政收入、社会保险基金收入外，还包括政府性基金收入和国有资本经营预算收入。2012年，上述各项合计收入规模达到了183322.61亿元，占GDP的比重达到了35.33%。如果不计入国有土地出让收入，政府收入占GDP的比重为29.76%。

专栏3-2

税负痛感指数

《福布斯》杂志自2005年起每两年发布一次“全球税负痛苦指数”排名，自发布以来，中国均高居前三名。尽管这一指数看似对各个国家一视同仁，但仔细解读就会发现，其将企业所得税、个人所得税、雇主社会保险税（费）、雇员社会保险税（费）、销售税和财产税的最高名义税率加总求和的计算方式，存在着极大的不足：对最高名义税率的选取以偏概全，没有考虑税制结构的权重因素以及对名义税率和实际税率的混淆等。尽管如此，近年来政府收入增长速度远高于GDP增长速度，民众所感受到的自身的税收沉重负担与该指数相印证，仍然使得这一排名备受关注。

如何衡量宏观税负轻重？常用的小口径、中口径、大口径宏观税负计算方式各有其根据，但得出的结论却差异很大。而单纯根据最高名义税率加总的方法，则简单粗暴，不能对实际情况真实反映。为此，税负痛感指数这一指标应运而生。

$$税负痛感指数=\frac{公民的税收负担水平}{具有合意性的公用产品供给水平}=\frac{政府来自国内的全部收入}{政府的民生支出}$$

根据国际货币基金组织的数据，在一并进行测算的27个发展中国家中，中国税负痛感指数排名12位，1.225的数值略高于2010年发展中国家的平均值1.216，在发展中国家中处于中等位置。而与31个发达国家相对比，中国税负痛感指数排名第9位，1.225的指数值明显高于发达国家2010年的平均值1.148，处于较高的水平。综合来看，我国的税收痛苦程度在世界范围内中等偏高，税收已给民众带来了沉重的痛苦及负担。

然而可喜的是，从纵向上看，2005—2009年，税负痛感指数由1.619降为1.225，总体上呈现出稳步下降的态势，民众获得1元合意的公共物品的成本由1.619元下降为1.225元，税收带来的痛苦降低了，这与民生投入的增加密不可分。

（资料来源：庞凤喜、潘孝珍："论税负痛感指数的构建及其运用"，《中南财经政法大学学报》，2013年第2期。）

三、宏观税负的国际比较

为了更好地判断我国宏观税负的水平，基于IMF制定的政府财政收入统计口径标准，计算不同国家的国内宏观税负水平，即政府来自国内的全部收入占GDP的比重。这一口径实际上与我国的大口径宏观税负相似。这一比重能够较为全面地衡量政府的收入规模，相比税收收入和公共财政收入这两个传统口径，更易进行国际比较。在IMF的统计数据中，社会保障收入作为税收收入的一部分被纳入财政收入的总额中，同时可支配政府性基金收入和国有资本经营收入作为非税收收入的一部分，也划分在政府收入中。

按国际可比口径，我国政府财政收入，除公共财政收入之外，还包括政府性基金收入（不含国有土地使用权出让收入）、国有资本经营预算收入、社会保险基金收入。不包括国有土地使用权出让收入，是因为根据IMF《政府财政统计手册2001》的定义，国有土地出让行为是一种非生产性资产的交易，结果只是政府土地资产的减少和货币资金的增加，并不带来政府净资产的变化，不增加政府的权益，因而不计作财政收入。按此口径计算，2012年，我国政府收入占GDP的比重为29.76%。

根据IMF政府统计资料（2012）计算，发达国家的大口径宏观税负非加权平均值为41.0%。其中，税收收入占GDP比重的加权平均值为25.4%，对宏观税负贡献达62%（见表3-2）。

表3-2　发达国家国内宏观税负的比重（2011年）　单位：%

国家	税收收入占GDP比重	社会保障占GDP比重	赠与收入占GDP比重	其他收入占GDP比重	政府收入占GDP的比重
奥地利	27.32	16.2	0.10	4.41	48.0
比利时	29.27	16.6	0.0	0.0	45.9
芬兰	30.66	12.7	0.22	10.32	53.9
法国	26.8	18.8	0.0	0.0	45.6
德国	22.93	16.9	0.18	4.62	44.6
希腊	21.54	13.2	0.24	7.33	42.2

续表

国家	税收收入占GDP比重	社会保障占GDP比重	赠与收入占GDP比重	其他收入占GDP比重	政府收入占GDP的比重
爱尔兰	23.67	6.5	0.0	0.0	30.2
意大利	28.84	13.7	0.22	3.29	46
卢森堡	25.99	12.0	0.15	3.49	41.6
荷兰	23.17	15.4	0.04	6.78	45.4
葡萄牙	23.6	12.2	0.92	8.19	44.9
西班牙	19.79	13.2	0.49	2.25	35.6
澳大利亚	25.5	0.0	0.0	6.4	31.9
加拿大	26.4	4.6	0.14	7.28	38.4
冰岛	31.83	4.1	0.18	5.74	41.8
日本	17.00	12.5	14.68	3.59	47.7
韩国	19.78	3.7	0.0	5.3	28.8
新西兰	30.8	0.0	0.0	9.28	40.1
挪威	33.29	9.5	0.0	14.5	57.3
新加坡	14.7	0.0	0.0	4.4	19.1
瑞典	37.12	7.6	0.08	6.6	51.3
瑞士（2010）	21.31	6.7	0.03	4.8	32.8
英国	29.13	8.4	0.2	2.99	40.6
美国	19.09	6.1	0.0	4.6	29.8
合计	25.4	9.6	0.7	5.2	41.0

资料来源：IMF Government Finance Statistics Yearbook 2012。

部分新兴国家和发展中国家的国内宏观税负非加权平均值为33%，低于发达国家水平。其中，税收收入占GDP比重的加权平均值为19.7%，对宏观税负贡献达59.7%，也低于发达国家水平（见表3－3）。

表3－3　部分新兴和发展中国家国内宏观税负的比重　单位：%

国家	税收收入占GDP比重	社会保障占GDP比重	赠与收入占GDP比重	其他收入占GDP比重	政府收入占GDP的比重
泰国	18.82	0.92	0.01	2.89	22.64
阿尔巴尼亚	18.85	4.32	0.29	1.73	25.19

续表

国家	税收收入占GDP比重	社会保障占GDP比重	赠与收入占GDP比重	其他收入占GDP比重	政府收入占GDP的比重
爱沙尼亚	20.39	12.29	0.0	0.0	32.68
匈牙利	23.62	13.22	2.23	14.8	53.87
拉脱维亚	18.56	8.61	4.65	3.71	35.53
立陶宛	15.97	11.3	3.24	2.33	32.84
罗马尼亚	18.21	8.73	1.05	4.36	32.35
伊朗	20.72	8.87	0.01	5.07	34.67
亚美尼亚	17.74	3.27	1.69	2.91	25.61
阿塞拜疆	12.83	2.45	0.01	32.17	47.46
白俄罗斯	24.72	9.69	0.0	5.39	39.8
格鲁吉亚	25.32	0.0	0.92	2.13	28.37
摩尔多瓦	21.79	9.98	1.93	2.98	36.68
蒙古	25.09	5.18	0.01	9.08	39.36
俄罗斯联邦	24.08	6.27	0.0	15.24	45.59
乌克兰	23.82	12.11	0.04	6.36	42.33
埃及	14.23	0.0	0.1	8.05	22.38
突尼斯	20.93	6.47	0.31	3.58	31.29
阿拉伯联合酋长国	21.46	0.33	0.0	5.55	27.34
也门	6.75	0.0	0.45	14.31	21.51
巴西	25.97	6.89	0.0	3.19	36.05
智利	20.52	1.35	0.0	2.71	24.58
哥伦比亚	17.63	4.44	0.0	7.22	29.29
洪都拉斯	15.72	2.93	1.12	3.74	23.51
合计	19.7	5.8	0.75	6.5	33

资料来源：IMF Government Finance Statistics Yearbook 2012。

通过比较可以发现，与发达国家相比，中国大口径宏观税负的水平（29.76%）低于2011年世界平均38.4%的水平，也低于发展中国家平均35.4%的水平。考虑到我国的政府性基金收入、国有资本经营收入和社会保险基金收入都具有特定用途，基本实行专款专用，实际上可统筹用于保障和改善民生等方面的公共财政收入水平并不高。

人均财力水平更能客观反映一个国家的财政实力。我国的人均财力水平远远低于世界主要国家的平均水平。按照国际可比口径计算，2012 年美国等主要发达国家人均财政收入均在 14000 美元以上，我国按汇率折算仅为 1781 美元，不足主要发达国家的 13%。

四、影响宏观税负的主要因素

（一）经济发展水平的影响

经济因素是决定一个国家长期的财政收入规模以及宏观税负水平的基本因素。经济发展水平反映一个国家的社会产品的丰富程度和经济效益的高低，社会产品越丰富，经济增长水平越高，社会产品就越丰富。这样税基就相对比较宽广，财政收入总额比较大，占国民生产总值的比重也比较高。从世界各国的现实状况来看，经济发展水平较高的发达国家，其宏观税负水平要高于经济发展水平较低的发展中国家，这在表 3－2 和表 3－3 中可以得到体现。可以说，经济决定财政，宏观税负水平的最终确定，不能脱离一定时期的经济发展水平，其增长应该是与生产力发展水平相协调的。

（二）分配制度和分配政策的影响

由于宏观税负水平反映的是政府集中资源的程度，因此政府的分配制度和分配政策是影响政府收入规模的另一个重要因素。即使是经济发展水平相当的国家，由于分配制度和分配政策不同，财政收入规模也存在着较大的差异。

我国改革开放初期，国民生产总值的分配格局发生急剧变化。宏观税负的水平 1978 年为 31.3%，到 1994 年下降为 12.0%，下降了 19.3 个百分点，同时企业收入所占比重上升了 3.3 个百分点，个人收入比重上升了 16 个百分点。政府收入比重不断下滑，同时分配制度又不健全，产生了大量的制度外收入。居民收入差距急剧扩大造成分配不公，通过再分配调节的难度很大。

因此，在经济体制改革中调整分配政策和分配体制是必要的，但是必须有严密的顶层设计，并要考虑国家财政的承受能力。十八届三中全会《全面深化改革若干重大问题的决定》明确提出要“稳定税负”，正是着眼于财政体制长期健康发展的考虑。

（三）政府职能及财政支出效率的影响

在一定时期内，宏观税收负担水平的高低取决于政府职能范围的大小。政府职能范围大，政府所需要提供的公共物品和公共服务数量多，宏观税收负担水平就会高一些，反之则低一些。在现代社会中，政府为了发挥其职能作用，日益扩大其规模和作用范围。而政府职能范围的拓展，必然使得政府支出的规模不断扩大，所以就要求有较大规模的财政收入来支持，进而要求宏观税负水平不断提高来满足政府的财力需要。而在政府职能既定的条件下，政府财政资金使用效率越高，政府所需要的财力越小，因此需要相对较小的税收规模，从而要求宏观税收负担较低。如果政府财政资金使用的效率低，浪费严重，那么同样职能的实现就需要较多的资金才可满足，这就需要相对较大的税收规模，也相应要求较高的宏观税负水平。

（四）价格变动的影响

财政收入是一定量的货币收入，是在一定价格体系下形成的，又是按照一定时点的现价计算的。因此，价格变动引起的国内生产总值分配格局的变化也是影响宏观税负水平的一个不容忽视的因素。在市场经济条件下，价格总水平一般呈上升趋势，一定范围内的上涨是正常现象，但是持续的、大幅度的、大范围的上涨就是通货膨胀。在通货膨胀时期，财政收入虽然增长，但是可能是一种“虚增”，即名义增长而实际并无增长。近年来财政收入快于 GDP 增长速度从而导致宏观税负水平上升，其中一个原因就是政府财政收入增幅是以现价计算，而 GDP 增幅是以不变价计算。以 2011 年为例，GDP 增幅按不变价计算是 9.2%，而按现价计算约为 17.4%，与财政收入 24.8% 的增幅差距明显缩小。

决定价格对财政收入规模影响的另一个因素是税收制度。如果是以累进所得税为主体的税制，纳税人适用的税率，会随着名义收入增长而提高，从而财政在价格再分配中所得份额将有所增加。如果实行的是以比例税率的流转税为主体的税制，税收收入的增长率等同于物价上涨率，财政收入就只有名义增长而没有实际增长。如果实行的是定额税，税收收入的增长反而低于物价上涨率，所以财政收入即使有名义增长，实际也是下降的。我国财政收入中税收收入占 90% 以上，而税收制度又是以流转税为主体的，因此就可能出现在物价大幅度上涨的情况下，财政收入增长率接近物价上涨率，从而使得宏观税负水平增加。

第三节

我国财政收入体系的现状、问题与改革

一、我国财政收入体系的现状

经过 30 年财税体制改革，我国已经建立健全了政府财政收入体系（见表 3－4），主要包括：（1）税收收入。这是财政收入的主要形式，也构成财政收入的绝大部分。（2）非税收入。虽然在财政收入总额中所占相对较少的份额，但也是财政收入的重要形式。除了专项收入、行政事业型收费、罚没收入外，还包括国有资本经营收入、政府基金收入和社会保险基金收入。（3）国债收入。公共债务是财政收入的重要补充形式，是为弥补财政收支差额或者从事项目建设等而产生的。

表 3－4　　我国政府财政收入的统计口径

公共财政收入		政府性基金收入	国有资本经营收入	社会保险费收入
税收收入	非税收入			
增值税、消费税、营业税、企业所得税、个人所得税、资源税、城市维护建设税、房产税、印花税、城镇土地使用税、土地增值税、关税等各税种收入	专项收入、行政事业性收费、罚没收入、其他收入	农网还贷资金收入、铁路建设基金收入、民航基础设施建设基金收入、转让政府还贷道路收费权收入、港口建设费收入、国有土地使用权出让金收入等共 37 项收入	利润收入、股利股息收入、产权转让收入、清算收入、其他国有资本经营收入	城镇职工基本养老保险费收入、失业保险费收入、城镇基本医疗保险费收入、工伤保险费收入、生育保险费收入

资料来源：根据财政部预算司网站和 2012 年《中国统计年鉴》整理。

（一）财政收入分项目现状分析

财政收入分项目构成的发展变化，是我国财政收入制度变化的反映。在过去的计划经济体制下，从国有企业获得的财政收入主要是上缴利润和税收两种形式，并且长期存在简化税制、以利代税的倾向。直到 1978 年，以上缴利润为主的企业收入项目仍占财政收入的 50% 以上。改革开放以后，随着经济体制改革的逐步深化，税收逐步取代了利润上缴。1983 年第一步“利改税”，对国有企业开始征收企业所得税；1984 年第二步“利改税”，将原先已经简并的工商税重新划分为产品税、增值税、营业税和盐税，同时开征或恢复了资源税等其他一些税种，大大增强了税收的财政收入功能和经济调节作用。随后对国有企业改制，并在较长时期内实行企业包干制，将已经开征的国有企业所得税包干上缴，而且是按照包干合同分别核定每个企业上缴的金额或比例，实际上国有企业所得税已经失去了税收的性质。直到 1994 年对工商税进行全面改革，才最终奠定了税收在财政收入中的主体地位。1996 年各项税收占财政收入的比重达到 93.3%。近年来由于预算外收入纳入预算管理，尤其是政府性基金收入和国有资本经营收入规模较大，税收收入占财政收入的比重略有下降，2012 年为 85.8%，2013 年为 85.6%，但是仍然是财政收入的主体。

2011 年，我国政府财政收入规模达到 156711.8 亿元，占 GDP 的比重为 33.1%。其中，公共财政收入规模为 103874.4 亿元，占全部政府收入规模的 66.3%；政府性基金收入为 26314.7 亿元，占全部政府收入规模的 16.8%；国有资本经营预算收入为 765.0 亿元，占全部政府收入规模的 0.5%；社会保险基金收入为 25757.7 亿元，占全部政府收入规模的 16.4%。

（二）中央与地方财政收入现状分析

分税制改革之前，中央财政收入占全国财政收入的比重呈下降的趋势。图 3－2 显示，1978 年到 1993 年财政收入占 GDP 的比重一直在下降。中央财政收入占全国财政收入的比重 1984 年上升到 40% 之后又开始下降，分税制改革前大约为 22%。

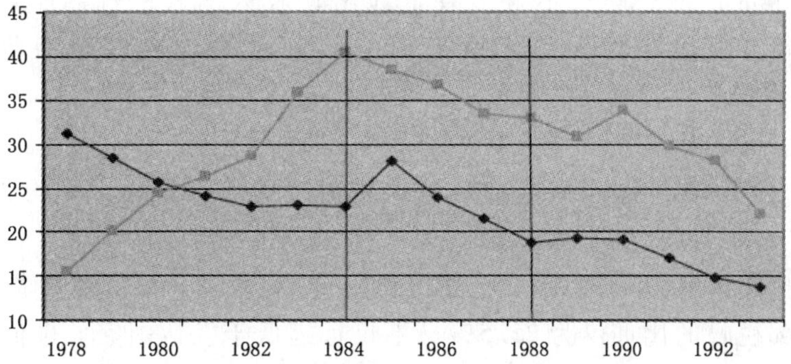

图 3-2　“两个比重”变化（1978—1993 年）

注：深色线表示财政收入占 GDP 的比重，浅色线表示中央财政收入占全国财政收入的比重。

分税制改革之后，我国一般预算收入中，中央财政收入占比有所上升，地方财政收入有所下降，但是中央的税收返还和转移支付大多用于地方。2012 年，我国公共财政预算收入中，中央本级收入占全国公共财政收入的 47.9%，地方本级收入占全国公共财政收入的 52.1%。中央对地方税收返还和转移支付相当于中央本级收入的 80.8%，也就是说，80.8% 的中央本级收入以税收返还和转移支付的形式转到地方使用。

二、财政收入体系存在的问题

（一）财政支出需求增加，但税负水平提高空间有限

随着国民经济的快速发展，我国财政收入持续较快增长，占国内生产总值的比重逐步提高，国家财政实力不断壮大，政府宏观调控和公共保障能力进一步增强。但是与宏观税负相应的财政支出，尤其是民生领域的财政支出，我国与发达国家相比还存在着较大的差距。我国财政支出中用于医疗卫生、教育、社会保障的“三项”支出占财政支出的比重低于发达国家近 20 个百分点。

虽然我国的宏观税负水平低于发达国家的平均水平，也低于发展中国家的平均水平，但是 1994 年财税改革提高了政府收入占 GDP 的比重，已经带来了一些新问题。如居民收入占 GDP 比重下降过多，20 年来降了 9 个点；企业收入占 GDP 比重不仅没降，反而大幅上升，20 年来上涨了 8 个点；部门内部差距拉大；居民收入差距问题最为突出，基尼系数连续十年在 0.47 以上；行业间、地区间收入差距也在扩大。因此，只有在财政收入稳定增长的同时调整财政支出结构，才能进一步提高改善民生和增强公共服务的财政能力。

（二）收入结构不合理，间接税比重过高

在政府收入构成中，由于政府性基金等非税收入增长迅速，税收收入比重有所下降。同时，在税收收入中，间接税收入占比过高，直接税（主要是个人所得税）收入占比偏低，资源、财产类收入占比过低。

2012 年，在整个政府收入中，税收收入的比重为 54.88%，纳入公共财政预算的

非税收入的比重是 9.08%，不含国有土地出让收入的政府性基金收入的比重是 4.71%，国有土地出让收入的比重是 15.76%，社会保险基金净收入的比重是 14.76%，国有资本经营收入的比重是 0.82%。也就是说，中国政府收入中来自税收之外的收入达到了 45.21%。

2011 年，OECD 发达国家全部税收中所得税的比重最高，平均为 48.0%，而拉美国家所得税类的比重仅为 31.0%。货物与劳务税的比重，发达国家仅为 42.8%，而拉美国家为 63.1%（见表 3－5）。与发达国家和发展中国家相比，中国所得税占全部税收的比重仅为 25.5%，不仅远远低于发达国家，也低于拉美国家。而货物与劳务税的比重为 65.4%，不仅远远高于发达国家，也高于拉美国家水平。当然，从发展趋势来看，由于所得税征管复杂，对经济增长等存在负面效应，所以近年来发达国家也加大了对货物和劳务税的征收力度。因此，我国未来应在充分完善货物和劳务课税的同时，积极创造条件，实现税制结构中所得税与流转税比例的总体协调。

表 3－5　　不同税类占全部税收的比重　　单位：%

	所得税	财产税	货物和劳务税	其他税收
OECD 发达国家（2011）	48.0	7.9	42.8	1.0
OECD 拉美国家（2010）	31.0	4.4	63.1	1.5
中国	25.5	9.1	65.4	0.0

注：统计口径采用小口径税收收入，扣除了社会保障相关项目。OECD 发达国家包括奥地利、比利时、加拿大、捷克共和国、丹麦、芬兰、法国、德国、希腊、匈牙利、冰岛、意大利、韩国、卢森堡、新西兰、挪威、斯洛伐克共和国、西班牙、瑞典、瑞士、英国、美国；OECD 拉美国家包括智利、墨西哥、阿根廷、巴西、哥伦比亚、哥斯达黎加、多米尼加共和国、厄瓜多尔、萨尔瓦多、危地马拉、巴拿马、巴拉圭、秘鲁、乌拉圭、委内瑞拉。

资料来源：OECD Statistics 2012。

（三）政府之间收入划分不尽合理

我国对分税制在中央与地方收入划分方面作了多次改革和调整，有效地解决了中央财政收入偏低等问题，但是还存在着政府之间税种划分不尽合理等问题。

我国在税收划分中存在着一些明显的问题。如增值税作为对流动性生产要素课征的税种按照理论应该归中央，但是我国实行中央与地方按 75：25 比例分享的方法，并给予地方税收返还增量，不利于遏制地方政府追求数量型经济增长的冲动。企业所得税中央与地方按 60：40 的比例分享。随着总部经济的发展，企业所得税向中心城市聚集，跨地区企业所得税分享机制出现了不少矛盾。个人所得税作为以对收入再分配为目标的税种，实行中央与地方 60：40 的比例分享，特别是累进部分的收入也列入分享范围，不利于收入再分配的调节作用发挥。而财产税作为适合基层地方政府的税种，在我国还处于起步阶段，短期内很难成为地方政府的主体税种。因此，我国基层政府缺乏主体税种的矛盾日益显现。

（四）政府间转移支付规模庞大，但均等化效果不明显

我国政府间事权和支出责任划分较为模糊，转移支付制度的设立与政府间事权划分相关性较弱，政府不够明确，一般性转移支付专项化、专项转移支付一般化的特征日益明显。

分税制改革初期，尽管曾考虑配套建立政府间转移支付制度，但是由于当时中央集中财力没有达到预期目标，并没有及时出台以调节地区间财力差距为目标的一般性转移支付制度。现行转移支付制度实际上是渐进改革的产物，许多转移支付项目的设立都和中央政府出台的相关政策相衔接，种类繁多、结构复杂。

分税制改革后，中央对地方转移支付规模不断增长，2010 年中央对地方转移支付占中央总支出的比重高达 56.6%。相比之下，我国转移支付的规模超过了世界上绝大多数国家。然而日益增长的政府间转移支付均等化效果却不明显。中央财政的转移支付虽然在均衡地区财力差异方面起到了一定作用，但与如此庞大的转移支付规模相比，效果并不明显，地方政府间财政能力的差异仍呈现继续扩大的态势。

转移支付结构不合理导致地方财政能力差异扩大。政府间转移支付效果不明显，主要存在以下问题：(1) 具有均等化效应的一般转移支付规模较小。2010 年中央实际安排财力性转移支付 14624.8 亿元，其中均衡性转移支付仅为 5452.5 亿元。(2) 税收返还和专项转移支付规模居高不下。分税制改革后，虽然税收返还在地方财力所占比重有了大幅下降，但仍然较高，2010 年税收返还 5000 亿元，占转移支付总额的 18.3%。税收返还以维持地方既得利益的基数法进行分配，体现了对收入能力强的地区倾斜的原则。这使得转移支付不仅没有实现地区收入均等化的目标，反而加大了地区间的收入差距。(3) 专项转移支付规模居高不下。2010 年中央财政安排专项转移支付 12724.5 亿元，占转移支付总额的 46.5%。带条件进行的各类专项转移支付大多数是配套的专项拨款，获得拨款的大多为发达地区，常不具有均等化的功能。

（五）地方债务快速膨胀，中央对地方预算约束软化

根据我国预算法相关规定，政府预算不得突破人大批准的赤字规模，地方政府预算不列赤字。但是地方政府通过地方融资平台、银行信托等方式进行举债融资。根据审计署 2013 年 12 月 30 日公布的审计结果，截至 2013 年 6 月底，全国各级政府负有偿还责任的债务 20.7 万亿元，负有担保责任的债务 2.9 万亿元，可能承担一定救助责任的债务 6 万亿元。其中，地方政府负有偿还责任的债务 10.9 万亿元，负有担保责任的债务 2.7 万亿元，可能承担一定救助责任的债务 4.3 万亿元，总计达到 17.9 万亿元。

虽然从财政能力和地方政府资产角度来看，我国地方政府债务风险总体可控，但是，地方政府较大的债务规模和不合理的债务分布结构，以及松散的债务管理有可能导致地方政府过度负债，引发地方政府财政危机，进而危及中央财政的安全。

三、中国财政收入体系的改革方向

我国现行财政收入体系是 1994 年形成的基本财税框架中的重要组成部分。我国

基本建立了适应社会主义市场经济发展需要的财税体制，奠定了经济社会发展的基础。财税改革引导性强，对规范政府与市场关系、规范政府间财政关系有着积极意义。20年来，随着国内外形势的变化，我国社会经济发展遇到一些新情况、新问题、新矛盾。深化财税改革不仅是财税制度自身完善的需要，也是我国转变经济发展方式、调整收入分配结构、突破资源环境瓶颈的要求。

1. 合理界定政府与市场的边界，稳定宏观税负水平

以政府职能转变为契机，合理定位政府作用，市场与社会能发挥作用的，应尽可能交由市场和社会，政府只做市场和社会不能做或做不好的事。要发挥市场在资源配置中的决定性作用，大幅度减少政府对资源的直接配置，推动资源依据市场规则、市场价格、市场竞争进行配置，实现效益最大化和效率最优化。政府的职责和作用主要是保持宏观经济稳定，加强和优化公共服务，保障公平竞争，加强市场监管，维护市场秩序，推动可持续发展，促进公平分配。

因此，一方面要通过完善税收制度，提高税收征管的效率，加快实现财政收入管理的现代化，保证财政收入的可持续增长；另一方面要稳定总体宏观税负水平，调整和优化财政支出结构，进一步提高财政改善民生、增强公共服务的保障能力。

2. 优化政府收入结构，逐步提高直接税比重

降低非税收入与政府性基金收入占政府总收入的比例，清理不够合理的收费和政府性基金，将一些可能长期存在的收费和政府性基金改为税收，以尽可能规范政府收入。

降低间接税比例，稳步扩大增值税征收范围，相应合并营业税，逐步消除重复征税，适当简并增值税税率。合理调整消费税的范围、环节、税率，充分发挥消费税促进节能减排、引导理性消费和调节收入分配的作用。

提高直接税比例，主要是提高个人所得税所占比重，逐步建立综合与分类相结合的个人所得税制。稳步推进房地产税立法，逐步开征房地产保有环节的税收。对资源税体系进行改革，促进资源节约利用。开征环境保护税，促进环境友好型社会建设。

3. 适度调整中央和地方财政收入划分

按照十八届三中全会全面深化改革的决定，在保持现有中央和地方财力格局总体稳定的前提下，结合税制改革，考虑税种属性，进一步理顺中央和地方收入划分。

完善中央和地方事权和支出责任划分。目前，我国中央和地方政府事权和支出责任划分不清晰、不合理、不规范，制约了市场统一、司法公正和基本公共服务均等化。一些应由中央负责的事务交给了地方承担，一些适宜地方负责的事务由中央承担。同时，中央和地方职责交叉重叠、共同管理的事项较多。这种状况客观上造成地方承担了一些不适合承担的事务，而中央不得不通过设立大量专项转移支付项目对地方给予补助。这种格局不仅容易造成资金分配“跑部钱进”、“撒胡椒面”现象，而且容易造成中央部门通过资金安排不适当干预地方事权，影响地方的自主性、积极性，还会造成地方承担中央事权与地方的积极性不一致，导致执政行为不当，影响市场统一、公正。贯彻落实《决定》要求，应立足于建立现代财政制度，在转变政府

职能、合理界定政府与市场边界的基础上，充分考虑公共事项的受益范围、信息的复杂性和不对称性以及地方的自主性、积极性，合理划分中央地方事权和支出责任。一是适度加强中央事权。将国防、外交、国家安全等关系全国政令统一、维护市场统一、促进区域协调、确保国家各领域安全的重大事务集中到中央，减少委托事务，以加强国家的统一管理，提高全国的公共服务能力和水平。二是明确中央与地方共同事权。将具有地域管理信息优势但对其他区域影响较大的公共物品和服务，如社会保障、跨区域重大项目建设维护等作为中央与地方共同事权，由中央和地方共同承担。三是明确区域性公共服务为地方事权。将地域信息性强、外部性弱并主要与当地居民有关的事务放给地方，调动和发挥地方政府的积极性，更好地满足区域公共服务的需要。四是调整中央和地方的支出责任。在明晰事权的基础上，进一步明确中央承担中央事权的支出责任，地方承担地方事权的支出责任，中央和地方按规定分担共同事权的支出责任。

在此基础上，政府间收入划分要考虑税种属性、事权和支出责任划分、地区间财力差异程度等因素。中央财政集中的收入，既要保证中央履行职能和支出责任的需要，还要有利于有效实施宏观调控和促进基本公共服务均等化。一是改革中央和地方共享税。取消增值税、消费税、企业所得税、个人所得税基数返还规定，取消税收收入增长中央和地方不对称分成比例的做法，取消“营改增”试点行业税收收入归地方的规定，规范中央和地方共享制度。二是将消费税改造成中央和地方共享税。共享税可以有两种设计思路：按消费税税目设计分税方案；按总收入确定分税方案。前者可以更好地适应不同地方税目不同的实际情况。此外，当前消费税主要在生产和批发环节征收，探索进一步将部分消费品的征税环节前移至零售环节，并将消费税收入作为地方税收入。消费税在零售环节征税，并将税收收入留在地方，可以鼓励地方政府刺激地方消费。三是将累进制的所得税作为促进收入分配的项目。所得税与经济周期关系密切，可以考虑由中央、地方比例分成制改为中央、地方按核定税基分享制，地方按固定比例征税，中央征收累进税。

4. 完善政府间转移支付制度

全国地区间财政收入差距巨大，而省内地方政府间财政收入差别更大。政府不仅要加大中央向省以下政府的转移支付，而且应提高省级政府的财政调控作用，降低省以下政府的税收与支出的不平衡，并监督地方政府在预算与税收以及经济发展政策方面的执行力和程序的合法性。

完善一般性转移支付制度，设定长期、中期和短期基本公共服务均等化目标，重点增加对革命老区、民族地区、边疆地区、贫困地区的转移支付。针对不同时期的目标，制定一般性转移支付体制，优化一般性转移支付资金分配方式，减少资金分配的随意性。

完善专项转移支付制度，清理、整合、规范专项转移支付项目，设定专项转移支付门槛和准入机制，逐步取消竞争性领域专项和地方资金配套，严格控制引导类、救济类、应急类专项，严格控制专项转移支付规模。专项转移支付资金分配过程要公开、透明。

完善财政转移支付监督机制。如建立中央财政拨款专家委员会和政府间转移支付理事会，保障财政转移支付制度的有效实施。理事会负责审议中央财政拨款专家委员会提出的转移支付方案，并送全国人大审批。

5. 完善地方债务管理机制，硬化预算约束

推动修改预算法，建立规范合理的中央和地方政府债务管理及风险预警机制，强化中央政府对地方预算的约束。各国政府都希望通过制度设计来制约地方政府的借债行为。大概分为两种模式。一是市场治理方式，也就是依靠资本市场对地方政府借债进行约束。中央不干预地方事务，即使债务风险暴露，中央也不救助，甚至以地方政府破产为硬约束，代表性的国家有美国、加拿大和瑞士。二是中央控制方式。在这种模式下，中央测算地方发债能力，对债务上限作出限制，并由中央审批。如对单个政府每年的借债规模设定上限（如立陶宛 2001 年之后），对过度借债采取特殊政策或禁止性举措（如墨西哥），对地方发债进行审核和批准（如印度、波利维亚），以及中央统一发债再分配给地方等（如拉脱维亚和印度尼西亚）。这种模式在严格限制地方政府借债的同时也保持了一定的财政政策灵活性。中央政府可以将地方政府借债规模的控制与其他宏观经济目标结合起来。但是这种模式也暗示了中央政府对地方政府债务风险有承担义务。缺乏地方政府财务状况和项目状况的信息，中央政府难以保证对借债计划的选择满足最符合成本效益的要求。中央政府的潜在债务担保也使得地方政府有将借债计划不加选择地报予中央政府审批的倾向，加大了债务的隐形风险。

现在我国基本上采用中央控制模式。随着我国政府间财政关系的不断完善以及资本市场的成熟，应该逐步降低中央政府对地方政府发债的控制，增加市场对地方政府债务的约束。还要将地方政府债务纳入预算管理，接受地方人大的监督。

思考与讨论：

1. 我国目前新的财政收入统计中包括哪些内容？
2. 我国宏观税负水平到底高不高？
3. 我国现行财政收入体制存在着哪些问题？
4. 如何完善我国的财政收入体制？

本章推荐阅读文献：

1. 陈共：《财政学》（第七版），中国人民大学出版社，2012 年。

2. 楼继伟：《中国政府间财政关系再思考》，中国财政经济出版社，2013 年。

3. 楼继伟、王水琳主编：《中国公共财政：推动改革增长、构建和谐社会》，中国财政经济出版社，2009 年。

4. 安体富、孙玉栋：《中国税收负担与税收政策研究》，中国税务出版社，

2006 年。

5. 高培勇、杨志勇主编：《将全面深化财税体制改革落到实处》，中国财政经济出版社，2014 年。

本章主要参考文献：

1. 安体富、岳树民：“我国宏观税负水平的分析判断及其调整”，《经济研究》，1999 年第 3 期。

2. 陈旭东：“国际比较视角下中国宏观税负水平客观分析”，《现代财经》，2012 年第 3 期。

3. 董玉婷、董承章：“影响中国经济增长的最优宏观税负水平研究——基于状态空间模型的实证分析”，《中央财经大学学报》，2009 年第 2 期。

4. 高培勇：“如何看待当前中国的税负水平”，《中国税务》，2007 年第 3 期。

5. 李波：“我国宏观税负水平的测度与评判”，《税务研究》，2007 年第 12 期。

6. 林赟、李大明等：“宏观税负的国际比较：1994—2007 年”，《学习与实践》，2009 年第 1 期。

7. 庞凤喜、潘孝珍：“论税负痛感指数的构建及其运用”，《中南财经政法大学学报》，2013 年第 2 期。

8. 逄锦聚、孙飞：“中国宏观税负合理水平的分析判断”，《南开经济研究》，2000 年第 4 期。

9. 肖捷：“走出宏观税负的误区”，《中国改革》，2010 年第 10 期。

10. 杨斌：“关于中国税制设计和税制改革理论基础及现实依据的论辩”，《公共经济学评论》，2005 年第 1 期。

11. 杨中全、邹俊伟等：“中国宏观税负、非税负担与经济增长”，《中央财经大学学报》，2010 年第 3 期。

12. 钟鸣明：“我国当前的宏观税负水平评析”，《税务研究》，2007 年第 12 期。

13. 朱青：“中国税负高低辨析——评《福布斯》杂志的中国‘税收痛苦指数’”，《中国税务》，2007 年第 8 期。

14. 杜金富主编：《政府财政统计学》，中国金融出版社，2008 年。

第四章 税收收入

第一节 税收制度、税制要素及税制结构

一、税收制度

税收制度简称“税制”。它有广义和狭义之分。广义的税收制度指的是国家的各种税收法规、税收管理体制、税收征收管理制度以及税务机关内部的管理制度的总称。狭义的税收制度则是指国家的各种税收法规和征收管理制度，包括各种税法条例、实施细则、征收管理办法和其他有关的税收规定等。

二、税制要素

税收制度由各种税制要素构成，税制要素的具体规定性决定了税收的具体形式。税制要素主要包括以下几方面的内容。

（一）课税对象

课税对象是指对什么征税，是税法规定的征税的目的物，也称课税客体。

课税对象反映了一个税种征税的基本范围和界限。一般说来，凡列为某一税种征税范围的课税对象均要征税。国家对什么征税，对什么不征税，都可以通过课税对象加以规定。在整个国民经济运行中，课税对象的选择可以是多方面的。概括起来，课税对象一般有以下几类。

1. 商品或劳务，即以生产的商品或提供的劳务为课税对象，一般按其流转额课征，所以也称流转额课税。

2. 收益额，即对经营的总收益或纯收益课税。总收益通常指经营收入，不扣除成本费用。纯收益是指经营总收入扣除成本费用后的余额，一般称为所得额。

3. 财产，即对财产的价值或收益课税。按财产的性质，可分为动产和不动产。前者一般指股票、债券、银行存款等可移动的财产；后者一般指土地、房屋、建筑物等不可移动的财产。按静止或流动划分，财产可分为静态财产和动态财产。前者指在一定时期内相对静止的财产，如不发生买卖、赠与、继承的土地、房产、银行存款等；后者指所有权发生变动的财产，如赠与、继承财产等行为，即对经济行为或社会

行为征税，包括生产行为、销售行为、使用行为、消费行为等。目前各国选择较多的是消费行为和使用行为。

4. 资源，即对自然资源的使用行为课税。资源包括国家拥有的各种矿藏、森林、土地、水流等。

5. 人身，即以人为课税对象，或称人头税。

（二）纳税人

纳税人即纳税义务人，是税法规定的直接负有纳税义务的单位和个人。各种税都有各自的纳税义务人，它是税收制度构成的最基本的要素之一。从法律角度划分，纳税人包括法人和自然人两种。法人是指按照法律程序建立，具备必要的生产经营条件，实行独立经济核算并能独立承担经济责任和行使经济权利的单位。自然人是指在法律上可以独立地享受民事权利并承担民事义务的公民个人，如从事营利性经营活动的个人以及有应税收入和有应税财产的个人。纳税人并不一定就是负税人。负税人一般是指税收的实际负担者，是最终负担国家征收的税款的单位和个人。在实际生活中，有的税款由纳税人自己负担，纳税人本身是负税人；有的税款虽然由纳税人交纳，但实际是由别人负担的，纳税人并不是负税人。

（三）税率

税率是应纳税额与征税对象数量之间的比例，是应纳税额计算的尺度。它体现征税的深度，反映国家有关的经济政策与社会政策。它直接关系着国家的财政收入和纳税人的税收负担，是税收制度的中心环节，也是设计税制的主要议题。我国现行税率大致可分为以下三种。

1. 比例税率

比例税率是指应征税额与征税对象数量之间的等比关系。这种税率，不因征税数量多少而变化，即对同一征税对象不论数额大小，只规定同一征收比率。

2. 累进税率

累进税率是随征税对象数额增大而提高的税率，即按征税对象数额的大小，划分若干等级，每个等级由低到高规定相应的税率，征税对象数额越大，税率越高。根据计算方法和依据的不同，累进税率又可分为以下几种。

（1）全额累进税率，即对征税对象的全额按照与之相同等级的税率计算税额，在征税对象数额提高一个级距时，对征税对象全额都按提高一级的税率征税。

（2）超额累进税率，即把征税对象按数额大小划分为若干等级，每个等级由低到高规定相应的税率，在征税对象数额提高一级距时，只有超过部分按照提高一级的税率征税，每个等级分别按该等级的税率计税。

（3）全率累进税率。它与全额累进税率的原理相同，只是税率累进的依据不同，全率累进税率的对象是某种比率，如销售利润率、资金利润率等。

（4）超率累进税率。它与超额累进税率的原理相同，只是税率累进的依据不是征税对象的数额，而是征税对象的某种比率。

3. 定额税率

定额税率也称固定税额，是税率的一种特殊形式。它按征税对象的一定计量单位规定固定税额，而不是规定征收比例。

（四）纳税环节

纳税环节指对处于运动过程中的课税对象，选择应当交纳税款的环节。任何一种税都要确定纳税环节，有的税种纳税环节比较明确、固定，有的税种则需要在许多流转环节中选择和确定适当的纳税环节。商品从生产到消费要经过许多流转环节，从总的方面看，包括生产、运输、批发、零售等环节。对一种商品，可以选择只在一个环节征税，称为“一次课征制”；也可以选择在两个环节征税，称为“两次课征制”；还可以在所有流转环节都征税，称为“多次课征制”。

（五）纳税期限

纳税期限是税法规定的单位和个人缴纳税款的期限。它是税收的固定性、强制性在时间上的体现。从原则上讲，纳税人在取得应税收入或发生纳税义务后，应当立即向国家缴纳税款。但是，纳税人取得应税收入或发生纳税义务具有阶段性、重复性，不可能每取得一次应税收入或发生一次纳税义务就立即缴纳一次税。为了简化纳税手续，便于纳税人经营管理，同时有利于税款及时纳入国库，有必要根据各种税的不同特点以及纳税人的具体情况分别规定不同的纳税期限。

纳税期限的确立，要有利于保证财政收入，加强监督管理和给纳税人以适当便利。在具体做法上，可以分为按期纳税和按次纳税两种。按期纳税，即以纳税人发生纳税义务的一定时期，如 1 天、3 天、5 天、10 天、1 个月、1 年等作为纳税期限；按次纳税，即以纳税人发生纳税义务的次数作为纳税期限。由于纳税人需要一定时间对纳税期限内取得的应税收入和应纳税款进行结算并办理纳税手续，因此，还必须规定一个报缴税款的期限。例如限定在纳税期满后的某个时间内将税款缴入国库，到期未缴就要作为违章处理。

（六）减税免税

减税免税是税收制度中对某些纳税人和课税对象给予鼓励和照顾的一种规定。减税是对应纳税额少征收一部分；免税是对应纳税额全部予以免征。从某种意义上讲，减税和免税也是税率的一种辅助和补充手段。税率是根据社会经济发展的一般情况和社会平均负担能力来确定的，它适应普遍性、一般性的要求，不能适应个别性、特殊性的要求。具体情况不同的纳税人和课税对象，由于受各种客观因素的影响，其负担能力往往有差别。这就需要在统一税法的基础上，有一种与这种差别相适应的灵活性来加以补充。因此，减免税是税法的严肃性和必要性的相结合，体现因地制宜、因事制宜的原则，是符合特殊情况、实行特殊调节的一种手段。

三、税制结构

税制结构是指一国各税种的总体安排。最早系统研究经济发展过程中税制结构一般理论的是希恩里克斯[①]，他以直接税与间接税的收入比例来考察部分国家的税制结构变迁，得出的结论是：纵观人类社会经济发展的历史，税制结构的演变过程是，以简单的直接税为主的税制结构发展到以间接税为主的税制结构，再发展到以发达的直接税为主的税制结构。

（一）简单（传统）的直接税制

在农业经济时代，由于生产力水平比较低下，社会剩余产品多是由农业生产的，因此，最早的直接税是十分粗陋的。对人课征的税种，有人头税、灶税、户税等，如我国古代对未成年儿童课征的“口赋”，对成年男人课征的“算赋”，以及对应服役者课征的“更赋”。对物课征的税种，有土地税、房屋税、车马税等，如我国古代的“田赋”、“马口钱”、“间架税”等。在人类社会的早期，社会生产处于自给自足的状态，社会财富主要表现为房屋、车马等十分简单的形式，并具有较强的个人归属性，因而，当时主要的税收必然是与人身和属于人的财物有密切关系的人头税、房屋税、田亩税等，这些税种也自然成为税制的主体。

当时也有少量的间接税。由于当时商品经济还不发达，间接税的课征范围很窄，一般只在有市场活动的地点或对参与交换的产品课征，如我国古代的“关市之赋”、盐税、茶税、渔税和西方国家的市场税、入市税等。

（二）从简单的直接税制发展到间接税制

当社会生产发展到农工经济时代，工业生产逐渐发展起来。工业生产的兴起，为商业的繁荣创造了条件，自由职业也随之出现，社会纯收益的分配比较分散，而商品的流转环节大量增加，导致税源比较分散。因此，只对货物和交易等课征间接税（如营业税、销售税、国内消费税或称货物税、关税），才能保证财政收入。再加上间接税容易转嫁，新兴的资产阶级便利用商品市场日益发展的条件，大力推行间接税，以取代古老的直接税。

这样做，资产阶级可得一箭双雕之利：（1）只要课税商品能够按提高的商品价格出售，资本家就可以将税款转嫁给消费者负担；（2）国外进口的工业品和本国生产的高质量的工业品，主要消费者是贵族和大地主阶级，课以消费税，既可以削弱封建势力，又可以充实资产阶级政府的国库。例如，美国的税收收入在1914年之前一直以关税、财产税和消费税为主。1913年，关税和消费税分别占联邦税收收入的46.8%和45.6%。

不过，随着资本主义商品生产越来越繁荣，间接税容易重复课税、加重商品生产者的税收负担，阻碍了资本主义经济的自由发展。在国内，它干扰了市场的运行并造成了分配不公。在国际上，它表现为保护关税，阻碍了资金、劳动力和商品的自由竞争和流动。随着政府活动范围越来越大，财政资金的需求日益膨胀，间接税筹措的收入越来越不能满足政府的开支需要，因此，间接税的主导地位逐渐被直接税所取代。

---

① Hinrichs, H. H., *A General Theory of Tax Structure Change during Economic Development*, Cambridge, MA: Harvard University Press, 1966.

（三）从间接税制发展到现代直接税制

随着工业化进程的加快，社会生产力得到大力发展，剩余产品大量增加，提供了充裕的税源；再加上资本主义的原始积累结束，资本集中急剧增加，收入分配不公加剧。因此，进入工业化的资本主义国家以第一次世界大战的爆发为契机，把长期实行的以关税、消费税等间接税为主体税的税制结构变革为以所得税等直接税为主体税的现代税制结构。

第二节

流转税类、所得税类及财产与资源税类

一、流转税类

流转税是以销售商品或提供劳务所取得的销售收入额或营业收入额为课税对象的一类税收，也称货物和劳务税。我国现行税制中的流转税主要包括增值税、消费税、营业税和关税等。同其他税系相比较，流转税具有以下几方面的特征：（1）税基广泛、税源可靠。（2）课税隐蔽，课税阻力小。（3）计征简便，易于征管，征纳成本较低。（4）税负具有累退性。

（一）增值税

增值税是以商品、劳务交易活动中新增价值额作为课税对象的一种税。增值税是由传统的一般销售税演化而来的一种新型的商品劳务税。作为一种新型的一般销售税，增值税和传统的一般销售税在课税环节上是相同的，都是多环节“道道课税”，即每经过一个流转环节就征收一次税。二者的区别在于课税对象不同。传统一般销售税的课税对象是各个环节销售商品或提供劳务的毛收入，即流转额全额；增值税的课税对象是各个流转环节销售商品或提供劳务新创造的价值额，即流转额中的增值部分。

传统一般销售税在各个流转环节对流转额全额课税，“道道征税，税上加税”，造成严重的税负累积效应，导致重复征税。商品流转环节越多，重复征税现象就越严重。增值税只对各个流转环节中的增值额课税，同一售价的商品，税负不会因流转环节的增加而增加，税负不受商品流转环节多少的影响。只要最终零售价格相同，税负也就相同。“道道征税，税不重征”，因此就从根本上消除了“税上加税”的税负累积效应，有利于促进专业化分工的社会大生产。

以最终零售价为100元的某种应税商品为例，其增值税和传统一般销售税的税负比较情况见表4-1。

表 4－1　　增值税和一般传统销售税的税负比较

流转环节	各环节销售额	传统销售税各环节税额	传统销售税各环节税额之和	各环节增值额	增值税各环节税额	增值税各环节税额之和
原材料生产环节	30	3	3	30	3	3
产成品生产环节	70	7	10	40	4	7
批发环节	90	9	19	20	2	9
零售环节	100	10	29	10	1	10

注：假定税率为 10%。

我国自 20 世纪 80 年代开始试行增值税。1994 年工商税制改革时，增值税被列为改革的核心内容。现行的增值税的征税范围包括在我国境内销售货物和提供加工、修理修配劳务以及进口货物，同时对视同销售货物、混合销售行为和兼营行为还作了特殊规定。增值税的纳税义务人是所有销售应税货物和提供应税劳务的工商企业及其他单位和个人。增值税采取一档基本税率和一档低税率的模式，基本税率为 17%，低税率为 13%。除《增值税暂行条例》中规定的适用低税率的五类商品之外，根据国务院的规定，农业产品的增值税税率也为 13%。对出口商品实行零税率。

2011 年，经国务院批准，财政部、国家税务总局联合下发营业税改征增值税试点方案。从 2012 年 1 月 1 日起，在上海交通运输业和部分现代服务业开展营业税改征增值税试点。货物和劳务税收制度的改革拉开序幕。其中，提供有形动产租赁服务，税率为 17%；提供交通运输业服务，税率为 11%；提供现代服务业服务（有形动产租赁服务除外），税率为 6%。自 2012 年 8 月 1 日起至年底，国务院扩大“营改增”试点至 10 省市。截至 2013 年 8 月 1 日，“营改增”已推广到全国试行。国务院总理李克强 2013 年 12 月 4 日主持召开国务院常务会议，决定从 2014 年 1 月 1 日起，将铁路运输和邮政服务业纳入营业税改征增值税试点，至此交通运输业已全部纳入“营改增”范围。

（二）消费税

消费税是以消费品和消费行为的流转额为课税对象而征收的一种税。目前大约有 120 个国家和地区征收消费税。根据征税范围的大小，消费税可以区分为一般消费税和特别消费税。一般消费税是对所有消费品和消费行为的流转额普遍课税；特种消费税，或称特别消费税，是对某些特定的消费品和消费行为的流转额有选择地征税。为了发挥特定的调节作用，目前各国开征的消费税大部分属于特别消费税。

我国现行的消费税是 1994 年工商税制改革中新设置的一个税种。根据国民经济的发展状况，我国于 2006 年 4 月 1 日对消费税作了改革。从消费税的具体征收项目来看，考虑到我国现阶段的经济发展状况、消费税政策、居民消费水平、消费结构和财政需要，借鉴其他国家征收消费税的成功经验和通行做法，我国选择了五种类型的14种消费品作为消费税的征税范围：第一类是过度消费会对人身健康、社会秩序、生态环境造成危害的特殊消费品，包括烟、酒、鞭炮和焰火等3个税目；第二类是非生活必需品中的一些奢侈品，包括化妆品、贵重首饰及珠宝玉石、高尔夫球及球具、高档手表等4个税目；第三类是高能耗及高档消费品，包括摩托车、小汽车和游艇等3个税目；第四类是不可再生且不易替代的稀缺性资源消费品，包括成品油、木制一次性筷子和实木地板等3个税目；第五类是一些税基宽广、消费普遍、征税之后不影响居民基本生活并具有一定财政意义的消费品，有汽车轮胎1个税目。

消费税的税率一般有比例税率和定额税率两种。一般来讲，对供求关系平衡、价格差异不大、计量单位规范的应税消费品，采用从量定额征收的方式比较合适，以简化税收征管；对于供求矛盾较突出、价格差异变化不大、计量单位不规范的应税消费品，较宜采取从价定率征收的方式，可以更好地发挥消费税的调节作用。

（三）营业税

营业税是以纳税人从事经营活动的营业额（销售额）为课税对象的税种，我国现行的营业税以非商品销售额课税为主。

营业税在我国流转税体系中历来占有重要地位。1950年，我国在统一全国税制时就设立了营业税。当时的营业税是按照政务院颁布的《工商业税暂行条例》，与所得税合并为工商业税一起征收的，因此当时的营业税并不是独立的税制，其征收范围既包括生产领域也包括流通领域。1953年修订税制时，营业税从生产领域中退出，但仍然是工商业税的组成部分。1958年进行税制改革时，将工商业税中的营业税与当时的货物税、商品流通税、印花税等合并为工商统一税。1973年税制改革时，又将工商统一税改为工商税。

改革开放之后，为了适应经济发展的需要，改革税制过于简化的状况，充分发挥不同税种的特定调节作用，我国于1984年10月实现了税制改革，将原工商税分为营业税、产品税、增值税和盐税四种。经过此次改革，营业税成为对商品批发、商品零售和服务性业收入征收的一个独立税种，与产品税、增值税、关税共同构成了当时我国的流转税体系。1994年工商税制改革时，将货物的生产、批发、零售以及加工、修理修配劳务纳入增值税的征税范围，同时保留营业税，但经过调整之后的营业税仅限于对有偿提供应税劳务、转让无形资产和销售不动产所取得的营业收入征收。我国当前的营业税共设置了9个税目。同时，根据不同应税项目的经营性质和盈利水平，将营业税的税率分为三档，即3%、5%两档固定比例税率和5%—20%一档幅度比例税率。自2012年1月1日“营改增”政策试点并扩围后，营业税政策不断调整，直至转变为适合我国国情的现代类型的流转税制度。

二、所得税类

所得税是以所得额为课税对象的税种的总称。所得税的优点主要表现在以下几个方面：（1）税负相对公平；（2）税收收入富有弹性；（3）所得税的弹性较大，政府可以根据社会总供给和总需求的平衡关系灵活调整税负水平，抑制经济波动；(4) 有利于维护国家的经济权益。所得税也存在某些缺陷：一是所得税的开征及其财源受到企业利润水平和人均收入水平的制约；二是所得税的累进课税方法会在一定程度上压抑纳税人的生产和工作积极性的发挥；三是计征管理比较复杂，需要较高的税务管理水平，在发展中国家广泛推行往往存在困难。

（一）企业所得税

第十届全国人民代表大会第五次会议于2007年3月16日通过了《中华人民共和国企业所得税法》，并于2008年1月1日起施行。新的企业所得税法统一了我国长期分置的内外资企业所得税，建立了各类企业统一适用的科学的、规范的企业所得税制度，为各类企业创造了公平的市场竞争环境。企业所得税实行比例税率，其基本税率为25%。对于非居民企业在中国境内未设立机构、场所的，或者虽设立机构、场所，但取得的所得与其所设机构、场所之间没有实际联系的，来源于中国境内的所得适用20%的税率。为了照顾众多有实际困难的小型微利企业，在确定25%比例税率的同时，对符合条件的小型微利企业，减按20%的税率征收企业所得税。国务院《关于进一步促进中小企业发展的若干意见》（国发［2009］36号）规定，为有效应对国际金融危机，扶持中小企业发展，自2010年1月1日至2010年12月31日，对年应纳税所得额低于3万元（含3万元）的小型微利企业，其所得减按50%计入应纳税所得额，按20%的税率缴纳企业所得税。为了鼓励高新技术企业的发展，对国家需要重点扶持的高新技术企业，减按15%的税率征收企业所得税。

（二）个人所得税

个人所得税是以自然人所得为课税对象的一种所得税。目前，个人所得税已经成为一个世界性的重要税种，在一些国家还成为其税制体系中的首要税种。个人所得税有三种模式。(1) 分类所得税。分类所得税，也称分项所得税，是将纳税人的各种应税所得分为若干类别，对不同类别或不同来源的所得分别课税。分类所得税不能体现纳税人的整体负担能力，所以一般适用比例税率课征。(2) 综合所得税。综合所得税，也称为一般所得税，对纳税人的各项应税所得综合征税。综合所得税制充分考虑了纳税人的总体负担能力，能够较好地体现量能课税的原则，一般适用累进税率。(3) 混合所得税。混合所得税是指对纳税人的各类所得，先按分类所得税课征；在此基础上，再对个人全年所得超过一定数额的部分综合计算，按照累进税率课税。混合所得税是分类和综合相结合的税制模式，吸收了分类所得税和综合所得税的优点。既对纳税人部分不同来源的收入实行综合课征，体现了按支付能力课税的原则，又将所列举的特定项目按特定办法和税率课征，体现了对某些不同性质的收入区别对待的原则。

我国现行的个人所得税采取的是分类所得税制，即将个人取得的各项所得划分为11类，并对不同的应税项目实行不同的税率和不同的费用扣除标准，实行按年、按月或按次计征等，从而简化计算，方便征纳双方，以便控制税源。应纳税的个人所得共包括11个税目：(1) 工资、薪金所得；(2) 个体工商户的生产、经营所得；

（3）对企事业单位的承包经营、承租经营所得；（4）劳务报酬所得；（5）稿酬所得；（6）特许权使用费所得；（7）利息、股息、红利所得；（8）财产租赁所得；（9）财产转让所得；（10）偶然所得；（11）国务院财政部门确定征税的其他所得。

三、财产与资源税类

（一）财产税

财产税是对纳税人拥有或支配的财产课征的一类税的总称，是现代税制的三大课税体系之一。财产税的课税对象是财产，因此财产的形式决定了财产税的形式。根据不同的标准，财产税可以分为多种形式。美国财政学家马斯格雷夫将财产税分为两大类：一是对财产的所有者或者占有者的课税，通常包括一般财产税和个别财产税；二是对财产的转移课税，主要是遗产税和赠与税。

财产税主要有以下几点特征：（1）财产税多属于直接税。财产税的大多数税种都具有直接税的性质，其税负较商品课税难以转嫁。因为在一般情况下，财产所有者在财产使用上不与他人发生经济关系，所以就不存在转嫁的机会。（2）财产税大多属于地方税种。随着经济的发展、国家职能的扩大，弹性较差的财产税难以满足日益增长的财政支出的需要，于是财产税的主导地位逐渐被所得税所取代。当然，虽然有些国家的中央政府也开征财产税，但大多数国家还是把财产课税作为地方政府的主要财政收入来源。（3）可弥补商品课税和所得课税的不足。流转税主要是对商品流转额和非商品流转额课征，它既不涉及财产有无收益和收益大小的问题，也不涉及财产的占有和分配情况。所得税是以纳税人的所得和收益为课税对象，对不产生收益的资本和财产，以及未实现的资产收益无法进行课征。因此，商品课税和所得课税在对某些财产（如不动产、继承遗产）的课征方面存在空白和失控，而财产税能弥补这一不足。

总之，财产税既有符合受益原则、公平税负等优点，也存在税基确定存在困难、征管成本较高等缺点。在市场经济条件下，财产税已不再是世界各国税制中的主体税种，但也没有哪一个国家全面取消财产税。相反，随着经济的发展，各国财产税的课征形式日益丰富多彩，课征制度也在不断变革当中。

（二）资源税

资源税是对自然资源征税的税种的总称，其中主要是对矿产资源和土地资源征税。既有对资源级差收入的调节，也有对资源绝对收益的调节。以此为标准，可以将其分为级差资源税和一般资源税两种。

现行《中华人民共和国资源税暂行条例》为1993年12月25日中华人民共和国国务院令第139号发布，并根据2011年9月30日《国务院关于修改〈中华人民共和国资源税暂行条例〉的决定》修订实施。资源税的税目包括原油、天然气、煤炭、其他非金属矿原矿、黑色金属矿原矿、有色金属矿原矿和盐。原油，是指开采的天然原油，不包括人造石油；天然气，是指专门开采或者与原油同时开采的天然气；煤炭，是指原煤，不包括洗煤、选煤及其他煤炭制品；其他非金属矿原矿，是指上列产品和井矿盐以外的非金属矿原矿；固体盐，是指海盐原盐、湖盐原盐和井矿盐；液体盐，是指卤水。

第三节

发达国家税制结构的几个基本特征

就目前发达国家总体来看，税制结构呈现出的特征是：所得税占主体地位；流转税占辅助地位；财产税为重要的地方税种。在所得税中，个人所得税占绝大部分，企业所得税占较小部分；在流转税中，近年来，一般流转税占绝大部分，特别流转税占较小部分。

以2011年为例，OECD国家个人所得税、企业所得税和社会保障税/缴款总计占税收收入的59%。其中，个人所得税和社会保障税/缴款是大头，分别占税收收入的24%和26%；企业所得税只占9%。流转税占税收收入的31%。其中，一般流转税占税收收入的20%。另外，财产税占税收收入的5%（见表4－2）。

表4－2　　**OECD成员国税收收入统计**　　单位：%

	1965	1975	1985	1995	2005	2010	2011
个人所得税	26	30	30	26	24	24	24
企业所得税	9	8	8	8	10	9	9
社会保障税/缴款	18	22	22	25	25	26	26
财产税	8	6	5	5	6	5	5
一般流转税	12	13	16	19	20	20	20
特别流转税	24	18	16	13	11	11	11
其他税收	3	3	3	4	4	4	4
总计	100	100	100	100	100	100	100

资料来源：经济合作与发展组织收入统计，http：//www. oecd. org/ctp/tax－policy/revenue－statistics－tax－structures. htm。

1. 发达国家所得税在税制结构中的地位

就具体税种来看，在OECD国家中，个人所得税占税收收入比较大的主要有丹麦、澳大利亚、冰岛、美国、新西兰、加拿大、爱尔兰和瑞士。其中，丹麦的个人所得税占比为50.7%，其他几个国家个人所得税占比在30%至40%之间。个人所得税占比较低的国家有捷克、斯洛伐克，前者占比为10.7%，后者占比为8.8%。如果将个人所得税和经济发展程度相联系，会发现，人均GDP越高的国家，个人所得税占税收收入的比重越大（见图4－1）。可以理解，越是发达国家，越注重个人所得税在调节收入分配中的作用，越是强调税制的公平作用。

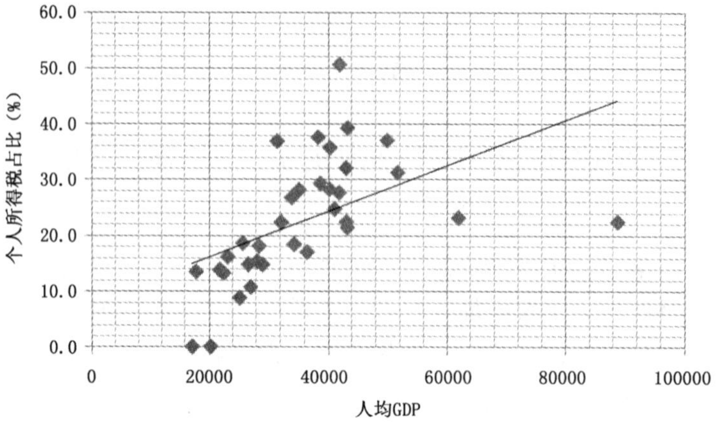

图4－1　经济发展程度与个人所得税的地位

注：图中均为2011年数据，人均GDP按照美元现价计算。图4－2—图4－4资料来源及注释同本图。

资料来源：经济合作与发展组织统计数据库，http：//www.oecd.org/statistics。

企业所得税收入占税收收入比重较大的国家有韩国、澳大利亚、卢森堡、新西兰、日本、瑞士和加拿大。其中，韩国企业所得税收入占税收收入的比重为25.2%，其他几个国家企业所得税收入占税收收入的比重在10%至20%之间。企业所得税收入占比较小的国家有匈牙利、爱莎尼亚、斯洛文尼亚和德国。这几个国家企业所得税收入占税收收入的比重小于5%。同样，经济发展水平越高的国家，企业所得税占税收收入的比重越大。另外，人均GDP越高，所得税中个人所得税所占的比重越大（见图4－2）。

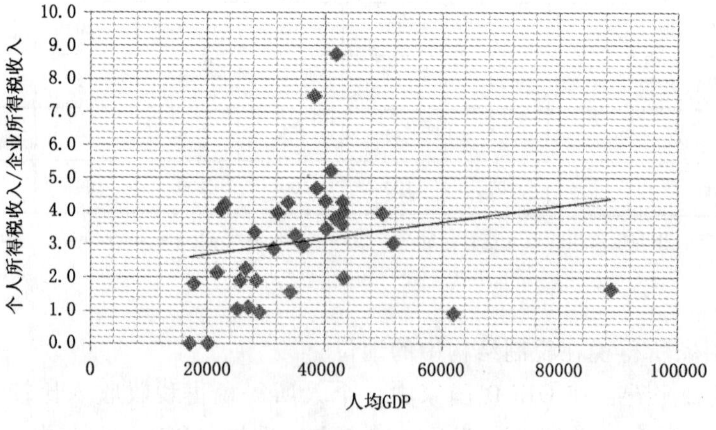

图4－2　经济发展水平与所得税结构（个人所得税除以企业所得税的比重）

2. 发达国家流转税在税制结构中的地位

流转税收入占税收收入比重比较大的国家主要有墨西哥、智利、土耳其、匈牙利和爱沙尼亚等。其中，墨西哥流转税收入占税收收入比重高达53.3%；以上其他几个国家流转税收入占税收收入比重在40%至50%之间。流转税收入占税收收入比重较小的国家有美国、日本和瑞士。这几个国家流转税占比分别为15.3%、16.5%和19.6%。从与所得税占比的对比中可以发现，经济发展水平越高的国家，流转税收入占税收收入的比重越小（见图4-3）。

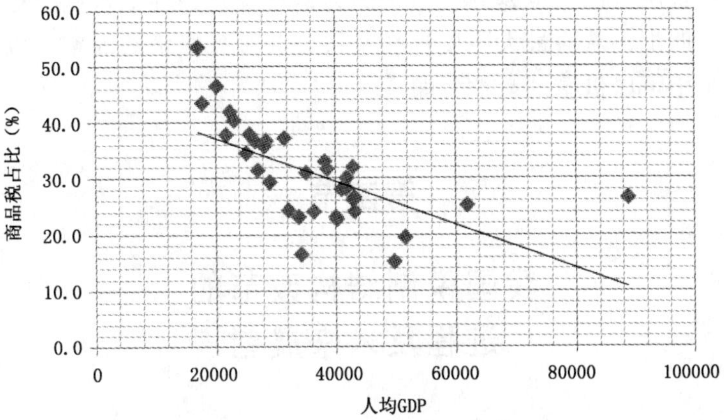

图4-3 经济发展水平与流转税的地位

3. 发达国家财产税在税制结构中的地位

财产税是税制结构中不可或缺的税种之一。该税种是地方政府的重要收入来源。财产税收入占税收比重最大的几个国家分别是美国、英国、韩国和加拿大。这四个国家财产税收入占比分别是12.4%、11.6%、11.4%和10.9%。财产税占比较低的国家是爱沙尼亚、奥地利、斯洛文尼亚和墨西哥，比重分别是1.0%、1.2%、1.4%和1.5%。我们也可以发现，经济发展水平越高的国家，财产税占比越小（见图4-4）。

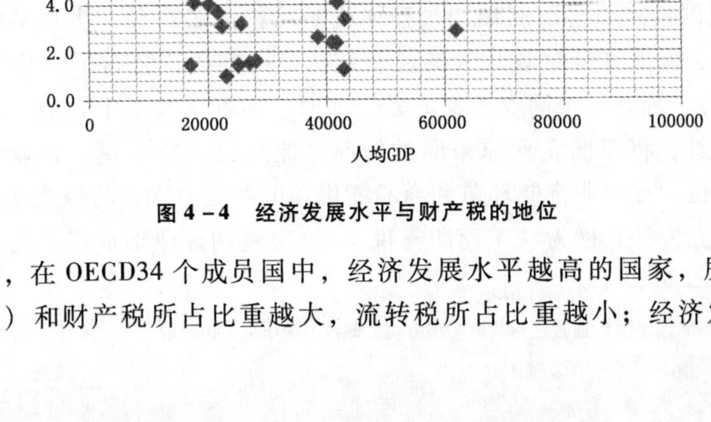

图4-4 经济发展水平与财产税的地位

总起来看，在OECD34个成员国中，经济发展水平越高的国家，所得税（尤其是个人所得税）和财产税所占比重越大，流转税所占比重越小；经济发展水平越低的国家，流转税所占比重越大。所得税尤其是个人所得税通常采取累进的制度设计，收入越高，则纳税的实际税率也越高。发达国家往往更加注重通过个人所得税进行收入的合理分配。同时，由于发达国家通常有高效的个人所得税税收征管系统，这使得政府可以对个人收入进行高效的监控。发达国家有一些提高税收征管效率的具体措施，例如，征税系统与银行账户联网和推行大额资金非现金支付等。经济发展水平越高的国家，财产税所占比重也越高。这是因为财产税是一种受益税，更容易在基层实现纳税与受益的匹配，从而最大限度提高基层公共服务提供的效率。以上几点都是我国未来税制改革中可以借鉴的有益经验。

第四节

我国税制结构改革的进程及未来展望

一、改革开放之前的税制改革

1. 统一全国税收，建立和调整新税制（1949—1957年）

1950年1月，当时的政务院[①]颁布了《全国税收实施要则》，规定在全国实行统一的税收制度。当时，除农业税之外，全国统一的税收共计14种，即货物税、工商业税、盐税、关税、薪给报酬所得税、存款利息所得税、印花税、遗产税、交易税、屠宰税、房产税、地产税、特征消费行为税、车船使用牌照税等。除了薪给报酬所得税和遗产税没有开征以外，先后公布了各个税种的税法，在全国范围内实行。

1953年我国由经济恢复时期进入第一个五年计划时期。为了适应我国有计划、大规模的经济建设需要，根据“保证税收，简化税制”的原则，国家对原工商税制作了重要修正。修正后的工商税收共有12种，包括商品流通税、货物税、工商业税、印花税、盐税、关税、牲畜交易税、屠宰税、城市房地产税、文化娱乐税、车船使用牌照税和利息所得税等。

2. 1958年的税制改革

1958年我国再次调整税制结构，整体税制结构由多税种、多环节征收，转变为以流转税为主、侧重筹措财政收入的税制结构。一方面，公布了《中华人民共和国农业税收条例》，统一了全国农业税。另一方面，本着“基本上在原税负的基础上简化税制”的方针，将工商企业原来缴纳的商品流通税、货物税、营业税、印花税合并为工商统一税，在工业产制环节和商品零售环节各征一次。将原工商业税中的所得税改为一个独立税种，称为“工商所得税”。这次税制改革形成了工商统一税、工商

① 1954年第一部《宪法》通过之后，改为国务院，即我国的中央人民政府。

所得税、盐税、关税、牲畜交易税、屠宰税、城市房地产税、车船使用牌照税、集市贸易税等 9 个税种。这次以简化为目的的税制改革，使税收的经济杠杆作用受到较大削弱，完全忽视了税收的经济作用，实际上是“非税论”指导思想在税制建设中的表现。

3. 1973 年的税制改革

“非税论”思潮在 1973 年发展到了高峰，原有的税收规章制度被指责为“烦琐哲学”。在“文化大革命”的这一特定历史时期，根据“合并税种，简化征税办法”的指导思想，1973 年我国税制进行了一次“彻底变革”。主要内容是：将原工商企业缴纳的工商统一税及其附加、城市房地产税、车船使用牌照税、盐税、屠宰税合并为工商税；简化、调整了税目、税率；改革了税收征管制度。这次税制改革之后，对国营企业[①]只征收一种工商税，对集体企业只征收工商税和工商所得税两种税。经过这次改革，我国税制基本上被“变革”成了单一税制体系，税收的调节作用无从发挥，税收仅仅是一种组织财政收入的手段。

当时的税制不断简化，主要的背景有两点。一是公有制经济逐步成为一统天下的经济形式，公有制企业基本上是政府机构的延伸体，没有必要采取税收的形式向国家提供积累，直接向国家上缴利润更为顺当；二是在高度集权的计划经济体制下，政府可以利用计划来调节并管理一切经济活动，没有必要再利用税收手段来调节和引导资源的配置。

二、改革开放后的税制改革

1. 政府收入形式的“重大”变革（1978—1993 年）

我国目前的税制结构起源于 1978 年以来风起云涌的改革开放。邓小平同志在 1978 年 12 月 13 日十一届三中全会闭幕会上的讲话——《解放思想，实事求是，团结一致向前看》——指出，“现在我国的经济管理体制权力过于集中，应该有计划地大胆下放，否则不利于充分发挥国家、地方、企业和劳动者个人四个方面的积极性，也不利于实行现代化的经济管理和提高劳动生产率。应该让地方和企业、生产队有更多的经营管理的自主权”。沿着这一方向，经过 1978 年至 1982 年期间税制改革的预热期，我国正式于 1983 年和 1983 年实行两步“利改税”。1983 年第一步“利改税”以《财政部关于国营企业利改税试行办法》（以下简称《办法》）的颁布为标志。这一《办法》的颁布成为政府和企业分配关系的历史性转折，国营企业既需要向国家缴纳所得税，又需要缴纳利润，进入了“税利并存”的阶段。1984 年 10 月 1 日实施的第二步“利改税”，将之前的工商税按照纳税对象，划分为产品税、增值税、盐税和营业税；将第一步利改税设置的所得税和调节税加以改进；增加资源税、城市维护

① 从称谓的历史变迁——国营企业→国有企业→国有资产——也可以看出我国对国有企业的干预力度是在逐渐减弱的：最初的称谓是“国营企业”，即国家不仅是国有资产的所有者，还要亲自参与经营；1993 年《宪法》修正案，将“国营企业”改称“国有企业”，意味着国家不再直接从事国有资产的经营；2002 年之后的十六大提得则是“国有资产”，标志着国有资产的实现形式开始多样化，纯粹意义上的国有企业已经比较少了。

建设税、房产税、土地使用税和车船使用税。国营企业进入了“以税代利”时代。1984 年，国家税收收入占财政收入的比重为 58%；到了 1985 年，国家税收收入占财政收入的比重达到 102%（见图 4－5）①。两步“利改税”对政府财政收入结构的影响巨大。

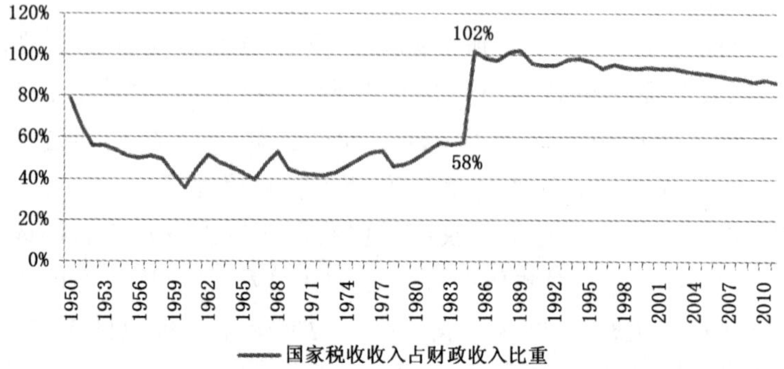

图 4－5　新中国成立以来我国税收收入占财政收入比重变化情况

注：1985 年国家税收收入占财政收入的比重为 102%，1988 年和 1989 年也是出现税收收入大于财政收入的情况。作者推算，原因在于企业亏损补贴冲减财政收入数额。参见：财政部综合计划司编：《中国财政统计（1950—1985）》，中国财政经济出版社，1987 年，第 23 页。

资料来源：国家统计局年度数据库，http：//data. stats. gov. cn/workspace/index？ m = hgnd。

2. 改革开放后税制的“第一轮”改革（1993—2003 年）

十年后，即 1993 年，中国共产党第十四届中央委员会第三次全体会议通过了《中共中央关于建立社会主义市场经济体制若干问题的决定》。该决定要求对之前的税制结构进行优化。本次优化的主要内容是，“按照统一税法、公平税负、简化税制和合理分权的原则，改革和完善税收制度。推行以增值税为主体的流转税制度，对少数商品征收消费税，对大部分非商品经营继续征收营业税。在降低国有企业所得税税率，取消能源交通重点建设基金和预算调节基金的基础上，企业依法纳税，理顺国家和国有企业的利润分配关系。统一企业所得税和个人所得税，规范税率，扩大税基。开征和调整某些税种，清理税收减免，严格税收征管，堵塞税收流失”。就在同一年，国务院发布《中华人民共和国增值税暂行条例》、《中华人民共和国消费税暂行条例》和《中华人民共和国营业税暂行条例》，建立了我国目前流转税架构的雏形；国务院发布《中华人民共和国企业所得税暂行条例》，统一了国营和集体企业的所得税制；第八届全国人民代表大会常务委员会第四次会议通过《关于修改〈中华人民共和国个人所得税法〉的决定》，同时废止《中华人民共和国城乡个体工商业户所得税暂行条例》和《中华人民共和国个人收入调节税暂行条例》，统一了个人所得税。经过这一轮改革，1994 年至 2003 年，国内三大流转税占税收收入比重从 68% 降低至最低 55%，各年度简单加权平均为 61%；两大所得税占税收收入的比重从最低 10% 提高至最高超过 24%，各年度简单加权平均为 16%。税制结构呈现优化趋势（见图

① 该数据大于 100%，原因在于企业亏损补贴冲减财政收入数额。

4－6）。

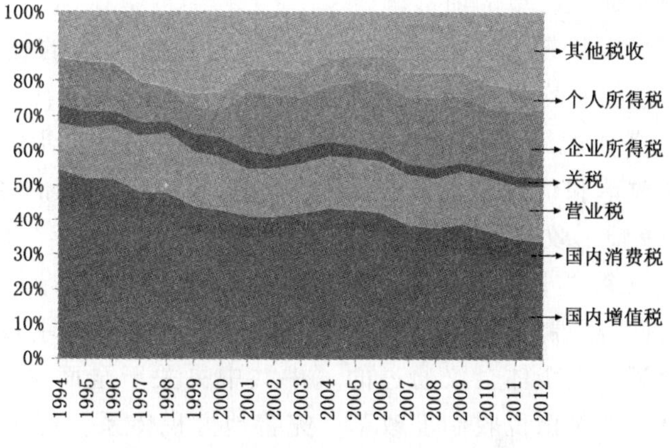

图4－6 1993年以来税制结构的变化

资料来源：《中国统计年鉴（2013）》，http：//www. stats. gov. cn/tjsj/ndsj/。

3. "新一轮"的税制改革（2003—2013年）

2003年10月14日中国共产党第十六届中央委员会第三次全体会议通过了《中共中央关于完善社会主义市场经济体制若干问题的决定》（以下简称《决定》）。在税制方面，《决定》提出，"分步实施税收制度改革。按照简税制、宽税基、低税率、严征管的原则，稳步推进税收改革。改革出口退税制度。统一各类企业税收制度。增值税由生产型改为消费型，将设备投资纳入增值税抵扣范围。完善消费税，适当扩大税基。改进个人所得税，实行综合和分类相结合的个人所得税制。实施城镇建设税费改革，条件具备时对不动产开征统一规范的物业税，相应取消有关收费。在统一税政前提下，赋予地方适当的税政管理权。创造条件逐步实现城乡税制统一"。新一轮的税制改革开始启动。

在这个十年的前几年，政府着力推行农村税费改革。国务院接连续发布了《关于全面推进农村税费改革试点工作的意见》、《关于做好2004年深化农村税费改革试点工作的通知》和《关于2005年深化农村税费改革试点工作的通知》。2005年底第十届全国人民代表大会常务委员会第十九次会议最终决定，自2006年1月1日起废止农业税。在增值税"转型"方面，2004年，国务院办公厅印发了《2004年振兴东北地区等老工业基地工作要点》，研究提出对东北地区老工业基地的优势产业和支柱产业，允许新购进机器设备所含增值税税金予以抵扣的实施方案。此后，财政部、国家税务总局先后联合发出了一系列的配套文件。2008年，国务院公布了修订以后的《中华人民共和国增值税暂行条例》。自此，增值税由生产型消费税转型成为消费型增值税。自2012年起，上海市开始开展交通运输业和部分现代服务业营业税改征增值税试点，其他省市也紧跟改革步伐。增值税的进一步改革——"营改增"——开始起步。在所得税改革方面，2007年第十届全国人民代表大会第五次会议通过了《中华人民共和国企业所得税法》，同时取消了外商投资企业和外国企业所得税和企业所得税，实现了内外两套所得税制的并轨。在这期间，消费税、营业税和个人所得税得到了微调。令人可喜的是，上海和重庆两市开始了对部分个人住房征收房产税试点，这成为地方税制体系改革的前奏。

从2004年至2012年期间，国内三大流转税占税收收入的比重从58%降低至50%，各年度简单加权平均为54%；两大所得税占税收收入的比重从不到24%提高至最高超过27%，各年度简单加权平均为26%。税制结构进一步优化（见图4－5）。

我国税制结构改革和优化是市场经济体制改革在税制方面的体现。第一个“十年”[①] 的税制改革重塑了政府和企业之间的关系；第二个“十年”的改革使得税制有了基本的雏形；第三个“十年”对之前的税制加以深化和完善；第四个“十年”及今后的改革将继续使得税制完善向纵深发展。按照2013年11月12日中国共产党第十八届中央委员会第三次全体会议通过的《中共中央关于全面深化改革若干重大问题的决定》的说法，“深化税收制度改革，完善地方税体系，逐步提高直接税比重。推进增值税改革，适当简化税率。调整消费税征收范围、环节、税率，把高耗能、高污染产品及部分高档消费品纳入征收范围。逐步建立综合与分类相结合的个人所得税制。加快房地产税立法并适时推进改革，加快资源税改革，推动环境保护费改税”。

三、影响我国税制改革的经济社会形势

改革开放以来，我国经济社会发展迅速。自2010年起，我国已经迈入世界银行界定的上中等收入组[②]。然而，我国距离高收入组的最低标准还非常远。对比OECD成员国的经济发展状况，差距非常明显。我国2012年按现价计算的人均GDP为9059美元，是OECD最不发达成员国——墨西哥的1/2，是OECD人均GDP平均数的1/4[③]。我国税制结构的现状似乎应验了经济发展水平和税制结构关系的基本规律。然而，必须清楚地认识到，要充分利用税制和税收政策对经济发展的反作用，促使经济社会发展走向良性循环。当前，我国面临居民间收入差距较大，科技实力需进一步提高，人口、资源、环境发展不协调等问题。

1. 居民间收入差距逐步拉大

改革开放以来，我国居民间的收入差距越来越大。这种收入差距体现在城乡之间、不同行业之间和不同区域之间。收入差距的拉大是突破“平均主义”、“大锅饭”限制而进行市场化改革的必然产物。收入差距的拉大既有合理的因素，也有不合理的因素。合理因素导致的收入差距会激励居民通过合法手段致富。不合理因素导致的收入差距，会挫伤居民的社会情感，并影响社会稳定。按照世界银行的统计，我国基尼系数已经达到0.42（2009年），这一数值比美国（0.41，2000年）、英国（0.36，1999年）、加拿大（0.33，2000年）、德国（0.28，2000年）和瑞典（0.25，2000

---

① 实际是1978年至1993年。

② 资料来源：http：//data. worldbank. org/about/country－classifications和http：//data. worldbank. org/about/country－classifications/a－short－history。

③ 资料来源：经济合作与发展组织统计数据库，http：//www. oecd. org/statistics。

年）等发达国家要高，比与我国相邻的印度（0.34，2010 年）也高出不少①。收入差距过大目前已经成为影响我国社会稳定的重要因素。目前，我国“腐败问题越演越烈”②，成为导致收入差距过大和影响政府公信力的重要诱因。能否抑制腐败将成为维护社会稳定，避免陷入“中等收入陷阱”，从而迈向高收入组的重要因素。

2. 科技实力需进一步提高

改革开放以来，我国科技实力迅速提高。高科技行业取得的成绩有目共睹。然而，科技核心实力仍需要进一步提高。据世界银行数据，我国 2011 年高新技术出口总额为 4571 亿美元，为世界第一。德国为 1834 亿美元，美国为 1453 亿美元，日本为 1265 亿美元，新加坡为 1264 亿美元。然而，我国知识产权使用费收入仅为 10 亿美元（2012 年），美国为 1242 亿美元，日本为 319 亿美元，德国为 139 亿美元，英国为 125 亿美元。我国每百万人研发人员 863 人（2009 年），冰岛为 9068 人，芬兰为 7722 人，丹麦为 6365 人。由此基本可以判断，高新技术出口产品中被我国拥有核心技术的比例应该不大。绝大部分的高新技术产品核心技术被国外企业掌握，我国因为劳动力和土地的低成本成为高新技术产品的生产地和集散地③。

3. 环境问题堪忧

在经济发展的同时，我国没有充分重视人与自然的和谐相处，环境问题堪忧。2013 年上半年，中国环境监测总站确定的 74 个城市空气质量平均达标天数比例为 54.8%，超标天数为 45.2%。其中，轻度污染占 25.4%，中度污染占 9.5%，重度污染占 2.8%④。2012 年《中国环境状况公报》⑤公布，2012 年，全国酸雨污染程度依然较重。2012 年，全国地表水国控断面总体为轻度污染。其中，黄河流域、松花江流域、淮河流域、辽河流域为轻度污染，海河流域为中度污染。62 个国控重点湖泊（水库）中，Ⅰ—Ⅲ类、Ⅳ—Ⅴ类和劣Ⅴ类水质的湖泊（水库）比例分别为 61.3%、27.4% 和 11.3%。主要污染指标为总磷、化学需氧量和高锰酸盐指数。太湖和巢湖为轻度污染，滇池为重度污染。2012 年，全国 198 个地市级行政区开展了地下水水质监测，监测点总数为 4929 个。其中，水质呈优良级的监测点 580 个，占全部监测点的 11.8%；水质呈良好级的监测点 1348 个，占 27.3%；水质呈较好级的监测点 176 个，占 3.6 %；水质呈较差级的监测点 1999 个，占 40.5%；水质呈极差级的监测点 826 个，占 16.8%。主要超标指标为铁、锰、氟化物、“三氮”（亚硝酸盐氮、硝酸盐氮和氨氮）、总硬度、溶解性总固体、硫酸盐、氯化物等，个别监测点存在重（类）金属超标现象。2012 年，中国海洋环境质量状况总体较好，但近岸海域水质一

---

① 资料来源：世界银行数据库：http：//wdi.worldbank.org/table/2.9#。

② 习近平：“紧紧围绕坚持和发展中国特色社会主义 学习宣传贯彻党的十八大精神——在十八届中共中央政治局第一次集体学习时的讲话”，2012 年 11 月 17 日。

③ 本部分数据来源：世界银行数据库：http：//data.worldbank.org/indicator/BX.GSR.ROYL.CD/countries。除我国之外的数据均为世界银行截至 2013 年 9 月份能获得的最新年度的数据。具体参见本脚注的链接。

④ 资料来源：2013 年上半年 74 城市空气质量状况报告，http：//www.cnemc.cn/publish/106/news/news_37027.html。

⑤ 资料来源：http：//www.cnemc.cn/publish/totalWebSite/0492/newList_1.html。

般。其中，东海近岸海域水质极差。

4. 电子商务成为重要的经济现象

近年来，我国电子商务呈现爆炸式的发展态势。2013 年我国电子商务交易额超过 10 万亿元，达到了一个临界点和引爆点。电子商务从过去局部经济现象已经扩展为全局性的经济现象，从流通业扩展到了制造业、服务业和金融业。电子商务对未来世界和我国的经济增长带来根本性的影响①。

电子商务的快速发展给世界各国的税收征管带来了新的挑战。电子商务的几个特点是：消费者可以匿名；制造商容易匿名住所；税务当局如果读不到信息则无法判定电子交易情况；电子交易本身有很强的隐蔽性。与传统交易方式相比，电子商务交易可以在网上订货销售，并使用电子货币结算。这使得税务机关对纳税人无纸化交易行为的监控变得非常困难①。

我国当前的经济社会形势对下一步的高质量发展提出了严峻挑战。从税收角度看，税制的调整可以为解决上述问题作出一定贡献。应在税收制度和政策的作用空间内，充分发挥税收的调节作用。

四、对新阶段税制改革的展望

在借鉴发达国家税制结构基本特征和对我国经济社会基本形势进行分析的基础上，我们认为，未来我国税制改革应遵循以下原则。

1. 在稳定税负的基础上，提高直接税尤其是个人所得税比重，降低间接税比重

衡量税收负担有不同口径之分，最大口径的税负应体现政府的全口径收入，包含税收收入、政府性基金收入、社会保险费收入、国有资本经营收入和其他各项收入等。如果从最大口径的宏观税负来看，我国的税负不能算轻。但如果仅从税收收入来看，我国的宏观税负并不处于世界高位。如果仅从税收收入这一口径来看，我们认为当前应稳定税负。从税制演变的历史潮流来看，提高个人所得税、企业所得税和财产税等直接税的比重，降低间接税的比重是必然的趋势。就目前我国国情来看，直接税比重的提高不仅有利于公平，更有利于效率的提高。这是我国税制转型为现代税制的关键所在。

2. 改进个人所得税征管模式，提高个人所得税征管效率

个人所得税主要有三种征管模式：综合课征、分类课征和综合与分类相结合的混合课征。综合课征模式要求在一个纳税年度内将纳税人个人或家庭的所有应税收入加总计算，同时，对发生的生活成本加以扣除后予以课税。这种课税模式能够恰当地反映纳税人的纳税能力，并通常按照纳税能力进行累进课税。这是比较公平的课税模式。但是，这种模式对征税机关掌握纳税人收入信息的能力要求比较高。为了提高征税效率，征税机关往往会对纳税人的收入进行预先征收，等到纳税年度之后，统一汇算清缴，多退少补。分类课征的模式按照纳税人的收入来源进行分项课税，优点是便

---

① http：//stock. cnstock. com/stock/smk_ gszbs/201401/2877553. htm。

于征管，缺点是对纳税人量能课税原则的贯彻不如综合课征模式更为彻底。综合与分类相结合的计征模式居中。我国个人所得征管目前存在两个重要的问题：一是税务系统未能与银行系统联网，不能及时快捷地获取纳税人银行资金的变化状况，从而不能实时掌握纳税人各项收入来源及其变动。二是仍采取分类课征的模式，不能充分反映纳税人真实的纳税能力。当前，我国收入分配差距逐步拉大，各种“隐性收入”在收入差距中的贡献越来越大。应充分发挥并还原个人所得税在调节收入分配中应有的作用。

3. “营改增”政策“扩围”与“完善”并重，发挥环境税费体系对保护环境的作用

增值税和营业税在我国的征收原理不同。增值税以货物生产和流通环节及劳务提供过程中的增值额为计税依据；营业税以营业额为计税依据，不考虑购进货物或劳务的价值。从增值税产生并发展的历史可以看出，增值税具有减少重复征税、促使专业化和社会分工的作用。就我国现阶段形势看，增值税有利于促进我国经济结构转型和鼓励高新技术产业的发展。自 2012 年 1 月起，我国开始在上海对交通运输业和六个现代服务业进行“1 + 6”的试点。下半年，又将试点扩面至北京市、江苏省、安徽省、广东省（含深圳市）、福建省（含厦门市）、天津市、浙江省（含宁波市）和湖北省等 8 个省（直辖市）。2013 年，又将试点在全国范围内推开。“营改增”政策的扩围是我国流转税体系改革的重要一步，意义非常深远。为了保证原有营业税纳税人税负不因“营改增”政策发生太大变化，增值税税率设置了 17%、13%、11% 和 6% 等几档（购进扣税法下）。然而，低增值税税率的行业可能会存在“低销项税率、高进项税率”的“隐性退税”现象①。另外，在增值税和营业税并存的情况下，仍然存在增值税纳税人无法对购进应纳营业税劳务所含营业税无法抵扣的现象。以上现象有待在“营改增”政策的“深化”和“扩围”中进一步完善。

我国的环境问题已为世界“瞩目”，问题堪忧。在已经过去的若干年，重视了经济增长，却忽视了生态环境，惨痛代价已逐步显现。建议进一步将部分资源性和高排放产品纳入消费税课征范围之内，并适当提高部分税目的税率。这些产品包括羊绒和羊毛制品，实木家具和其他实木制品，一次性用品（如一次性餐盒、一次性垃圾袋、其他不可降解塑料制品），含汞和氟的电池，洗涤用品，化学农药，化学肥料，破坏臭氧层的化学物质等。拉开清洁能源、节能机动车与一般类型机动车的消费税税率差距，对节能和清洁替代能源机动车给予消费税低税率的优惠政策。

4. 加快财产税改革步伐

发达国家财产税中比重最大的是房产税。该税对筹集地方财政收入、改善基层政

---

① 举例来说，假定含税销售额为 106 元，适用增值税税率为 6%；购进应纳增值税货物含税价值为 90 元，适用增值税税率为 17%。那么，销项税额为 6 元，进项税额约为 13 元。这样，应退税 7 元。

府治理有重要作用。开征房产税的主要目的不在于调房价，而是为基层政府公共服务提供重要收入来源，同时与预算透明和公共选择等治理机制一起，成为改善基层政府治理的工具组合。房产税还是一种受益税，这种“受益税”的性质不仅体现在“事前”，还体现在“事后”。“事前”意味着要征多少房产税，取决于基层政府对本地区居民的支出规模；“事后”意味着一旦周边区域公共服务质量提升，那么，房产税作为一种“使用费”会自动提升。从长期来看，房产税政策可以“由点到面”，即“先企业用房，再居民用房”，“先城市，后农村”；同时，税基“由窄到宽”，即初始赋予较大的免征面积（价值或套数），然后逐步缩小税基。通过渐进式的增量改革使我国的税收制度具备现代税制的架构。

在新经济中，电子商务的爆炸式发展成为重要的特征，但是也给税收征管带来新的挑战。电子商务的发展要求税务机关加强税收征管。应加强税务机关的信息化建设，加快税务、银行、海关和网上商户信息的对接，加强监控。积极推进电子商务税收登记制度，并从支付体系入手杜绝税收流失问题。不断加强国际合作，推动信息共享。

思考与讨论：

请阅读中共中央三次中央会议的重要决定，并回答下列问题：

“按照统一税法、公平税负、简化税制和合理分权的原则，改革和完善税收制度。推行以增值税为主体的流转税制度，对少数商品征收消费税，对大部分非商品经营继续征收营业税。在降低国有企业所得税税率，取消能源交通重点建设基金和预算调节基金的基础上，企业依法纳税，理顺国家和国有企业的利润分配关系。统一企业所得税和个人所得税，规范税率，扩大税基。开征和调整某些税种，清理税收减免，严格税收征管，堵塞税收流失。”

——《中共中央关于建立社会主义市场经济体制若干问题的决定》（中国共产党第十四届中央委员会第三次全体会议 1993 年 11 月 14 日通过）

“按照简税制、宽税基、低税率、严征管的原则，稳步推进税收改革。改革出口退税制度。统一各类企业税收制度。增值税由生产型改为消费型，将设备投资纳入增值税抵扣范围。完善消费税，适当扩大税基。改进个人所得税，实行综合和分类相结合的个人所得税制。实施城镇建设税费改革，条件具备时对不动产开征统一规范的物业税，相应取消有关收费。在统一税政前提下，赋予地方适当的税政管理权。创造条件逐步实现城乡税制统一。”

——《中共中央关于完善社会主义市场经济体制若干问题的决定》（中国共产党第十六届中央委员会第三次全体会议 2003 年 10 月 14 日通过）

“深化税收制度改革，完善地方税体系，逐步提高直接税比重。推进增值税改革，适当简化税率。调整消费税征收范围、环节、税率，把高耗能、高污染产品及部分高档消费品纳入征收范围。逐步建立综合与分类相结合的个人所得税制。加快房地产税立法并适时推进改革，加快资源税改革，推动环境保护费改税。”

——《中共中央关于全面深化改革若干重大问题的决定》(中国共产党第十八届中央委员会第三次全体会议2013年11月12日通过)

根据以上材料回答：

1. 我国当前的税制结构是什么类型？

2. 目前发达国家主流的税制结构是什么类型？

3. 我国税制改革阶段性目前的实现情况如何？

4. 结合我国当前的经济和社会形势，谈谈未来我国税制改革的方向。

本章推荐阅读文献：

1. 安体富、王海勇：“新一轮税制改革：性质、理论与政策”，《税务研究》，2004年第5、6期。

2. 白彦锋：“落实科学发展观，完善我国资源税制”，载于《多维视角下的公共管理》，经济管理出版社，2007年。

3. 邓子基：“对新一轮税制改革的几点看法”，《税务研究》，2005年第3期。

4. 高培勇：“新一轮税制改革评述：内容、进程与前瞻”，《财贸经济》，2009年第2期。

5. 郭庆旺、吕冰洋：“十年来税制运行的基本特征分析”，《税务研究》，2004年第11期。

6. 贾康、程瑜：“论‘十二五’时期的税制改革——兼谈对结构性减税与结构性增税的认识”，《税务研究》，2011年第1期。

7. 任强、贾兰霞：“‘营改增’后基层税源建设问题探析”，《税务研究》，2013年第11期。

8. 岳树民、刘方：“新形势下的结构性减税与税制改革”，《税务研究》，2011年第1期。

本章主要参考文献

1. (美) 哈维·S. 罗森等著，郭庆旺，赵志耘译：《财政学（第八版）》，中国人民大学出版社，2009 年。

2. （美）理查德·A. 马斯格雷夫等著，邓子基译：《财政理论与实践（第五版）》，中国财政经济出版社，2003 年。

3. 马海涛：《中国税制》（第三版），中国人民大学出版社，2007 年。

4. 马海涛、李升："营业税改增值税：试点评价与改革方向"，《税务研究》，2013 年第 4 期。

5. 马海涛、肖鹏："中国税制改革 30 年回顾与展望"，《税务研究》，2008 年第 7 期。

6. 陈共：《财政学》（第五版），中国人民大学出版社，2007 年。

7. 白彦锋：《税权配置论》，中国财政经济出版社，2006 年。

8. 曾康华：《西方财税理论研究》，中国财政经济出版社，2007 年。

第五章 国 债 收 入

【本章序言】 从财政收入角度看，国债是中央政府为实现公共财政职能、平衡财政收支、按照有借有还的信用原则筹集财政资金的一种方式，国债管理是政府债务管理的重要组成部分。我国自1981年恢复国债发行，到90年代末国债市场逐步成型并发展至今，2011年实际举借国债规模达到15610亿元。国债收入成为我国筹集经济建设资金、平衡财政收支的重要手段之一，也是国家对国民经济进行宏观调控的重要经济机制。同时，我国地方政府虽然从法律上来说不允许借债，但是通过融资平台公司等方式积累了大量的隐性负债，在支持地方政府基础设施建设的同时引起了各界对地方债务风险的关注。

本章将对国债规模与结构管理、地方政府债务管理以及主权债务管理等方面进行分析，在理解现状的基础上探讨完善我国债务管理的政策建议。

第一节 国债规模与结构管理

在信用经济高度发展的今天，为某种需要举债已经成为一种普遍的经济现象。中央政府举借的债务就称为国债或公债。国债是整个社会债务的重要组成部分，是指中央政府在国内外发行债券或向外国政府和银行借款所形成的国家债务。

新中国成立后，我国的国债发行分为三个阶段。第一个阶段是新中国刚刚成立的1950年，为了保证仍在进行的革命战争的供给和恢复国民经济，发行了总价值约为302亿元的“人民胜利折实公债”。第二个阶段是1954—1958年，为了进行社会主义经济建设，分五次发行了总额为2546亿元的“国家经济建设公债”。第三个阶段是1979年实施改革开放以后，从理论上矫正了所谓“既无内债，又无外债是社会主义的优越性”的错误思想，积极完善国债制度，不断强化国债的作用。尤其是1998年实施积极财政的过程中，国债发行取得了重大的成就。

良好的国债管理机制和运行机制是指国债资金规模的确定、资金的筹集、资金的使用与监督、国债的偿还等一整套行之有效的机制，只有具有合理的机制，国债资金的使用效益才能从根本上得到保证。一国的国债管理体制的确立需要明确国债在整个经济体系中、在财政中担任怎样的角色，然后根据国债的性质来确定其量的大小，即国债的规模。在对国债进行定性、定量的分析后，紧接着就会产生国债管理操作上的问题，即国债是如何来发行的，由谁来充当国债的买者，怎样才能将这类债券推销出去，到期应如何偿还，以及所有属于国债管理范畴的与国债运行有关的活动。

一、国债规模管理

（一）国债规模的理论基础

国债是政府筹集资金缓解财政压力和实施宏观经济调控与现代金融管理的重要手段。但是，国债的规模多大为好，是否存在着一个具有宏观性的合理界限，一直存在着很多争议。凯恩斯认为“国债非债”，可以不断地借新债还旧债，因此可以不考虑其规模是否适度的问题。但从各种经验性实证材料可以看出，国债手段的运用既可以产生积极的影响，也可以带来消极的影响。国债的外在影响和国债规模的变动是紧密相关的，呈现一定的函数关系。

一定的债务规模将体现出正负两方面的效应，不同的债务规模所产生的正负效应是不一样的。而正负效应抵消的结果使得在某一个特定时期的特定条件下，存在着某种适度的债务数量关系，即在该规模下，国债功能可以得到最充分的发挥，对整个经济生活的正面影响作用最大。如图5－1所示，X轴表示国债规模，Y轴表示国债的正负效应，国债的正面效应最终趋向于一条水平线上。国债的正面效应主要表现为弥补财政赤字、筹集建设资金和调节宏观经济，从而实现社会经济资源配置的最优化。但是在某一个特定时期内，国债正效应的发挥也不是随着规模的扩大而无限扩张来实现的，效应的发挥程度还有赖于社会配套相应经济资源的状况。因而，一定时期内国债的正效应随着规模的扩大是不断增长并有界限的。而国债负效应是一条加速递减的曲线，即国债规模越大，其负效应的作用力度就越强。结合上述的正负效用得出一条国债规模的综合效应曲线，在达到A点规模之前，表现为上升的曲线，说明随着国债规模的扩大，其综合效应是不断上升的；在达到A点之后，随着国债规模的扩大，其综合效应反而下降，因而表现为一条下滑的曲线。A点代表着国债规模效应的最大点，因而，A点即为理论上最优或最适度的国债规模。超过A点规模，表示国债正面效应的增长速度急剧下降，社会经济资源的配置与运行受到国债规模的干扰。国债规模达到B点时，表明国家面临严重的债务危机和政治危机，给整个国民经济带来破坏性的影响。因此，从理论上分析，存在一个最优和最适度的A点的国债规模。

因此，不论是在理论研讨中还是在经济实践中，都存在着一个如何合理确定国债规模的问题。在不同国家，以及一个国家的不同发展阶段或发展时期，适度规模可以

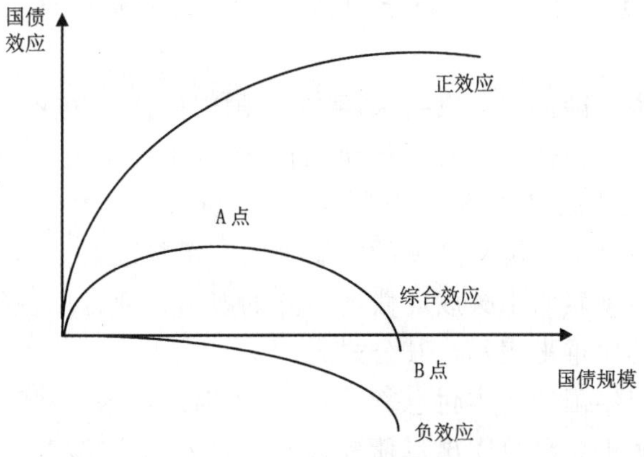

图 5-1 国债的规模经济效应

各不相同，而且在现实生活中，其具体数量界限，迄今还无法精确测定。然而这并不能否定国债适度规模的客观存在。

国债管理体制的目标之一就是控制适度的国债规模，它应包含以下三方面内容：(1) 财政部发行的国债，应在不加重应债者负担的前提下，考虑认购者的可支配收入及对其他信用证券投资的资金分散程度等，确保政府有效筹集到资金。(2) 适度的国债规模应该是政府自始至终能够驾驭的规模，即政府不但能通过举债筹集到所需资金，而且能有效地使用该国债资金，达到预期的经济效益目标，通过提高国债的经济效益来确保政府的偿债能力。(3) 适度的国债规模是国债资金用于经济建设，其结构、规模、效益能有机结合并统一，能产生最大的经济净效应的规模。

（二）国债规模的衡量

国家债务规模，是指国债的最高额度，或者指国债的适度规模。由于国债是国家根据信用原则形成的债务，其到期还本付息的债务总额会形成一种社会负担，所以国债必须有一定的限度。衡量国债规模的指标通常包括历年累积债务总规模、当年国债发行总额和当年到期还本付息债务总额。

1. 历年累积债务总规模是衡量国债负担的主要指标，它表明一国财政所承担的历年累积的债务数额。

2. 当年国债发行总额是指计划执行年度发行国债的数额。

3. 当年到期还本付息债务总额是指计划执行年度国家财政所承担的国债还本付息数额。

历年累积债务总规模对于考察一国债务总的负担具有实际意义；而当年国债发行总额和当年到期还本付息债务总额则对控制国家债务规模具有实际意义。

衡量国债规模的关键是要衡量债务的偿还能力，具体包括：

1. 应债能力，主要指国民经济对国债的承受能力

国民经济的承受能力是制约国债规模的主要因素，衡量应债能力的指标是国债负担率。国债负担率又称国民经济负担率，既可以用一定时期的国债余额与国内生产总值的比值表示，也可以用当年的国债发行额与GDP的比例表示。前者反映国家总债

务对经济的影响程度，后者反映当年国债发行量与当年经济总规模的大小。其公式为：

国债累计负担率＝国债累积发行余额/当年国内生产总值×100%

国债当年负担率＝国债当年发行规模/当年国内生产总值×100%

2. 偿债能力，是指政府偿还到期国债本金和利息的能力

政府的偿债能力是制约国债规模的重要因素，衡量政府偿债能力的指标是偿债率和债务依存度。偿债率表明中央政府偿还债务的能力，通常以一年债务还本付息额占当年中央财政收入的比重来表示。其公式为：

国债偿债率＝当年国债还本付息额/当年中央财政收入×100%

国债依存度表明中央财政支出对债务式财政收入的依赖程度，通常以当年国债发行额占中央财政支出的比重来表示。其公式为：

国债依存度＝当年国债发行额/当年中央财政支出总额×100%

一般地，年度国债规模增长界限应当为不超过GDP增长率的国债利率所能筹措到的资金；而国债余额的平均期限越长，就越有利于降低国债的年度发行规模，降低政府的债务负担率，保持债务经济的稳定性。

在衡量财政风险时，通常将欧洲《马斯特里赫特条约》（以下简称《马约》）提出的赤字和债务标准作为参考。《马约》规定，成员国财政赤字占当年GDP的比率不应超过3%；政府债务总额占GDP的比例不应超过60%。需要说明的是，《马约》标准是20世纪90年代欧共体成员国加入欧洲经济货币联盟的标准，是在特殊历史条件下制定的安全系数很高的风险控制标准，并非科学论证的结果，只有一定的参考价值。2012年我国中央财政赤字占GDP的比重为1.1%，年末中央财政国债余额占GDP的比重为14.9%，低于《马约》的标准。但是，应该看到，我国还有一定的隐性赤字和债务，需要注重防范财政风险，促进财政经济可持续发展。

二、国债结构管理

（一）我国国债发行结构的基本状况

国债的发行结构主要包括期限结构、利率结构和品种结构。国债的发行结构尤其是期限结构是债务管理的重要内容，因为结构合理与否直接关系到能否及时满足财政支出需要，能否做到避免偿债负担的畸轻畸重，能否为金融市场提供一个连续性的不同基准收益率结构。所以，只有选择合理的国债结构才能促使宏观经济目标的实现。

一般来说，国债的期限不同，其借贷利息也不一样。这就要既使投资者感到有利可图，又使国债提供者支付较低的借贷利息，以使成本最小化。为达到这一目的，各国国债主管部门通常通过权衡预期国债利率变动的方向、国债的流动性和宏观调控需要来选择适当的国债利率结构。

国债种类丰富，各国根据财政的不同支出用途和债券的不同特性而进行灵活分类。一般而言，短期国债指偿还期在1年或1年以内的国债，1—5年（1—10年）称为中期国债，5年（10年）以上称为长期国债。永久国债是指没有偿还期的国债，

只是按年付息，但可以上市流通，随时兑现。现在，我国国债管理呈现品种多样化的趋势，不同国债各自发挥不同功用，满足投资者和公开市场操作的不同需求。其中品种繁多、数额巨大的短期国债为公开市场操作提供了一个广阔的空间，使得在进行公开市场业务具体操作时，可以选择不同数量、不同券种的国库券对整个货币量进行调节；而期限较长（最长达到50年）的长期国债也能满足商业银行和其他投资者优化资产结构的要求，降低了国债品种和期限结构的风险。

从国债余额品种结构看，2012年末实际国债余额中，内债为76748亿元，外债为818亿元，分别占全部国债余额的99%和1%。内债余额中，储蓄国债为7040亿元，包括3478亿元凭证式国债和3562亿元储蓄国债（电子式），占全部国债余额的9.1%；记账式国债为69708亿元，包括54206亿元普通国债和15502亿元特别国债，占全部国债余额的89.9%。2012年末国债平均剩余期限为8.5年（不含外债），比2011年末延长0.1年。2012年末国债余额中，剩余期限1年及以下的占10%，1年至5年（含5年）的占38%，5年至10年（含10年）的占33%，10年以上的占19%。

（二）我国国债结构存在的问题

尽管我国国债发行结构在近几年取得了瞩目的进步，但是总的来说，仍存在以下几个方面的问题：第一，国债期限仍显单一。目前我国发行的国债中长期品种仍然有较大的规模，而短期品种仍然不足，而短期国债是央行公开市场操作的主要对象。第二，国债发行利率缺乏弹性，国债利率结构不尽合理。第三，国债品种设计的目标市场定位低。长期以来，中国国债品种发行的目标以居民个人投资者为主，这不仅使发行市场较长的时期在低水平徘徊，也造成二级市场流动性差。

国债市场债券品种结构不合理，不仅妨碍了市场本身的发展，而且不利于市场参与者进行理性选择。债券供不应求导致中长期债券收益率持续非理性走低。从债券的需求来看，银行间债券市场的发展，为商业银行大量持有债券、及时调节流动性、降低超额储备水平、改变资产单一状况、提高盈利水平提供了空间，所以商业银行投资债券的积极性很高；同时，银行间债券市场扩大交易主体的一系列举措使中国债的发行量逐渐增加，但继续维持这样的增长速度恐怕不太现实；政策性金融债的发行支持了政策性银行的资产扩张，但增长幅度有限。因此，债券的供给将难以满足日渐增长的市场需求，债券的供不应求格局将难以改观。目前银行间债券市场的债券品种中中长期债券占多数，而短期债券收益率基本见底，这就造成商业银行对债券期限的选择余地狭小，中小金融机构追逐短期利益、避免利率风险，却又热衷于对中长期债券进行投资炒作以赚取利差。种种因素最终导致了近来中长期债券收益率持续走低。

债券持有人的风险加大。品种单一的中长期国债和政策性金融债作为银行间债券市场投资者（尤其是商业银行）的主要投资品种，给持有人带来了较大的利率风险和流动性风险。现券交易清淡尤其是中长期债券的流动性较差也是有目共睹的，加之商业银行是债券的最大持有人，如果到时候大量抛售而没有相应的买方，也将给银行业整体的经营和银行间债券市场的发展带来极大的危害。另外，在交易主体不断增加且呈多样化格局的条件下，债券持有人尤其是商业银行之外的其他投资者对债券种类多样化的需求也越来越迫切。

不利于构建统一的债券市场。从制度安排的角度而言，我国的债券市场应该是全国统一的、多层次的、面向所有金融机构及企业法人和个人投资者的市场，并且场外批发市场是主体，场内零售交易是补充。值得注意的是，面向所有金融机构及企业法人显然不仅仅是指购买和交易债券的权利，还应该包括发行债券的资格。单一的国债和政策性金融债债券品种也不利于国债市场的统一规划和建设。

阻碍现券交易的活跃。尽管近来国债市场债券现券的交易有所增加，但相对于债券存量、债券回购量、交易所交易量而言都还是远远不够的，而债券品种结构的不合理是造成现券交易不活跃的重要原因之一。目前债券期限大都是中长期的，而期限越短越有利于现券交易，期限越长越不利于提高债券的流动性。因此，债券期限结构不合理使得各市场参与者持有债券单一且类似，难以满足投资者不同的投资需求，也阻碍了现券交易的活跃，降低了市场的流动性。

三、完善国债规模与结构管理的政策建议

完善国债运行管理及国债余额管理制度；进一步明确债务规模和期限管理的具体办法；有序推进国债余额管理改革，创造条件实施预算差额与国债限额相结合的管理制度；积极发挥国债在协调财政与货币政策、稳定市场预期方面的基础性作用，最终构建起满足国家借贷需要与有利于债务风险管控的治理框架。

1. 适度控制国债规模

实施国债余额管理。目前我国国债规模管理实行的是确定当年发行规模的管理办法，即每年年初全国人大代表会议批准的国债规模即为财政部当年计划发行的国债规模。这种高度集中的管理办法，不利于充分发挥国债调节经济的功能，是制约短期国债发行的一个非常重要的因素。国债区别于税收等经常性财政收入形式的突出特点，就在于它的有偿性和灵活性。年初确定国债计划发行额，并按计划去组织国债的发行工作，举债收入便成为一个既定的量，而这个既定的量很可能与当年的财政实际运行状况发生脱节，国债的灵活性就丧失了。因此，我们可以效仿国际通行的做法，年初不确定国债发行的具体数额，人民代表大会只通过规定国债累积限额的办法，对年终的国债累积额加以控制。同时，财政部门根据预算年度内财政收入的实际状况，相机决定国债发行额度、发行券种和发行日期。国债发行如果实行额度管理，在长期内统一规划国债的品种与数量，将有利于国债期限结构的改善。为配合中央银行货币政策实施，应提高人民银行进行公开市场操作所需要的短期国债的比重。

2. 优化国债结构

国债品种的多样化和期限结构合理化是国债市场发展的重要目标。应当使国债品种能够满足各类投资者的需要，每个品种都保持一种连续性，期限结构能够相互衔接，国债市场存量充足、品种丰富。为此，中央财政应当充分预测财政对短期和长期融资的需要，将现金流量分析引入宏观财政管理模式中，对财政收支的现金流量进行

较为准确的预测。在此前提下，应完善国债期限结构的设计。主要对策是：（1）适度发行10年以上期限的长期附息国债。在当前利率水平较低的情况下，适度发行10年以上期限的长期附息国债，一方面有利于降低中央财政的筹资成本，另一方面有利于促进国债流通市场的发展。从国债发行情况来看，机构投资者尤其是各种保险基金的投资者对长期国债的需求较强，长期附息国债运营空间较大，在二级市场表现活跃。（2）加强发行短期国债。3个月和6个月期限的国债品种，是中央银行公开市场业务操作的重要对象。一年以内的国债偿还期限最好能够滚动连接，一方面有利于国家预算资金周转，另一方面也有利于中央银行对经济短期波动进行调节。（3）均衡偿债负担。在国债期限设计上，可以采取统一到期日、发行临时短期国债偿还旧债本息的办法。规定同一年度不同日期发行的债券到期日相同，分批确定新发债券期限，通过发行临时短期债券解决旧债的本息支付问题。减少旧债本息支付日期对期限设计的限制。

第二节 主权债务管理

政府主权债务是指财政部代表我国政府对外举借的债务，以国家主权信用为基础，又称主权外债，包括国际金融组织贷款、外国政府贷款和境外发行本外币债券三种形式。

根据实践状况，国际金融组织贷款又把外债项目分为“统借统还”、“统借自还”和“自借自还”三种形式。“统借统还”主要针对中央政府自身的外债所作的债务安排。纯粹由地方使用和受益、中央偿还的项目是很少见的。而地方政府，尤其是中西部省区，所用的大量外债贷款都是“统借自还”，即中央统一向外借入，转贷到省，由地方各省区负责还款；或由省担保，贷款通过省，再转贷到用款单位。“自借自还”主要指过去一些老贷款，由部门或地区负责自主引进，在转贷协议中明确由项目单位偿还。以世界银行贷款为例，相关的贷款种类主要有：

1. 具体投资贷款，即项目贷款。这是世界银行业务活动的主要组成部分。世界银行在农业和农村发展、教育、能源、工业、交通、城市发展和供水等方面的大部分贷款属于这一类。目的是创造新的生产能力，增加现有投资的产出。这类贷款的评估和监督主要由银行工作人员负责完成。这类贷款是世界银行贷款的主要内容。

2. 部门贷款。分为以下三种：（1）部门投资贷款，使用重点是优化部门政策和投资重点，增强借款国制定和执行投资计划的能力。借款国有关部门按与世行商定的标准对项目详细评估和监督。例如运输部门的贷款。（2）中间金融机构贷款，指的是向开发金融公司和农业信贷机构的贷款。对项目的选择、评估和监督也由借款机构负责。但双方必须就转贷对象的选择标准、转贷利率达成协议。我国目前承办这类贷款的银行是中国投资银行和中国农业银行等。(3)部门调整贷款，是为支持某一具体部门进行全面体制改革，但比结构调整贷款涉及的范围要窄。当借款国总的经济管理和政策改革状况或国民经济的规模不允许进行结构调整时，可以选用这类贷款。与部门投资贷款或中间金融机构贷款不同，部门调整贷款的主要目的是支持某一部门的政策改革。这类贷款通常为部门的进口提供所需的外汇，并预先确定受益人或按双方商定的标准选择受益人。

3. 结构调整贷款，旨在帮助借款国在宏观经济、部门经济和机构体制方面进行全面的调整和改革，以克服经济困难，特别是消除国际收支不平衡。使用结构调整贷款有严格、苛刻的条件。若借款国未能按预定的条件执行，第二批贷款就停止支付。

4. 技术援助贷款，目的是加强借款国有关机构制定发展政策和准备具体的投资项目的能力。

5. 其他还有帮助对付自然灾害或其他灾难所造成的损失的紧急复兴贷款，及世界银行与借款国以外的官方援助、出口信贷机构和私人金融机构等贷款者“联合融资”。

一、我国主权债务的规模和结构

截至 2012 年底，我国累计借入外债 1486.79 亿美元，债务余额 751.74 亿美元。其中，世界银行、亚洲开发银行等国际金融组织贷款累计 644.64 亿美元，贷款余额 338.12 亿美元；日本、德国、法国、科威特等 26 个国家和区域性金融机构的双边优惠贷款累计 644.26 亿美元，贷款余额 310.45 亿美元；境外发行本外币债券 41 笔，累计发行金额 197.89 亿美元，债券余额 103.16 亿美元。

就中国政府主权外债中借用的国际金融组织贷款来看，中国借用最早的是世界银行贷款和亚洲开发银行贷款，近年来还有国际农发基金贷款、欧洲投资银行贷款、全球基金贷款等。其中，中国政府借用规模最多的是世界银行贷款，其次是亚洲开发银行贷款，再次是欧洲投资银行和农发基金贷款等。根据实际经验，中国的项目单位在政府主权外债的转贷中比较重视贷款现金支出成本，而相对看轻贷款惩罚条款及其他附加条件。虽然这些国际金融组织的贷款条件并非逐年调整，但是也会随着国际金融市场的变化，根据各国际金融组织的财务测算结果而不断调整。

财政部代表中国政府与贷款国政府签订协议，各转贷银行再接受财政部委托，将贷款转贷给省级财政部门或项目单位。除老项目外，外国政府贷款一般分为一、二、三类项目贷款。一类项目是由政府转贷负责的公益性项目，各省财政部门是借款人；二类项目是各省财政部门提供担保的基础设施项目等重点公共物品；三类项目是项目单位作为借款人并承担还款责任，转贷银行作为对外最终还款人的项目。政府只是审批和代为借入，既不是借款主体，也不提供担保。通常做法是各市财政、省直主管部门在向省财政厅申报项目时提出意见，省财政厅确定并上报。外国政府贷款的项目单位，对于一类项目，是指按照省级财政部门有关规定，利用贷款资金具体负责项目实施并承担相应义务的机构；对于二、三类项目，是指根据贷款协议和转贷协议有关规定，利用贷款资金具体负责项目实施、管理贷款资金形成资产并承担贷款偿还义务的机构，包括国务院有关部门、中央管理企业和计划单列企业集团。按照惯例，转贷项目又分为三类。第一类为公益性项目，包括卫生、教育、水利、环保、扶贫、市政设施；第二类为基础性项目，包括农业、林业、能源、交通、通讯等；第三类为竞争性项目，主要为工业项目。转贷项目的偿还同样涉及国家主权债务的信誉。中国政府主权外债余额状况已经反映在中国外债余额表中。近年我国的政府主权外债稳中有升，大致平稳。

二、我国主权债务管理制度

1998 年政府部门职能调整后，政府外债工作由财政部统一负责。财政部对政府外债实行借、用、还全过程管理，以资金、财务、债务为主线，通过健全制度和机制、强化监督管理，努力实现从重贷款规模向重质量和效益转变，从重贷款筹借向重使用和偿还转变，从重资金引进向资金和智力引进并重转变，不断推进政府外债管理工作的科学化和精细化。

我国对政府主权外债实行宏观和微观两个层次的管理。

1. 在宏观层面，一方面采取战略规划指导，通过三年滚动贷款规划对中国政府主权外债债务来源、主权外债规模、利率、期限、币种进行规划布局。按照政府主权外债管理法规、规章和利用外资产业政策的要求，计划、审批政府主权外债投向，发展国家鼓励的区域和行业。例如，新的贷款规划将贯彻落实科学发展观、建设社会主义新农村和构建和谐社会的理念，继续向中、西部地区和经济社会的薄弱环节倾斜，重点支持优先领域。另一方面，国家通过宏观政策的微小调整使项目的经济环境变化，通过实施特定政策影响政府主权外债的项目现金流。因此，国家宏观层面的管理对政府主权外债的规模和经营方向有重要作用。

2. 在微观层面，对政府主权外债借款，实行签约登记制度和账户开立核准制度，逐笔登记、偿还、统计。境内机构对外偿还政府主权外债本金利息、担保履约，经核准后方可对外支付。国家外汇管理局要求政府主权外债的借款人在正式签订政府主权外债（转）贷款借款协议 10 天内按《外债统计监测暂行规定》或《外汇（转）贷款登记管理办法》到本地外汇管理局进行登记，之后再持外汇管理局核发的《外汇（转）贷款登记证》和开立账户核准件到开户银行办理开户手续。从微观层面上对政府主权外债资金的现金流进行比较准确的预测，较全面地掌握政府主权外债规模和动态信息。

中国政府主权外债风险管理目标就是根据中国自身国情国力，建立适应中国特色社会主义道路和社会主义市场经济的中国外债风险管理体系，防范主权外债风险，促进国民经济又好又快发展，主要包括两方面内容：第一，同国情国力相适应，举借政府主权外债促进经济发展的同时，强调资金安全和效益，保证偿付能力，防范各类风险。第二，通过合理、有效地利用外资，达到四个方面促进，即促进社会主义市场经济体制完善，促进公共财政改革深化，促进我国宏观调控能力增强，促进中国国际化程度日益提高。

根据我国宏观经济调控的最终目标和要达到的主要目标的要求，我国对政府主权外债管理包括保持适度规模、优化结构、增强偿债力和强化防范风险措施等具体目标。

一是保持适度规模。发展中国家利用外资（包括外债）能够促进经济发展，但不是越多、越大越有利，这里有一个合理规模问题。因为无论是借款还是直接投资，都将导致经济发展的长期后劲——利润以各种形式流失，从而使企业缺乏发展资金或者使政府背上沉重的债务。我国政府主权外债适度规模必须同我国国情国力相适应，并能促进经济发展的战略要求。政府主权外债不是为了替代内资，而是起补充内资的作用。在具体的操作中，这属于政府主权外债的总量控制问题。既要控制政府主权外债余额与国民生产总值的比率，也要控制政府主权外债的增长速度与经济增速之间的比率。在政府主权外债的总量控制方面，我国历来较为重视，所采取的规划统计方式较成功，但是对转贷的政府主权外债债务的潜在和隐性的风险管理还有待加强。

二是优化主权外债结构，降低贷款借入的总体成本。随着国际化程度的提高，政府主权外债形式逐渐多元化，国际游资通过政府主权外债对国民经济进行冲击的可能性加大。为降低政府主权外债风险，应将结构管理作为政府主权外债管理的具体目标，即政府主权外债总体规模要注重与国民经济发展、国际收支状况等相适应，同时保持合理的债务期限结构、来源结构、币种结构、利率结构和借款方式多样化，尽可能地筹借期限长、利率低、手续简便的外汇资金。政府主权外债的期限结构管理主要包括：一是防止短期借款的比例过大，防止出现我国过去有的部门和地方政府为了弥补资金缺口，借短用长的情况。二是保证未来偿债压力的相对均衡，防止在特定年份出现偿债集中、压力过大的情况。主权外债的债务来源、币种分配等结构直接影响主权外债的成本。政府主权外债中的国际金融组织贷款与外国政府优惠贷款以及优惠贷款等不同种类的债务的利率和还款安排是各不相同的。一般的利率安排，包括浮动利率债务与固定利率债务的比例。不同水平的利率安排会使政府主权外债在不同的国际汇率变化中承受不同的成本波动风险。因此，在主权外债结构趋于复杂的状况下，加强风险管理非常重要。结构管理的目的就是减少成本，发挥主权外债效率，通过保持合理的债务期限结构、来源结构、币种结构、利率结构和借款方式多样化，优化债务组合。灵活地运用各种筹资工具，争取筹资条件较好，例如期限长、利率低、手续简便的政府主权外债资金。

三是加强成本管理。政府主权外债的借款成本主要受多方面因素的影响，主要包括国际借贷市场竞争性、国际金融经济形势对流动性的影响，同时也包括借款国政府信誉以及自身财务状况、借款人是否具有良好的偿债纪录和管理能力等。

四是增加偿债能力。要大力提高政府主权外债的使用效益。首先，在举借前期就要确保主权外债回收，保持良好债信，落实偿债责任。其次，保证还款来源。要把握外债投向，将外汇资金用于生产性领域，投入到建设项目和出口创汇项目。最后，坚持规模适度的原则，全面考虑政府主权外债借、用、还全过程，努力做到借得来，用得好，还得起。

五是强化政府主权外债监控，防范主权外债风险。对政府主权外债的引进，要从源头监控资金动向，逐一落实还款来源，并对项目单位的偿付能力进行认真审核和动态跟踪。由于有优惠政策的主权外债贷款向中西部地区倾斜、向公益性项目倾斜，因此，要努力争取最佳筹资条件。通过债务和项目管理，达到降低风险和成本，保证偿债能力的目的，同时运用多种风险控制工具，控制并减少主权债务风险。

三、完善我国主权债务管理的政策建议

（一）建立统一的中国政府主权外债风险管理机构

我国政府主权外债管理机构还比较分散，中央与地方在政府主权外债的管理职能对应上比较模糊，内债和外债由财政部内不同的司局管理。此外，政府主权外债的管理职能除了财政部，还分散在国家发改委、人民银行、外汇储备管理局等相关职能部门，相互之间缺乏足够的沟通和协调。由此产生的必然结果是各部门、单位分散行使职责，产生功能重复、越位、不便于充分发挥作用和管理低效等问题。有鉴于此，长期不理顺这种关系，对防范政府主权外债风险和提高国家宏观调控能力是不利的。

为强化防范政府主权外债债务风险，多部门和地方各级政府应共同逐步完善政府主权外债管理体制，建立健全涵盖“借、用、还”全过程的制度体系，强化债务管理和风险防范意识，不断加大监督检查力度，着力提高项目执行机构能力和人员素质。在完善管理体制的基础上，加强项目管理和债务管理的机构建设，防范化解政府主权债务风险。统一管理政府主权外债能在保障对外偿债信誉的同时，更好地确保国家的经济利益。政府通过建立相应规模的还贷准备金，强化催收力度和建立预算扣款机制，减少和消化地方政府主权外债欠款余额，控制地方所欠债务规模。既支持了地方经济建设，又有效地化解了贷款债务风险。

专栏 5-1

始于希腊的债务危机，2009 年 12 月 8 日全球三大评级公司下调了希腊主权评级。2010 年起欧洲其他国家也开始陷入危机，整个欧盟都受到债务危机困扰，欧元大幅下跌，欧洲股市暴跌。2011 年 6 月，意大利政府债务问题使危机再度升级。产生危机国家的增多与问题的不断浮现，加之评级机构不时的评级下调行为，成为牵动全球经济神经的重要事件。政府失职、过度举债、制度缺陷等问题的累积效应最终导致了这场危机的爆发。在欧元区国家中，以葡萄牙、爱尔兰、意大利、希腊与西班牙等五个国家（以下简称“PIIGS 五国”）的债务问题最为严重。欧元区的主权债务危机为其他国家加强主权债务管理敲响了警钟。

（二）政府主权外债纳入统一预算管理

与国内预算相比，政府主权外债从审批机关、时间及程序上均有很大差异。政

府主权外债收支如果纳入预算，必然带来债务收支预算准确性和如何调整的问题。这些问题存在的根源在于国际金融组织贷款具有需要偿还、债权债务关系复杂、其管理需遵循国际金融组织的要求等特点，与我国现行的预算体制、国库集中收付体系和总预算会计制度等管理方式存在较大差异。因此，要解决这些问题，必须对现有的预算和国库管理体制进行改革，或在现有体制内作出特殊安排。这些问题主要涉及财政部内部协调，主要是预算司、国库司和金融司的业务衔接，以及有关方案合理性的探讨。

（三）建立健全与新形势发展相适应的政府主权外债法律制度

我国政府主权外债管理工作正日益深化，要求财政部门作为政府主权外债的统一管理部门，必须依法深化各环节的工作，加强政府主权外债全过程管理。因此，我国相关部门有必要着手研究和制订《政府主权外债管理条例》，以立法形式明确各级政府主权外债管理部门的职权范围，以及用款单位在外债借、用、还各个环节应承担的责任和义务，从而使政府主权外债的管理部门有法可依，使政府主权外债的使用部门有章可循，提高项目和政府主权外债管理水平。进一步提升现行政府外债管理规章的立法层次，使其上升到国家法规的层面，加速法制建设的进程，弥补制度安排的不足，使政府部门对政府外债的风险管理真正做到依法行政。

（四）建设中国政府主权外债的绩效管理

通过绩效评价，各级政府、部门初步树立了政府主权外债资金使用绩效理念，并把政府主权外债绩效评价工作列入重要议事日程。以绩效为目标、以结果为导向的绩效理念正在各地、各部门逐步形成。通过设定绩效目标，政府主权外债各级管理部门（项目单位）清楚地了解实施政府主权外债项目所要取得的政治效果、社会效益和经济效益，其职能和目标得到了进一步明确，部门（单位）自我约束意识及责任意识明显提高。同时，对政府主权外债资金使用的科学性、效益性、管理水平的评判，以及绩效评价结果的公开和应用，促进了部门（单位）不断完善内部管理，自觉加强资金管理和监督，不断提高理财水平。绩效管理有助于提高政府主权外债资金的使用效益。对政府主权外债使用实施绩效评价，将政府主权外债举借与国家和地方的发展规划有机结合，并进行跟踪问效，有利于优化支出结构，合理分配要素资源，让有限资金发挥更大的效益。同时，还有助于促进政府的建设。通过实施绩效评价，将评价结果在部门内部或面向公众公开，强化了部门内部监督，增强了政府主权外债管理透明度。政府主权外债绩效评价作为政府绩效管理的重要内容，将政府部门的活动置于公众监督之下，提高了公众对政府的信任程度，有力促进了高效、透明政府的建设。

（五）中国政府主权外债风险指标设计

作为外债的重要组成部分，政府主权外债只有如约偿还，才能保证国家信誉并促进国内经济稳定发展。政府主权外债对一国既是一种外部资源，又是一种潜在负担。政府主权外债规模涉及政府的偿债能力，而它又与政府主权外债风险密不可分。政府主权外债偿债能力是一国经济实力的综合反映，如果一国所借政府主权外债规模超过本国实际偿还能力，非但不能加快经济发展，还可能遭受外部冲击。因此，一国举借政府主权外债的规模受制于该国的偿债能力。国际通用的外债清偿能力总量指标、外债结构指标以及外债增长等指标，为政府主权外债风险管理中的规模总量控制提供了重要线索，有助于对我国政府主权外债风险和风险的程度进行借鉴分析。其中，各国普遍重视的外债总量是否适度的指标主要有：（1）债务率 = 外债余额/出口创汇额。它反映一国最大限度的举债能力，比重越小越好。（2）负债率 = 外债余额/国民生产总值。该比重为债务警戒线。（3）偿债率 = 外债偿还额/出口创汇额。它表示一国每年创汇能力所能承担的当年对外偿债负担。由于出口收入的很大一部分要用于支付进口，因此其比率越小越好。

根据国际上通行的标准，20% 的负债率、100% 的债务率和 20% 的偿债率是债务国控制外债总量的警戒线。对于一个国家而言，负债率考察的是国民生产总值，从经济学的意义上讲就是全体国民创造的新增价值。债务率超过 100% 时，说明该国外债余额过大，外债负担过重，外汇收入难以满足偿债需求。偿债率一般以 20% 为警戒线。我国各年的三项指标，除 20 世纪 90 年代初债务率指标较高以外，各项数据从 90 年代末期开始下降，均在国际标准安全线之内。当然，政府主权外债的指标并不等同于外债指标，但我们认为它也应有自身的警戒线。当政府主权外债指标处于警戒线以下时，政府主权外债总量是适度和安全的；当有关指标超过警戒线时，政府主权外债总量超过吸收能力，需要进行调整。

（六）进一步加强政府主权外债信息化建设

政府主权外债风险管理要求全面公开有关政府主权外债政策信息。为防范风险、加强管理，许多国家都建立了政府主权外债债务统计、监测和预警系统。我国政府主权外债管理的信息化建设在近年得到了飞速的发展，但与西方发达国家相比，仍有相当大的差距，我国政府主权外债的信息不对称风险仍然较大。在几十年的引进政府主权外债资金的过程中，我国还没有政府主权外债债务统计、监测和预警系统。政府负债信息不透明，无法对外提供政府主权债务规模数据。国外政府贷款的各家转贷银行也没有贷款信息共享机制，无法准确测算政府性债务规模，特别是无法客观评价地方政府偿债能力。此外，由于没有信息系统，实践中难以监控政府主权外债资金的流向和用途，从而难以识别风险。

政府主权外债管理信息系统有待建立，应进一步加强政府主权外债信息利用和风险管理强化方面的工作。根据情况变化，强化政府主权外债信息分析，采取有效措施，趋利避害，促进政府主权外债风险管理水平的提高。

政府主权外债管理信息系统是“金财工程”的重要组成部分，应按照“金财工程”的总体规划，充分考虑政府主权外债业务、技术情况进行建设。构建政府主权外债管理信息系统的核心是建立一套科学的政府债务预警指标体系，真实地反映政府主权债务风险状况和发展趋势，以便政府及其财政部门对现实和潜在的政府主权外债风险进行有效预测、控制。在此基础上，政府主权外债管理信息系统建设以债务为核心，以项目为对象，以网络为依托，以层次分析和趋势分析为主要方法，以流动性和分段清偿能力为监控对象，并包含预警指标分析和数据流管理。

政府主权外债信息管理系统应当基于“大平台”开发，“大平台”指统一的金财工程应用支撑平台，用于支撑财政核心业务应用的系统支撑平台和系统研发平台。“大平台”是按照统一数据库、统一编码体系、统一源数据管理、统一维护基础信息、统一对外信息交换、统一报表工具、统一安全管理机制、统一门户等原则进行建设的。运行在平台之上的各类主体业务，在统一的指标控制体系的支持下，既可以在各自的业务范围内实现个性化的处理，又能够接受统一的政府主权外债指标、用款计划、支付管理的联合控制。当政府主权外债业务发生变化时，底层平台只需改变政府主权外债指标类账户以及接口的设置，就可满足表层业务变化后的需求，实现长期稳定的系统目标。

第三节

地方政府债务管理

目前我国预算法不允许地方政府举借债务，但是地方政府通过设立地方融资平台公司变相为地方公共开支筹措资金已经成为一种普遍现象。这种现象产生于1998年的财政刺激计划，主要模式为地方政府发起成立投融资企业，通过划拨土地、股权、规费等资产，使其具备融资能力，为地方基础设施建设提供资金。随后，冠以城市发展、高速公路、水利、资产管理等各种称号的投资公司如雨后春笋般出现。2008年金融危机后，为了鼓励地方政府提供配套资源以支持中央的4万亿投资计划，中央政府出台宏观政策支持地方扩宽融资渠道，地方融资平台的数量和规模得以迅速增长。应该承认，地方政府通过融资平台等方式举债融资，加快了城乡基础设施建设和城镇化进程，促进了教育、文化、卫生等各项公共事业发展，也为应对亚洲金融危机和国际金融危机、战胜各种重大自然灾害发挥了积极作用。但是，由于缺乏监管机制，地方政府债务规模过大可能影响政府财政的可持续发展，需要引起我们足够的重视。

一、地方政府隐性债务和或有债务概述

世界银行专家哈纳·波拉克瓦（Hana Polackova）把政府承担的所有债务分为两类，即直接债务和或有债务。直接债务是指在任何情况下都要承担的债务，不依附任何事件，是可以根据某些特定的因素来预测和控制的负债，如政府的内外债以及由法律规定的养老金负债等。或有债务是指某一或有事项引发的债务，是否会成为现实，要看或有事项是否发生以及由此引发的债务是否最终要由政府来承担。直接负债和或有负债又可以从债务风险的角度进一步划分为两种类别：显性债务（即被法律或者合同所认可的政府债务）和隐性债务（即政府反映公众和利益集团压力的道义上的义务）。在这种划分下，存在着两类债务风险：一是直接债务风险，即由财政直接承

担的债务；二是间接债务风险，即由财政间接承担的国家预算体系以外的债务，包括直接隐性债务、或有显性债务和或有隐性债务（见表5－1）。相对于直接债务风险而言，后三种债务的出现与否，取决于特定事件的发生与否，发生的概率。虽说可能要国家财政来承担，但是究竟最终会承担多少是事先无法清楚知道的。特别是或有隐性负债，尽管不受法律约束，但是由于公众的期望和政治压力以及政府的道义责任，可能要求政府出面承担部分或全部，因而可能构成财政的一个风险源。

表5－1　政府负债的风险矩阵

政府债务	直接负债	或有负债
显性负债	• 国内外主权借款 • 由预算法律规定的支出 • 受全齐法律约束的预算支出（公务员工资和公务员养老金）	• 政府对非主权借款和地方政府、公共部门和私营部门实体（如开发银行）债务的担保 • 对不同类型贷款（诸如抵押贷款、对学习农业的学生的贷款和小型企业贷款）的保护性政府担保 • 对贸易与汇率、国外主权政府借款、私人投资的政府担保 • 有关存款、私营养老金基金最低收益、农作物、水灾、战争风险的政府保险体系
隐性负债	• 公共投资项目的未来经常性费用 • 如果法律未做规定的未来公共养老金（而不是公务员的养老金） • 法律未做规定的社会保障计划 • 法律未做规定的未来医疗保健筹资	• 地方政府和公共或私营实体的非担保债务和其他负债的违约 • 对私营化实体负债的清理 • 非担保养老金基金、就业基金、社会保障基金（对小投资者的社会保护）的投资失败 • 中央银行不能履行其职责（外汇合约、保卫币值、国际收支稳定） • 私人资本流向改变之后而采取的紧急救援行为 • 环境灾害后果的清理、救灾、军事筹资等等

资料来源：Hana Polackeva Brixi and Allen Schick（2012）。

我国地方政府目前的债务可能说是由不同类型的负债构成的，如一些基层政府欠发公务员工资而形成的债务属于直接显性债务，属于政府必须承担的责任。而受到关注的地方融资平台债务更多的属于或有负债。在审计署的统计中，分为政府负有偿还责任的债务、政府负有担保责任的债务以及政府可能承担一定救助责任的债务，区别了政府对不同类型债务的责任。负有偿还责任的债务主要属于直接债务，负有担保责任的债务属于或有显性债务，而政府可能承担一定救助责任的债务则属于或有隐性债务。对不同类型的债务，应该采取不同的应对措施，以防范和化解债务风险。

二、地方融资平台的债务规模

国内学者对地方融资平台的债务规模进行了各种探讨。有的从财政体制、平台管理、金融运行等方面对融资平台债务存在的显著风险进行分析，有的运用地方财政负债风险的各种指标进行估算。2010 年度审计署报告显示，截至 2010 年底，除 54 个县级政府没有政府性债务外，全国省、市、县三级地方政府性债务余额共计 10.7 万亿元。2013 年 12 月 30 日，审计署公布了更加全面的全国政府性债务审计结果，显示我国政府性债务风险总体可控，但是有的地方存在着一定的风险隐患。

表 5-2　　全国性债务规模情况表　　单位：亿元

年度	政府层级	政府负有偿还责任的债务	政府或有债务	
			政府负有担保责任的债务	政府可能承担一定救助责任的债务
2012 年底	中央	94376.72	2835.71	21621.16
	地方	96281.87	24871.29	37705.16
	合计	190658.59	27707.00	59326.32
2013 年 6 月底	中央	98129.48	2600.72	23110.84
	地方	108859.17	26655.77	43393.72
	合计	206988.65	29256.49	66504.56

从表 5-2 可以看出，我国政府性债务相比 2010 年又有了较大幅度的增长。截至 2012 年底，全国政府负有偿还责任的债务余额与当年 GDP 的比率为 36.74%。审计结果显示，2007 年以来，各年度全国政府负有担保责任的债务和可能承担一定救助责任的债务，由财政资金实际偿还的比率最高分别为 19.13% 和 14.64%。考虑以上因素后，2012 年底全国政府性债务的总负债率为 39.43%，低于国际通常使用的 60% 的负债率控制标准参考值，因此我国全国性债务风险总体可控。

应该看到，个别地方政府负有偿还责任的债务负担较重。部分地方的偿债资金对国有土地使用权转让收入的依赖性较大。部分地区高速公路、普通高校和医院债务规模和偿债压力也都较大。

三、地方融资平台债务的风险控制

由于我国还处于发展的战略机遇期，加上地方债务管理体制薄弱，地方政府具有过度借债的倾向，要高度重视防范和化解隐性和或有债务。主要的风险体现为：地方政府债务总体规模增长势头仍将持续；各种债务结构不尽合理，债务来源结构以银行借款为主；借债主体结构中市级、县级融资平台增多，风险积压在财政能力较弱的基层政府；债务期限结构的集中到期率高；部分省份过度依赖土地出让收入，将其作为偿债来源。

2011 年以来，国务院有关部门和地方政府出台多项制度，规范和加强政府性债务管理。具体包括：

1. 加强地方政府性债务管理，切实防范财政金融风险，有效防范财政金融风险，保持经济持续健康发展和社会稳定

2010 年 6 月，国务院印发《国务院关于加强地方政府融资平台公司管理有关问题的通知》（国发［2010］19 号），对加强地方政府融资平台公司管理工作作了全面部署。一是抓紧清理核实并妥善处理融资平台公司债务。按照分类管理、区别对待的原则，妥善处理债务偿还和在建项目后续融资问题。二是分类清理规范地方政府已设立的融资平台公司。三是加强对融资平台公司的融资管理和银行业、金融机构等的信贷管理。四是坚决制止地方政府违规担保承诺行为。为切实贯彻落实国务院文件精神，财政部专门印发了文件，重申国家有关法律规定，规范地方各级政府部门举债和担保承诺行为，并会同国家发展改革委、人民银行、银监会等有关部门及时制定相关配套制度文件，督促地方政府做好加强融资平台公司管理各项工作。按照中央统一部署，各地区积极贯彻落实国务院文件精神，全面清理核实融资平台公司债务，初步摸清债务底数，并采取有效措施，规范管理融资平台公司，取得了阶段性成效。为全面掌握地方政府性债务情况，按照国务院部署，审计署于 2011 年 3 月至 6 月对地方政府性债务进行了全面审计，基本摸清了地方政府性债务底数。

针对 2012 年以来一些地方政府违法违规融资有所抬头的新情况，财政部会同发展改革委、人民银行和银监会联合印发了《关于制止地方政府违法违规融资行为的通知》（财预［2012］463 号），严禁地方政府直接或间接吸收公众资金违规集资，切实规范地方政府以回购方式举借政府性债务行为，加强对融资平台公司注资行为的管理，坚决制止地方政府违规担保承诺行为。为从制度上防止融资平台公司借助储备土地违规融资，财政部会同有关部门进行联合调研并出台文件，对土地储备融资实行年度可融资规模控制。

2. 进一步规范地方政府债券发行工作

一是明确债券资金使用安排，要重点用于完成在建续建项目，严格控制用于新上项目；必须优先用于保障性安居工程建设和其他中央投资、地方配套的公益性项目；足额配套后债券资金尚有剩余的地区，要重点用于地方政府融资平台公司主要依靠财政性资金偿还债务的公益性在建项目。严格控制安排用于能够通过市场化方式筹资的投资项目，不得安排用于经常性支出。二是要求各地制定债券资金安排使用方案，报财政部审核同意后，及时将地方政府债券收支纳入本级政府预算，报同级人大审查批准；政府年度预算已经同级人大审查批准的，要及时编制预算调整方案，并报同级人大常委会审查批准。三是要求各地根据审查批准的债券收支预算，结合项目建设进度，编制本地区地方政府债券发行计划，经财政部审核，在确保债券资金用途符合中央政策规定后发行。四是要求各地统筹安排本地区综合财力，提前制定还款计划，及时向财政部上缴地方政府债券本息、发行费等资金。对未按时

上缴的地方政府债券本息、发行费和罚息等资金，财政部在办理中央与地方财政结算时如数扣缴。

3. 建立地方政府性债务数据统计月报和季报制度

《国务院关于加强地方政府融资平台公司管理有关问题的通知》（国发［2010］19号）明确，要加快建立融资平台公司债务管理信息系统、会计核算和统计报告制度。为及时、全面、准确掌握地方政府性债务情况，实现对地方政府性债务的全口径管理和动态监控，财政部开发了地方政府性债务统计软件。2011年4月，财政部印发了《关于做好地方政府性债务统计工作有关问题的通知》（财办预［2011］30号），明确以地方政府性债务统计软件为依托，建立地方政府性债务季报制度，并从8月份开始建立地方政府性债务月报制度。建立月报和季报制度，能够较为及时地掌握地方政府性债务变化情况，奠定了动态监控地方政府性债务的制度基础。为激励约束地方做好政府性债务统计工作，财政部制发了《地方政府性债务统计工作考核评比暂行办法》，对地方政府性债务统计数据真实性和准确性、编报完整性和报送及时性、数据分析等进行综合考评。

4. 引导地方政府清理化解债务

防范地方政府性债务风险，既要控制增量，也要消化存量。近年来，中央财政建立化债激励机制，积极引导和督促地方政府化解农村义务教育债务和其他公益性乡村债务等基层政府性债务。截至2011年底，各地累计偿还农村义务教育债务921亿元，惠及农村债权人280万人；累计化解乡村垫交税费债务72亿元。2011年，国务院又启动了基层医疗卫生机构债务以及地方政法机关基础设施建设债务化解工作。各项化债工作的顺利推进一定程度上缓解了地方财政压力，优化了基层政权运行环境。根据审计署公告，截至2013年6月底，18个省级、156个市级、935个县级建立了债务风险预警制度；28个省级、254个市级、755个县级建立了偿债准备金制度，准备金余额为3265.50亿元。

四、加强地方政府债务管理的政策建议

应当看到，我国存在防范并化解地方政府债务风险的许多有利因素。第一，我国经济稳定快速增长，社会安定，政府威信高，这是消除债务风险的根本保障。第二，经济增长率高，可以承担较高的债务风险率，抗拒债务风险的能力也强。经济持续增长会带来财政收入的增加，这为地方政府债务风险防范奠定了重要基础。第三，较大的GDP规模和人口规模，也是承受较大的包括隐性和或有债务在内的政府债务的一个重要条件。第四，除了财政收入外，地方政府还拥有固定资产、土地、自然资源等可变现资产，可以通过资产变现增强偿债能力。地方政府性债务中还有部分是具有经营性质的项目产生的债务，这些项目本身能够产生收益以偿还债务。第五，我国的隐性和或有债务具有明显的体制转轨特征，随着时间的推移、市场经济体制的最终建立和综合国力的进一步提高，地方政府债务有可能逐年消化。

（一）根据新《预算法》，逐步实现地方政府自主发债

2014 年 8 月 31 日，十二届全国人民代表大会第十次会议审议通过了预算法修订案，规定“经国务院批准的省、自治区、直辖市的预算中必需的建设投资的部分资金，可以在国务院确定的限额内，通过发行地方政府债券举债债务的方式筹措”。地方政府借债正在逐步走上规范化、法制化的道路。

2009 年开始的财政部代发地方政府债券，从发行到还本付息都由财政部代办。2011 年开始试点的地方政府自行发债，仅要求地方政府自行组织发债，还本付息仍由财政部代办。

根据财政部制定的《2014 年地方政府债券自发自还试点办法》（下称《试点办法》），从 2014 年 5 月 21 日起，上海、浙江、广东、深圳、江苏、山东、北京、江西、宁夏、青岛开始试点地方政府债券自发自还。自发自还是试点地区在国务院批准的发债规模限额内，自行组织本地区政府债券发行、支付利息和偿还本金的机制。按照规定，试点地区应当建立偿债保障机制，统筹安排综合财力，及时支付债券本息、发行费等资金，实行年度发行额管理，全年发行债券总量不得超过国务院批准的当年发债规模限额。2014 年度发债规模限额当年有效，不得结转下年。试点地区发行的政府债券为记账式固定利率附息债券，债券期限为 5 年、7 年和 10 年，结构比例为 4∶3∶3。

新《预算法》进一步对地方政府借债进行了规范，要求地方政府“举借债务的规模，由国务院报全国人民代表大会或者全国人民代表大会常务委员会批准”。“举借的债务应当有偿还计划和稳定的偿还资金来源，只能用于公益性资本支出，不得用于经常性支出”。这是我国首次从法律上赋予了地方政府举债的权力，同时对地方举债的主体、规模、管理、偿还、用途、责任追究等方面作了严格规范和约束，将对地方政府债务管理产生重大的积极影响。

（二）完善地方政府债务的管理

1. 债务管理精细化

完善地方政府债务管理，在对收入流和支出流科学预测分析的基础上，对现金和债务进行精细化管理，明确投资的基本原则、范围、财务报告体系、风险管理和问责体制，兼顾流动性、安全性和收益性。

2. 债务治理法制化

地方政府债务治理法制化，对相关法律法规进行修订，将地方债务纳入预算管理，主要包括：一是《证券法》，增加地方债券、证券化债务的监管、登记托管、交易结算、信息披露等内容；二是《预算法》，对地方政府债务融资规模、行为以及担保范围等进行规范；三是《土地管理法》，对地方政府出让土地行为进行规范；四是《担保法》，对金融担保品的违约处置进行明确；五是《物权法》，完善金融资产有关内容；六是《破产法》，明确对地方融资平台等特殊目的机构（SPV）的破产规则；七是《税法》，明确对不同类型地方债务制订税收政策的原则。

3. 债务监管联席化

目前，地方债务的监管涉及多个监管部门，主要以发行审批、市场管理、监管对象三个角度进行监管职责划分。从发行审批看，财政部负责政府债券，发改委负责地方融资平台发行的企业债券，人民银行负责银行间债券市场发行的中期票据、短期融资券及其他融资工具（含信用风险缓释凭证、超短期融资券、非公开定向债务融资工具、中小企业集合票据），证监会负责交易所发行的公司债。从市场管理看，中国人民银行监管银行间债券市场，证监会监管交易所市场，财政部监管商业银行国债柜台市场。从监管对象看，财政部监管地方政府与财政有关的债务融资项目行为，银监会通过为地方融资平台提供贷款的银行、信托公司等机构进行间接监管，保监会监管保险机构通过保险计划投资地方债务的行为。

多头监管在债券市场发展初期为培育市场发挥了关键作用，但在当前地方债务快速发展中存在信息不对称和透明度较差、监管效率不足、存在监管漏洞等问题。建议在国务院统一管理下，加快统一市场互联互通，建立由财政部、中国人民银行、发改委、审计署、银监会、证监会、保监会等部门共同组成的“地方债务监管联席机制”，成立相关工作机构，对地方债务进行统一监管。

4. 地方债务证券化

一是整合，将资本市场中通过中央代发的地方债券、通过地方融资平台发行的城投债（包括企业债、中期票据、短期融资券等债务融资工具）合并为“市政债券”。二是规范，制定全国统一的全流程债务管理标准，对债务发行前、发行、登记、托管、交易结算、付息兑付、信息披露、会计税收等方面进行详细规范。三是流动，允许非债券类债务资产证券化，用流动性管理取代行政化管理，推进价格发现机制。积极引导发展公司合作伙伴。通过 PPP 的模式，社会资本可以置换一部分地方政府负债，从而提高公共工程的绩效。

5. 债务监测系统化

构建全国统一的地方债务风险实时监测指标体系和地方债务监管平台，进行系统化实时风险监测和预警，全面管理地方债务财政、金融风险，防范系统性风险。

6. 信息披露透明化

构建全国统一的地方债务信息披露平台，根据公共财政和金融市场管理要求进行债务融资信息披露，使市场参与者充分识别风险，增强政府债务融资的可靠性和公信力。

（三）不断完善地方政府债务的预算管理

新修订的《预算法》将地方政府债务纳入财政预算管理，通过预算的法定性、严肃性对地方政府债务进行管理和规范，是加强地方政府债务管理的一种尝试。根据我国目前预算分类体系及政府债务管理的实际情况，地方政府债务纳入预算存在三种模式选择。

一是混合预算模式。在现行的公共财政预算体系内设置相应的债务收支科目，将债务收支作为公共财政预算的组成部分。目前中央财政规定的将国债转贷、外债转贷以及地方政府债券纳入预算的管理模式即为混合预算模式。具体来讲，就是在公共财政预算收入合计线以下，设置相应的地方政府债务收入科目；在公共财政预算支出合计线以下，设置地方政府债务还本、债务转贷支出等相应的地方政府债务支出科目；地方政府债务具体的安排使用以及地方政府的债务付息，通过公共财政预算支出合计线以上的功能科目进行反映和核算。

二是附属预算模式。在现行的公共财政预算、政府性基金预算、国有资本经营预算等法定预算体系之下，将各个预算安排的与地方政府债务有关的收支，统筹编制成地方政府债务预算。附属预算模式下的地方政府债务预算，与公共财政预算等存在较大重合，反映在公共财政预算中的中央财政转贷债务、公共财政安排的还本付息资金等，都要进入债务预算重新反映。在附属模式下，年初各级人民政府向同级人大报告预算时，要将债务预算作为现行法定预算体系的附属预算，一并提请人大审议批准并监督实施。目前各地试编的债务预算或债务收支计划实际上就类似于这种模式，只是缺少了报送人大审查批准的环节。

三是复式预算模式。在现行的预算体系之中，新设债务预算，将地方政府的各项债务收入和支出从公共财政预算中抽出，全面纳入债务预算以反映核算，从而使各项债务收支的对应关系更加清晰明了，有利于对政府债务的借、用、还各个环节进行管理和监督，也便于分析债务资金的投向和使用效益。在这种模式下，债务预算与公共财政预算、政府性基金预算、国有资本经营预算等并列，共同构成我国的复式预算体系。债务预算自 1999 年起成为我国复式预算的一个组成部分，但当时主要用于中央财政预算，而且由于种种原因也基本未能编制。2006 年我国实行国债余额管理制度后，债务预算在当时也就失去了存在的必要性。其实，无论是从历史起源还是从发展演变来看，复式预算一直是与赤字和公债紧密相连的。正是政府职能的扩张、赤字财政的推行以及公债规模的扩大，才导致了复式预算的产生与发展。一个典型的复式预算包括经常性预算和资本性预算，资本性预算的主要收入来源就是公债。英国的复式预算包括国库基金预算和国家借贷基金预算；法国的复式预算包括经常业务和临时业务，其中临时业务由专用收支、公债收支等项目组成。

以上三种模式各有利弊。混合预算模式最为简单，而且目前已有现成的例子可循，但这一模式对地方政府债务只是按当年的收支情况而简单地列收列支，所反映和核算的信息最少，预算对债务的约束极为有限。随着纳入预算的政府债务越来越多，地方财政支出的规模也将越来越大，可能会导致财政支出总量的波动与结构的失真，并对部分重点支出和法定支出的增长考核造成较大影响。附属预算模式比混合预算模式要复杂一些，对债务的反映要全面一些，人大对债务的监督约束程度也要严格一些。目前各地都已经在做一些试点工作，为在全国范围内推行债务预算管理积累了丰富和有益的经验。但由于附属预算模式下，债务预算是现行法定预算体系的附属预算，规范程度相对差一些，人大对债务预算的审批监管力度也要低于正式的法定预算。复式预算模式兼有混合模式和附属模式的优点，同时又能够比较好地规避两者的缺点，可以说是最为规范和理想的，但缺点就是比较复杂，对编制者的要求比较高。其实将政府债务纳入预算管理，不仅是加强债务管理，防范财政风险的需要，也是保证财政预算真实性、完整性、稳定性和规范性的需要。将债务收支纳入复式预算体系，既能加强人大对债务的监督制约，防范债务风险，也能保证预算体系的规范和完整。可以说，复式预算模式下的债务管理，比较好地实现了“债务”与“预算”的统一，是债务纳入预算管理的最理想状态和最终模式。

随着地方政府举债责任的明确，还有几个方面的改革需要同步推进。

1. 明确地方政府债务预算的编制方法

地方政府债务纳入债务预算后，一是要科学设置债务收入科目。在债务收入大类科目下，参照政府收支分类科目中的支出功能分类，按一般公共服务、公共安全、教育、科学技术、文化体育等政府职能分类设置款级科目，在款级科目下再按人大、政协、政府办公厅等具体部门设置项级科目，最后在项级科目下按银行贷款、发行债券、国债转贷、外债转贷等债务种类设置目级科目。二是要合理设置债务支出科目。在债务支出大类科目下，根据债务的投向并结合公共财政预算的科目，设置债务支出科目类别。比如可具体设置公共安全、教育、交通运输、城乡社区事务等款级支出，在款级支出下再设置轨道交通、保障性住房、农村公路、城市道路、学校建设、医院建设等具体的项级支出科目。三是要确定上下级财政之间的债务预算结算关系。属于本级直接举借的债务，相应列入合计线以上的收入科目；属于上级转贷本级的债务，相应列入合计线以下的收入科目。属于安排本级直接使用的债务支出、上级转贷债务付息支出以及本级债务还本付息支出，相应列入合计线以上的支出科目。属于本级转贷下级债务以及上级转贷债务还本支出，相应列入合计线以下的支出科目。四是要确定债务预算与其他预算的关系。在复式预算模式下，债务预算与公共财政等其他预算之间的资金调剂划转，要通过两个预算之间合计线以下的调入和调出来实现。比如公共财政预算安排的债务还本付息支出直接通过合计线以下的“债务还本付息资金调出”科目调出，债务预算通过合计线以下的“公共财政预算安排的还本付息”科目调入。五是要确定债务预算报表体系。债务预算报表要能够涵盖地方政府债务的整体、预算年度举借与偿还、债务收支预算、偿还资金来源、政府对外担保债务以及债务余额等相关情况，全面详细地反映地方政府债务借、用、还的全过程。此外，在编制债务预算报表时，还要通过适当的方式对政府隐性债务进行披露和公布，确保债务信息的全面完整。

2. 明确地方政府债务会计核算体系

本着区别对待、分类管理的原则，从举债单位和财政总预算两个层面对地方政府债务会计核算体系进行调整和完善。在举债单位层面，在继续坚持通过辅助账核算平台公司公益性项目债务的基础上，对机关事业单位的会计制度进行适当调整，部分引入权责发生制作为债务核算的会计基础，对政府债务进行全方位、全过程的财务核算和会计监督。在现行法律法规对地方政府债务作出明确规定或者在机关事业单位会计体系大幅调整之前，可参照平台公司债务核算的做法，通过建立辅助账的方式核算机关事业单位债务。在财政总预算层面，根据实际偿债主体的不同，对总预算的债务会计核算体系进行调整和完善。一是政府或财政直接举借的债务，全部直接纳入总预算会计进行核算。二是具有自我偿债能力，依靠自身经营收入而不需财政直接偿还的债务，首先由举债单位作为会计主体按规定进行核算。在此基础上，举债单位要定期向同级财政部门报送政府债务的资金到位及安排使用和收支结余情况，由财政总预算据此进行会计核算。按照这种操作模式，无论是由政府或财政直接举债，还是由部门单位举债，只要按规定属于地方政府债务，就全部纳入财政总预算的会计核算，从而为地方政府债务纳入预算管理奠定坚实的会计基础。需要注意的是，纳入会计核算范围的只能是直接显性债务。对于担保债务，部门单位还应建立担保台账，编制担保报表，对担保事项和债务进行全面反映和披露。

3. 明确地方政府债务的总预算会计制度

2009 年财政部代理发行地方政府债券时，在《财政总预算会计制度》中增设“债务收入”、“债务转贷收入”2 个收入类科目，“债务还本支出”、“债务转贷支出”2 个支出类科目。从 2012 年起执行的《统借自还主权外债会计核算暂行办法》，又在《财政总预算会计制度》中增设了“借出外债”、“应收外债利息”、“应收外债费用”等 3 个资产类科目，以及“借入外债”、“应付外债利息”、“应付外债费用”等 3 个负债类科目，同时还增加了 1 个净资产类科目——“净资产调整”。为了更好地做好债务核算，应按照权责发生制的原则，改变目前多种债务核算制度并存的局面，建立统一的总预算债务核算会计制度。具体来讲，可结合上述新增设科目，将专门针对外债的 3 个资产类和 3 个负债类科目分别改为“借出债务”、“应收债务利息”、“应收债务费用”、“借入债务”、“应付债务利息”、“应付债务费用”，增设“债务支出”和“债务预算结余”科目，对“净资产调整”以及针对代理地方政府债券而设置的“债务收入”、“债务转贷收入”、“债务还本支出”、“债务转贷支出”等科目继续仍予保留，专门用于地方政府债务的会计核算。借入债务时，增加“其他财政存款”和“债务收入”，同时增加“净资产调整”和“借入债务”。安排使用时，直接增加“债务支出”，减少“其他财政存款”。归还本金时，增加“债务还本支出”，减少“其他财政存款”，同时冲减“借入债务”，相应增加“净资产调整”。计提债务利息时，减少“净资产调整”，增加“应付债务利息”；归还债务利息时，增加“债务支出”，减少“其他财政存款”，同时冲减“应付债务利息”，增加“净资产调整”科目。按照上述思路对会计制度进行调整后，通过总预算会计就可以全面掌握地方政府债务的借、用、还全过程，能够及时了解地方政府债务规模及变动情况，从而为地方政府债务管理决策提供参考和依据。

思考与讨论：

1. 国债的规模如何衡量？
2. 我国国债的结构应该如何优化？
3. 欧洲主权债务危机对于我国加强主权债务管理有何启示？
4. 如何认识我国地方政府的债务风险？

本章推荐阅读文献：

1. 陈共：《财政学》（第七版），中国人民大学出版社，2012 年。

2. 邓子基等：《公债经济学——公债历史、现状与理论分析》，中国经济出版社，1990 年。

3. 高培勇：《国债运行机制研究》，商务印书馆，1995 年。

本章主要参考文献：

1. 高培勇：《公债经济导论》，湖南人民出版社，1990 年。

2. 贾康、赵全厚：《中国财税体制改革 30 年回顾与展望》，人民出版社，2008 年。

3. 贾康、白景明：“县乡财政解困与财政体制创新”，《经济研究》，2002 年第 2 期。

4. 马海涛、崔运政：“地方政府债务纳入预算管理研究”，《当代财经》，2014 年第 6 期。

5. 何杨、满燕云：“地方融资平台债务：规模、风险与治理”，《财政研究》，2012 年第 2 期。

6. 周成跃：“中国国债管理政策与国债市场发展”，《债券市场研究》，2007 年第 1 期。

7. Polackova，Hana Brixi. Contingent Government Liabilities：A Hidden Risk for Fiscal Stability，The World Bank，1998.

第六章
非 税 收 入

【本章序言】

非税收入作为政府财政收入的组成部分，属于财政资金范畴。广义地说，非税收入是指政府通过合法程序获得的除税收以外的一切收入。具体来看，主要包括行政事业性收费、政府性基金、社会保障缴款、财产经营收入、出售商品及服务收入、罚款和罚没收入、赠与收入、特许收入、主管部门集中收入及其他收入等。

相对于税收管理，我国非税收入管理比较薄弱，如非税收入概念和管理范围不够明确，大量资金未纳入预算管理等，没有形成一套规范有序的管理制度。财政部门会同有关部门积极采取措施，不断加大非税收入管理力度，着力加强制度建设，从 2011 年起将各级政府所有非税收入全部纳入预算管理，全面取消预算外资金。对非税收入实行分类预算管理，不断推进非税收入收缴管理改革，保证了非税收入依法合规征收。为了更好地提高非税收入运行的效率和透明度，应该按照“止税清费”和“分类规范”的原则，继续推进非税收入规范化、法制化管理。

政府非税收入是指除税收以外，由各级政府、国家机关、事业单位、代行政府职能的社会团体及其他组织，利用行政权力、政府信誉、国家资源、国有资产或提供特定公共服务、准公共服务，取得并用于满足社会公共需要或准公共需要的财政资金，是政府财政收入的重要组成部分。在国家正式文件里，最早出现“非税收入”一词是在《财政部、中国人民银行关于印发财政国库管理制度改革试点方案的通知》（财库［2001］24 号）中。其后，《关于 2002 年中央和地方预算执行情况及 2003 年中央和地方预算草案的报告》提出要“确实加强各种非税收入的征收管理”。2003 年 5 月发布的《财政部、国家发展和改革委员会、监察部、审计署关于加强中央部门和单位行政事业性收费等收入“收支两条线”管理的通知》（财综［2003］29 号），第一次对“非税收入”概念提出了一个较明确的界定：“中央部门和单位按照国家有关规定收取或取得的行政事业性收费、政府性基金、罚款和罚没收入、彩票公益金和发行费、国有资产经营收益、以政府名义接受的捐赠收入、主管部门集中收入等属于政府非税收入”。2011 年，财政部将预算外资金全部纳入预算管理，相应删除了预算外收入科目，非税收入的管理更加规范。

当前，我国政府的非税收入包括行政事业性收费、政府性基金、国有资源有偿使用收入、国有资产有偿使用收入、国有资本经营收入、彩票公益金、罚没收入、以政府名义接受的捐赠收入、主管部门集中收入、政府财政资金产生的利息收入等十类。各类非税收入的取得依据有所不同。行政事业性收费、政府性基金、罚没收入和主管部门集中收入是利用行政权力征收的，具有强制性；国有资源有偿使用收入、国有资产有偿使用收入、国有资本经营收入是利用国家资源和国有资产所有权取得的，体现了国家作为所有者或出资人的权益；彩票公益金、以政府名义接受的捐赠收入是依托政府信誉募集的，遵循自愿原则。具体包括：

1. 行政事业性收费，是指国家机关、事业单位、代行政府职能的社会团体及其他组织根据法律、行政法规、地方性法规等有关规定，依照国务院规定程序批准，在向公民、法人提供特定服务的过程中，按照成本补偿和非营利原则向特定服务对象收取的费用。

2. 政府性基金，是指各级政府及其所属部门根据法律、行政法规和党中央、国务院文件规定，为支持某项特定基础设施建设和公共事业发展，向公民、法人和其他组织无偿征收的具有专项用途的财政资金。

3. 国有资源有偿使用收入，是指各级政府及其所属部门根据法律、法规、国务院和省、自治区、直辖市人民政府及其财政部门的规定，设立和有偿出让土地、海域、矿产、水、森林、旅游、无线电频率以及城市市政公用设施和公共空间等国有有形或无形资源的开发权、使用权、勘查权、开采权、特许经营权、冠名权、广告权等取得的收入。

4. 国有资产有偿使用收入，是指国家机关、事业单位、代行政府职能的社会团体、党团组织按照国有资产管理规定，对其固定资产和无形资产出租、出售、出让、转让等取得的收入。

5. 国有资本经营收益，是指国家以所有者身份从国家出资企业依法取得的国有资本收益，包括国有独资企业按规定上缴的利润、国有股股利、股息，企业国有产权（股权）转让收入、国有股减持收入、国有企业清算收入和依法由国有资本享有的其他收益。

6. 彩票公益金，是指国家为促进社会公益事业发展，根据法律、法规、国务院和财政部的规定，特许发行彩票筹集并专门用于社会福利、体育等社会公益事业的专项资金。

7. 罚没收入，是指执法机关依据法律、法规和规章，对公民、法人或者其他组织实施处罚取得的罚款、没收款、没收非法财物的变价收入。

8. 以政府名义接受的捐赠收入，是指以各级政府、国家机关、事业单位、代行政府职能的社会团体以及其他组织以政府名义接受的非定向捐赠货币收入。

9. 主管部门集中收入，是指国家机关、事业单位、代行政府职能的社会团体及其他组织根据同级财政部门的规定，集中的所属事业单位收入。

10. 政府财政资金产生的利息收入，是指税收和非税收入产生的利息收入。

2011 年后，以预算管理模式划分，我国的各类政府收入已全部纳入预算管理，其中非税收入包括国有资本经营收入、政府性基金收入和社会保险基金收入三大类。这三大类在非税收入中具有极为重要的地位。从收入来看，政府性基金收入所占比重最高，其次为社会保险基金收入，最低为国有资本经营收入（见表 6－1）。按照《十二五规划纲要》的要求，"十二五"时期要"实行全口径预算管理，完善公共财政预算，细化政府性基金预算，健全国有资本经营预算，在完善社会保险基金预算基础上编制社会保障预算，建立健全有机衔接的政府预算体系"。

表 6－1　　我国政府收入结构（2012 年）

项　目	公共财政预算	政府性基金预算	国有资本经营预算	社会保险基金预算
预算收入规模（亿元）	83101.51	36785.02	1495.90	20584.49
占政府收入的比重（%）	60.40	26.74	0.82	14.96
占 GDP 的比重（%）	20.70	9.16	0.29	5.31

本章将主要就国有资本经营收入、政府性基金收入、社会保险基金收入三个子预算科目进行分析，探讨我国非税收入的现状、问题及改革的方向。

第一节 国有资本经营收入

广义的国有资产是指属于国家所有的一切财产。狭义的国有资产指经营性国有资产，可定义为法律上确定为国家所有的，并能为国家提供未来经济效益的各种经济资源的总和。国有资本经营收入是指国家凭借其对国有资产的所有权所获得的经营利润、租金、股息（红利）和资金占用费等收入。

在现代企业制度下，国家与国有企业（包括拥有国有股份的企业）之间的分配关系，除依法征税之外，还有资产收益分配关系，即国家以资产所有者的身份以企业缴纳利润和国家股分红等形式取得收益，主要包括国有资本投资收益和国有产权转让收入。具体包括：（1）国有独资企业按规定上交的利润；（2）国有控股、参股企业中国有股应分得的股息、红利和股利；（3）企业国有产（股）权转让净收入；（4）国有独资企业清算净收益，国有控股、参股企业清算净收益中国有股应分享的净收益；（5）其他按规定应上交的国有资本经营收益。

一、取得国有资本经营收入的理论依据

公有制为主体、多种所有制经济共同发展，是我国社会主义初级阶段的基本经济

制度。国有经济的载体是国有企业及国有控股公司，形成了我国庞大的国有资产存量和巨额的国有资本存量。政府既不能任其自我发展，也不能干涉其具体经营。因此，通过国有资本经营预算取得国有资本经营收入，是政府立足于宏观层面对国有资本及国有经济调控的衍生手段，是有效维护我国现阶段基本经济制度的重要措施。

国有资产是全民所有即国家所有的资产。从国有企业的性质看，国有企业属于全民所有，国有资本收益应当由全民共享，国有企业有义务承担相应社会责任。

经营性国有资产是国家作为出资人在企业中依法拥有的资本及权益。从实践看，国家作为国有资本出资者没有充分享到应有的权利。20 世纪 90 年代，国有企业半数亏损，当时规定国有企业利润不上缴是可以理解的。2000 年以来，国有企业利润大幅度增加，2006 年突破 1 万亿元，2007 年达 1.62 万亿元，其中，中央企业利润近万亿元。2007 年财政部和国资委发文规定上缴比例，但实际上缴比例很低。

因此，国家以所有者身份从国家出资企业取得国有资本经营收益，并纳入国有资本经营预算管理，能够进一步加强财政预算的统一性和完整性，实现国有资产的全民所有和全民受益。

二、我国国有资本经营预算制度的建立

计划经济时期，国有企业利润上缴是政府财政收入的重要来源。改革开放以来，随着国有企业承包制的推行和两步“利改税”的实施，国有企业利润上缴占财政收入的比重逐步下降。

我国在 2002 年召开的中共中央十六大上正式提出建立国有资本经营预算，明确要求建立权责统一、资产管理与人事管理相结合的国有资产管理体系，中央和地方政府分别以国有资本所有者身份代表国家享受权益，并履行出资人职责。

1993 年国务院发布《关于实行分税制财政管理体制的决定》（国发［1993］85 号），从 1994 年 1 月 1 日起，国有企业统一按国家规定的 33% 税率交纳所得税，对 1993 年以前注册的多数国有全资老企业实行税后利润不上交的办法。

随着国民经济发展和国有企业改革深入，尤其是加入世界贸易组织以来，国有企业的经营状况逐渐好转。2002 年，国有企业盈利面只有 50.1%，利润总额为 3786.3 亿元。到了 2011 年，国有企业的盈利面达到了 59.6%，利润总额达到了 24669.8 亿元。

2003 年 10 月，中共中央第十六届三中全会《中共中央关于完善会主义市场经济体制若干问题的决定》强调，要建立国有资本经营预算制度和企业的经营业绩考核体系，并正式确立了国有资本经营预算的提法。2005 年，中共第十六届五中全会《中共中央关于制定国民经济和社会发展第十一个五年规划的建议》提出加紧建立国有资本经营预算制度，完善对金融资产、自然资源等非经营性资产的监管体制建设，重点防治国有资产流失。

2007 年 9 月，国务院发布《关于试行国有资本经营预算的意见》（国发［2007］26 号），标志着国有资本经营预算制度的正式建立。文件规定国务院各部委、各直属

机构，以及各省、自治区、直辖市人民政府，自 2008 年起实施国有资本经营预算管理。党的十七大报告再次明确要求加快建设国有资本经营预算制度，完善各类国有资产管理体制和制度。

2008 年 10 月，《企业国有资产法》颁布，将我国新型的国有资产监督管理体制以国家法律的形式规定了下来。其中第 12 条规定了国有资产监督管理机构以出资人身份代表国家对企业依法享有资产收益、管理者任命和参与重大决策等权利，并在第六章中通过一整章篇幅，对国有资本经营预算的内容作了详细的说明。

2010 年 12 月 23 日，财政部发布《关于完善中央国有资本经营预算有关事项的通知》（财企［2010］392 号），扩大了中央国有资本经营预算的实施范围，并从 2011 年起适当提高中央国有企业国有资本收益收取比例，具体收取比例分为四类执行。第一类包括中国烟草总公司等 15 家中央企业，收取比例为 15%；第二类包括中国铝业公司等 78 家中央企业，收取比例为 10%；第三类包括中国核工业集团公司等 33 家中央企业，收取比例为 5%；第四类包括中国储备粮管理总公司和中国储备棉管理总公司两家中央企业，免交国有资本收益。2012 年起，中国烟草总公司税后利润上缴比例提高到 20%。

2013 年 11 月，党的十八大三中全会进一步提出完善国有资产管理体制，从原来的资产管理和人事管理结合的模式，转变为以管资本为主，改革国有资本授权经营体制。同时完善国有资本经营预算制度，提高国有资本收益上缴公共财政比例，2020 年提高到 30%，更多用于保障和改进民生。

目前，中央企业税后利润的上交是中央国有资本经营预算收入的主要来源。2007—2009 年，中央企业国有资木贡献收益 1572.2 亿元，其中 2007 年 139.9 亿元，2008 年 443.6 亿元，2009 年 988.7 亿元（包括电信企业重组专项资本收益 600 亿元）。2008—2009 年，中央国有资本经营预算支出为 1553.3 亿元。2012 年，全国国有本经营预算收入 1526.96 亿元。其中，利润收入 1154.02 亿元，股利、股息收入 101.96 亿元，产权转让收入 114.82 亿元，清算收入 1.14 亿元，其他国有资本经营预算收入 123.96 亿元，上年结转收入 31.06 亿元。

三、国有资本经营收入管理

在社会主义市场经济条件下，除了税收收入、行政事业性收费外，政府代表国家拥有或控制大量国有经营性资产所获得的收益也是政府收入的重要组成部分。但是，现行我国国有资本经营收入的比重仍然偏低。对部分政府部门利用非经营性国有资产获取经营性收入的管理也有待进一步加强。

一是建立国有资产收益合理共享机制，扩大国有资本经营收益的收取范围，逐步提高收取比例。建立覆盖全部国有企业、分级管理的国有资本经营预算和收益分享制度，根据行业特征和市场结构，对国有企业利润上缴进行分类管理，逐步将现行国有企业平均上缴比例提高至 30%—40% 的水平。

二是强化国有资本经营收益征收管理方式，维护国有资本权益。国有资本经营收益包括国有资本分享的企业税后利润，国有股股利、红利、股息，企业国有产权（股权）出售、拍卖、转让收益和依法由国有资本享有的其他收益，应当严格按照同级财政部门规定执行，及时足额上缴同级国库。

三是建立健全监督管理制度，加大国有资本经营监管力度。充分发挥国有资产管理部门职能，全面摸清和掌握各类国有资本规模和分布，防止国有资本经营收益流失和国有资本闲置。

四是进一步完善国有资本经营预算体系，增强政府的宏观调控能力，确保国有资本经营收益的安全和有效使用，促进国有资本的合理配置。

第二节

政府性基金收入

一、政府性基金收入现状

政府性基金收入是指各级政府及其所属部门根据法律、行政法规和党中央、国务院文件规定，为支持某项特定基础设施建设和公共事业发展，向公民、法人和其他组织无偿征收的具有专项用途的财政资金。

按资金使用划分，政府性基金可以分为工业发展基金、交通建设基金、教育事业基金、城市建设基金等。

按照筹集方式划分，政府性基金可以分为附加在税收上征收的基金，如教育费附加、农业税附加等；附加在价格上征收的基金，如电力建设基金、三峡工程建设基金、邮电附加等；以销售（营业）收入为对象征收的基金，如文化事业建设费、碘盐基金等。

根据2012年财政部预算报告，目前政府性基金包括农网还贷资金收入、铁路建设基金收入、民航基础设施建设基金收入、转让政府还贷道路收费权收入、港口建设费收入、国有土地使用权出让金收入等共45项收入。

与政府性收费相比，政府性基金一般不与被征收主体发生直接管理或服务关系。与税收收入相比，政府性资金属于非补偿性的，是政府凭借行政权力强制地、无偿地征收，与具有特定目的的税收性质相同，是比较典型的“准税收”。并且，政府性基金征收数额一般都比较大，具有专门用途，严格实行专款专用，不得挪作他用。2012年，全国政府性基金收入37534.9亿元，占全国财政总收入的24%。其中，中央政府性基金收入3318.16亿元；地方政府性基金本级收入34216.74亿元，下降10.5%，主要是国有土地使用权出让收入减少。

二、政府性基金管理

1990年以前，国家对政府性基金的管理权限没有明确的规定。1990年，文件规定各种政府性基金的审批权集中在财政部，由财政部会同有关部门审批，重要的报国务院批准。1995年国家对各种基金进行了清理整顿。1997年结合减轻企业负担工作，党中央、国务院再次明确并重申了政府性基金由财政部统一审批，重要的报国务院审批的规定。

近年来，财政部门加强了政府性基金制度建设和预算编制管理。

一是进一步清理政府性基金项目，取消了福建省铁路建设附加费、山西省电源基地建设基金和水资源补偿费、江苏省地方教育基金，清理地方越权设立的基金项目，严格控制设立新的基金项目。

二是完善了旅游发展基金、民航基础设施建设基金、民航机场管理建设费、彩票公益金、新增建设用地土地有偿使用费等分配和使用政策，根据形势发展变化和实际需要，适当调整了分配方式、使用方向，明确重点支持的范围和领域，提高了资金使用效益。

三是完善政府性基金预算编制，进一步细化预算编制内容，提高基金预算到位率，减少代编预算规模。基本支出按照经济分类科目编报，项目支出编报到具体执行单位的明细支出项目。对基金安排的项目支出进行充分论证，保证项目可执行。

四是提高预算管理的规范性，增强基金预算约束力。基金预算一经确定，除无法预见的临时性或国务院明确的特殊支出事项外，不调整预算支出。对确需安排的支出项目，按预算调整的法定程序办理。

五是加强预算执行管理，及时跟踪分析基金预算执行情况，合理安排基金预算执行进度，提高基金预算执行均衡性。对结余资金规模比较大的基金项目进行清理，提高资金使用效率。

由于政府性基金通常对应于特定事业或建设项目，而这些事业或建设项目必定属于某一特定职能部门的业务范围，因此即使政府性基金纳入了收支两条线，实现了部门预算管理，政府性基金收入仍然实质性地为相关部门所控制。这使得政府性基金在开征、执行、管理、使用再到终止的过程中可能出现一些管理漏洞。其中，近年来，政府性基金中的国有土地出让收入由于数额增长较快、所占比重较高而引发了广泛关注。

三、国有土地出让收入

（一）国有土地出让收入现状

土地出让收入是市县人民政府依据《中华人民共和国土地管理法》、《中华人民共和国城市房地产管理法》等有关法律法规和国家有关政策规定，以土地所有者身份出让国有土地使用权所取得的收入，主要是以招标、拍卖、挂牌和协议方式出让土地取得的收入，也包括向改变土地使用条件的土地使用者依法收取的收入、划拨土地时依法收取的拆迁安置等成本性收入、依法出租土地的租金收入等。

早在20世纪80年代初期，征收城镇土地使用费用于城市维护建设便提上了日程。1987年9月9日，深圳以106万元的协议地价出让了一块土地，开始了有偿出让国有土地使用权的实践。

随着城镇化的发展，我国国有土地出让收入迅速增长，2001 年突破 1000 亿元，2011 年全国缴入国库的土地出让收入 33477 亿元，同比增长 13.8%（见表 6－2）。

表 6－2　1987—2011 年国有土地出让收入情况　单位：亿元

财政年度	国土资源部门披露的土地出让金合同价款总额	国土资源部门披露的土地出让纯收益	财政部门披露的土地出让收入		
			合计	中央	地方
1987	0.35	—	—	—	—
1988	4.16	—	—	—	—
1989	4.47	—	—	—	—
1990	10.52	—	3.06	1.14	1.92
1991	11.37	—	4.09	1.49	2.60
1992	525.00	—	9.99	3.82	6.17
1993	557.79	—	15.79	1.43	14.36
1994	638.96	—	34.84	0	34.84
1995	387.72	—	30.89	0	30.89
1996	331.68	—	46.46	0	46.46
1997	462.10	—	55.84	0	55.84
1998	507.70	—	66.90	0	66.90 ①
1999	521.74	—	81.44	1.89	79.55
2000	624.96	—	114.43	6.41 ②	108.02
2001	1295.88	—	187.85	13.73	174.12
2002	2416.79	—	333.82	24.37	309.45
2003	5421.31	1799.12	586.41	42.96	543.45
2004	6412.17	2339.79	939.97	51.82	888.15
2005	5883.82	2183.97	1310.79	66.68	1244.11
2006	8077.64	2978.29	2204.59	167.08	2037.51
2007	12216.72	4541.42	7713.3	128.46	7584.84
2008	10259.80	3611.95	10582.63	192.16	10390.47
2009	17179.53	—	15377.53	275.49	15102.04
2010	27464.60	—	30381.91	288.21	30093.70

① 《地方财政统计资料》(1998) 和《地方财政统计资料》(1999) 中另有当年用于城市维护建设的国有土地使用权有偿使用收入 45.7683 亿美元和 45.6796 亿美元。

② 新增建设用地有偿使用费由市县级财政缴纳，中央和省级财政按照 3∶7 的比例分成，2000—2006 年的中央数据系根据省级数据反向推算得到。

续表

财政年度	国土资源部门披露的土地出让金合同价款总额	国土资源部门披露的土地出让纯收益	财政部门披露的土地出让收入		
			合计	中央	地方
2011	31474.40	—	33477.00	304.10	33172.90
2012	①	—	29087.16	569.34	28517.82

资料来源：财政部综合会计司编《中国财政统计》（1950—1991）；财政部预算司编《国家预算决算辑要》（1991—2000）；《地方财政统计资料》（1994—2009）；《中国财政年鉴》（1995—2012）；《中国土地年鉴》（1994—1995）；《中国国土资源年鉴》（1999—2012）；《2012 年中国国土资源公报》；财政部 2008—2012 年全国财政总决算报表；董黎明（1992）。

根据国土资源部统计，当年全国签订的土地出让合同成交价款为 31474 亿元，与缴入国库的土地出让收入略有差异。其原因：一是合同成交价款口径略小，为招拍挂和协议出让收入，不含补缴土地价款、划拨土地收入和其他收入。二是合同成交价款分期缴纳，2011 年以前签订的部分土地出让合同价款按照合同约定在 2011 年缴库，加上土地收入征管和清缴力度加大，使当年土地收入高于合同总价款。2012 年国有土地出让相关收入为 28892.3 亿元，占政府性基金收入的 76.97%。

专栏 6-1

香港土地出让管理制度

自 1842 年香港成为英国殖民地后，香港就开始实行土地批租制度，即土地所有权归英国皇室所有，由港英政府代为掌管并向土地开发商或土地使用者批租土地。开发商或使用者通过承租取得规定期限内的土地使用权，并向港英政府一次性交纳规定期限内的土地使用权出让金。1997 年香港回归后，依照“中英联合声明”、《基本法》和香港特别行政区立法机关通过的有关法律，港英时期的土地批租制度得到延续，香港特区政府出让土地使用权的制度继续实行，其收入全部归特区政府支配。

香港特别行政区政府通过土地契约将不同期限的土地使用权批租给受让人。土地契约是土地出让方和受让方之间达成的协议，在协议中出让方允诺在一定期限内将土地使用权出让给受让方，受让方支付土地出让金后在规定期限内拥有土地使用权，并在期限届满后归还土地。土地契约明确规定了土地的地理位置、面积、租约的期限、土地用途（如住宅用途、工商业用途或其他用途）和对土地使用的限制条件（如建筑物的高度、式样等），土地契约的各项条款非经双方同意不得更改。如果受让人有改变土地用途的要求，在不违反城市规划的前提下，政府允许改变契约中的有关条款，但必须事先提出申请，获得同意并补交相应的地价后方可更改用途。

---

① 该数据系根据《2012 年中国国土资源公报》给出的比上年增长率推算得出，准确的统计数据国土资源部尚未公布。

（二）国有土地出让收入管理

从国有土地使用权有偿出让制度开始实施以来，国有土地出让收入项目在预算管理体制中的地位经历了多次变动。

1. 1990—1999 年，一般预算收入中有“国有土地使用权有偿出让收入”，1998 年和 1999 年为“土地和海域有偿使用收入”。

2. 2000—2006 年，国有土地出让收支纳入政府性基金预算管理，并按照规定缴纳新增建设用地有偿使用费，计提农业土地开发基金，这些同时纳入政府性基金预算管理。但土地开发、出让的成本性支出直接列支，并未纳入基金预算，因此财政部门对土地出让金的监管十分有限。

3. 2007 年至今，财政部对土地出让收支所作的说明称，“2007 年之前，土地出让收入先纳入预算外专户管理，再将扣除征地补偿和拆迁费用以及土地开发支出等成本性支出后的余额缴入地方国库，纳入地方政府性基金预算管理”。

4. 从 2007 年开始，国家对土地出让收入管理制度进行了改革，将全部土地出让收入缴入地方国库，纳入地方政府性基金预算管理，与公共财政预算分开核算，专款专用。土地出让收支纳入政府性基金预决算编制范围，实行预决算管理制度。每年第三季度，国土资源管理等有关部门按照相关规定编制下一年度土地出让收支预算。每年年度终了，国土资源管理等有关部门按照规定编制上年土地出让收支决算。同时，按照规定程序向同级人民政府报告，政府依法向同级人大报告。

土地出让收入缴入国库后，市县财政部门先分别按规定比例计提国有土地收益基金和农业土地开发资金，缴纳新增建设用地土地有偿使用费，余下的部分统称为国有土地使用权出让收入。其中，计提的国有土地收益基金专项用于市县土地收购储备，包括土地补偿费、安置补助费、地上附着物和青苗补偿费、拆迁补偿费以及前期土地开发支出，计提比例由省级人民政府确定。计提的农业土地开发资金（其中省级最高可以集中 30%），专项用于农业土地开发，具体使用范围包括土地整理和复垦、宜农未利用地开发、基本农田建设以及改善农业生产条件等方面的土地开发。新增建设用地土地有偿使用费是国务院或省级人民政府在批准将农用地、未利用地转为建设用地时，向取得新增建设用地的市县人民政府收取的收入，由市县人民政府从土地出让收入中按规定标准向中央和省级缴纳。新增建设用地土地有偿使用费实行中央和省两级 3∶7 分成，专项用于土地整治及其他相关支出。国有土地使用权出让收入主要用于征地拆迁补偿、土地出让前期开发、城乡基础设施建设、城镇廉租住房保障等支出。

按照现行制度规定，土地出让收入要全额纳入地方政府性基金预算管理，并且规定了明确的用途。首先是确保足额支付征地拆迁补偿费用、土地出让前期开发支出、破产或改制国有企业职工安置费、对被征地农民社会保障的补助等成本补偿性支出，在此基础上再安排农村基础设施建设、农田水利建设、教育、农业、土地开发整理、城市基础设施建设等开支，但不能用于平衡公共财政预算，更不能用于弥补一般行政运行经费。2012 年，扣除四项成本性支出项目后，地方政府的土地出让收入为8497.09 亿元。

招拍挂和协议出让收入是土地出让收入的主要来源。按照《中华人民共和国土地管理法》等有关规定，除军事、保障性住房等少数用地可依法以划拨方式供应外，其他用地均应采取招拍挂等方式供应。2011 年国土资源部门进一步完善招拍挂供地政策，采取“综合评标”、“限房价、竞地价”、“限地价、竞保障性住房面积”、“商品住房用地中配建保障性住房”的方式，并建立房地产用地交易异常情况申报制度等。由于全年用地供需矛盾依旧突出，土地供应以招拍挂方式为主。2011 年全国招拍挂和协议出让收入达到29756.32 亿元，占88.9%，仍为土地出让收入的重要来源；而补缴土地价款、划拨土地收入以及其他土地出让收入仅占11.1%。

四、完善政府性基金收入管理的政策建议

一是以“正税清费”的思路对现有政府性基金进行及时清理，坚决控制其总规模。综观现有政府性基金目录，大约分成两大类：一是附着于“税”收取，如教育费附加，由于其征收的长期性和使用上的公共性，已基本接近于“税”本身了；二是各种“费”，如依附于价格（其中又主要是电价）加收的部分，即价外收费，因使用了特定设施而收取（如机场建设费）的部分，属于使用者付费。部门因提供了特定服务而收取的费用，属于一般意义上的收费。鉴于政府性基金的“非税”性质，此前清理非税收入的“正税清费”思路对于清理整顿政府性基金仍然是适用的。具体而言，凡是那些事实上已具有税收性质的基金，可通过一定程序归并，纳入税收的整体管理之中；对于价外加收的“费”和具有使用者付费性质的“费”，应归并到价格之中，通过价格来体现；属于一般性收费的，则应经过严格审批的程序，该留则留，该去则去。

二是明确政府性基金的征收金额或征收时限。政府性基金通常对应于特定项目或事业，一般而言，其所需金额相较于支持政府日常性支出的税收，具有核定收取总额或时限的条件，因此更易于实施符合公共财政要求的、以支定收的征收原则。但是，由于种种原因，现有政府性基金往往设立了以后就很难取消，甚至在其对应支持的项目或事业已完成的情况下仍然如此。因此，应在适当的时机对现有政府性基金进行清理。凡是那些达到了征收金额、达到征收年限的基金，都应当及时停止，以免成为企业的长期负担；对那些征收金额极小、充满部门色彩的基金，更是要及时取消。

三是进一步明确政府性基金收入的财政性质，纳入财政综合预算进行管理。无论是哪种政府性基金，凡是以公权为后盾、向社会有关方面收取的收入，都是广义财政收入的一部分，必须纳入综合预算的范畴进行管理。一方面，在已实行“收支两条线”管理的基础上，要实质性地弱化政府性基金与特定部门之间的收支关系，部门的正常开支经由部门预算详细测定、严格管理，不与其对应的政府性基金发生联系，更不允许部门自收自支、坐收坐支。另一方面，财政部门要对基金实行专款专用管理，但对基金使用中出现的结余，也应按正常渠道转入一般公共预算，纳入财政的大

盘子。

四是进一步加大政府性基金预算公开的进程与力度。2013 年，政府性基金第一次出现在部门预算公开的内容中，受到社会的广泛关注。建议进一步加大政府性基金的公开程度，至少要细化到经常性支出、项目支出这样的大类。既要有按年度公开的信息，也要有整个项目建设、管理、营运的信息，以利于各方面甄别出所对应的政府性基金的期限、金额信息，从而加强监督、规范运行。

第三节

社会保险基金收入

按照《2012 年政府收支分类科目》，社会保险基金收入包括 10 项，即基本养老保险基金收入、失业保险基金收入、基本医疗保险基金收入、工伤保险基金收入、生育保险基金收入、新型农村合作医疗基金收入、城镇居民基本医疗保险基金收入、新型农村社会养老保险基本收入、城镇居民养老保险基金收入和其他社会保险基金收入。

一、社会保险基金收入现状

2010 年，《国务院关于试行社会保险基金预算的意见》（国发［2010］2 号）颁布实施，社会保险基金预算开始在全国范围内试编。2012 年 3 月，第十一届全国人民代表大会第五次会议通过的《第十一届全国人民代表大会财政经济委员会关于 2011 年中央和地方预算执行情况与 2012 年中央和地方预算草案的审查结果报告》明确提出，“2013 年向全国人大正式提交全国社会保险基金预算”。根据全国人大要求，并报请国务院同意，2013 年全国社会保险基金预算正式报送全国人大。

2013 年全国社会保险基金预算按险种分别编制，包括基本养老保险基金（含企业职工基本养老保险、城镇居民社会养老保险和新型农村社会养老保险）、基本医疗保险基金（含城镇职工基本医疗保险、城镇居民基本医疗保险和新型农村合作医疗）、失业保险基金、工伤保险基金、生育保险基金等社会保险基金。汇总中央和地方预算，全国社会保险基金收入 32829 亿元，比上年增长 9.9%，其中保险费收入 24664 亿元，财政补贴收入 7180 亿元；支出 27913 亿元，比上年增长 16.8%；本年收支结余 4915 亿元，年末滚存结余 40943 亿元。分险种来看：

企业职工基本养老保险基金收入 18791 亿元，比上年增长 8.2%，其中，保险费收入 15501 亿元，财政补贴收入 2669 亿元；支出 16460 亿元，比上年增长 17.4%；本年收支结余 2331 亿元，年末滚存结余 24010 亿元。

失业保险基金收入 1145 亿元，比上年增长 9.5%，其中，保险费收入 1089 亿元；支出 579 亿元，比上年增长 23.7%；本年收支结余 566 亿元，年末滚存结余 3383

亿元。

城镇职工基本医疗保险基金收入 6189 亿元，比上年增长 11.2%，其中，保险费收入 5933 亿元，财政补贴收入 70 亿元；支出 5379 亿元，比上年增长 15.5%；本年收支结余 810 亿元，年末滚存结余 7208 亿元。

工伤保险基金收入 522 亿元，比上年增长 10.4%，其中，保险费收入 493 亿元，财政补贴收入 13 亿元；支出 436 亿元，比上年增长 17.4%；本年收支结余 86 亿元，年末滚存结余 910 亿元。

生育保险基金收入 321 亿元，比上年增长 13.6%，其中，保险费收入 314 亿元，比上年增长 15.1%；支出 243 亿元，比上年增长 19.9%；本年收支结余 78 亿元，年末滚存结余 489 亿元。

居民社会养老保险基金收入 2098 亿元，比上年增长 9.4%，其中，保险费收入 617 亿元，政府补贴收入 1414 亿元，比上年增长 16.4%；支出 1390 亿元，比上年增长 15.0%；本年收支结余 708 亿元，年末滚存结余 3026 亿元。

居民基本医疗保险基金收入 3763 亿元，比上年增长 17.0%，其中，保险费收入 716 亿元，政府资助收入 3012 亿元；支出 3426 亿元，比上年增长 15.3%；本年收支结余 337 亿元，年末滚存结余 1916 亿元。

二、社会保险基金收入管理

社会保险基金管理主要包括社会保险基金收支管理，社会保险基金的预算和决算管理，社会保险基金投资运营管理，社会保险基金稽核、监督等。社会保险基金管理机构分散，管理部门过多，多个部门都参与社会保险基金的运行和管理，造成部门间难以协调和集中运营管理，存在着一些问题。

1. 基金收支管理亟待加强

在实际社会保险基金运行管理过程中，税务机关只是按照社保经办机构传递的征缴计划征收社会保险费，而社会保险机构由于没有社会保险费征收职能，通常也不会过分关心社会保险费征收情况，也就不能真正实现应保尽保、应收尽收。部分参保单位及时、足额缴费意识不强，往往是一拖再拖。

2. 基金预决算机制尚未形成

我国社会保险基金虽然已经纳入预算管理，但是社会保险基金预算目前只向全国人民代表大会报告，并未经过审批，类似一种备案制度。通过对社保基金筹集和使用实行预算管理，可以增强政府宏观调控能力，强化社保基金的监督管理，保证社保基金安全完整，提高社保基金运行效益，促进社会保险制度可持续发展。社保基金决算是社保基金预算执行情况的总结，是实施社会保险预算制度的重要环节。通过编制社保基金决算，可以全面完整地反映社保基金的年度收支状况，有利于分析和检查预算的执行情况，发现预算管理和财务管理工作中存在的问题，进而采取有效措施加强预算管理，为领导决策提供可靠依据。但由于社保基金运行环节由多部门组成，且各自独立，所以出现对基金全局的运行情况、运行质量、运行风险“谁都可以问，结果谁都不问”的局面，基金预算、决算机制难以形成。即使按照《国务院关于试行社会保险基金预算的意见》（国发［2010］2号）编制预算，也会因部门之间难以协调，掌握的资料不够真实、准确，而不能形成真实、全面、科学的社保基金预算。

3. 没有形成基金运转预警机制

目前，建立在不断扩大覆盖面和不断调高缴费基数基础上的社保基金收入快速增长。这种基金收入超过基金支出的增长，掩盖了基金运行的风险，不易引起大家的关注。但这种基金收入的增长是有限度的，不可能一直这样延续下去，因为社会保险扩面的空间已经越来越小了，总有不能再扩的时候，而随着老龄化的到来，社保基金支出却刚性增加。现在觉得基金有结余，基金赤字好像离我们很遥远，但实际真正算起来，看起来可观的基金结余往往只是几个月的基金支出，一旦当期基金入不敷出，基金赤字的风险很快就会到来。所以关注基金收入的增长因素、基金支出的有效控制、基金结余的保值增值至关重要。

4. 基金难以实现保值增值

社保基金收入、支出纳入财政专户管理后，基金结余实质上由财政部门管理，主要途径是购买国债或者存银行。由于社保基金银行存款利率优惠政策没有完全执行到位，各项社保基金利息不同程度地减少，有的存在银行也因不能及时转存定期，而造成不必要的损失。

虽然现行社保基金财务制度规定，财政部门应根据劳动保障部门提出的意见，在双方共同协商的基础上，及时将基金按规定用于购买国家债券或转存定期存款，但事实上这种制度容易造成社保经办机构和财政部门在这个问题上推诿扯皮，影响社保基金的保值增值。同时，物价上涨指数高于银行存款利率而导致基金的贬值，给今后基金支付带来较大压力和风险。

5. 社保基金监管机制不健全

按照现行规定，社保基金监管由人力资源和社会保障部门、财政部门、审计部门各负其责，此外还有社会监督。三个职能部门都是政府的，而社会监督信息不对称，力度十分有限。从实践看，这一监督机制的有效性大打折扣。虽然有了谁也不得随意动用社保基金的“高压线”，但如果缺失外部权力的制约性监督，地方领导挪用基金的现象还是难以避免。此外，社保机构内部稽核机制不完善，稽核力量不足，加上缺乏有效防范职务犯罪的控制手段和措施，个别财务人员以及部门领导利用工作之便进行公款私存，甚至截留、侵占基金的现象依然存在。

三、完善社会保障基金收入管理

1. 开源节流抓基金管理，提高认识

社保基金收支管理目前存在问题的原因主要是地税部门的强制征收力度不够，社保经办机构人员的观念不对，以及社保业务经办过程存在的内部控制不到位。首先，地税部门要切实履行及时、足额征收社会保险费的责任。《社会保险法》已经出台，完全可以依法采取多项举措强制征收，确保社保基金应收尽收，颗粒归仓。其次，社保经办机构工作人员要不断提高认识，树立全局意识、长远意识和基金风险意识，严格控制基金支出，做到不该支出的一分也不能支出。最后，建立健全社会保险业务内部控制制度，建立内部控制长效机制，做到用制度管人，按制度办事。

2. 整合社保经办机构，减少基金运转环节

社保基金预算和决算机制尚未形成，没有基金风险预警机制，主要原因是社保基金管理机构分散，涉及部门过多，大家都管，结果大家都不管，“事不关己，高高挂起”。从开始办社保，到待遇享受，涉及多个部门。有负责社保登记和申报结算的，有负责社保费征收的，有负责养老、失业、医疗、工伤、生育五项社会保险待遇支付的（不少地方待遇支付又分成了几个部门），有负责技术的，有负责养老保险费补缴和退休审批的，有负责工伤认定的，有负责基金收支管理的。这种基金运转体制在起互相牵制作用的同时，也大大削弱了基金运行效率，难以形成正常的预决算机制和基金风险预警机制。所以，要整合社会保险经办机构，减少基金运转环节，最好是由一个部门一条龙负责到底，实在不能完全整合到位，则最多保留地税部门进行征收和财政部门进行基金监管，而将社会保险登记申报、待遇支付、信息管理等集中于一个部门，成立一个综合性社会保险经办机构。这样基金运行管理的效率就会大大提高，从而增强社会保险经办机构的全局意识和主人翁意识，形成一个高效的管理体制，实行基金收支统一记账、统一核算，形成社保基金的预算和决算机制，有明确的主体去关心基金的收入和支出情况，建立正常的基金风险预警机制。

3. 提高基金管理效率，拓宽基金投资渠道

我国社会保险实行的是部分积累制，目前社保基金积累已经达到了一定的规模。为了防止基金被贪污、挪用，国家制定了严格的社保基金管理制度，明确规定基金只能用于购买国家债券和转存银行定期存款，这对确保社保基金安全确实发挥了极其重要的作用。但随着物价不断上涨，而银行存款和国债利率偏低，社保基金保值增值的压力越来越大。一方面，应加强基金管理，用足社保基金银行存款利率优惠政策，及时将活期存款和到期的存款转存定期，增加基金利息收入；另一方面，要按照《社会保险法》的要求，拓宽基金投资渠道，在保证基金安全的前提下，按照国务院规定进行投资运营以实现保值、增值。

4. 完善社保基金监管机制，加强内部审计

加大基金监管力度是维护社会保险制度运行的长期任务。只有不断强化内外监管，才能最大程度地保证基金的安全完整，减少基金风险。一是社保经办机构要加强内部控制制度建设，建立内部审计科室和专职内部审计人员，依照国家有关法律、法规，对本单位内部控制制度的实施情况、社保基金收支结存情况等进行内部审计监督，防范违规舞弊现象发生。不断强化内部管理，及时发现内部控制制度的薄弱环节，有效提高风险防范能力。在社保基金的征收、支付、货币资金管理等重要环节严格贯彻不相容职务相互分离、授权批准等内部控制原则，从源头上防范挤占挪用社保基金等不法行为发生。二是建立信息披露制度。定期向社会公布社保基金的收支、投资和收益情况以及其他财务数据等，将社保基金的运营纳入社会公众和监督机构的双

重监督之下，防范社保基金运营中的违法违规行为。三是实行纪检、财政、审计部门联合监督，建立对社保基金日常监管的长效机制。在监督过程中，要重点监管社保经办机构是否建立健全内控制度，并有效实施；监督社保经办机构在社保基金征收、支付环节是否合法合规；监督社保基金是否安全完整和保值增值。

第四节

我国非税收入现状、问题及改革方向

一、我国非税收入现状与问题

随着“收支两条线”改革的深化和各级政府对非税收入的重视，2011 年财政部将非税收入正式纳入预算管理。我国目前的政府非税收入管理较以前已经有了较大改善，推进了非税收入收缴管理改革。

一是基本建立收缴管理运行机制。通过系统化的执收项目管理、规范化的银行账户管理、科学化的收缴流程管理、电子化的执收票据管理，确立了缴款人依法缴款、执收单位依法执收、财政部门和主管部门依法实施监管的收缴管理机制，改变了长期以来财政资金滞留执收单位账户、资金入库速度慢的局面，提高了资金运行效率。

二是收缴管理制度体系初步形成。财政部印发了《深化地方非税收入收缴管理改革的指导意见》、《中央单位教育收费收缴管理暂行办法》等。地方财政部门加强了非税收入立法和制度建设。

三是收缴管理系统和动态监控机制日趋完善。在收缴系统中统一维护执收单位、执收项目和银行账户等基础信息，并下载到执收单位收缴系统中，实行机打开票，实现对收缴行为的直接控制，规范了执收行为。随着改革逐步深化，系统监控范围不断扩大，监控功能不断升级完善。财政部门通过信息系统收集缴款信息，将收缴全过程纳入监管视野，并通过比对分析和疑点核实，初步实现了对收缴行为的动态监控。

四是初步形成了中央本级非税收入收缴改革收入、中央本级全口径收入以及全国非税收入收缴执行收入三层数据架构，总结非税收入实现规律，加强收入预测分析。

与建立现代财政制度的要求相比，现行政府非税收入体系还存在以下几个方面的问题。

1. 政府收入核算与政府资产负债统计不够规范

现行的政府收入统计依据的是现金收付制，而不是权责发生制。一些政府非税收入，如地方债务收入属于负债增加导致的现金流入，国有资产转让收入实际上是资产变更导致的现金流入。现行的以现金收付为基础进行的收入统计，缺乏对政府总体资产负债状况的统计，难以对政府非税收入进行中长期合理预测，也难以准确判断政府的偿债能力和债务风险。

2. 国有资本、国有资产（资源）收入管理有待加强

在现行的政府收入体系中，国有资本经营收入和国有资产（资源）有偿使用收入占政府总收入的比重偏低。如2012年国有企业累计实现利润总额21959.6亿元，但国有资本经营预算收入仅为1495.90亿元。大量矿产资源和特许权经营权收入等未能通过公开拍卖的方式转化为政府财政收入，而是通过划拨或低价转让的形式流入企业。

3. 专款专用的政府性资金收入比重偏高

专款专用收入的背后是各政府部门对财政资金的分割，与财政资金的统筹使用性质是相悖的。大量专款专用的政府性资金收入不利于调整政府职能和财政支出结构，形成了财政资金分配固定化、部门化的倾向，造成了大量政府资金沉淀在各个基金项目中，不利于提高资金的使用效率。

4. 非税收入的预算管理尚待完善

现行的国有资本经营预算中并不包括国有金融类企业。国有金融类企业经营收入和国有资产（资源）有偿使用收入在公共财政非税收入中核算。国有土地出让收入纳入政府性基金管理，但是转让国有矿产资源的探矿权、采矿权使用费收入和探矿权、采矿权价款收入与矿产资源补偿费一期列入了公共财政非税收入中的矿产资源专项收入。这几个非税收入之间的关联尚不明确，如国有资本经营收入是否应规定专门的用途，如用于充实社会保险基金等。

二、完善我国非税收入管理的思路

非税收入纳入预算管理后，应该按照“正税清费”和“分类规范”的原则，继续推进非税收入规范化、法制化管理。

（一）分流归位

加强对非税收入的规范化管理，需要对非税收入正本清源，区别其不同项目的性质，通过清理整顿，实施分类改革，采取不同的处理方式，使之“分流归位”。具体可分别考虑：

1. 取消的非税收入项目

某些政府部门履行管理职能而对管理对象征收的行政管理费，原则上应予以取消。因为对某项工作进行管理是政府的职能，是政府有关部门代表政府行使权力的分内之事，不应再对管理对象收取管理费。

2. 应改为税收的非税项目

某些政府性基金和附加收入，可纳入现有税种之内或开征新税。如将环保部门的排污（废水、废气、废水、废渣、噪声）费以及污水处理费等统一改为“环境保护税”；将地方用于城市建设的收费、基金、附加等合并到“城市建设维护税”之中；也可将教育方面的教育费附加、地方教育费附加、教育基金合并为“教育税”等。

3. 继续保留并加以规范的非税收入项目

实行税费改革后，继续保留的收费大体包括四类：一是政府部门向法人或居民实施特定管理和提供特殊服务所收取的各种证照收费、注册费，如企业注册登记费、护照费、婚姻证书工本费等；二是政府机关为维护国家主权而实施的收费，如海关监管手续费、外交部门的签证费等；三是政府机关或政府授权机构，按照使用者付费原则，向国有资源使用者收取的管理费，如矿产资源补偿费、城市道路占用费等；四是一些带有惩罚性质的收费（如排污费、海洋工程排污费等收费）以及罚没收入。还有少量暂不宜取消或规定征收期限未满，且难以实行“费改税”的政府性基金，如三峡工程建设基金、民航机场管理建设费等，经国务院批准后，在一定时期内可继续征收。

4. 完善有发展前景的非税收入，如特许权收入

特许权收入是个人或集团凭借政府赋予的特权在特定领域内销售商品或提供服务而取得的收入。从严格意义上讲，特许权是国家的一项行政资源，也是国家的无形资产，国家理应参与其收入分配。特许权收入包括：中央银行的铸币税收入（货币发行收入），证券、信托和保险的特许权收入，发行有价证券和邮票的特许收入，中央电视台全国电视播放特许收入，使用国家无线电频道资源的特许收入，电信号码资源占用特许收入，特殊证照牌号拍卖收入，使用国家空中资源（航空或其他飞行）的特许收入，开采矿产资源的特许收入，经营盐业和免税商品等特许权收入，以及行政收费中的各种许可证收费收入等。目前，我国大部分特许权收入并没有开征，其中有些处于发展初期，规模小、开征条件尚未成熟，有的虽成熟但没有具体实施。有些涉及特许经营的业务范围较广，企业或部门自身的经营成果与特许经营收益交织在一起，不容易区分。

（二）建立和完善规范化的非税收入征收和管理体系

按照非税收入“正税清费、分类管理”的改革思路，对于那些合理存在以及具有发展前景的非税收入，需要纳入综合预算管理，实现规范化的收入收缴和实施“收支两条线”管理。

1. 构筑全口径预算管理的基础：财政部门统揽政府全部收支

全口径预算管理的基础是形成以财政部门统揽政府收支、相关预算单位积极配合的预算管理体系。所有政府收支活动都应纳入财政部门的管理监督视野，各种政府收支都应在全口径预算体系的平台上进行分配，预算单位只能通过全口径预算体系平台安排收支，切断预算单位行政履职与其经费拨款之间的直接关联。

进一步探索各子预算之间的有机衔接制度。收入较稳定的政府性基金，可逐步纳入公共财政预算管理；国有资本经营预算应将更多的收入转入公共财政预算，与社会保险基金预算的资金联系也只能通过公共财政预算进行。

从政府预算的完整性出发，各子预算应统一在政府预算这个大盘子中，形成具体细分而又总量有数的政府预算，让人大、政府（财政）与社会成员真正了解各子预算的具体情况，保证财政资金的真正统筹使用，推动人大预算总量控制。此外，还应进一步探索中国特色的国有企业经营收益预算制度。

根据预算体系改革的目标，可以将中国实施非税收入全口径预算管理改革的路径划分为在时间上互有重叠的三个基本阶段。

第一阶段，在行政控制层面，将政府各部门各类收支通过编制部门预算的方式全部纳入财政部门监督管理范围，实现政府收支的全口径预算管理并报送同级人大审议。

第二阶段，根据不同级次政府的实际情况，进一步完善国有资本经营预算和社会保险基金预算，并在各子预算之间形成以公共财政预算为主导的，规范、明确、透明的资金往来关系。这一目标的实现，在很大程度上取决于社会保险基金预算统筹层次的调整。国有资本经营预算则取决于国有资本经营预算覆盖范围与国有资本收益分配制度是否最终确立。

第三阶段，在条件成熟时，由全国人大负责全面审查中央部门和单位的各项政府性基金和行政事业性收费，归并缩小基金及收费项目，减少基金与收费数量，适合实行费改税的要转变为税收征缴，最终目标是废止中央部委设立基金和行政事业性收费项目的权力。同时，应由省级人民代表大会负责全面审查省级人民政府批准设立的行政事业性收费项目，将地方政府的收费设立权收归地方立法机关。

2. 继续深化“收支两条线”改革

“收支两条线”是推进非税收入规范化管理的重大改革举措，改革涉及的利益关系错综复杂，阻力较大，需要积极稳妥地推进和深化。

继续深化“收支两条线”改革。一是将部门的预算外收入全部纳入财政专户管理，有条件的纳入预算管理，任何部门和单位不得坐支、截留和挪用；二是部门预算要综合反映部门及所属单位预算内外资金收支状况，提高预算支出的透明度；三是财政部门要科学合理核定分类分档支出标准，按标准足额提供经费；四是完善账户管理，清理和规范预算单位的银行账户，落实“收支两条线”规定，保障各项预算外资金及时足额上缴财政，防止转移截留预算外资金，避免“小金库”和“账外账”等问题的发生。

3. 扩大和完善非税收入银行代收做法

非税收入银行代收是贯彻实施“收支两条线”的重要形式和手段。非税收入银行代收管理办法的核心，就是执收单位在向缴款人收费时，与现金彻底分离。具体操作办法是取消执收单位的收入过渡户，执收单位只能向缴款人开票，缴费人持票到财政指定的银行代收网点缴费，资金通过银行代收网点直接缴入同级财政非税收入归集专户。

发展和完善银行代收，对非税收入管理的规范化进程有积极的推动作用，有助于实现非税收入征管规范化、信息化的目标；可以从制度和管理上消除随意占压、挪用财政性资金的现象；有利于遏制自立收费项目、自定收费标准等乱收费行为；有利于实现主管部门和单位财务监管的管理目标。

4. 严格非税收入票据管理

票据的管理是非税收入征收管理的源头，也是监督执收单位是否认真执行“收支两条线”规定的一个关键环节。加强票据管理总的原则，是要做到统一领发，统一使用，统一保管，统一核销和统一监督，力求票据与项目相结合、票据与收入相结合、票据与稽核相结合。

加强票据管理，首先要统一规范并扩大票据覆盖面，强化稽查工作，充分发挥票据的源头控管作用，做到“以票管费、以票促收”，监督单位收取的费款是否及时足额上缴财政专户，并制止各种乱收费行为。

其次要改变财政票据种类繁多、混乱和管理不统一的状况，减少或归并，设计出更加精简有效和管理严密的收入票据。这样一方面有利于减轻执收单位的收费成本和提高执收单位开票、记账、对账的工作效率；另一方面可以通过代码标准化的管理，使票据号码进入计算机网络管理，银行代收每产生一笔收（缴）费业务，财政计算机网络都将自动核销一个凭证号码，使收费票据自始至终处于有效的监控之下。

5. 进一步完善非税收入收缴管理信息系统

从某种意义上说，财政非税收入收缴管理信息系统的建设水平，决定着非税收入能否真正实现收支两条线管理。非税收入收缴管理信息系统急需在财政综合管理、公共信息查询、执收单位软件、全国非税收入收缴管理信息系统建设等方面进一步完善。现代计算机数据交换、网络技术和银行资金清算体系，为实现非税收入征缴、审核、统一监管的一体化提供了有利的技术条件支撑。要结合“金财”工程的整体部署，特别是以“金财”工程中的收入管理系统为依托，通过银行代收和相关应用软件的不断完善，实现非税收入信息规范化、科学化、智能化、网络化的管理目标，控制执收单位的收入项目、标准、账户设置、票据使用等，规范执收行为，有效防止乱收费等问题的发生。通过信息系统，对政府非税收入的来源、结构、规模等动态变化情况进行监管和分析，提高财政监管能力。

思考与讨论：

1. 简述非税收入的定义和内容。
2. 简述国有资产收入的理论依据和收入形式。
3. 简述政府性基金的种类和规模。
4. 简述我国非税收入管理的发展和改革方向。

本章推荐阅读文献：

1. 约瑟夫·斯蒂格利茨：《公共部门经济学》，中国人民大学出版社，2005 年。
2. 高培勇：《中国税制改革问题研究》，经济科学出版社，2004 年。
3. 齐守印、王朝才：《非税收入规范化管理研究》，经济科学出版社，2009 年。
4. 于国安：《政府非税收入管理》，经济科学出版社，2004 年。

本章主要参考文献：

1. 贾康："非税收入规范化管理研究"，《税务研究》，2005 年第 4 期。

2. 王乔、汪柱旺："政府非税收入对经济增长影响的实证分析"，《当代财经》，2009 年第 12 期。

3. 邓力平、邓秋云："非税收入：基于国家财政、公共财政和发展财政的分析"，《财政研究》，2009 年第 10 期。

4. 蔡建明：《政府非税收入研究》，东北财经大学博士论文，2006 年。

5. Harvey Rosen and Ted Gayer. Public Finance [M] . McGraw – Hill/Irwin. 2009.

6. 财政部网站，《中国财政基本情况 2012—2013》，http：//www. mof. gov. cn/zhuantihuigu/czjbqk1/。

第七章 财政管理体制与中国财政体制改革

【本章序言】 财政体制是处理政府间关系的核心内容。党的十八届三中全会提出，“建立事权和支出责任相适应的制度。适度加强中央事权和支出责任，国防、外交、国家安全等作为中央事权；部分社会保障、跨区域重大项目建设维护等作为中央和地方共同事权，逐步理顺事权关系；区域性公共服务作为地方事权。中央和地方按照事权划分相应承担和分担支出责任。中央可通过安排转移支付将部分事权支出责任委托地方承担。对于跨区域且对其他地区影响较大的公共服务，中央通过转移支付承担一部分地方事权支出责任。保持现有中央和地方财力格局总体稳定，结合税制改革，考虑税种属性，进一步理顺中央和地方收入划分”。我国的政府间关系与西方主要发达国家不同，这也凸显了我国的特殊性。本章首先从西方财政理论主流的蒂布特模型出发，分析了该模型（规律）在我国存在的现实基础。然后，本章回顾了财政体制在我国的历史沿革。财政转移支付制度是财政体制的重要方面。本章对财政转移支付制度的基本分类和我国现状加以分析。在与西方主要发达国家财政体制比较的基础上，本章分析了我国财政体制的特殊性和存在的问题，并提出了未来的改革方向。

第一节 财政体制的一般理论

财政体制是处理中央财政和地方财政以及地方财政各级之间的财政关系的基本制度，财政体制的核心是各级预算主体的独立自主程度以及集权和分权的关系问题①。财政体制又被称为“预算管理体制”或“政府间财政关系（Intergovernmental Fiscal

① 陈共编著：《财政学》，中国人民大学出版社，2009 年，第 351—352 页。

Relationship)”。

财政体制主要涉及以下内容：（1）确定预算管理主体和级次，一般是一级政权构成一级预算主体；（2）预算收支的划分原则和方法；（3）预算管理权限的划分；（4）预算调节制度和方法。

在处理各级预算主体独立自主程度及集权分权关系的时候各国表现形式各异。这不仅与各国的政治集权与分权密切相关，也和历史与文化相关。

专栏 7-1

中国政府间财政关系再思考

政府间财政关系与经济社会发展、资源配置效率、历史文化背景、政治民主化程度以及国家统一等目标和依赖条件高度相关，内在目标是多元的，外部约束是综合的，并非简单的财政收支划分。

……

我们在处理政府间财政关系时，不能不充分考虑历史的惯性作用、多元文化结构、多层级政府架构、差异悬殊的自然禀赋、非均衡的人力资源分布、众多的人口与幅员辽阔的疆域等复杂的国情因素。

……

没有任何两个国家政府间财政关系是完全相同的，各国政府间财政关系的演进都存在路径依赖，有其经验和教训，但每种形态都有各自类似的要素。

（资料来源：楼继伟著：《中国政府间财政关系再思考》，中国财政经济出版社，2013 年，序言第 1 页、第 3 页和第 4 页。）

一、蒂布特模型与财政分权

在处理各级政府间财政关系问题上，值得一提的是蒂布特（Tiebout，1956）描述的模型。蒂布特于 1956 年在美国《政治经济学月刊》上发表了论文《一个关于地方支出的纯理论》。在该文中，他写道，“马斯格雷夫（Musgravc）和萨缪尔森（Samuelson）认为，在公共物品的支出水平上不存在‘市场解’。因而，与私人部门相比，在公共部门中有相当比例的国民收入并没有实现最优配置。……尽管马斯格雷夫和萨缪尔森的分析对联邦支出是适用的，但并不适用于地方支出。……在考虑联邦财政和地方财政的关键差异后，提出一个简单的模型。由这个模型产生的地方层次上公共物品支出水平的解要比在整个国家层次上产生的解能更加充分地反映出居民的偏好”。

蒂布特提出的模型包含以下几个假设①：

1. 居民在选择想要居住的辖区时具有完全的流动性，他们会选择最能满足自己偏好的辖区居住。

2. 居民对各个辖区的收入和支出的差异状况具有充分信息，他们会对这种差异作出反应。

3. 有众多的辖区可供居民选择居住。

4. 居民在选择辖区居住时不受工作地点的约束，即不会因为工作在此处才选择此处居住。可以假定居民依靠利息和红利等资本所得获取收入。

5. 辖区内提供的公共服务没有外部性。

6. 对于任何辖区的公共服务来说，都存在一个最优的人口数量。该辖区公共服务的种类和水平由能够满足满足原有居民偏好的辖区管理者（或服务者/官员，原文是“City Manager”）来确定。

7. 低于最优人口数量的辖区会千方百计吸引其他辖区的居民过来居住以降低公共服务提供的平均成本；高于最优人口数量的辖区会试图减少居民数量以降低拥挤成本；达到最优规模的辖区会使居民数量保持稳定。

蒂布特描述的图景实质上是说明分权如何提高资源配置效率的。他试图说明，在满足上述条件后，人们可以像在市场上购买衣服一样去购买公共服务。人们选择的结果是付出相应成本，获取最满足自己偏好的公共服务。

蒂布特描述的图景是在“分权”的背景下进行的。如第2条假设中，“居民对各个辖区的收入和支出的差异状况具有充分信息”。言外之意，各个辖区之间的税收和公共服务是不同的。税收上的差异可能体现在税种、税率和税基等方面上；公共服务上的差异可能体现在公共服务的结构和水平上。这就意味着辖区在决定自己的收支模式时是自主的；辖区在“应该收多少税”、“提供多少公共服务”的问题上是自己决定的，并不是由上级政府来决定的。这种由辖区自己决定自己事务的自由就被视为财政分权。

第6条假设中，“该辖区公共服务的种类和水平由能够满足原有居民偏好的辖区管理者来确定”。这就是说，辖区官员在公共服务提供时必须从辖区居民的意愿出发，必须遵循（Follow）辖区居民的偏好。这也就意味着势必有一种机制，使得辖区的管理者在任何情况下都“对下负责”。否则，该管理者将会在竞争中，被新任的更能满足辖区居民偏好的管理者所替代。这种机制被视为“政治分权”。“政治分权”和“财政分权”相互作用。“财政分权”意味着辖区有自主权改变收支模式，意味着辖区“可以”改变收支模式；“政治分权”意味着改变收支模式源于为辖区居民着想，意味着辖区管理者“必须”为辖区居民着想。

第7条假设中，“低于最优人口数量的辖区会千方百计吸引其他辖区的居民过

① Tiebout, C. M. (1956). A PURE THEORY OF LOCAL EXPENDITURES. *Journal of Political Economy*, 64 (5), 416-424.

来居住以降低公共服务提供的平均成本；高于最优人口数量的辖区会试图减少居民数量以降低拥挤成本；达到最优规模的辖区会使居民数量保持稳定”。这意味着，辖区的管理者会在居民享受公共服务水平不变的情况下，尽可能地降低辖区居民为获取此公共服务而付出的成本。第 7 条实际上是“政治分权”和“财政分权”的结果。“政治分权”意味着，管理者（或服务者）“必须”在公共服务质量不变的情况下尽可能降低每个居民分摊的成本，以提供辖区居民享用公共服务的“性价比”；“财政分权”意味着管理者有采取措施“吸引”或“减少居民数量”的自由。

强调分权，首先是信息问题。信息传递需要一定的时间和成本，辖区居民对公共服务的诉求传递到上级政府需要一定的程序。而地方政府能够以相对小的成本了解辖区居民需要什么，他们能为此承担多少税负。同时，辖区事务由地方政府负责，而不是由上级政府“一刀切”，更能满足辖区居民差异化的诉求。因而，在分权的背景下，蒂布特认为该模型能够解决资源配置的问题。

（一）蒂布特模型之外问题

1. 外部性问题

蒂布特模型的第 5 条假设是“辖区内提供的公共服务没有外部性”。其潜在的意思是，要想到该辖区享受公共服务，就必须居住在该辖区，并为辖区公共服务提供税款。从反面来看，不可能居住在相邻辖区享受被外溢了的公共服务同时不为之承担成本。在这种情况下，想享受公共服务就必须付出对应的成本。这会使得公共服务的提供达到最优。

事实上，很多公共服务的收益会在辖区之间外溢的。这些公共服务包括大面积的环境保护、跨区域流动的河流和国防等。因而，这类公共服务如果由辖区政府提供的话，要么是无法提供，要么是供给量不足。将第 5 条假设放宽（Relax），就是“外部性足够明显，那么，就有必要进行某种形式的辖区合并（Integration）”。当然，合并的“形式”是多种多样的。可以直接合并，也可以建立服务范围覆盖两个或多个辖区的服务机构，如建立更高一级的政府。这样多级政府就出现了。服务范围较小的低级别政府负责提供受益区域较小的公共服务；服务范围较大的高级别政府负责提供受益区域较广的公共服务。这样，辖区间公共服务外部性的问题就被尽可能地缩小了。

2. 规模经济问题

规模经济（Economies of Scale）是指在一定的产量范围内，随着产量的增加，平均成本不断降低。规模经济的典型案例是国防、大型水力发电工程等公共服务。产量的增加往往意味着受益覆盖范围在扩大，因而，国防服务和大型水力发电工程等可以由更高一级的政府来提供。

规模经济的另一个案例是税收征管。按法定税率纳税是居民的义务。政府的税收征收管理工作是帮助居民履行纳税义务的重要服务。集约化并且信息共享的税收征管服务，比分散化和相互分割的税收征管系统更能节省财政资源，提高税收征收管理效率。因而，由更高一级政府组织建立集约化的税收征管体系是非常必要的。

3. 公平问题

蒂布特模型的最终结果是具有相近公共服务偏好，并且愿意为满足该偏好而付出相应税款的居民居住在一起。一般情况来看，这种偏好往往和收入水平呈现正相关的关系。往往是高收入的居民“扎堆”居住，低收入居民“扎堆”居住。辖区间公共服务，如教育、治安和绿化等会出现巨大的差异。因而，可以想象，没有更高一级政府再分配的情况下，辖区之间的公共服务水平会很不均等①。另外，最基层政府是不履行收入分配职能的。如果辖区政府将筹集有限的公共资源用于为低收入提供各种补贴，那么，高收入者会通过“用脚投票”的方式，离开该社区。总之，只能是更高一级政府（中央政府或联邦政府）承担收入分配职能。

（二）分权制的优点

1. 促使公共服务更能满足当地居民的偏好

分权的优点之一是使得公共服务更能满足当地居民的偏好。由于不同的居民有不同的公共服务偏好，由中央政府来提供整齐划一的公共服务势必不能满足居民多样化的需求。居民的公共服务差异化程度越大，这种分权式的辖区公共服务提供方式就越能提高资源配置的效率。

2. 分权更能促进地方政府之间的竞争

分权意味着公共服务和税收事项由地方决定。如果地方政府有比较良好的公共选择机制，只有施政行为最能满足辖区居民偏好的政治家才能成为持久的政府管理者。此时，该政府管理者类似于辖区的经理（City Manager）。如果该管理者能够以较高的“性价比”提供公共服务，那么，居民会选择在该辖区居住。如果该管理者不能提供较高“性价比”的公共服务，部分居民会选择“用脚投票”的方式离开该辖区。因而，这种分权更能促使地方政府进行竞争。

3. 分权可以为政府政策提供更多的实验和创新机遇

由于是分权体制，辖区政府可以自主地采取政策为辖区居民提供更好的服务。这种政策不是上级政府要求整齐划一的政策，而是多样化的政策。此时，辖区和服务对象可以被视为实验对象，多样化的政策可以被视为多种实验。实验的结果将说明不同政策的优劣。因而，分权可以为政府政策提供更多的实验和创新机遇。

二、蒂布特模型与中国

蒂布特模型在说明以美国为代表的分权制国家的政府间财政关系的问题上非常有说服力。但是，蒂布特模型的以上几个假设在中国的运用情况是需要深入研究的问题。

1. 居民流动仍然受户籍制度等因素的限制

户籍制度是我国特有的一种限制人口流动的政策。户籍制度在不少城市对子

---

① 美国不同辖区之间，尤其是中产阶级居住辖区与低收入群体居住辖区之间犯罪率的差异是非常明显的。一个很重要的原因是，不同辖区雇佣警察的数量是不一样。

女就学、住房购买和出入境审批等事项产生重要影响。这种政策在特定历史阶段发挥了相应的作用。即便在当下，户籍制度也起了限制大中城市过分膨胀的作用。目前，这种状况在逐步发生变化。不少区域的户籍制度出现松动，这体现在农村向城市的人口流动及小城市向大城市的人口流动上。另外，尽管户籍政策对相关事项产生影响，中国仍存在较大规模的人口流动。除此之外，在大城市的各个区之间（如北京和上海等一线城市的各个区之间），居民的自由流动受户籍的限制不大。

2. "中国式分权"模式不是发达国家的分权模式

分权意味着地方存在按照自己意愿改变收支模式的可能。或者说，地方需要有较大的自由度开征新税，确定税率、税基和减免等；同时，地方需要有较大的自由度来决定支出结构和支出水平，并且，这种自由度更是为了"对下负责"，而不是"对上负责"。我国目前地方政府收支占全国收支比重不小，但收支比重的多少并不等于改变收支模式的自由度。我国地方政府在收入端的自由度非常小，税制要素的决定权基本都控制在中央层面。在支出端，地方政府有一定的自由度，但自由的程度受政治集权因素的影响。地方政府的支出结构和水平更倾向于以上级政府的绩效考核体系为"风向标"。在这种情况下，各辖区的收入模式在全国是"一刀切"的，支出模式在各辖区之间存在一定的差异。尽管如此，居民仍可以在"一刀切"的收入模式和有差异的支出模式之间进行选择。不少年轻人选择在一线城市就业就是一个重要的案例，他们"声称"大城市的公共服务水平较高。在大城市，年轻的家长选择在基础教育水平较高的区居住也是居民寻求适当收入模式的一个案例。

无论如何，蒂布特模型描述的情境似乎更像是一个经济规律，而不仅仅是一个模型。只要存在"经济人"假设、辖区差异和有限的自由，这种规律就会存在发挥的空间。我们是否依照蒂布特模型设置我国未来的制度环境是一个重要问题，这有赖于我们依照未来经济社会的发展状况"摸着石头过河"。但在此处，蒂布特模型为各国政府间的支出责任划分提供了无限遐想的空间。

第二节

我国财政体制改革进程与内容

随着政治经济环境的变化，新中国成立以来，我国的财政体制经历了若干次调整。总体来看，可以分为三个阶段，分别是"统收统支"、"分灶吃饭"和"分税制"（见表7-1）。

表 7-1 新中国成立以来财政体制沿革

实行时间		财政体制简述
统收统支	1950	高度集中、统收统支
	1951—1957	划分收支，分级管理
	1958	以收定支，五年不变
	1959—1970	收支下放，计划包干，地区调剂，总额分成，一年一变
	1971—1973	定支定收，收支包干，保证上缴（或差额补贴），结余留用，一年一定
	1974—1975	收入按固定比例留成，超收另定分成比例，支出按指标包干
	1976—1979	定收定支，收支挂钩，总额分成，一年一变，部分省(市)试行"收支挂钩，增收分成"
分灶吃饭	1980—1985	划分收支，分级包干
	1985—1988	划分税种、核定收支、分级包干
	1988—1993	财政包干
分税制	1994 年至今	按照统一规范的基本原则，划分中央地方收支范围，建立并逐步完善中央对地方财政转移支付制度

资料来源：财政部网站，http：//yss. mof. gov. cn/zhuantilanmu/zhongguocaizhengtizhi/cztzyg/200806/t20080626_53659. html。

一、"统收统支" 阶段

1. 1950 年高度集中、统收统支的财政体制

新中国成立之初，经济破坏严重，财政入不敷出，通货急剧膨胀，投机活动猖獗，物价猛烈上涨，国家面临财政经济的巨大困难。实行全国财政经济的统一管理，就成为当时平衡财政收支，制止通货膨胀，打击投机活动，稳定市场物价的决定性措施。

1950 年 3 月，中央人民政府颁布了《关于统一国家财政经济工作的决定》，主要内容是：(1) 统一全国财政收支。使国家财政收入的主要部分集中到中央，除批准征收的地方税外，所有农业税（公粮）、关税、盐税、货物税、工商税，均归中央人民政府财政部统一调度使用。(2) 统一全国物资调度。成立全国仓库物资清理调配委员会，规定所有仓库物资，由政务院财政经济委员会统一调度，合理使用。并决定各地国营贸易机关的物资调动，均由中央人民政府贸易部统一指挥。(3) 统一全国现金管理。指定中国人民银行为国家现金调度的总机构，规定一切军政机关和公营企业的现金，除留若干用于近期使用外，一律存入国家银行。外汇牌价与外汇调度由中国人民银行统一管理。

2. 1951—1957 年 "划分收支，分级管理" 的财政体制

1951 年全国财经形势开始好转。1950 年实行的统收统支财政体制已不适应新的

形势，客观现实要求在财政体制上，既能加强中央的统一领导和统一计划，又能使地方有一定的机动财力，便于因地、因时处理问题。因此，1951 年 3 月，政务院颁发《关于 1951 年度财政收支系统划分的决定》，实行“划分收支，分级管理”体制。1954 年和 1957 年，依据形势发展，分别作了部分改进。

主要内容包括以下各项：

(1) 国家预算分为三级管理。1951 年规定中央、大行政区和省（自治区、直辖市）三级；1954 年改为中央、省（自治区、直辖市)、县（市）三级。

(2) 预算支出基本上按企业、事业、行政单位的隶属关系划分，属哪一级管理的，其支出即列入哪一级预算。划为中央预算支出的主要有国防费、中央管理的国营企业投资、经济建设事业费、社会文教事业费、中央级行政管理费、内外债还本付息支出等；划为地方预算支出的主要有地方管理的国营企业投资、经济建设事业费、社会文教事业费、地方各级行政管理费等。

(3) 预算收入，1951 年划分为中央预算收入（包括农业税、关税、盐税、中央直接经管的国营企业收入等)、地方预算收入（包括屠宰税等几种地方税及大行政区以下经管的国营企业收入等）及中央与地方的比例解留收入（即按规定比例上解中央或留归地方的收入，包括货物税、工商业税、印花税等）三类。1954 年改为划分中央与地方固定收入（按税种及各级管理的企业、事业收入划分，彼此不参加分成)、中央与地方的固定比例分成收入（包括农业税、工商营业税与所得税)、中央调剂收入（包括商品流通税与货物税）三类。

(4) 地方财政收支每年由中央核定一次，确定支出数。1951 年规定先以地方固定收入抵补，不足部分由比例解留收入抵补。1954 年改为先用地方的固定收入和固定比例分成收入抵补，不足部分由中央划给调剂收入弥补。

(5) 1957 年把 1951—1956 年实行的具体划分和核定收支的办法改为总额控制办法。中央对地方分配预算时，只分配一个总额数字，不再下达分类分款的详细数字。地方在保证预算收入总额不减少、支出总额不突破的条件下，根据本地区的情况，权衡轻重缓急，统筹安排，编制自己的预算。但固定收入和调剂收入之间不能调整，自然灾害和防汛等专款不能随便调剂。

3. 1958 年“以收定支，五年不变”财政体制

1957 年大批中央企业下放到地方管理，在地方对企事业经营管理权扩大的同时，也要求相应扩大财权，与当时的工业、商业管理体制进行配套改革。1957 年 11 月，国务院颁发《关于改进财政管理体制的规定》，决定从 1958 年起，实行“以收定支，三年不变”（1958 年 4 月改为“五年不变”）的体制。主要内容包括以下几项。

(1) 划定地方财政收入范围和项目。一是地方固定收入，包括地方的企事业收入、地方税收（印花税等 7 种)，以及其他零星收入，全部划归地方。二是企业分成收入，包括中央划给地方管理的企业和虽由中央管理，但地方参与分成的企业的利润的 20% 划归地方。三是调剂收入，包括商品流通税、货物税、营业税、所得税、农业税和公债收入，核定各地不同的分配比例，划归地方。另外，还有中央专案拨款收

入，也列作地方财政收入。

（2）划定地方财政支出范围。一是地方正常支出，即地方预算中比较经常的支出，包括地方经济建设事业费、行政经费和其他地方性的正常支出，地方财政自行安排。二是中央专案拨款解决的支出，包括基本建设支出和重大灾荒救济、大规模移民垦荒等特殊支出。

（3）划定各地方的收入项目和分成比例。地方的正常支出，以划定的三种地方收入顺序抵补。凡地方固定的一种收入能够满足正常支出的，不再划给其他收入，多余部分核定一个比例上交中央。以此类推。如三种地方收入全部划归地方，仍无法满足支出需要，其差额由中央拨款补助。

（4）给予地方在较长期内的自主财权。以上三种划定，以 1957 年的地方预算收支做基数，核定的地方收入分成项目和比例，五年不变。中央专案拨款收支部分，则一年一定，专款专用。地方在划定的收支范围内，根据预算收入情况安排支出。预算执行中，收入超过支出，地方可自行安排使用。地方预算年终结余，也全部留给地方，在下年度安排使用。

执行"以收定支，五年不变"体制，使地方有了明确的固定收入来源，增加了地方机动财力。地方把它与支出联系起来，可以统筹安排本地区的财政收支和进行长远规划，从而调动了地方增产节约、积累资金和自主管理的积极性。但是，当时经济工作中的高指标、瞎指挥和浮夸风，使财政收入存在虚假成分；地方分得的机动财力超过原来预计，过多地分散了财力；地方强调自成体系，用掌握的资金，盲目扩大基本建设规模，与国家建设统一布局发生矛盾。这项体制实行一年后，就被"总额分成，一年一定"的体制所取代（见总额分成财政体制）。

4. 1959—1970 年"总额分成，一年一变"的财政体制

该体制全称是"收支下放，计划包干，地区调剂，总额分成，一年一变"的财政体制。1958 年 9 月，国务院下达关于进一步改进财政管理体制和改进银行信贷管理体制的实行办法，从 1959 年起开始实行。目的是适当集中财力，并与国民经济计划一年一定相衔接。主要内容是：（1）收支下放。收入方面，除少数中央直接管理的企业收入和铁道、邮电、海关等不便按地区划分的收入外，全部划作地方预算收入，不再按类别划成几种收入；支出方面，除国防、援外、债务支出以及中央级的经济建设、行政、文教等支出外，均作为地方预算支出，不再区分地方正常支出和中央专案拨款支出。（2）计划包干。根据国民经济计划和有关指标计算地方的预算收支，收支相抵后，多余部分按比例上解中央，不足部分中央加以调剂补助。在这个基础上，地方包干使用。（3）总额分成。地方负责组织的总收入和地方预算总支出挂钩，以省、自治区、直辖市为单位，按收支总额计算一个分成比例，即地方财政总支出占地方总收入的比例，作为地方总额分成比例，地方按比例分得收入。（4）一年一变。地方当年的预算收支指标、分成比例和补助数额，中央每年核定一次。

这一体制在 1959—1967 年和 1969—1970 年的 11 年中执行。1968 年因受"文化大革命"影响，当年预算无法编制，收支指标无法落实，被迫采取了"收支两条线"

的管理办法，即该年的地方收入全部上交中央，地方支出也都由中央拨给，收归收，支归支，收支分别算账。

5. 1971—1973 年“收支包干”的财政体制

从 1971 年起，在经济体制“大下放”、“大包干”的情况下，财政管理体制也进行了比较大的分权改革。1971 年 3 月 1 日，财政部颁布了《关于实行财政收支包干的通知》。决定自 1971 年起，实行“定收定支、收支包干、保证上缴（或差额补贴）、结余留用、一年一定”的“财政收支包干”体制。国家财政收支，除中央部门直接管理的企业收入、关税收入以及基本建设、文教行政、国防战备、对外援助及国家物资储备等支出以外，都划归地方财政。收支包干办法虽然扩大了地方财权，有利于调动地方增收节支的积极性，但在执行过程中，受经济不稳定因素影响，有的地方超收，有的地方短收，超收的中央得不到，短收的还需要中央补助，从而对中央造成比较大的压力。

针对这一体制存在的中央财政平衡压力加大、地区间机动财力不均等问题，1971 年底，财政部颁布了《关于改进财政收支包干办法的通知》。中央财政对财政收支包干办法进行了改进，超收收入由全留地方改为中央与地方分档分成。

6. 1974—1975 年“收入按固定比例留成，超收另定分成比例，支出按指标包干”的财政体制

针对当时财政经济不稳定状态以及“收支包干”体制存在的问题，在 1973 年华北、东北和江苏省试点的基础上，财政部发布了《关于改进财政管理体制的意见（征求意见稿）》。决定从 1974 年起全国普遍试行“收入按固定比例留成，超收另定分成比例，支出按指标包干”办法。主要内容是：地方负责组织的财政收入，按固定比例给地方留成，作为地方比较稳定的机动财力；地方财政收入超收部分，另定分成比例，但留给地方的部分，一般不超过 30%；地方的财政支出，按中央核定的指标包干；地方年终结余，留归地方财政使用。该办法在财政收入不稳定的情况下，保证了地方必不可少的财力需求。但是，由于收支不挂钩，不利于调动地方增收节支和平衡预算的积极性，不能体现地方财政的权责关系，因此，只能是在财政经济非正常状态下的一种临时性的制度安排。

7. 1976—1979 年“收支挂钩、总额分成”和实行“收支划分、增收分成”

1976 年再次实行“定收定支，收支挂钩，总额分成，一年一定”的财政体制。该体制简称为“收支挂钩，总额分成”的体制。主要特点：一是扩大了地方的财政收支范围，扩大了地方财政的管理权限；二是保留了地方实行固定比例留成的既得利益，使得地方有了稳定的机动财力；三是改变了超收部分按照总额分成比例分成的办法。该办法把地方财政的利益与努力程度比较好地结合在一起。由于总额分成比例是根据核定的各地区财政收入指标总额和财政支出指标总额计算得出，而且分成比例一年一变，因此存在各地年初争指标的现象，预算不容易很快定下来，影响了预算执行。为此，1978 年又在部分省（市）试行了“增收分成、收支挂钩”的办法。由于“增收分成”办法使得只有在经济发展比较正常，财政收入稳定增

加的情况下，地方才能得到好处，因此在1979年国民经济调整的大背景下，又对绝大部分地区改行“收支挂钩、超收分成”体制，把地方机动财力的提取，由按增收分成改为超收分成①。

专栏7-2

1976—1979年财政体制与山东省财政

1976年，中央对省又实行“定收定支，收支挂钩，总额分成，一年一变”的财政体制，即每年根据中央核定的省财政收入指标总额和财政支出指标总额，扣除中央拨给地方的机动财力和特大自然灾害救济费（这两项不参与总额分成），分别确定中央和地方的分成比例。同年，山东上解中央60.46%，分成39.54%。1977年，上解中央61.61%，地方分成38.39%。

1978年，山东试行“增收分成，收支挂钩”的财政体制。增收分成比例由中央确定，省当年的实际收入比上年增加的部分，即按这个比例分成，取得机动财力。中央留给山东的增收分成比例为40%。省对地、市、县也试行“增收分成，收支挂钩”的财政体制。各地市增收分成的比例是：青岛市8%，济南市15%，淄博市20%，枣庄市45%，烟台地区23%，昌潍地区23%，济宁地区30%，临沂地区43%，泰安地区40%，聊城地区60%，菏泽地区60%，德州地区43%，惠民地区40%。各地、市对其所属县的增收分成办法，由各地自定。

1979年，中央对省实行“收支挂钩，超收分成”的办法。确定上解中央62%，地方分成38%。超收部分，按50%分成。省对地、市也实行“超收分成”的办法，地、市财政收入超收部分40%留给地市。

（资料来源：山东省情网，http：//www.infobase.gov.cn/bin/mse.exe? seachword = &K = a&A = 53&rec = 355&run = 13。）

二、“分灶吃饭”阶段

1. 1980—1985年“划分收支，分级包干”的财政体制

1980年2月国务院发布《关于实行“划分收支、分级包干”财政管理体制的暂行规定》，决定自1980年起，国家对省、市、自治区实行“划分收支、分级包干”的财政体制。也就是“分灶吃饭”的财政体制。基本原则是：在巩固中央统一领导和统一计划，确保中央必不可少的开支的前提下，明确各级财政的权力和责任，做到权责结合，各行其职，各负其责，充分发挥中央和地方两个积极性。

---

① 崔运政：《财政分权与完善地方财政体制研究》，财政部科研所博士论文，2011年；李萍、许宏才：《中国政府间财政关系图解》，中国财政经济出版社，2006年。

在收入划分方面，中央所属企业的收入、关税收入和中央其他收入，归中央财政，作为中央财政的固定收入；地方所属企业的收入、盐税、农牧业税、工商所得税、地方税和地方其他收入，归地方财政，作为地方财政的固定收入。经国务院批准，上划给中央部门直接管理的企业，其收入作为固定比例分成收入，80%归中央财政，20%归地方财政。工商税为中央和地方的调剂收入。

在支出划分方面，中央的基本建设投资，中央企业的流动资金、挖潜改造资金和新产品试制费，地质勘探费，国防战备费，对外援助支出，国家物资储备支出，以及中央级的文教卫生科学事业费，农林、水利、气象等事业费，工业、交通、商业部门的事业费和行政管理费等，归中央财政支出；地方的基本建设投资，地方企业的流动资金（包括中央代建项目的流动资金）、挖潜改造资金和新产品试制费，支援农村人民公社支出，农林、水利、气象等事业费，工业、交通、商业部门的事业费，城市维护费，人防经费，城镇人口下乡经费，文教卫生科学事业费，抚恤和社会救济费，行政管理费等，归地方财政支出。少数专项财政支出，如特大自然灾害救济费、特大抗旱防汛补助费、支援经济不发达地区的发展资金等，由中央专案拨款，不列入地方财政包干范围。

2. 1985—1988年“划分税种、核定收支、分级包干”的财政体制

实行利改税第二步改革后，情况发生很大变化，原体制中的若干规定需要作相应的改进。国务院颁布《关于实行“划分税种、核定收支、分级包干”财政管理体制的规定》，决定从1985年起，对各省、自治区、直辖市一律实行“划分税种、核定收支、分级包干”的新的财政管理体制。

中央财政固定收入包括：中央国营企业的所得税、调节税；铁道部和各银行总行、保险总公司的营业税；军工企业的收入；中央包干企业的收入；粮、棉、油超购加价补贴；烧油特别税；关税和海关代征的产品税、增值税；专项调节税；海洋石油外资、合资企业的工商统一税、所得税和矿区使用费；国库券收入；国家能源交通重点建设基金；其他收入。石油部、电力部、石化总公司、有色金属总公司所属企业的产品税、营业税、增值税，以其70%作为中央财政固定收入。

地方财政固定收入包括：地方国营企业的所得税、调节税和承包费；集体企业所得税；农牧业税；车船使用牌照税；城市房地产税；屠宰税；牲畜交易税；集市交易税；契税；地方包干企业收入；地方经营的粮食、供销企业亏损；税款滞纳金、补税罚款收入；城市维护建设税和其他收入。尚待开征的土地使用税、房产税和车船使用税，将来也列为地方财政固定收入。石油部、电力部、石化总公司、有色金属总公司所属企业的产品税、营业税、增值税，以其30%作为地方财政固定收入。

中央和地方财政共享收入包括：产品税、营业税、增值税（这三种税均不含石油部、电力部、石化总公司、有色金属总公司四个部门所属企业和铁道部以及各银行总行和保险总公司交纳的部分）；资源税；建筑税；盐税；个人所得税；国营企业奖金税；外资、合资企业的工商统一税、所得税（不含海洋石油企业交纳的部

分）。

中央财政支出和地方财政支出，仍按隶属关系划分。中央财政支出包括中央基本建设投资；中央企业的挖潜改造资金、新产品试制费和简易建筑费；地质勘探费；国防费；武装警察部队经费；人民防空经费；对外援助支出；外交支出；国家物资储备支出；中央级的农林水利事业费，工业、交通、商业部门事业费，文教科学卫生事业费，行政管理费和其他支出。

地方财政支出包括地方统筹基本建设投资；地方企业的挖潜改造资金、新产品试制费和简易建筑费；支援农业支出；城市维护建设费；地方的农林水利事业费，工业、交通、商业部门事业费；文教科学卫生事业费，抚恤和社会救济费，行政管理费（含公安、安全、司法、检察支出）、民兵事业费和其他支出。不宜实行包干的专项支出，如特大自然灾害救济费、特大抗旱和防汛补助费、支援经济不发达地区的发展资金、边境建设事业补助费等，由中央财政专案拨款，不列入地方财政支出包干范围。

3. 1988—1993 年“财政包干”的财政体制

1988 年国务院发布了《关于地方实行财政包干办法的决定》（国发［1988］50 号）。根据决定，从 1988 年到 1990 年，在原定财政体制的基础上，对包干办法作改进。全国 39 个省、自治区、直辖市和计划单列市，除广州、西安两市财政关系仍分别与广东、陕西两省联系外，其余 37 个地区分别实行不同形式的包干办法。

（1）“收入递增包干”办法。以 1987 年决算收入和地方应得的支出财力为基数，参照各地近几年的收入增长情况，确定地方收入递增率（环比）和留成、上解比例。在递增率以内的收入，按确定的留成、上解比例，实行中央与地方分成；超过递增率的收入，全部留给地方；收入达不到递增率，影响上解中央的部分，由地方用自有财力补足。实行这种办法的地区有 10 个，即北京市、河北省、辽宁省（不包括沈阳市和大连市）、沈阳市、哈尔滨市、江苏省、浙江省（不包括宁波市）、宁波市、河南省和重庆市。

（2）“总额分成”办法。根据前两年的财政收支情况，核定收支基数，以地方支出占总收入的比重，确定地方的留成和上解中央比例。实行这个办法的有 3 个地区，即天津市、山西省和安徽省。

（3）“总额分成加增长分成”办法。在上述“总额分成”办法的基础上，收入比上年增长的部分，另加分成比例，即每年以上年实际收入为基数，基数部分按总额分成比例分成，实际收入比上年增长的部分，除按总额分成比例分成外，另加增长分成比例。实行这个办法的有 3 个地区，即大连市、青岛市和武汉市。

（4）“上解额递增包干”办法。以 1987 年上解中央的收入为基数，每年按一定比例递增上交。实行这个办法的有 2 个地区，即广东省和湖南省。

（5）“定额上解”办法。按原来核实收支基数，收大于支的部分，确定固定的上解数额。实行这个办法的有 3 个地区，即上海市、山东省和黑龙江省。

（6）“定额补助”办法。按原来核定的收支基数，支大于收的部分，实行固定数额补助。实行这种办法的有16个地区，包括吉林省、江西省、甘肃省、陕西省、福建省、内蒙古自治区、广西壮族自治区、西藏自治区、宁夏回族自治区、新疆维吾尔自治区、贵州省、云南省、青海省和海南省。湖北省、四川省划出武汉、重庆两市后，由上解省变为补助省，其支出大于收入的差额，分别由武汉市、重庆市从其收入中上交本省一部分，作为中央对地方的补助。

该体制原定于1990年到期，但是，新体制的构建有个过程。1991年到1993年初实行分税制包干、分税制试点地区除外，其他地区继续实施上述体制。

专栏7-3

税收分权的集中形式

中央政府可采取的税收分权合同有如下四种：

定额合同（fixed-rentcontract）。中央政府要求地方政府每年上交固定的税收收入，其余的全部留存地方支配使用。假定税收总收入是T，定额是T_0，那么中央政府和地方政府取得的税收收入分别为T_0和$T-T_0$。理论上定额合同还可以采取另一种形式，就是面向地方政府的定额，即地方政府在取得固定的税收定额后，剩下的全部税收收入上缴中央。但是这种定额合同对地方政府税收积极性的激励作用非常小，现实中很少采用这种定额合同。定额合同的典型事例就是1987—1994年我国对山东省和黑龙江省实行的“定额上解”办法，这种办法是按原来核实的收支基数，财政收入大于支出的部分，确定固定的上解数额。定额合同的特点是地方政府在上交给中央政府税收定额后，可以完全拥有税收的剩余索取权，但是地方政府需要独自承担税收风险（如经济不景气时税源不足，使得税收满足不了政府支出需要）。由于税收潜力随时间不断变化，定额合同要么使得中央政府丧失经济增长带来的税收收益，要么使得中央政府需要经常逐个与地方政府就税收定额额度进行讨价还价，这可能会使得订约成本很高。

分成合同（sharecontract）。中央政府将税收收入的一定比例留给地方政府，剩下的留给中央政府。假定地方政府获得的分成比例为A，那么中央政府和地方政府取得的税收收入分别为$(1-A)T$和AT。分成合同的典型事例就是共享税，这在世界范围内比比皆是。如美国消费税是联邦和州的共享税，销售税是州和地方的共享税。德国公司所得税实行联邦政府、州政府和地方政府间三级政府共享，法人税和增值税实行联邦政府和州政府二级政府共享。分成合同使得地方政府拥有部分税收“剩余索取权”，也承担部分税收风险。与定额合同相比较，它可能给地方政府带来税收“偷懒”（shirking）激励。对中央政府而言，它也拥有部分税收“剩余索取权”，承担部分税收风险，同时，为防止地方政府税收努力不够，中央政府也需要付出监督税收努力的成本。

分税合同（tax - sharingcontract）。这是彻底的分税制形式，中央政府和地方政府各自完全拥有某些税种的征管权和收益权，中央无需向地方返还税款，地方也无需向中央上解税款。这种税收分权形式的普遍形式是将针对房产、土地及收费项目等小税种交给地方政府征管，中央政府管理公司税、个人所得税等大税种。分税合同的一种特殊形式是中央政府和地方政府针对同一税种按税率、税基等标准划分各自的范围，分别征收。这种形式由于政府间针对该税种的征管权和收益权互不交叉，因而仍属于分税合同。由于分税合同使得中央政府和地方政府都拥有部分税种的完全征管权和收益权，因而避免了中央政府对地方政府的税收激励和监督。这种契约形式最大不足之处就是由于中央政府和地方政府分别需要设立税收征收机关，税收管理成本一般较高。通常可以认为，中央政府的课税代理机构是国家税务局，地方政府的课税代理机构是地方税务局。这样，一旦需要中央政府和地方政府相互配合税收管理时，信息交换和协调的效率就明显不如上面两种形式。

代征合同（agent - levyingcontract）。中央政府委托地方政府征税，征管权归地方政府所有，所征税款完全上解中央财政，税收收益权完全归中央政府所有。代征合同最大不足之处在于，地方政府的税收边际收入与税收边际努力完全无关，因而税收激励程度在这四种合同形式中最低。事实上，这种代征合同现在已经很少见了，变相的形式是政府借助税务部门强大的征收力量，让税务部门为其他部门代征部分规费，如我国地方税务局曾代征的文化事业建设费、水利基金等。

这四种税收分权合同是基本税收分权形式，在现实中，常常有将这四种合同混合起来的税收分权形式。例如财政包干制下上海市实行的是定额上解加递增分成的模式，其中定额上解部分属于定额合同，递增分成部分属于分成合同。

（资料来源：吕冰洋："政府间税收分权的配置选择和财政影响"，《经济研究》，2009 年第 6 期，第 16—27 页。）

三、"分税制"阶段

从 1994 开始，我国开始实施分税制改革。之后，又对分税制进行了相应了调整，从而形成了我国目前的财政体制。

1. 1994 年分税制改革

根据党的十四届三中全会的决定，为了进一步理顺中央与地方的财政分配关系，更好地发挥国家财政的职能作用，增强中央的宏观调控能力，国务院从 1994 年 1 月 1 日起改革地方财政包干体制，对各省、自治区、直辖市以及计划单列市实行分税制财政管理体制。

分税制改革的原则和主要内容是：按照中央与地方政府的事权划分，合理确定各级财政的支出范围；根据事权与财权相结合原则，将税种统一划分为中央税、地方税和中央地方共享税，并建立中央税收和地方税收体系，分设中央与地方两套税务机构分别征管；科学核定地方收支数额，逐步实行比较规范的中央财政对地方的税收返还和转移支付制度；建立和健全分级预算制度，硬化各级预算约束。

根据现在中央政府与地方政府事权的划分，中央财政主要承担国家安全、外交和中央国家机关运转所需经费，调整国家经济结构、协调地区发展、实施宏观调控所必需的支出以及由中央直接管理的事业发展支出。具体包括：国防费，武警经费，外交和援外支出，中央级行政管理费，中央统管的基本建设投资，中央直属企业的技术改造和新产品试制费，地质勘探费，由中央财政安排的支农支出，由中央负担的国内外债务的还本付息支出，以及中央本级负担的公检法支出和文化、教育、卫生、科学等各项事业费支出。

地方财政主要承担本地区政权机关运转所需支出以及本地区经济、事业发展所需支出。具体包括：地方行政管理费，公检法支出，部分武警经费，民兵事业费，地方统筹的基本建设投资，地方企业的技术改造和新产品试制经费，支农支出，城市维护和建设经费，地方文化、教育、卫生等各项事业费，价格补贴支出以及其他支出。

根据事权与财权相结合的原则，按税种划分中央与地方的收入。将维护国家权益、实施宏观调控所必需的税种划分为中央税；将同经济发展直接相关的主要税种划分为中央与地方共享税；将适合地方征管的税种划分为地方税，并充实地方税税种，增加地方税收入。具体划分如下：

中央固定收入包括：关税，海关代征消费税和增值税，消费税，中央企业所得税，地方银行和外资银行及非银行金融企业所得税，铁道部门、各银行总行、各保险总公司等集中交纳的收入（包括营业税、所得税、利润和城市维护建设税），中央企业上交利润等。外贸企业出口退税，除 1993 年地方已经负担的 20% 部分列入地方上交中央基数外，以后发生的出口退税全部由中央财政负担。

地方固定收入包括：营业税（不含铁道部门、各银行总行、各保险总公司集中交纳的营业税），地方企业所得税（不含上述地方银行和外资银行及非银行金融企业所得税），地方企业上交利润，个人所得税，城镇土地使用税，固定资产投资方向调节税，城市维护建设税（不含铁道部门、各银行总行、各保险总公司集中交纳的部分），房产税，车船使用税，印花税，屠宰税，农牧业税，对农业特产收入征收的农业税（简称农业特产税），耕地占用税，契税，遗产和赠予税，土地增值税，国有土地有偿使用收入等。

中央与地方共享收入包括：增值税、资源税、证券交易税。增值税中央分享 75%，地方分享 25%。资源税按不同的资源品种划分，大部分资源税为地方收入，海洋石油资源税为中央收入。证券交易税，中央与地方各分享 50%。

经过分税制的建立和完善，我国中央财政收入占比大大提高。分税制前，我国中央财政收入比例低至 22%，地方财政收入比例高至 78%。分税制之后，中央和地方财政的收入比例各占一半左右（见图 7－1）。

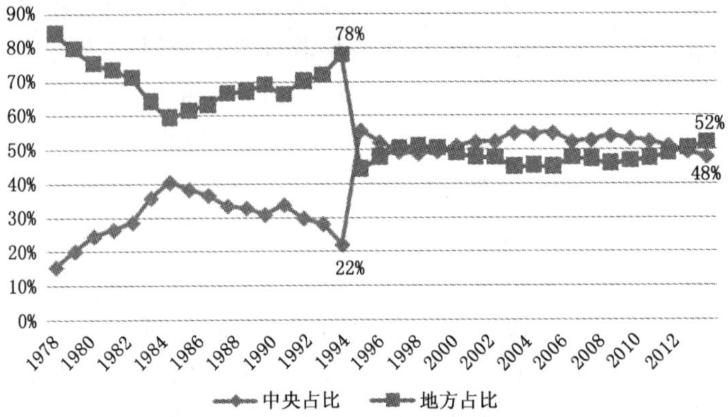

图 7－1　1978 年至 2012 年中央和地方收入占比

资料来源：《中国统计年鉴（2013）》，http：//www. stats. gov. cn/tjsj/ndsj/2013/indexch. htm。

2. 2002 年所得税收入分享改革

随着社会主义市场经济的发展，现行按企业隶属关系划分中央和地方所得税收入的弊端日益显现。主要是制约了国有企业改革的逐步深化和现代企业制度的建立，客观上助长了重复建设和地区封锁，妨碍了市场公平竞争和全国统一市场的形成，不利于促进区域经济协调发展和实现共同富裕，也不利于加强税收征管和监控。国务院从 2002 年 1 月 1 日起实施所得税收入分享改革。

除少数特殊行业或企业外，对其他企业所得税和个人所得税收入实行中央与地方按比例分享。中央保证各地区 2001 年地方实际的所得税收入基数，实施增量分成。

除铁路运输、国家邮政、中国工商银行、中国农业银行、中国银行、中国建设银行、国家开发银行、中国农业发展银行、中国进出口银行以及海洋石油天然气企业缴纳的所得税继续作为中央收入外，其他企业所得税和个人所得税收入由中央与地方按比例分享。

2002 年所得税收入中央分享 50%，地方分享 50%；2003 年所得税收入中央分享 60%，地方分享 40%；2003 年以后的分享比例根据实际收入情况再行考虑。

以 2001 年为基期，按改革方案确定的分享范围和比例计算，地方分享的所得税收入，如果小于地方实际所得税收入，差额部分由中央作为基数返还地方；如果大于地方实际所得税收入，差额部分由地方作为基数上解中央。具体计算办法由财政部另行通知。

跨地区经营、集中缴库的中央企业所得税等收入，按相关因素在有关地区之间进行分配。具体办法由财政部另行制定。

3. 2004 年出口退税机制改革

针对 1994 年以来出口退税机制存在的出口退税负担机制不尽合理，出口退税缺乏稳定资金来源等一些问题，国务院从 2004 年开始改革出口退税机制。

按照“新账不欠，老账要还，完善机制，共同负担，推进改革，促进发展”的原则，历史所欠退税款由中央财政负责偿还，确保改革后不再发生新欠，同时建立中央、地方共同负担的出口退税新机制，推进外贸体制深化改革，优化出口产品结构，提高出口效益，促进外贸和经济持续健康发展。

（1）适当降低出口退税率。本着“适度、稳妥、可行”的原则，根据产品不同调整退税率：对国家鼓励出口产品不降或少降，对一般性出口产品适当降低，对国家限制出口产品和一些资源性产品多降或取消退税。

（2）加大中央财政对出口退税的支持力度。从 2003 年起，中央进口环节增值税、消费税收入增量首先用于出口退税。

（3）建立中央和地方共同负担出口退税的新机制。从 2004 年起，以 2003 年出口退税实退指标为基数，对超基数部分的应退税额，由中央和地方按 75：25 的比例共同负担。

（4）推进外贸体制改革，调整出口产品结构。通过完善法律保障机制等，加快推进生产企业自营出口，积极引导外贸出口代理制发展，降低出口成本，进一步提升我国商品的国际竞争力。同时，结合调整出口退税率，促进出口产品结构优化，提高出口整体效益。

（5）累计欠退税由中央财政负担。截至 2003 年底累计欠企业的出口退税款和按增值税分享体制影响地方的财政收入，全部由中央财政负担。其中，对欠企业的出口退税款，中央财政从 2004 年起采取全额贴息等办法予以解决。

4. 证券交易印花税、金融保险营业税分享办法调整

实行分税制财政体制初期，证券交易印花税中央与地方（上海市和深圳市）各分享 50%。随着我国证券交易市场的发展，证券交易规模不断扩大，证券交易印化税大幅增长。为妥善处理中央与地方的财政分配关系，增强中央宏观调控能力，国务院决定，自 1997 年 1 月 1 日起，将证券交易印花税收入分享比例调整为中央 80%，地方 20%。后因证券交易印花税税率由原来对买卖双方各征收 3‰ 调高到 5‰，调高税率增加的收入全部作为中央收入，因此，证券交易印花税中央与地方分享比例折算为中央 88%，地方 12%。

2000 年国务院再次决定，从当年起分三年将证券交易印花税分享比例逐步调整为中央 97%，地方 3%。中央由此增加的收入主要用于支持西部贫困地区发展，并作为补充社会保障资金的一个来源。

为了发挥税收的调控作用，进一步理顺国家与金融保险企业之间的分配关系，促进金融保险企业平等竞争，保证国家财政收入，国务院决定，从 1997 年 1 月 1 日起，将金融保险营业税税率由 5% 提高到 8%。提高营业税税率后，除各银行总行、保险总公司缴纳的营业税仍全部归中央收入外，其余金融、保险企业缴纳的营业税，按 5% 税率征收的部分，归地方财政，提高 3 个百分点征收的部分，归中央财政。为了支持金融保险行业的改革，从 2001 年起，国务院决定，金融保险业营业税税率每年下调 1 个百分点，分三年将金融保险业的营业税税率降至 5%，中央分享部分也随之取消。

5. 跨省市总分机构企业所得税分配改革

2012 年，为了保证《中华人民共和国企业所得税法》的顺利实施，妥善处理地区间利益分配关系，做好跨省市总分机构企业所得税收入的征缴和分配管理工作，财政部在全国范围内推进“跨省市总分机构企业所得税分配改革”。

属于中央与地方共享范围的跨省市总分机构企业缴纳的企业所得税，按照统一规范、兼顾总机构和分支机构所在地利益的原则，实行“统一计算、分级管理、就地预缴、汇总清算、财政调库”的处理办法。总分机构统一计算的当期应纳税额的地方分享部分中，25% 由总机构所在地分享，50% 由各分支机构所在地分享，25% 按一定比例在各地间进行分配。

统一计算，是指居民企业应统一计算包括各个不具有法人资格营业机构在内的企业全部应纳税所得额、应纳税额。总机构和分支机构适用税率不一致的，应分别按适用税率计算应纳所得税额。分级管理，是指居民企业总机构、分支机构，分别由所在地主管税务机关进行监督和管理。就地预缴，是指居民企业总机构、分支机构，应按本办法规定的比例分别就地按月或者按季向所在地主管税务机关申报、预缴企业所得税。汇总清算，是指在年度终了后，总分机构企业根据统一计算的年度应纳税所得额、应纳所得税额，抵减总机构、分支机构当年已就地分期预缴的企业所得税款后，多退少补。财政调库，是指财政部定期将缴入中央总金库的跨省市总分机构企业所得税待分配收入，按照核定的系数调整至地方国库。

第三节

财政转移支付制度

转移支付是政府间财政资金的再分配。转移支付用于弥补纵向财政缺口，弥补横向财政缺口，弥补地区间公共物品辖区间的外部效应，支持落后地区的经济发展。

一、财政转移支付的理论分类

转移支付是指各级政府之间为解决财政失衡问题而通过一定的形式和途径转移财政资金的活动，是用以补充公共物品而提供的一种无偿支出，是政府财政资金的单方面的无偿转移，体现的是非市场性的分配关系。

按照政府间转移支付资金是否有特殊用途，转移支付可以分为一般性转移支付（Non - earmarked grants）和专项转移支付（Earmarked grants）。一般性转移支付指的是上级政府对资金的使用没有特殊规定的转移支付。专项转移支付指的是上级政府对资金的使用有特殊用途规定的转移支付。

按照上级政府是否要求下级政府为获取转移支付资金而配套，可以将转移支付分为配套的转移支付（Matching grants）和非配套的转移支付（Non - matching grants）。

按照上级政府对下级政府的转移支付额度是否有最高限制，转移支付可以分为封顶的转移支付（Close - ended grants）和不封顶的转移支付（Open - ended grants）。

二、我国的财政转移支付

1994 年的分税制改革，奠定了适应社会主义市场经济体制的政府间财政关系的基本框架。由于难以打破地方政府原有的利益格局，1994 年的改革没能对此前各个地区的财政支出基数进行调整，没有建立科学、规范的政府间财政转移支付制度。而是采取"存量不动，增量调整"的方针，旨在通过渐进性改革，逐步加大中央财政所控制的增量，用增量部分进行以公共服务水平均等化为目标的地区间财力再分配，以求逐步建立起科学、规范的财政转移支付制度。

通过 20 世纪末 21 世纪初的转移支付制度的改革，我国形成了一个庞大的转移支付体系，具体如表 7 - 2 所示。广义上看，我国的转移支付还包含中央对地方税收返还。狭义上看，由于税收返还是中央和地方为顺利完成分税制而达成妥协的产物，是地方本应得到的收入，因而，税收返还实质上不是一种转移支付。为了和现行财政统计相一致，我们采取了广义上的看法。

表 7 - 2　　2012 年中央对地方税收返还和转移支付决算表　　单位：亿元

项　目	预算数	决算数	决算数为预算数的（%）	决算数为上年决算数的（%）
一、中央对地方转移支付	39912.45	40233.64	100.8	115.3
（一）一般性转移支付	22526.19	21429.51	95.1	117.0
均衡性转移支付	8583.65	8582.62	100.0	114.6
革命老区、民族和边境地区转移支付	550.76	559.31	101.6	151.2
调整工资转移支付	3218.45	2361.55	73.4	89.2
农村税费改革转移支付	753.22	752.60	99.9	97.8
资源枯竭城市转移支付	160.00	160.00	100.0	118.5
成品油税费改革转移支付	784.00	610.00	77.8	105.0
体制结算补助	1158.75	1191.58	102.8	116.9
工商部门停征两费等转移支付	80.00	80.00	100.0	100.0
基层公检法司转移支付	466.09	466.74	100.1	110.7
义务教育等转移支付	1680.32	1593.25	94.8	146.8
基本养老金和低保等转移支付	3774.38	3762.93	99.7	136.8
新型农村合作医疗等转移支付	1063.48	1063.30	100.0	136.4
村级公益事业奖补等转移支付	253.09	245.63	97.1	133.0

续表

项　　目	预算数	决算数	决算数为预算数的（%）	决算数为上年决算数的（%）
（二）专项转移支付	17386.26	18804.13	108.2	113.5
二、中央对地方税收返还	5188.55	5128.04	98.8	101.7
增值税和消费税返还	3900.00	3896.60	99.9	103.0
所得税基数返还	910.19	910.19	100.0	100.0
成品油税费改革税收返还	1531.10	1531.10	100.0	100.0
地方上解	-1152.74	-1209.85	105.0	102.1
中央对地方税收返还和转移支付	45101.00	45361.68	100.6	113.6

资料来源：财政部。

（一）一般性转移支付

一般性转移支付，指中央政府对有财力缺口的地方政府（主要是中西部地区），按照规范的办法给予的补助。包括均衡性转移支付，革命老区、民族和边境地区转移支付，农村税费改革转移支付，调整工资转移支付等，地方政府可以按照相关规定统筹安排和使用。

1. 均衡性转移支付

均衡性转移支付不规定具体用途，由接受补助的省（自治区、直辖市）政府根据本地区实际情况统筹安排。选取影响财政收支的客观因素，采用统一规范的方式分配转移支付资金。均衡性转移支付资金分配选取影响财政收支的客观因素，考虑人口规模、人口密度、海拔、温度、少数民族等成本差异，结合各地实际财政收支情况，按照各地标准财政收入和标准财政支出差额及转移支付系数计算确定，并考虑增幅控制调整和奖励情况。标准财政收入分省计算。各省的标准财政收入由地方标准财政收入、中央对地方返还及补助（扣除地方上解）、计划单列市上解收入等构成。计算标准财政支出时，选取各地总人口、学生数等与该项支出直接相关的指标为主要因素，按照客观因素乘以单位因素平均支出计算，并根据海拔、人口密度、温度、运输距离、少数民族、地方病等影响财政支出的客观因素确定各地成本差异系数。考虑到各地市辖区、市本级支出责任划分的差异，部分支出项目根据实际情况适当调整市辖区、市本级等人均支出标准。

2. 革命老区、民族和边境地区转移支付

为落实《中华人民共和国民族区域自治法》，配合西部大开发战略的实施，体现党中央、国务院对民族地区的政策支持，经国务院批准，中央财政从2000年起，对少数民族地区专门实行民族地区转移支付制度，用于解决少数民族地区的特殊困难，推动民族地区经济社会的全面发展。2006年，为进一步体现党中央、国务院对民族地区的关怀，将非民族自治区以及非民族自治州管辖的民族自治县纳入民族转移支付范围。自 2012 年起，将革命老区转移支付、边境地区转移支付由其他专项转移支付调整列入一般性转移支付，并与民族地区转移支付合并，改名为革命老区、民族和边境地区转移支付，同时加大支持力度。

3. 农村税费改革转移支付

为推动农村税费改革顺利实施，确保农民负担明显减轻、不反弹，确保乡镇机构和村级组织正常运转，确保农村义务教育经费正常支出，国务院决定，从 2001 年开始，中央财政统筹考虑各地区提高农业税率增收因素和取消乡镇统筹、降低农业特产税税率、取消屠宰税减收、调整村提留提取办法等因素，对地方净减收部分，通过转移支付给予适当补助。2004 年，为进一步深化农村税费改革，党中央、国务院决定全面消除烟叶外的农业特产税，降低农业税率，这是落实科学发展观，统筹城乡社会发展，规范农村分配关系，加快解决“三农”问题的一项重大措施。2004 年吉林、黑龙江两省全面取消农业税（含牧业税，下同），河北等 11 个粮食主产区农业税税率总体降低 1 个百分点。2006 年全面取消农业税。由此减少的地方财政收入，沿海发达地区原则上自行消化，粮食主产区和中西部地区由中央财政适当给予转移支付补助。取消农业特产税和农业税后，农民负担明显减轻，地方财政收入也相应减少。为保证改革顺利实施，中央财政通过转移支付，对地方给予适当的补助。

4. 调整工资转移支付

1998 年以来，为了应对亚洲金融危机，缓解国内有效需求不足的矛盾，促进国民经济持续发展，党中央、国务院决定实施积极财政政策。在加大政府投资的同时，出台了提高中低收入者收入水平的一系列政策。1999 年至今，先后多次增加机关事业单位职工工资和离退休人员离退休费，出台发放一次性年终奖金和实施艰苦边远地区津贴补助政策。经国务院批准，对调整工资及离退休费增加的支出，沿海经济发达地区自行解决；财政困难的老工业基地和中西部地区，由中央财政给予适当补助。

（二）专项转移支付

专项转移支付是按照政府间事权与支出责任划分，由上级政府对承办委托事务、共同事务以及符合上级政府政策导向事务的下级政府所给予的补助，该类补助专款专用，所以又称有条件补助或专项拨款。目前，我国已经初步建立起一套比较完整的专项转移支付体系，主要包括一般预算安排的专款、国债资金安排的专款等。专项转移支付在实现中央政府意图、引导地方政府行为等方面发挥了重要作用。

（三）税收返还

1994 年分税制改革时，为了保持地方既得利益格局，逐步达到改革的目标，中央财政对地方税收返还数额以 1993 年为基期年核定。按照 1993 年地方实际收入以及税制改革和中央与地方收入划分情况，核定 1993 年中央从地方净上划的收入数额（消费税 +75% 的增值税 - 中央下划收入）。1993 年中央净上划收入，全额返还地方，保证地方既得财力，并以此作为以后中央对地方税收返还基数。1994 年以后，税收返还额在 1993 年基数上逐年递增，递增率按全国增值税和消费税的平均增长率的 1∶0.3 系数确定，即上述两税全国平均每增长1%，中央财政对地方的税收返还增长0.3%。若1994年以后中央净上划收入达不到1993年基数，则相应扣减税收返还数额。

第四节

我国财政体制的特殊性及改革方向

一、我国财政体制的特殊性

我国的分税制与发达国家的分税制有相同点，也有区别于其他国家的特殊性。这和我国特殊的政治、文化和历史背景息息相关。正因为如此，我国财政体制的调整是在中国的特殊国情下进行的，国外现成的经验不多。我们必须在"摸着石头过河"的过程中通过不断试错来探索适合国情的发展道路。

在分税制建立伊始，改革遵循"事权与财权相结合原则"。《国务院关于实行分税制财政管理体制的决定》（国发［1993］85号）要求，"按照中央与地方政府的事权划分，合理确定各级财政的支出范围；根据事权与财权相结合原则，将税种统一划分为中央税、地方税和中央地方共享税，并建立中央税收和地方税收体系，分设中央与地方两套税务机构分别征管；科学核定地方收支数额，逐步实行比较规范的中央财政对地方的税收返还和转移支付制度；建立和健全分级预算制度，硬化各级预算约束"。

然而，如何理解"财权"，似乎有点复杂。"财权"通常可以理解为获取政府收入的"立法权"，如果再延伸一下，可以加上获取政府收入的"受益权"。如果理解为"立法权"的话，我国政府收入的立法权基本上都掌握在中央政府手中，地方政府的立法权"有限"。在这种理解下，财权与事权如何匹配？如果理解成"受益权"，意指按照中央和地方政府的协议，中央和地方政府获取的政府收入在不同级次之间的初次分配。实际上，地方政府实际所做的事情应该和自有收入及从上级政府获取的转移支付之和相匹配。这种自有收入和从上级政府获取的转移支付之和就被称为"财力"。"财力"的表述似乎更能透彻地表达该原则。

2007年，胡锦涛同志在中国共产党第十七次全国代表大会上作报告——《高举中国特色社会主义伟大旗帜　为夺取全面建设小康社会新胜利而奋斗》，提出"围绕推进基本公共服务均等化和主体功能区建设，完善公共财政体系。深化预算制度改革，强化预算管理，健全中央和地方财力与事权相匹配的体制，加快形成统一规范透明的财政转移支付制度，提高一般性转移支付规模和比例，加大公共服务领域投入"。无疑，关于分税制原则的理解又前进了一步。

（一）政治集权下的分税制

在政府管理中，从方向上看，分权包括横向分权和纵向分权。横向分权是指国家权力不能集中于国家机构的某个部门或者一部分人，而应当合理地分割成若干部分，由宪法授予不同的国家机构（部门）或人民。纵向分权指的是决策权在次中央和地方政府中的分散。

根据决策权指向的对象，分权又可以分为政治分权、行政分权和财政分权等。政治分权与政治集权相对应，政策集权的核心是人事集权。如果上级政府可以实质上通过人事牢牢地控制下级政府人事任命，则可以保证上级意志在下级得到强有力的执行。行政分权指的是管理下级政府事务的自由度由下级把握。财政分权指的是下级政府有开征、停征新税种和确定税率的权力及确定财政支出方向和额度的权力。不少学者将财政分权进一步分为收入分权和支出分权。集权和分权并非“非此即彼”，集权和分权的程度可以在两个极端之间进行变动。

西方国家的分税制以美国为典型，英国、澳大利亚、加拿大、日本和韩国也是如此。这些国家的中央政府与地方政府之间并非上下级关系，而是“兄弟”关系。中央政府对地方政府的官员没有任命权限。中央政府只能通过财政来加强对地方政府的影响。

与西方发达国家的分税制不同，我国的分税制是建立在政治集权下的分税制。政治集权、行政分权和财政分权共同影响着分税制的效应和结果。钱颖一和林毅夫等认为中国的财政分权对地区的经济增长起了重要的促进作用。周黎安等（2007）从另一个角度出发，认为中国地方官员的“晋升锦标赛”对地区的经济增长作用很大。在周黎安等的“晋升锦标赛”模型中，地方政府官员的升迁由中央设定的锦标赛规则（GDP）决定。在这一规则之下，地方政府政府官员的升迁与否在很大程度上取决于竞赛的名次。“晋升锦标赛”还必须有一个隐含条件，即地方政府官员必须有一定的自由度对本地区的经济发展和社会管理实施行政管理。尽管两种学说对于地区经济增长的论述逻辑有所不同，但是他们都承认中国情境下的政治集权是保证经济持续增长的重要条件。

（二）“分受益权、不分立法权”的分税制

与收入分权程度较大国家的分税制不同，我国的分税制是中央主导下的分税制。在收入分权程度较大的国家中，地方政府有更多的权力开征新的税种、调整税率和其他税制要素。因而，中央政府和地方政府之间更像是一种“兄弟般”的关系，而非“母子般”的关系。这些国家税收征收及归属划分的演变类似于自然界中的“自然选择”，由各级政府通过长时期的相互博弈自然形成。收入征收和归属划分以最经济和合理的方式实现组合。

这种“兄弟般”而非“母子般”的关系就是分权。我国地方政府没有税收立法权限，因而，它们只能在上层设计的框架内完成税收征收任务，并按照事先“达成”的“契约”获得（或分享）税收受益。从一般意义上讲，没有收入和支出自主权的“分权”不是真正意义上的财政分权。尽管我国地方财政的收入比例比美国等发达国家要大，但地方财政收支比例的大小和收支的自由度完全是两个问题。

（三）中央收支集中度依旧不高的分税制

1994年以来进行的分税制财政体制改革，初步建立了适应社会主义市场经济发展要求的财税体制基本框架，对推进整个经济体制改革，促进经济持续快速健康发展起了积极的作用。尽管中央收入的比例不断提高，然而，扣除中央对地方转移支付后，中央支出份额比较低。至2012年，中央财政实际支出份额仅为15%，地方财政实际支出份额达85%。这给中央带来了不小的潜在压力。

美国是典型的联邦制国家，可以对比一下美国的财政状况，分析一下我国中央财政的集中程度。转移支付之前的格局可以称为依据财权进行的初次分配，转移支付后的格局可以称为再分配后的财力分配格局。以2013财年为例，转移支付前，联邦政府收入份额为65%，州和地方政府收入份额为35%；转移支付后，联邦政府支出份额为60%，州和地方政府支出份额为40%（见图7-2）。

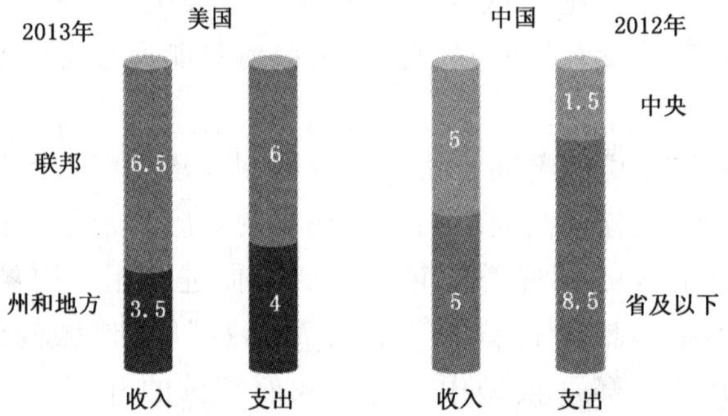

图7-2 中美两国转移支付前后中央和地方财力的比较

注：为了能与我国有更好的比较，联邦政府的支出指的是Current Expenditure，并且剔除了对州和地方政府的转移支付支出；州和地方政府的收入指的是Current Revenue，并且剔除了从联邦政府获取的转移支付收入。

资料来源：美国商务部下属经济分析局，http：//www.bea.gov/iTable/iTable.cfm？ReqID = 9&step = 1#reqid = 9&step = 3&isuri = 1&903 = 88。

中央集权制的我国和分权制的美国相比，无论依据财权（这里指的是受益权）进行的初次分配，还是最终的财力分配，我国的财力分配都不如美国更为集中。从我国中央政府角度看，转移支付后，中央政府拥有的财力只达到15%，已经不能再继续减少中央财力了。“无论进行国际比较，还是进行现实国情的分析，都可以得出中央财政收入比重仍然偏低的结论。分税制财政体制改革异常艰辛，目前的中央地方财政分配关系格局来之不易。适度提高财力集中水平，是加快推动公共服务均等化的必然要求。”（李萍等，2010）

（四）税收体系逐步完善进程中的分税制

与西方发达国家的分税制体系不同，我国的分税制是建立在尚待完善的税收体系之上的分税制。目前，我国营业税转增值税的政策正在“倒逼”财政体制的调整。可以预测，随着我国税制向现代型税制逐步过渡，尤其是未来个人所得税和财产税比重大幅提高，税制结构的完善会再一次“倒逼”财政体制的大幅调整。

经过若干年平稳过渡和渐进式演变，西方发达国家已经形成了完善的现代税制体系。在现代税制体系中，以个人所得为课税对象的税种是政府极其重要的收入来源。对个人所得课税要求有较强的税收征管能力和严格的税收执法体系。这要求税务部门能够及时准确地通过银行等机构获取个人收入信息。在信息技术发达的今天，税务部门必须能够顺利实现与银行等金融机构的直接信息对接。在 OECD 国家，以个人所得为课税对象的税收收入（包含个人所得税、社会保障缴款和薪资税）占税收总收入的 51%（2010 年数据）。OECD 国家对企业所得课税的收入比重仅为 9%。货物和劳务税占 33% 的比重。财产税也是发达国家的重要税收收入。2010 年，OECD 国家财产税占税收收入 5% 以上①。

与发达国家相比，我国的税制结构需要优化。我国税制结构的特点是以货物和劳务税为主，所得税为辅。在所得税收入中，个人所得税居于次要地位。随着税制结构的调整，分税制会持续地进行调整和完善，直至税制结构成为现代意义上的税制结构为止。

（五）带有税收返还等过渡特征的分税制

20 世纪 90 年代的分税制是中央集权体制下中央主导的分税制。分税制的实施在的一定程度上会影响地方政府的既得利益，必然会受到地方政府的抵触。为了使分税制改革顺利推进，分税制设计中必然带有中央和地方政府相互妥协的因素。税收返还制度就是相互妥协的产物。税收返还制度是一个“巧妙”的制度设计。该制度使得地方政府的既得利益在短期内不受会太大的影响。中央政府可以在长时期内通过增量不断调整中央和地方政府的收入比重以增加中央收入。时间越长，中央政府从增值税和消费税中得到的分享比例越大。根据税收返还制度的设计，1993 年中央净上划收入，返还 100%，从而保证既得财力。然而，2003 年，这一返还比例变为 38%，2007 年返还比例变为 23%，2011 年返还比例缩小为 20%（见表 7-3）。因而，税收返还制度的设计为分税制的顺利进行有非常重要的作用。时至今日，税收返还制度常常受到指责。然而，税收返还制度的作用是不可磨灭的。

表 7-3　中央上划收入与税收返还的对比

年份	中央税		税收返还	税收返还/（增值税的 75% + 消费税）
	增值税收入的 75%	消费税收入		
2003	5426	1182	2527	38%
2007	11603	2207	3215	23%
2011	18277	6936	5040	20%

资料来源：相关年度《中国统计年鉴》及李萍主编《中国政府间财政关系图解》（2006）和《财政体制简明图解》（2010）。

① 资料来源：http：//www.oecd.org/ctp/tax - policy/revenuestatisticstaxstructures.htm。

二、我国财政体制的现存问题

我国现在处于转轨时期，财政体制随着经济社会形势的变化正在出现渐进式的微调。我国财政体制还存在很多重要的问题尚待解决，如政府间的事权和支出责任划分不清，政府间的收入划分不合理，省以下财政体制不健全，转移支付制度有待进一步完善等。

（一）政府间事权和支出责任划分不清

我国宪法对中央和地方的事权和支出责任作了原则性的划分。在财政实践中，存在不清晰、不规范和不合理的问题。其中，有些属于中央负责的事务，交给了地方处理；有些属于地方管理的事项，中央承担了较多的责任；中央和地方职责重叠，共同管理的事项较多；还有一些属于中央管理，但现实中还不到位。

属于中央负责，但是交给地方处理的事务，有国际界河的保护、跨流域大江大河治理、跨地区污染防治、跨地区经济纠纷司法管辖、海域和海洋的使用管理、重度刑事犯罪、食品药品安全等。这些事务多属于中央出钱和“亲力亲为”的事务。属于地方管理的事项，中央承担了较多的支出责任。这些事项如区域性基础设施到农村厕所改造等。属于中央和地方职责重叠和共同管理的事务有社会保障、公共卫生和义务教育等。这些事项中出现职责不清、相互挤占和无从问责的状况。属于中央管理但仍不到位的事项有经济总量平衡、经济结构优化和全国市场统一等宏观经济管理责任。

在以上事项中，有些属于中央应该担负的责任，存在不到位的情况。有些属于地方应当担负起的责任，存在中央介入过多的情况，影响了地方的积极性和自主性。

（二）政府间的收入划分不合理

目前，我国税制结构本身不健全。具体表现为，所得税尤其是个人所得税比重过低，流转税比重过高，财产税缺失。按照税收的属性，通常将税基流动性强、地区间分布不均衡、年度波动大、税负易于转嫁、涉及收入分配的税种划分为中央收入，将地方政府征管成本相对较低的税种划为地方政府的收入。在税制结构不健全的情况下，在五级政府间划分有限的税种是非常大的“难题”。基层政府分享增值税收入容易造成基层政府数量型经济增长的冲动；基层政府依然缺少财产税等；土地出让金等政府性基金未明确纳入调整范围，促使地方政府为获取收入而采取短视行为。

（三）省级以下财政体制不健全

我国各省差异程度较大，省以下财政体制不统一。各省按税种划分收入、总额分成、收入包干和统收统支等体制形式不同程度地存在，与分税制的原则不尽一致（见表 7-4）。

表 7－4　　省以下财政体制：以北京、洛阳和贵阳为例

北京市
市级固定收入：个人所得税、契税、固定资产投资方向调节税。 区县固定收入：印花税、资源税、房产税、车船使用和牌照税、屠宰税、农业税、农业特产税、耕地占用税。 市与区县共享收入：营业税和增值税的地方部分、企业所得税、城镇土地使用税、土地增值税、城市维护建设税、教育费附加收入。市与区县各分享 50%。
洛阳市
市级固定收入：城市区范围内的金融保险证券企业各种地方税费（含在县和偃师市设立的金融保险证券企业分支机构集中交纳的营业税）、洛阳日报社的各种地方税费；城市区范围内的契税…… 县（市）级固定收入：县（市）行政区域内的增值税地方部分、营业税（不含金融保险证券企业分支机构集中交纳的营业税）、企业所得税地方部分、个人所得税地方部分、城市维护建设税、固定资产投资方向调节税、房产税、车船税、印花税、资源税、城镇土地使用税、土地增值税、烟叶税、契税、耕地占用税等。 区级固定收入：各区行政区域内（包括市级下划企业）的耕地占用税、房产税、固定资产投资方向调节税、资源税、城镇土地使用税、土地增值税、印花税、车船税。 市与区共享收入：各区行政区域内的增值税地方部分、营业税、企业所得税地方部分、个人所得税地方部分、城市维护建设税，共享收入分成比例为市级财政 50%、区级财政 50%。
贵阳市
从 2011 年 7 月 1 日起，原有的注册资金 500 万元以上企业税收由市级征收的政策停止执行，对全市范围内新进行税务登记的企业，全部实行属地征收，市、区（市、县）按 3∶7 比例入库。建立增收激励机制，新注册企业税收区（市、县）级分成部分按财政收入的不同增幅实行不同的分成比例。从 2012 年起，各区、市、县地方财政收入比上年增长 19% 以下的，市、区（市、县）按 4∶6 分成，增长 19%（含）至 25% 的，市、区（市、县）按 3.5∶6.5 分成；增长 25%（含）至 30% 的，市、区（市、县）按 3∶7 分成；增长 30%（含）以上的，市、区（市、县）按 2∶8 分成。新注册企业建设期内产生的耕地占用税、契税、印花税作为区（市、县）固定收入，市级不参与分享。

注：因未获得北京市财政体制的最新规定，所以，部分税种名称如“车船使用和牌照税”仍沿用旧的称呼。

资料来源：北京市人民政府关于北京市财政管理体制改革的决定（京政发［1999］43 号）、河南省洛阳市人民政府关于进一步完善市县两级分税制财政管理体制的通知（洛政［2008］93 号）和贵阳市人民政府完善市级以下财政管理体制的意见（筑府发［2011］68 号）。

我国基层政府税源结构在很大程度上受省以下财政体制的影响。各省基层政府税源结构是经历了一个自上而下“筛选”过程形成的。在中央和下级政府确定收入划分协议后，省级政府与地市（含县乡）级政府对不属于中央政府的税收剩余进行划分。然后，地市级政府与县乡级政府（将县乡作为一个整体）对不属于中央和省级政府的税收剩余进行划分。最后，区县政府与乡镇政府对最后的剩余进行划分。在自上而下政治集权的情况下，低一级政府与上一级政府在财政上位于谈判席上的弱势地位。不同省份的省以下财政体制由各省自行确定，每个省的基层税源结构都会有所不同，甚至每个市的税源结构都不相同。

（四）转移支付制度需进一步完善

完善的财政转移支付制度建立的前提是规范政府间事权、支出责任和收入划分。由于我国现在处于转轨时期，税制结构的完善过程尚未结束，政府间的关系尚未理顺，事权和支出责任的划分比较模糊，因而，完善的转移支付建立的基础尚不牢固。转轨时期政府间状况的任何变化都会引起转移支付制度的调整。

财政转移支付包含一般性转移支付和专项转移支付。一般性转移支付的主要目的是调节地区间财力的横向差距；专项转移支付主要基于解决公共服务的外部性问题。当前，我国的转移支付制度不合理，一般性转移支付规模较小，种类繁多，起因多样；专项转移支付涵盖面太宽，资金管理分散，规模效益有待提高。

三、我国财政体制的改革方向

通过对我国现状的考察和发达国家的借鉴，我国财政体制的改革方向应有以下几点。

（一）解决政府的“越位”和“缺位”现象，划清政府和市场的边界

从支出看，政府间财政关系在各级政府之间划分是政府需要做的事情。不属于政府处理的事情，应交由市场来处理。因而，政府和市场的边界是完善的政府间财政关系建立的前提。

国有企业的低效率是世界各国都难以处理的难题。国有企业效率低或政策性因素产生的亏损都将由财政“买单”。如果国有经济介入大量的可以由私人介入的领域，产生的问题会给财政带来潜在的负担。这些领域包括铁路、电力供应、城市供水和燃气、城市公共交通、石油和烟草行业等。有必要界定政府和市场的边界，将有限的财政资源投入政府“缺位”的领域。

（二）强化中央政府的事权和支出责任，合理划分政府间的支出边界

就目前经济社会形势看，需要强化中央政府事权和支出责任的领域，如社会保障中的养老保险、一部分高等教育和基础性研发、食品和药品的质量监督、国防、边境安全和界河管理、跨地区民事、重度刑事、高级官员贪污渎职犯罪行为的审理、缉私等。

上述公共服务不仅是中央的“事权”，也是中央的“事责”，即需要中央买单，也需要中央亲自落实。这样带来的行政管理体制的影响也是深远的。需要落实上述事项的职能部门由中央垂直管理，增加中央财政供养公务员和事业单位的比重。

（三）在逐步完善政府收入体系的过程中，调整政府间的收入划分

未来的税制改革将进入深水区，将直接在政府和居民之间调整利益。在“营改增”之后，个人所得税的综合计征和宽税基房产税的开征将成为税制改革的“重头戏”。然而，税制改革的完善仍然有个过程，需要一个不短的时期。未来，个人所得税将成为所得税的重要税种，房产税或将成为地方政府的重要收入来源。除此之外，非税收入的改革也会持续进行，如“环境保护税”、“教育税”

和“社会保障税”等①。新的税种或许会开征，如在零售环境开征的“销售税”。

总之，税制的完善会不断改变政府间收入划分的格局。政府间的收入划分要考虑税种属性、事权和事责的划分状况和地区间的财力差异因素。要保证中央履行职能，实行宏观调控和促进基本公共服务均等化。按照发达国家的财政实践，个人所得税最终会归属于高一级政府；财产税归属于基层政府；流转税和所得税会通过某种形式在中央和地方之间进行分享。

专栏 7-4

中国政府间财政关系再思考

可以考虑以下改革思路：增值税由中央与地方共享收入，改为中央收入，并由中央全额负担出口退税。为了减少对地方收入的影响，可考虑在不改变中央地方增值税分配格局的情况下，将地方分享的增值税收入根据人口等客观因素在地区之间重新分配，改变目前按来源地分享增值税的状况。或者降低增值税税率，改为中央税，同时允许地方在不超过原增值税分享额度内开征零售环节销售税。这个税种在零售环节征收，不在生产和流通中课征，不含地方追求数量型扩展机制，是有利于促进实现城镇化的。地方可以根据当地特点，自定税目、税率，例如对基本食品不征税，对一般商品服务零售普遍实行低税率，对烟、酒等实行高税率等。累进制的所得税作为促进收入分配的项目，与经济周期关系密切，年度之间波动性强，通常不应作为地方政府收入，可考虑由中央、地方比例分成制改为中央、地方按核定税基分享制，地方按固定比例征税，中央征收累进税。资源税原则上适宜为中央收入，然而在我国，资源主要分布于中西部贫困地区，为支持这些地区发展，资源税可继续留给地方，但最好留在省本级，以免出现资源分布不均衡带来的财政分配不均衡，引发新的矛盾。此外，还要明确均衡性转移支付资金的来源，可以指定某一税种或某些税种的全部或一定比例，作为均衡性转移支付资金的来源。

（资料来源：楼继伟著：《中国政府间财政关系再思考》，中国财政经济出版社，2013 年，第 312 页。）

（四）进一步完善省以下财政体制

在优化省以下政府层级和财政层级的情况下，合理划分各级政府的责任。要按照外部性、信息复杂性和激励相容的原则划分省以下政府的责任。外部性范围广的公共服务的提供责任应由上一级政府承担；鉴于基层公共服务的复杂性和多样性，贴近基

① “环境保护税”、“教育税”和“社会保障税”等或许会以别的名称出现。这三种税原来以“费”的形式存在，可能不会给政府带来过多的增量财政收入。

层的公共服务应由基层政府提供；税种和政府支出责任在省以下各级政府的划分要体现激励相容的原则，引导政府的良性行为。就目前国情来看，要强化省级政府的财政支出责任，合理把握省级政府收入占全省收入的比重，加大区域内财力调节力度，逐步缩小省以下财力差距。完善省以下财政体制不仅靠“财”，还要靠“政”。要强化地方政府的预算硬约束，塑造地方政府独立的“人格”。赋予地方政府相应的税权，扩大地方政府的收入自由度。

（五）进一步完善转移支付体制

目前我国的一般性转移支付制度种类繁多，既有公式化的均衡性转移支付，也有起因于各种政策性因素的其他类型的一般性转移支付。应当进一步完善转移支付的制度框架，明确转移支付的资金来源，减少一般性转移支付资金的分配方式。

专项转移支付应立足于解决外部性和实现中央特定政策目标。应在合理划分中央和地方事权、支出责任和收入的基础上对专项转移支付进行分类整理，设定专项转移支付的门槛和准入机制，控制专项转移支付的的规模。从审批到绩效评估都应实现程序公开透明，提高专项转移支付的资金使用效率。

思考与讨论：

请阅读以下决定与报告，并回答问题：

“按照中央与地方政府的事权划分，合理确定各级财政的支出范围；根据事权与财权相结合原则，将税种统一划分为中央税、地方税和中央地方共享税，并建立中央税收和地方税收体系，分设中央与地方两套税务机构分别征管；科学核定地方收支数额，逐步实行比较规范的中央财政对地方的税收返还和转移支付制度；建立和健全分级预算制度，硬化各级预算约束。”

——《国务院关于实行分税制财政管理体制的决定》（国发[1993] 85号）

“围绕推进基本公共服务均等化和主体功能区建设，完善公共财政体系。深化预算制度改革，强化预算管理，健全中央和地方财力与事权相匹配的体制，加快形成统一规范透明的财政转移支付制度，提高一般性转移支付规模和比例，加大公共服务领域投入。”

——胡锦涛同志在2007年中国共产党第十七次全国代表大会上的报告——《高举中国特色社会主义伟大旗帜　为夺取全面建设小康社会新胜利而奋斗》

“建立事权和支出责任相适应的制度。适度加强中央事权和支出责任，国防、外交、国家安全、关系全国统一市场规则和管理等作为中央事权；部分社会保障、跨区域重大项目建设维护等作为中央和地方共同事权，逐步理顺事权关系；区域性公共服务作为地方事权。中央和地方按照事权划分相应承担和分担支出责任。中央可通过安排转移支付将部分事权支出责任委托地方承担。对于跨区域且对其他地区影响较大的公共服务，中央通过转移支付承担一部分地方事权支出责任。保持现有中央和地方财力格局总体稳定，结合税制改革，考虑税种属性，进一步理顺中央和地方收入划分。”

——《中共中央关于全面深化改革若干重大问题的决定》(2013 年 11 月 12 日中国共产党第十八届中央委员会第三次全体会议通过)

根据以上材料回答：

1. 谈谈你对财力、财权、事权和支出责任四个概念的内涵和外延的理解。

2. 谈谈你对我国在中央和地方及地方四级政府之间财力、财权、事权和支出责任划分的见解。

本章推荐阅读文献：

1. 楼继伟著：《中国政府间财政关系再思考》，中国财政经济出版社，2013 年。

2. 李萍、许宏才编：《中国政府间财政关系图解》，中国财政经济出版社，2006 年。

3. 李萍、许宏才、李承编：《财政体制简明图解》，中国财政经济出版社，2010 年。

4. 马海涛、姜爱华：“政府公共服务提供与财政责任”，《财政研究》，2010 年第 7 期。

5. 侯一麟：“政府职能、事权事责与财权财力：1978 年以来我国财政体制改革中财权事权划分的理论分析”，《公共行政评论》，2009 年第 2 期。

6. 周黎安：“中国地方官员的晋升锦标赛模式研究”，《经济研究》，2007 年第 7 期。

7 倪红日：“应该更新‘事权与财权统一’的理念”，《涉外税务》，2006 年第 5 期。

本章主要参考文献：

1. （美）哈维·S. 罗森等著，郭庆旺、赵志耘译：《财政学（第八版）》，中国人民大学出版社，2009 年。

2. （美）理查德·A. 马斯格雷夫等著，邓子基译：《财政理论与实践（第五版)》，中国财政经济出版社，2003 年。

3. 陈共：《财政学》（第五版），中国人民大学出版社，2007 年。

4. 马海涛、温来成、姜爱华：《财政学》，中国人民大学出版社，2012 年。

5. 马海涛、任强：“我国中央和地方财力分配的合意性：基于‘事权’与‘事责’角度的分析”，《财政研究》，2013 年第 4 期。

6. 任强、贾兰霞：“‘营改增’后基层税源建设问题探析”，《税务研究》，2013 年第 11 期。

第八章
我国财政管理改革——预算编制改革

【本章序言】　随着市场经济体制改革的逐步深入，公共财政体制的逐渐完善，我国政府预算的编制方式也在不断发生着变革。自2000年起，我国开始实施以部门预算为核心的预算改革。部门预算改革在促进预算资源有效配置，规范预算资金分配程序，增加预算透明度，提高预算资金使用效益等方面，起了巨大的推动作用。但随着改革的不断推进，部门预算既有的一些深层次的问题也逐步暴露与显现，并对我国政府预算管理制度的完善产生了一定的制约与影响。党的十八届三中全会的《中共中央关于全面深化改革若干重大问题的决定》指出，要进一步“实施全面规范、公开透明的预算制度，将编制与审核预算的重点从当前的平衡状态、赤字规模转向支出预算和政策导向”，要“建立跨年度预算平衡机制，建立权责发生制的政府综合财务报告制度”。这一改革目标的提出，将促使我国政府预算改革，特别是预算编制与审核模式改革的进一步深化。本章从部门预算的角度对我国预算编制改革进行探讨。

第一节
部门预算的内涵、原则与改革必要性

政府预算是由诸多要素（例如预算程序、分类系统、预算文件、会计与报告、激励机制等）组成、众多阶段（例如编制、审批、执行、调整、监督、决算、绩效评价等）构成的极端重要而复杂的系统。其中，预算编制既是预算活动的起点，又是预算决策的体现，同时还是决定预算绩效的重要因素。良好的预算结果起始于，也决定于良好的预算决策与预算编制。只有预算决策与预算编制正确，一定的财政投入才能带来预期的成果与绩效，预算决策与编制的失误只会造成财政资金的损失与浪费。由此，在我国启动政府预算制度改革伊始，首先着手进行的就是以预算决策和预算编制为核心内容的部门预算改革。

一、部门预算的内涵

部门预算是政府各部门依据国家有关政策规定及其行使职能的需要，按照内容全面、完整，项目确定、明细，定额科学、公平，程序规范、透明的原则要求，由基层预算单位编制，逐级上报、审核、汇总，经财政部门审核后提交立法机关依法批准，涵盖政府部门各项收支的综合财政计划。

从编制范围来看，部门预算涵盖了部门或单位所有的收入和支出，不仅包括财政预算内资金收支，还包括各项预算外资金收支、经营性收支以及其他收支；既包括一般预算收支，也包括政府性基金收支，体现了“大收入、大支出”的原则。

从支出角度来看，部门预算包括部门或单位所有按支出功能分类的不同用途的资金，全部按规定的格式和标准统一汇总编入一本预算，是全面反映一个部门或单位各项资金使用方向和具体使用内容的综合预算。

从编制程序来看，部门预算是汇总预算，由基层预算单位编制，逐级审核汇总形成。具体编制时，由基层预算单位根据本单位承担的工作任务、部门发展规划以及年度工作计划测算编制，经逐级上报、审核并按单位或部门汇总后形成。

从细化程度来看，部门预算既细化到了具体预算单位和项目，又细化到了按预算科目划分的各项功能支出。经部门或单位汇总后，部门预算既可反映本部门所有收支预算总额，也可反映收支按单位和项目的具体分类构成情况。

从合法性来看，部门预算必须在符合国家有关政策、规定的前提下按财政部核定的预算控制数编制。预算在呈报上级部门前，必须经单位领导同意；财政总体预算在上报全国人大前必须报经国务院批准；全国人大按法定程序批准年度预算后，由财政部门将预算批复到部门，部门再逐级批复到基层预算单位。

可见，部门预算既继承了功能预算便于财政收支结构分析和政府宏观调控的优点，又具有以下优点：一个部门行使各项职能所需要的经费全部反映在一本预算中，改变了部门按不同支出功能分别编制预算的状况，使预算在形式上更加完整；一个部门所有资金全部编入一本预算，改变了部门利用预算外资金和自有资金行使职能时，经费脱离预算管理的状况，使预算在内容上更加全面；预算从基层汇总形成，汇总后的预算不仅包括收支总数，还包括全部部门收支的单位构成，预算反映的内容更加翔实。

二、部门预算的原则

为科学、合理编制部门预算，财政部在中央部门编制2007年部门预算时，提出了部门预算编制应遵循的原则，主要包括以下几点。

（一）合法性原则

部门预算的编制要遵循《预算法》和国家其他法律、法规，充分体现国家有关方针、政策，并在法律赋予部门的职能范围内进行。

（二）真实性原则

部门预算收支的预测必须以国家社会经济发展计划和履行部门职能的需要为依据，对每一收支项目的数字指标认真测算，力求各项收支数据真实准确。

（三）完善性原则

部门预算编制要体现综合预算的思想。所有收入和支出全部纳入部门预算，编制预算时，要将部门依法取得的包括所有财政性资金在内的各项收入以及相应的支出作为一个有机整体进行管理。对各项收入、支出预算的编制做到不重不漏，不得在部门预算之外保留其他收支项目。

（四）科学性原则

部门预算编制要具有科学性，主要体现为：（1）预算收入的预测和安排预算支出的方向要科学；（2）预算编制的程序设置要科学，以充裕的时间保证预算编制的质量，注重提高预算编制的效率；（3）预算编制的方法要科学，测算的过程要有理有据；（4）预算的核定要科学，基本支出预算定额要依照科学的方法制定，项目支出预算编制时要对项目进行遴选，分轻重缓急排序，科学合理地选择项目。

（五）稳妥性原则

部门预算编制要做到量入为出，收支平衡，不得编制赤字预算。项目预算的编制要量力而行，有多少钱办多少事。

（六）重点性原则

部门预算编制要做到合理安排各项资金，在兼顾一般的同时，优先保证重点支出。

（七）透明性原则

部门预算要体现公开、透明原则。对于经常性支出，要通过建立科学的定员定额体系，以实现预算分配的标准化。对于项目支出，要通过填报项目文本、建立项目库、科学论证、择优排序的方法确定，减少预算分配中存在的主观随意性，使预算分配更加规范、透明。

（八）绩效性原则

部门预算应建立绩效考评制度，对预算的执行过程和完成结果实行全面的追踪问效，不断提高预算资金的使用效益[①]。

三、部门预算改革的必要性

在现代经济社会，预算早已超越了单纯的财政范畴，而具有更丰富的内涵。预算是财政政策工具，通过预算，政府对稀缺资源进行分配，实现社会资源在公共部门和私人部门间的配置，向公众提供诸如国防、法律、教育和其他各种形式的公共物品和公共服务；通过将预算资源优先用于基础教育、基本卫生保健、社会保障，以及其他对低收入阶层意义重大的公共服务，实现对不同人群间利益的重新分配，改善弱势群体福利，促进社会公

---

① 财政部："中央部门预算编制的基本原则"，http：//www.mof.gov.cn/zhuantihuigu/2007ysbg/bjzl/200805。

平；通过将公共资源在相互竞争的公共需求间合理配置，将有限的预算资源导向国家战略重点和政策重心，保障政府施政目标及施政承诺的达成；通过预算透明度和参与性的提高，以及对预算执行情况的监督，预防和减少各种机会主义行为及舞弊、腐败现象发生，改善预算资金管理水平，提高公共支出使用效益。而各类预算政策的综合使用，将有利于促进经济适度增长、高就业、低通胀的社会总体发展目标的最终实现。

就此而言，预算已成为现代社会中政府最重要的施政工具，以及政府施政承诺转化为行动方案的具体表现和最可靠的财务保障。离开了政府预算的支持，国家的战略方针和经济社会发展政策将难以落实和实现。

由此可见，现代预算已远不只是一个汇集政府财务数据的文件，而更是一个阐明政府与支出机构职责和法律义务的载体。然而，长期以来，由于受计划经济体制影响，我国预算管理在有些方面，特别是在预算编制方面还存在一些不规范、不科学的现象，主要表现为：多采用单一的收入按类别、支出按功能的形式编制预算，内容较为粗略，资金使用效益难以提高；实行“基数加增长”的预算编制方法，固化了预算分配格局和部门支出；部分财政性资金游离于预算管理之外，财政无法进行有效调控；预算严肃性较差，追加频繁，弱化了对预算单位经费整体使用情况的监督和控制。

为加强对政府预算的管理，增强各级政府的公共责任，解决预算编制中存在的上述问题，2000 年，以部门预算改革为主要方向的预算编制与管理制度改革逐步在全国范围内推广开来。

第二节

我国部门预算改革的主要内容与进程

2000 年前，我国的预算编制不按部门进行，每年向各级人民代表大会提交的是收入按类别、支出按功能编制和汇总的预算。根据国务院的指示，从 2000 年开始，财政部在中央各部门推行部门预算改革，将原来分散在不同预算科目的资金，统一按这些资金的部门编制，以反映每一个政府职能部门所有的收入和支出。

一、部门预算改革主要内容

1999 年，财政部提出了以编制部门预算、实行国库单一账户和政府采购三项制度为核心，全面进行财政改革的措施，并在当年 9 月下发的《关于改进 2000 年中央预算编制的通知》中，正式提出了编制部门预算的要求。

（一）部门预算改革基本思路

1. 一个部门一本预算

编制部门预算要求各部门按照财政部门的统一规定和标准，全面、系统、准确地将本部门一般预算收支情况和基金收支情况编入部门预算。

(1) 将同级党政机关、立法机关、审判机关、司法机关，以及直接与财政发生经常性经费领拨关系的社会团体、事业单位作为预算编制管理的直接对象，将各类不同性质的资金统一编制到使用这些资金的部门。

(2) 确立部门的预算管理职能，使各部门负有执行和管理预算的职能。

(3) 调整预算单位的预算管理级次，对二、三级及基层预算单位进行清理，并重新界定其隶属关系和预算管理级次。

(4) 调整部分专项经费和部分事业单位机构经费的管理方式和预算管理权限，对基本建设支出、科技三项费用等生产建设性支出和科技行政主管部门非直属的科研院所机构经费等，原主管部门只负责在预算编制期内提出项目（经费）安排意见，由财政部门分别将其编入相关的部门预算中。

(5) 在编制预算时，各部门应当将本部门的所有收入和支出都纳入本部门预算范围，向同级财政部门申报。

2. 划分“基本支出预算”和“项目支出预算”

将部门的支出预算分为“基本支出预算”和“项目支出预算”两部分，分别采用两种不同的编制办法。

基本支出预算是指部门的经常性支出预算，包括人员支出和日常公用支出两部分。人员支出包括基本工资、津贴、奖金、社会保险缴费，以及对个人和家庭的补助支出，例如离退休费、就业补助费、抚恤金、救济费、医疗费、生活补贴、住房公积金、购房补贴、助学金和其他等内容。

人员支出主要是按地方政府核定的本部门的人员编制（或实有人员）和地方财政部门确定的有关支出标准计算。

日常公用支出包括办公费、专用材料购置费、维修费、业务费、劳务费、水电费、邮寄费、电话通信费、取暖费、物业管理费、交通费、差旅费、租赁费、会议费、培训费、招待费和其他等内容。日常公用支出预算按财政部门分类分档核定的人均支出水平（定额）和部门的行政人员编制（或编制内实有人数）计算确定。

项目支出预算是指除部门基本支出预算以外的各种建设性、行政事业性专项项目的经费预算，主要包括行政事业性支出和建设性专项支出。

部门预算支出体系如图 8－1 所示。

（二）部门预算的编制程序

部门预算的编制一般都要经过部门编制草案、地方财政部门汇总审核、地方政府行政首长审核通过、地方人大审议批准几个阶段。根据《中华人民共和国预算法》和《预算法实施条例》的有关规定，我国地方预算编制要实行“两上两下”的程序。

“一上”指的是由各部门编制本部门预算建议数，并上报同级财政部门；“一下”是指财政部门审核部门上报的预算建议数后，下达部门预算控制数。财政部门认真审核和汇总部门报送的预算建议数和征收部门报来的财政收入测算数后，汇总成政府的

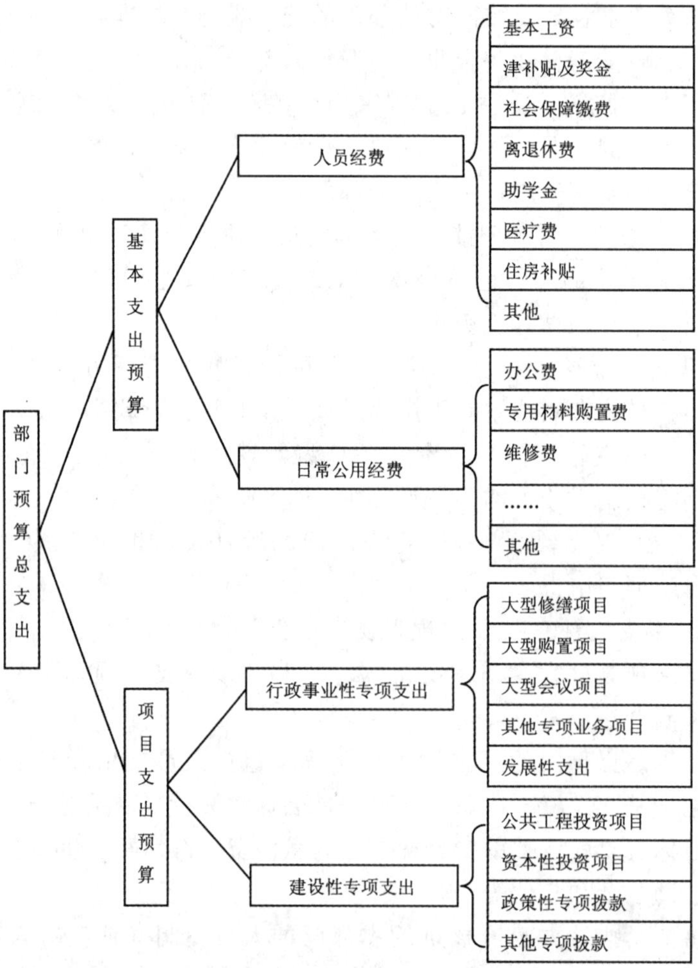

图 8-1　部门预算的支出体系

资料来源：王宁：《地方财政改革研究》，西南财经大学，2004 年，第 77 页。

收支预算草案，报政府审查通过，再落实到各个部门。这个过程基本上确定了各部门的收支规模和预算控制指标。

"二上"是指部门根据下达的预算控制数编制本部门预算草案后再报送财政部门；"二下"是指财政部门根据人大批准的收支预算批复部门预算。财政部门对收到的部门上报的预算草案进行审核汇总，在综合平衡后，将汇总情况报告各级政府。在政府审核通过后，财政部门法定负责人受政府委托向人民代表大会提交预算草案。人大审议批准预算草案后，由财政部门在规定时间内批复部门预算。部门接到财政部门批复的预算后，要在规定时间内批复所属单位预算。

（三）部门预算的审核

部门预算的审核主要有下述几个阶段。

1. 财政部门审核阶段

财政部门对部门上报的部门预算要进行认真审核，审核的内容主要为：预算收支是否平衡，预算收支科目的使用是否准确，预算收入的测算是否准确，预算支出是否留有硬缺口，基本支出预算是否符合标准和核定定额，项目预算是否符合地方政府总的要求和规定，以及本部门事业发展计划、预算收支指标与财政部门下达的控制数是否一致等。

2. 政府首长审核阶段

部门预算编报完毕后，财政部门应将汇总的部门预算和各部门上报的部门预算报送政府行政首长审批。经行政首长审查通过后提交同级人大常委会初审。

3. 人民代表大会审核阶段

人大审核主要分为两个阶段。一是初审阶段。财政部门根据行政首长的指示，将预算报人大财经委进行初步审核。审核的内容包括各项收支安排是否符合法律、法规规定，收支规模与国民经济和社会发展计划是否一致等。财政部门根据人大财经委的审核意见进行修改。二是审议阶段。地方财政部门受地方政府委托，向同级人大提交预算草案，人大对政府预算（草案）和部门预算草案进行审议后批准预算。

（四）部门预算的批复

部门预算的批复主要有下述几个阶段。

1. 财政部门批复阶段。财政部门根据人民代表大会批准的预算在规定时间内批复部门预算。

2. 部门批复阶段。部门接到财政部门批复的本部门预算后，要在规定时间内批复所属单位预算。

二、改革进程

（一）部门预算初创阶段（1999—2002 年）

1999 年，财政部在天津、河北、大连等地多次召开预算编制国际研讨会，为实施部门预算改革进行了充分的理论准备。同年 9 月，财政部召开中央部门 2000 年部门预算编制工作会议，正式布置部门预算编制工作。

2001 年 7 月，财政部颁布《中央部门基本支出预算管理试行办法》（财预［2001］330 号）和《中央部门项目支出预算管理试行办法》（财预［2001］331 号），基本明确了我国部门预算改革的基本框架。主要内容为：

1. 按部门预算管理的要求调整财政部内部机构及其职能，理顺财政部内各司局与中央各部门之间的关系，为预算编制改革工作提供人员和组织保障。同时，对中央各部门的内设机构进行调整，或增设预算处，统一管理本部门的预算工作，或由财务部门统一管理本部门预算。

2. 中央 159 个部门全部按照部门预算的要求试编部门预算。财政部按时批复各部门预算，初步实现了职责范围明确，各项收支清晰，项目预算到位，一个部门一本预算的目标。

3. 调整 2002 年政府预算目级科目，将原一般预算支出中的 12 个目级科目修改、扩充并细化为 44 个目级科目。各部门在财政部下达的基本支出预算控制数内，根据本部门实际情况，在目级科目下自主编制本部门的基本支出预算，细化预算项目。

4. 采取综合预算编制方法，要求部门将所有收支统一纳入部门预算中反映。将公安部等5个部门的行政性收费全部纳入预算管理，收入全部缴入国库，支出由财政部根据其履行职能的需要通过预算予以安排。对国家质检总局等28个部门实行收支两条线管理，预算外收入全部纳入专户管理，相应的支出由财政部根据部门履行职能的需要统筹安排。改变国税系统和海关系统按照收入比例提取经费的办法，实行预算制，按照部门预算的统一要求核定经费支出。

5. 规范部门预算编报程序。提前编制预算，延长预算编制时间，按照法定时间批复预算。1999年以前，中央各部门编制预算一般从11月份开始，预算编制时间为4个月。2000年预算年度部门预算编制提前到9月份进行，预算编制时间延长为6个月。改变了预算编制方式，由自上而下的代编方式转变为自下而上的汇总方式。从基层预算单位开始编制预算，以解决预算分配不能细化到具体项目的问题。

6. 试编部门政府采购预算。在2001年预算编制过程中，财政部要求部门根据下达的部门预算控制数，在“二上”时依据财政部公布的采购品目和实施政府采购的条件，对符合条件要求的支出项目编制部门采购计划，并在预算执行过程中，根据部门采购计划开展采购工作。

7. 向立法机关报送部门预算。从2000年开始向全国人大报送部门预算。教育部、农业部、科技部、劳动和社会保障部等四个部门作为部门预算试点单位，向立法机关不仅提供传统的功能预算，而且提供部门预算。2001年，向全国人大报送部门顶算的部门增加了公安部、水利部等，由2000年的4个增加到26个。

8. 严格按照法律规定的时间批复预算①。

（二）部门预算基本建立阶段（2003—2005年）

随着基本支出和项目支出管理办法的修订和完善，以及《中央部门财政拨款结余资金管理（暂行）规定》（财预［2005］46号）、《中央部门预算支出绩效考评管理办法（试行）》（财预［2005］186号）和《政府收支分类改革方案》等制度的颁布，这一时期部门预算改革的主要任务目标转换为丰富和完善结转结余资金管理，规范部门预算工作规程，以及建立绩效评价制度等。主要做法有：

1. 推进基本支出改革。修订完善《中央本级基本支出管理办法》，进一步明确界定基本支出范围，将过于笼统、界限不够明确的经常性专项业务费纳入项目支出。完善中央部门定员定额标准体系，在保持定员定额标准相对稳定的前提下，根据中央部门职能调整、国家新出台的工资政策、市场物价指数变动等因素，对定员定额标准进行微调。

2. 推进项目支出改革。修订《中央本级项目支出预算管理办法（试行）》，明确提出项目管理的原则，规定项目管理方法，简化项目填报文本和方式；建立项目分类制度，将中央部门项目支出划分为国务院已研究确定项目、经常性专项业务费项目、跨年度支出项目和其他类项目等四大类，严格界定各类项目的准入条件，并按照四大

① 贾康：“中国财税改革30年：简要回顾与评述”，《财政研究》，2008年第10期。

类对项目支出实行分类管理。建立项目清理制度，每年对上年财政拨款安排的项目支出重新进行认定，将需要下年继续安排的项目支出滚动列入下年继续安排，推动建立项目支出滚动管理机制。加强对申报预算项目的遴选、论证和审核管理，切实提高申报项目质量。

3. 加强财政拨款结余资金管理。制定印发了《中央部门财政拨款结余资金管理（暂行）规定》（财预［2005］46 号），明确中央部门财政拨款结余资金的基本原则、工作程序、职责分工和具体管理要求，为财政拨款结余资金管理奠定了基础。

4. 推进部门预算绩效考评工作。研究制定《中央部门预算支出绩效考评管理办法（试行）》（财预［2005］86 号），明确中央部门开展支出绩效考评的原则、方式以及职责分工和具体操作办法，试行部门预算绩效考评试点工作，推动建立项目预算安排与项目执行效果评价有机联系的绩效评价体系，逐步提高预算资金使用的有效性。

5. 进一步推动综合预算管理，加强预算外资金、收支两条线管理，印发《财政部、中国人民银行关于将部分行政事业性收费纳入预算管理的通知》，将经贸、外贸、人事等部门和单位的 118 项行政事业性收费纳入财政预算管理。

6. 规范中央部门预算编制规程，对预算编制、执行、调整等阶段各部门的职能权限、具体工作事项和时间安排等作出明确的规定，保证部门预算编制改革的统一性和规范性。进一步延长预算编制时间，从 5 月份就着手进行预算编制前的项目清理工作，预算编制时间延长到 10 个月，为提高预算编制质量提供了保证①。

（三）部门预算不断深化阶段（2006—2009 年）

这一阶段部门预算改革的任务是规范部门预算管理，提高财政资金使用效益，逐步实现部门预算管理的科学化、规范化和有效性。

1. 完善中央部门预算管理工作规程，规范部门预算编报行为

以《中央部门预算管理工作规程》取代《中央部门预算编制工作规程》，建立涵盖中央部门预算编制、中央本级支出预算指标管理、财政拨款结余资金管理、中央部门预算支出绩效考评管理、网络系统管理以及相关保密要求等在内的中央部门预算管理工作规程。同时，按照精细化、规范化、讲求实效和加强沟通磋商等原则，对部门预算编报、审核和管理中的时间节点、职责分工和有关要求等内容进行认真修订，以确保部门预算编报管理的有序开展。

2. 推进基本支出定额管理改革

一是稳步扩大定员定额试点范围，逐步将参公单位和公益性事业单位纳入定员定额试点范围；二是进一步完善定员定额标准体系，结合物价水平、政策变化等因素，对定员定额标准进行适当调整；三是研究开发中央部门人员信息数据库，组织部门进行初步填报；四是继续推进实物费用定额试点工作，推进节约型政府建设，降低行政成本。

① 刘彦博：《中国部门预算改革研究》，财政部科研所博士论文，2010 年。

3. 加强行政事业单位资产管理，推进预算管理和资产管理的有机结合

制定《行政单位国有资产管理暂行办法》（财政部令第35号）和《事业单位国有资产管理暂行办法》（财政部令第36号），完善资产管理制度。同时，在部门预算表中新增中央行政事业单位资产存量情况表、中央行政事业单位新增资产配置预算表，对新增资产配置情况进行专项审核，初步建立财政部内部资产配置事项审批的流程，形成了资产管理部门与预算管理部门协调配合的行政事业单位国有资产管理机制。

4. 加强预算资金监管，提高部门预算的透明度

进一步增强全国人大对部门预算的审查力度，主动扩大报送全国人大的部门预算范围，并细化报送内容，将教育、科学、社会保障和就业、农林水事务等重点支出全部细化到款级科目。

5. 启动项目支出定额标准体系建设工作

在加强项目清理和项目库管理，实行前三类项目核减激励机制的同时，针对当前项目支出定额标准数量少、覆盖面窄、尺度不一的问题，启动了项目支出定额标准体系建设工作。

6. 稳步推进结余资金管理和绩效考评工作

一是加强财政拨款结余审核确认和统计分析工作，加大结余资金统筹使用力度，推进结余资金与当年预算安排的有机结合，积极采取激励约束措施促使中央部门消化财政拨款结余资金。二是推进绩效考评工作，进一步扩大绩效考评试点范围，提高部门开展绩效考评的规范化和科学化；积极推进绩效考评结果内部公开工作；提高绩效考评结果运用力度，要求部门将其作为改进部门预算管理的重要依据①。

（四）部门预算改革逐步完善阶段（2010至今）

随着部门预算各项改革措施的不断扩大试点范围，各项政策制度的不断完善，部门预算改革不断向纵深方向发展。在这一时期部门预算改革的主要工作是：

1. 中央部门预算管理相关制度不断完善。2010年，在修订《中央部门财政拨款结余资金管理办法》的基础上，印发了《中央部门财政拨款结转和结余资金管理办法》。

2. 细化预算编制，提高部门预算管理的精细化水平。基本支出和项目支出除编制到功能分类项级科目外，基本支出还要编制到经济分类科目和具体预算单位；中央部门不得代编下级单位预算，预算支出都要落实具体单位；有预算分配权的部门要采取有效措施，提高年初部门预算到位率。

3. 积极规范各类账户管理，加强财政专户、部门和单位银行账户管理，并要求按照“集体决策、公平公开、确保安全、廉政高效”的原则，择优选择代理银行。完善资金收付制度，进一步完善非税收入收缴管理制度，全面推行国库集中支付制度，建立健全财政资金对账制度，严格规范资金管理基础工作。

---

① 刘彦博：《中国部门预算改革研究》，财政部科研所博士论文，2010年。

4. 加强预算资金监管，提高部门预算的透明度。将部门预算报送人大审查的单位扩大到2012年的95个，基本覆盖了所有国务院组成部门。细化报送人大审议的部门预算报告内容。2012年，教育、科学技术、社会保障和就业、农林水事务、住房保障支出5个类级科目的支出细化到项级科目；2013年，进一步扩展到科学技术、文化体育与传媒2个类级科目。

三、部门预算的改革成效

编制部门预算是国际上较为通行的做法，也是建立我国公共财政框架的基本要求。部门预算改革直击传统财政管理的深层次弊端，改变了预算管理的组织形式和运行机制，是一场超越自我的财政革命，其意义是颠覆性的，也是基础性的。具体而言表现在以下几个方面。

1. 初步建立以部门预算为主导的预算编制组织形式

通过编制部门预算，使人大、政府、财政和部门全面掌握了部门各类资金的安排使用情况。在每个部门预算中，部门全年能有多少可花的钱，能办多少事，要办哪些事，在年初就全部公开化、透明化，便于有关方面审查和监督。

2. 财政支出结构开始向公共财政靠拢，在一定程度上缓解了财政收支矛盾

财政收支矛盾突出，缺口大，刚性强，是我国财政机制运行中长期存在而又无法妥善解决的问题之一。实行部门预算管理后，通过清理不合理开支、调整支出结构、统筹预算内外财力，有效缓解了这一矛盾。

3. 财政支出的均衡和公平得到改善

人员经费和公用经费按标准和定额核定，而且直接编制、批复到部门，使原来部门支出水平存在的较大差异和苦乐不均的状况有了明显的改观。

4. 预算执行的严肃性得到增强

早编细编预算提高了预算编制质量，与以往相比，部门预算执行中追加调整有所减少。更为深远的意义还在于，预算执行严肃性增强，强化了政府及各部门预算管理的法制观念，依法理财观念初步树立起来。

5. 强化结转结余资金管理和绩效评价工作，提高了预算资金的使用效益

加强结转和结余资金管理，结合部门上年结转和结余资金情况统筹安排预算，将上年结余资金全部统筹用于年初预算编制。对结转资金较多的项目减少年初预算安排数，建立了预算执行与预算编制相结合的机制；对预算执行进度缓慢的项目减少预算数，促使部门使用结转和结余资金，发挥结转和结余资金的效用。

稳步推进绩效评价工作，不断扩大绩效评价试点范围，规范绩效评价指标体系建设，研究建立绩效评价结果与预算安排相挂钩的机制，促使政府部门重视财政资金管理，切实提高财政资金的绩效。

此外，公共预算是政治和经济制度的重要组成部分，是政府运转的中枢环节，是政府管理的重要手段，预算管理机制的变革必然对整个市场经济改革产生深远影响。由此，部门预算改革对国家治理的贡献还体现为：

1. 有利于地方政府依法理财、依法治税、依法管理

《预算法》第五条规定："地方各级政府预算由本级各部门的预算组成。"地方财政编制部门预算，将预算细化到地方各部门，符合法律规定，体现了依法行政的要求。

2. 有利于规范政府行为

编制部门预算使政府、财政、部门的预算资金分配都有章可循。财政资金在年初预算时就一次性地在三者之间划分清楚，提高了地方财政预算的透明度，有利于从机制上规范政府、财政和各部门的行为。

3. 便于人民代表大会及其常务委员会履行对预算的审查和监督职能，有利于推进依法理财和民主理财

部门预算改革后，提交各级人大的预算报告由原来的几页纸变成了厚厚的一本书，预算安排的总盘子以及预算项目的安排在预算草案中都写得明明白白。人大常委会在审查预算和人大代表审议预算时能够有的放矢，不再只是程序性审查，从而成为实质性审议。依法理财和民主理财是公共财政预算制度的灵魂所在。人大对财政预算约束力的加强，标志着我国传统财政预算制度向公共财政预算制度的实质性迈进。

4. 有利于优化资源配置，提高政府的调控能力

综合预算和零基预算的实施可使有限的资金统筹使用，扩大了政府财力的集约效应，使财政保障公共需要和支持经济社会发展的能力得到了相应提高。

5. 促进了更高层次上的理财

通过年初把预算编到部门、编到项目，较好地解决了"一年预算，预算一年"的问题，财政部门可以把更多的精力放在执行预算、监督资金使用，以及部门行业发展规划的参与和项目的选择确定等重点方面，使财政工作的重点转换到提高财政资金使用效益，促进经济和社会发展，向更高层次理财迈进等方面。

6. 为从制度上和管理上铲除腐败创造了条件

在传统的财政管理制度下，财政违规违纪问题，很多都源于预算制度上的漏洞和缺陷。比如，预算内外资金的分割，为"小金库"的滋生提供了温床；经费开支缺乏科学、统一的标准和定额，导致部门不合理支出的发生。实行部门预算管理改革，统筹预算内外资金，细化预算编制，制定部门支出标准和定额，统一账户管理，把所有财政资金公开、透明、公正地分配，并经过部门建议、财政审核、政府研究、人大审查等多个关口，较好地保证了资金分配的科学合理，为从源头上、机制上铲除腐败创造了条件①。

① 杨君昌："公共预算：政府改革的钥匙"，中国财政经济出版社，2008年。

第三节

我国部门预算改革方向

部门预算改革在促进预算资源有效配置，规范预算资金分配程序，增加预算的透明度，提高预算资金使用效益等方面，起了巨大的推动作用。但随着改革的不断推进，部门预算既有的一些深层次的问题也逐步暴露与显现，并对我国政府预算管理改革的深入与完善产生了一定的制约与影响。

一、完善部门预算改革的措施和建议

部门预算改革是一项庞大的系统工程，应有计划、有步骤地逐项推进才能取得预期的效果。今后，还应按照党的十八届三中全会决定所提出的“实施全面规范、公开透明的预算制度，将编制与审核预算的重点从当前的平衡状态、赤字规模转向支出预算和政策导向”，“建立跨年度预算平衡机制，建立权责发生制的政府综合财务报告制度”的要求，推进我国部门预算改革的进一步深化与完善。

（一）统一财政分配权，实现财政资金的集中管理

统一财政分配权是部门预算管理的基本要求，也是加强财政资金管理的基本前提。目前，我国的一些财政分配权仍然散落在除财政部门以外的一些部门，国家发改委、经贸、科技等部门都拥有一定的政策决策权与预算配置权。

政策决策权的零碎化以及预算配置权的分散化，使部门预算过程充满了不确定性，也使预算资金的配置目标和配置活动难以统一。在此情况下，由财政部门统一掌控财政分配权，实现对财政资金的集中管理，担负起对政府各部门的支出决策进行审查，对不符合政策目标的项目进行否决的职责，就显得极为必要。

（二）编制综合预算，提高预算完整性

按照全面预算管理理论，预算管理应当囊括所有的资源，实行综合预算管理。这是部门预算管理的基本要求之一。实行综合预算，既可以实现各种资金的统筹使用，使预算安排更加符合实际需求，提高财政资金的使用效益，也可以实现对各种资金的监管，使各类资金的安排、使用和管理按照统一的尺度执行，避免出现监控盲点，造成资金的浪费。同时，将所有资金纳入部门预算管理，也是国家赋予财政部门的工作职责，是财政部门依法履行管理和监管职能的具体体现。

（三）引入公民参与，提高部门预算的公开与透明

预算是财政资源的配置过程，百姓以纳税为代价将私人资源让渡给政府，并从公共支出中获益；政府通过对私有财产的“占有”提供令公民满意的服务。在这一过程中，预算成为发现公众偏好并予以回应的工具，预算支出方向及其优先性排序就是政府对民众偏好的最佳回应。预算也因此成为将民众偏好转化为政府政策目标及公共

服务内容的最恰当工具。

公民的积极参与还可使政府制定更多反映民众偏好且获民众广泛支持的公共政策，有利于建设一个更少分歧和争斗、易于管理和规制的和谐社会。而公民的预算参与则使得社会大众能够在预算决策过程中充分表达自己的偏好。当预算配置从民众最需要的地方开始时，其本身就已经体现了公共预算配置的效率，因为对公共物品或公共投资项目的偏好集合正是民众最迫切需求的真实反映。此外，公民对公共预算的参与，既是参与公共决策的过程，也是对政府行为进行监督的过程，能够有效防止公共预算过程中容易产生的贪腐行为，从而促使公共预算的安排更加合理、高效、透明①。

（四）改革预算程序

现行预算申请采用“两上两下”的预算程序，这是一种“自下而上”的预算程序。这种预算程序允许预算单位提出超过预算资源总量承受能力的预算申请，然后再由财政部门进行削减。这一程序存在很大缺陷。一是导致预算资金总额被突破；二是逐渐演变成以部门利益为基础的预算，不能形成一个具有全局性和一定长远性的战略计划，无法体现政府的发展战略及政策优先方向；三是大量稀缺资源被长期滞留在效益低下部门，使公共服务质量低劣而成本高昂。

为此，应将预算程序改变为“自上而下”的模式，即在预算申请者提出预算申请方案之前，较高级别的部门在预算控制总额内，依据统一的战略目标和政策方向确定预算支出的优先性排序，并同时确定各个支出部门的支出限额。这样做的好处非常多，不仅可以保障预算总额不被突破，有助于连接政策与预算，还可以激活预算资源的优化分配，促使稀缺的预算资金从优先级别较低的项目流向较高的项目，提高预算资源配置效率。此外，还可以避免预算过程中过度的、浪费性的讨价还价。

（五）转向权责发生制会计

政府预算从传统的投入预算向产出预算转变，公共管理的重心从投入转向产出和成果。以结果为导向的绩效预算对各个机构乃至整个政府的结果进行计量和评估时，传统的收付实现制政府会计无法将费用分摊到相应的产出和成果上，无法将财务信息转化为相应的财政管理和控制信息，越来越凸显其不足和不适应性。权责发生制会计则因能提供综合、全面和前瞻性的政府财务状况、财务业绩和现金流量的信息，拓展了政府的受托责任，改善了政府的财务管理，而受到越来越多的关注。

由此，为适应部门预算改革需要，真实反映政府部门各项经济业务事项，应适时引入权责发生制会计。

二、引入中期滚动预算，建立跨年度预算平衡机制

中期滚动预算又称中期支出框架，是指在中期的时间跨度内（一般为3—5年）

① 童伟：“引入公民参与 构建地方财政监督机制”，《财政监督》，2012年第33期。

准备年度预算的制度安排。与普通的年度预算不同，中期滚动预算不只是预算编制时间简单地由 1 年延长到多年，其编制的着眼点和解决问题的思路都发生了根本性的改变。传统的年度预算仅按一个年度来安排国家的财政收支，显得过于仓促和狭隘。在以年度为单位的情况下，年度框架让人首先考虑的是次年有多少资金，据此财力能做哪些事，使对财务问题的思考压倒了对长期战略与政策的思考，导致预算编制与决策和国家的战略重点及政策优先方向发生脱节①。

在中期支出框架内，可透过每个特定财政年度的预算文件，预测、解读和评估各级政府未来 3—5 年的财政收入、支出、财政余额和债务，以及纳入预算的公共政策、规划和活动。中期预算良好的政策筹划和收入预测，可为政府和支出机构提供将政策优先性转换成预算支出安排的保障。中期支出框架还能使政府对各项政策的成本进行有效评估，从而决定这些支出规划究竟是因本身“具有吸引力才被选择”，还是因为“有钱才被选择”。

详细的中期框架包含对政府整体战略，以及部门工作目标、政策和优先领域的详细描述，使中期部门预算的编制与决策能够与国家的战略、政府的政策与优先方向得以牢固地确立起来。中期预算的编制内容包括：

（一）全面、可靠和量化的中期宏观经济框架和中期预算框架报告

中期宏观经济和中期预算框架报告应包括关键性的预测与假设，应提供地方政府中期的战略目标、计划、投入、产出、影响和结果等绩效信息。全面、可靠和量化的宏观经济展望和中期预算框架提供了年度预算编制所必需的宏观经济预测以及预测所基于的经济假设，是进行预算总额控制及监督的基础。

（二）财政政策目标报告

财政政策目标报告应包括政策目标及其优先性排序，当前财政政策对地方各类目标和计划的预期影响以及财政收支的中期预测等。财政政策报告是将政策与预算相衔接的桥梁与纽带。

（三）财政可持续性评估报告

财政可持续性评估报告是对中长期财政运行状况的预测。如果公共债务超过了政府中长期的清偿能力，财政政策将不可持续。财政可持续评估报告是地方财政政策制定与调整的重要依据。

（四）财政风险报告

财政风险报告包括预测假设中变量的变化、具体支出承诺规模的不确定性、或有负债以及其他主要的财政风险来源。

此外，还应提交的文件有：中央银行、公共金融机构和非金融公共企业的准财政活动报告，税收支出报告，会计标准报告，政府负债和财务资产报告，审计报告等。

---

① 李燕：“关于财政中期预算问题”，载于《中外专家谈公共财政管理》，中国财政经济出版社，2006 年，第 166—186 页。

（五）引入规划预算

在确定了中期支出框架后，如何将中期预算的核心思想——以结果为导向落到实处，就成为中期预算改革最为关键性的核心。绝大多数实施中期预算改革的国家，都选择将规划预算作为推进中期预算改革的主要工具。

与目前占主导地位的按“条目”指数化编制预算的“投入预算”不同，结果导向规划预算的编制有明确的目标及结果要求，各项预算规划的提出须与国家及地区的发展战略及政策优先方向一致，应有明确、具体并可计量的预期结果（包括直接结果——提供服务的数量，以及最终结果——提供服务的质量和效率），以及可与实施结果进行比对和验证的详细的指标体系。

这种预算方式既可保障预算资金的分配和使用与国家和地区的战略重点及政策优先方向一致，又有利于对各项规划的执行结果进行追踪和考评，从而能够较为容易地鉴别出哪些部门较好地完成了预算目标和任务，哪些部门的表现不尽如人意。

引入规划预算可使部门预算更为高效、可靠。这是因为：

1. 规划预算是基于国家及地区发展战略及政策优先方向而提出的，有助于确保预算资源的配置更加准确地反映政府的政策重点，有利于政策与预算的连接。

2. 规划预算有助于细化预算编制，以剔除那些与政策重点不符、效率低下的规划，可大大减少无效率的资源配置和浪费。

3. 促使资源配置的单元由投入转向规划，为打破预算资源竞争中根深蒂固的本位主义，促进预算资源配置优化奠定了基础。

4. 规划预算可使社会各界了解“政府花了多少钱”、“花在哪些项目上”，还可以帮助公众清晰掌握“政府在某项特定规划上花了多少钱”，以及“花这些钱产生的结果如何”，从而有利于预算资金使用透明度的提高。

5. 规划预算为预算管理提供了最佳工具与手段。规划预算可以强化对预算资金的约束与控制，追踪结果与预算资源再分配的结合还将有效激励政府部门改进工作效率。通过要求各支出部门与机构预先制订规划，规划预算使公共部门从关注“我们单位能拿到多少钱”转向关注“我们单位需要完成哪些规划和绩效指标”，并促使支出部门或机构中的每个人更加清晰地认识到自己的日常工作如何对该组织的产出和目标作出贡献，以及如何促进更为广泛的政府目标的实现，进而有助于改进公共组织的绩效。

思考与讨论：

广东省汕尾市依据国家预算编制管理改革精神，为进一步加强财政支出管理，完善政府公共预算管理体系，提高部门预算编制质量，汕尾市财政局对市预算编制管理提出以下六点要求。

一是建立健全预算编制的全面性。将税收返还、转移支付补助、上级补助、上年结转纳入财政预算，并逐步解决预算编制粗放、范围不完整，与公共财政预算之间缺乏协调和衔接的问题，推进政府公共预算体系建设。

二是建立健全定员定额标准体系。通过提高公用经费标准，并结合资产管理改革，加强对部门资产购置和维护预算的管理，杜绝出现挤占专项资金用于维持机关正常运转的情况，为实行真正的"零基预算"提供了一个公正、科学、透明、实用的操作平台。

三是建立专项资金评估机制和管理体系。在建立部门项目库的基础上，对100万元以上的支出项目实行绩效预算，并把结果与下年度预算挂钩，促使资金流向更富有成效的项目，让有限的资金发挥更好的效益，逐步改变项目资金预算管理工作中"重分配、轻管理"的问题。

四是加强政府采购预算管理。部门预算支出中凡列入政府采购目录的项目，全部编制政府采购预算，确保年初政府采购预算真实完整。

五是结合"财政预算实时在线"监督系统建设，不断完善向人大预算报告制度，加大人大机关对预算的审批监督力度。一方面通过逐步建立从预算编制到预算调整、预算执行到决算的动态监控体系，对重要专项资金的流向和用途进行跟踪，及时对预算运行中存在的问题进行预警。另一方面通过强化预算约束，在部门预算编制过程中，尽可能将应安排给部门的资金在年度预算上落实，尽量减少预算执行过程中的频繁追加现象。

六是大力推广信息化，完善部门预算的数据化管理。通过继续完善部门预算编制软件的建设和导入表格设计的合理性，从而提高部门预算编制的效率，逐步建立部门预算信息的数据库管理系统。

根据以上材料回答：

1. 汕尾市部门预算编制管理办法体现了预算编制哪些原则？
2. 汕尾市部门预算编制管理办法如何表现预算编制发展方向？
3. 部门预算改革的内涵与原则。
4. 部门预算改革进程。
5. 部门预算改革的主要方向。

本章推荐阅读文献：

1. （美）乔纳森·卡恩，叶娟丽译：《预算民主：美国的国家建设和公民权》，格致出版社，2008 年。
2. （美）阿伦·威尔达夫斯基、内奥米·凯顿、邓淑莲，魏陆译：《预算过程中的新政治学》，上海财经大学出版社，2006 年。
3. 贾康、苏明：《部门预算编制问题研究》，经济科学出版社，2004 年。
4. 谢旭人：《中国财政管理》，中国财政经济出版社，2011 年。

本章主要参考文献：

1. 贾康、苏明：《部门预算编制问题研究》经济科学出版社，2004 年。
2. 杨君昌等：《公共预算：政府改革的钥匙》，中国财政经济出版社，2008 年。
3. 于国安：《政府预算管理与改革》，经济科学出版社，2006 年。
4. 王雍君，张拥军：《政府施政与预算改革》，经济科学出版社，2006 年。
5. 谢旭人：《中国财政管理》，中国财政经济出版社，2011 年。

第九章 我国财政管理改革——预算执行改革

【本章序言】

相比于预算编制环节，预算执行环节是预算的具体实施过程，是实现财政收入与支出的过程。预算执行环节完成得好不好直接影响着预算能否顺利完成，关系到财政职能作用能否正常发挥。公共财政体系下的预算执行应更加注重财政资金的效率，通过增加预算执行的透明度，让公众“管住政府的手”以提高政府公信力和凝聚力。

本章将从国库集中收付制度改革、政府采购制度改革、国债余额管理与国库现金管理三个部分来介绍我国的预算执行改革。各部分将从基本概念、我国的改革实践以及未来深化改革的途径等方面进行阐述。

第一节 国库集中收付制度改革

一、国库集中收付

（一）国库集中收付的含义

国库集中收付是政府预算执行的重要环节，包括三方面的含义：一是集中收入管理，一切财政性收入均纳入国库或国库指定的代理商业银行的单一账户；二是国库支出管理，原则上一切财政性支出均应在实际支付行为发生时才能从单一账户支付出去，支付对象一般是商品供应商或劳务提供者；三是集中账户管理，设置与国库单一账户配套使用的国库分类账户，集中反映各预算单位的预算执行情况。

（二）国库集中收付的构成

国库集中收付由国库集中收入和国库集中支付两部分组成。国库集中收入是预算收入缴付者将各项收入直接缴入国库或其授权的代理行，银行清算后将款项划入国库。国库集中支付是财政部门在中央银行设立一个统一的银行账户，各单位预算资金统一在该账户上设立的分类账户中集中管理；预算资金不再拨付给各单位分散保存；各预算单位可以根据自身履行职能的需要，在批准的预算项目和额度内自行决定购买何种商品和劳务，但支付款项要由财政部门来进行；除特殊用途外，资金都要通过国库直接支付给商品供应商或劳务的提供者（见图9－1）。

图9－1 国库集中收付的构成

（三）国库集中收付的主要特点

1. 国库集中收付是政府经济行为，是政府财政管理活动的重要内容。

2. 国库集中收付的对象是财政性资金，包括预算内收入、预算外收入和其他一切财政性资金，其他经济主体、企业及居民个人收支则不包括在内。

3. 国库集中收付的中介是中央银行及其指定的代理商业银行。

4. 国库集中收付具有集中统一性，财政资金统一存入国库单一账户，财政支出按实际发生数由国库部门统一集中办理支付。

5. 国库集中收付具有资金可控性，财政部门直接对每一笔财政资金进行严格的监督和控制，防止其被挤占挪用。

二、国库集中收付制度

（一）国库集中收付制度的概念

国库集中收付制度包括国库集中支付制度和收入收缴管理制度，是指由财政部门代表政府设置国库单一账户体系，所有的财政性资金均纳入国库单一账户体系收缴、支付和管理的制度。财政收入通过国库单一账户体系，直接缴入国库；财政支出通过国库单一账户体系，以财政直接支付和财政授权支付的方式，将资金支付给商品和劳务供应者或用款单位，即预算单位使用资金但见不到资金；未支用的资金均保留在国库单一账户，由财政部门代表政府进行管理运作，降低政府筹资成本，为实施宏观调控政策提供可选择的手段。

（二）国库集中收付制度的基本特征

一是由财政统一开设国库单一账户，各单位不再设有银行账户；二是所有财政收入直接缴入国库，所有财政支出由财政部门直接支付给商品或劳务供应者；三是财政设立专门的国库现金管理和支付执行机构。在这种制度下，财政收支实现了规范管理，收入不能随意退库，支出得到了事前监督，资金使用效益明显提高。

三、我国的国库制度改革

（一）新中国成立后的传统国库制度

1. 传统国库制度的内容

（1）机构设置。新中国成立后的半个多世纪，我国财政部门一直没有设立独立的国库机构，国库业务由人民银行代理。我国实行的是由中央银行代理的四级国库代理体制（见图9－2），即在中国人民银行总行设总库，各省、自治区、直辖市分行设分库，省辖市、自治州支行设中心支库，县（市）支行（城市区办事处）设支库。同时，在县以下和不设人民银行的地方，为了及时收纳国家预算收入，方便缴库单位纳税缴利，人民银行委托商业银行（主要是中国工商银行和中国农业银行）作为国家金库的经收处，代收财政预算收入。经收处只办理库款的收纳，并向国库结报，其收纳的预算收入不作为正式入库。国库经收处不办理各级共享收入的划分和报解，也不办理预算收入的退库。

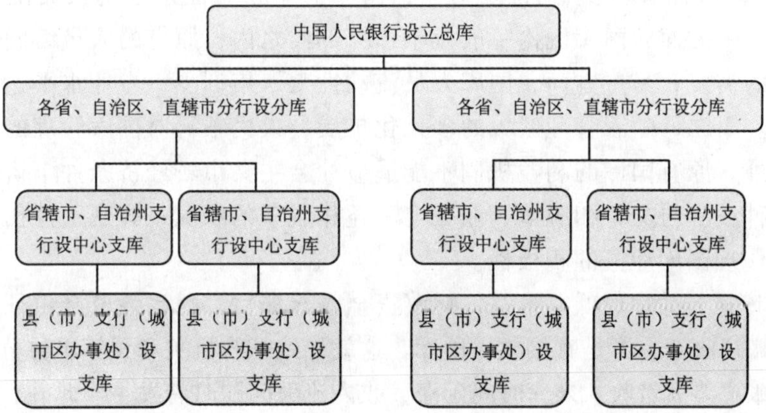

图9－2　由中央银行代理的四级国库代理体制

（2）缴库制度。传统的预算收入缴库方式有三种，即就地缴库、集中缴库和自收汇缴。就地缴库是由缴款单位将其预算收入在企业所在地通过开户银行，以转账的方式向当地国库办理缴库手续。这是全国普遍采用的缴库方式。集中缴库适用于个别由主管部门全面统一核算盈亏的企业，以及各单位应缴预算的某些零星收入缴款。自收汇款是基层税务所、税务专管员或代征单位（人员）自收税款，定期结报，基层税务局（所）汇总缴入国库或国库经收处，适用于个体工商户等小额税款的缴纳。

（3）支付制度。传统国库最典型的特点是分散支付制度。其流程为：财政部门——国库——人民银行——主管会计单位——基层用款单位——商业银行——货物或劳务的提供者（见图9－3）。

在拨款阶段，首先进行财政拨款，即由财政部门将预算资金拨给主管会计单位；接着由主管会计单位直接取款使用或逐级转拨到基层用款单位。整个预算资金处于分配、解拨的过程。

在支出阶段，基层用款单位在开户银行提款后，根据国家有关规定和预算要求，自行支付各类款项来购买商品和劳务，这样，财政预算资金便进入了使用、消费过程；年度终了时，预算单位编制财务决算报表并向财政部门报送，资金进入最后的结算审核阶段。

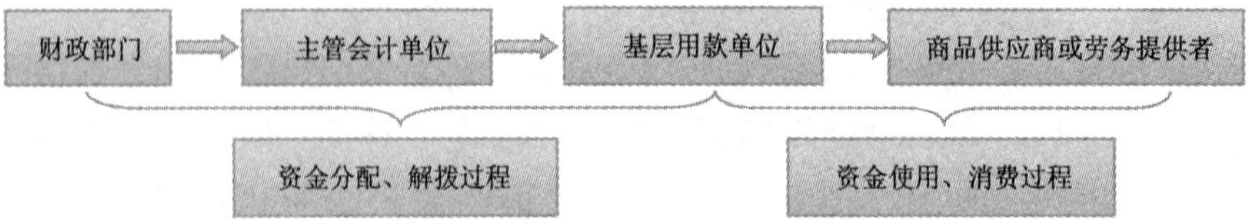

图 9－3　传统国库制度支付流程

2. 传统国库制度的弊端

传统的国库分散收付制度，在计划经济时期的财政实践中曾经发挥过重要作用。但随着我国经济体制的转轨和公共财政体系的建立，传统国库制度的弊端日益明显。

（1）国库机构的设置不到位。第一，国库的非独立性带来的人员配备不足、素质不高问题。一方面，国库机构一般设于预算部门之内，原有的人员编制不能满足现有经济规模的需要；另一方面，国库人员流动性大，培训少，专业水平达不到业务多元化的要求。第二，随着管理领域的多元化扩展，人民银行对国库管理的重视程度有所下降。此外，原有国库的利益机制不能适应社会主义市场经济条件下讲求经济核算的要求。这种权利与义务相脱节、业务与利益相脱节的状况，客观上挫伤了银行特别是商业银行代理国库业务的积极性。

（2）国库运行效率较低。第一，财政资金收入滞后。财政性资金由征收机关通过设置过渡性账户收缴，不是直接缴入国库，这就导致征收机关和预算单位分散、多重设置财政资金账户。大量收入入库时间延滞，收入流失问题时有发生。此外，人民银行和各商业银行自成联行系统，相互间不直接通汇，造成收入跨行划转不及时，影响收入的及时入库。第二，财政资金支付迟缓。财政性资金支出是通过各级预算单位设置的财政资金账户逐级转拨、逐层下拨，造成资金在途时间过长。拨付过程复杂，资金分配无序。同时，受利益驱使，各层次的商业银行为了保证存款余额，往往违规开设过渡账户，占压资金。这些都造成了资金使用中的混乱。

（3）不利于财政监督。在传统的国库制度下，预算资金的收支过程透明度不高，脱离了财政的有效监督，预算单位可以随意筹集和支配资金，财政部门难以实施事前控制和事后监督。财政资金的“部门、单位”所有制倾向明显，容易滋生腐败行为。在收入上，多头账户的设置，给财政收入带来了应缴未缴和此项目变为彼项目的情况；在支出上，财政资金分层次、多重设置银行账户。据统计，1999 年，全国预算外资金收入达 3385 亿元，其中有 907 亿元未缴入财政专户管理，截留、坐支应缴未缴财政专户资金的现象相当严重①。

① 谢旭人：《中国财政改革三十年》，中国财政经济出版社，2008 年，第 330 页。

（4）国库宏观调控职能弱化

第一，制约了预算改革进程。预算执行是预算管理的关键，这一环节管不好，财政管理就无法适应现代经济制度的要求，预算管理制度就难以做到科学和规范。第二，财政资金过早流出国库，减少了宏观调控的可用财力。一方面，财政每年要发行几千亿人民币的国债，用来平衡财政收支；另一方面，各级预算单位占用滞留的财政资金存在银行不能及时有效使用。这在一定程度上削弱了国家财政政策的实施力度和财政对资金的调控能力。第三，资金运行信息反馈不充分。各预算单位多头开户、分散支付，财政部门无法全面、及时地掌握预算内、外收支的综合信息，难以及时地为预算编制和执行分析、宏观经济调控提供准确数据。

专栏 9－1

新中国成立前的国库制度

国库是随着国家的产生而产生、财政职能的逐步加强而发展的。我国国库制度起源于周朝，至今约有3000年的历史。总体来讲，可以分为两种形式：一是以实物为主的国库，一直延续到清朝末期；二是银行代理国家金库。

1908—1910年，清朝整理财政，先后建立预算，将户部银行改为大清银行，制定大清银行条例，确定大清银行为国家银行，办理户部的各种出入款项，并且代国家经理公债及各种证券。其后，资政院提议统一国库办法，将国库分为总库、分库和支库。

辛亥革命后，1912年大清银行改组成中国银行。1913年4月北京临时参议院通过中国银行条例30条，明确中国银行为中央银行。1914年交通银行修改章程，除原有经理“四政”（轮、路、电、邮）以外，还代理国库。因此，北洋政府统治时期，由中国银行和交通银行代理国库。南京国民政府成立以后，1928年成立中央银行，改由中央银行代理国库，负责国库出纳等事宜。

（二）2000年以来国库制度改革的实践进程

1. 改革实施准备阶段（2000—2001年）

2000年6月，经批准，财政部下设国库司。国库司的主要任务之一是进行国库管理制度改革，建立国库集中收付制度。2000年10月起，对山东、湖北、河南和四川的44个中央直属粮库建设资金，财政直接拨付；2001年1月起，对黑龙江、江苏、海南、云南、山西和新疆维吾尔自治区的车辆购置税交通专项资金，财政直接拨付到建设项目或用款单位。地方财政部门也积极进行了国库管理制度改革试点，包括财政供养人员工资由财政统一发放，对基本建设投资、政府采购支出等大额支出，财政直接支付。

2. 改革试点阶段（2001—2005年）

2001年3月16日，财政部、中国人民银行印发了《财政国库管理制度改革试点方案》（以下简称《方案》），标志着我国国库制度改革正式开始实施。按照《方案》要求，我国财政国库管理制度改革主要包括以下三个方面：建立国库单一账户体系，所有财政性资金都纳入国库单一账户体系管理；收入直接缴入国库或财政专户，支出通过国库单一账户体系支付给商品或劳务供应者，或用款单位；取消支付中间环节，使财政资金在未支付给收款人之前一直保存在国库。选择水利部、科技部、财政部、国务院法制办公室、中国科学院、国家自然科学基金会等部门作为第一批试点单位。此次《方案》中规定的改革基本内容包括：

（1）建立国库单一账户体系。账户设置是财政国库管理制度改革的核心问题。首先应建立一个统揽所有财政性资金的账户体系，收入直接缴入国库或财政专户，支出通过该账户体系支付给商品或劳务供应者，或用款单位。《方案》规定，国库单一账户体系主要包括五类账户：一是国库单一账户，二是零余额账户，三是预算外资金财政专户，四是小额现金账户，五是特殊过渡性账户（特设专户）。建立国库单一账户体系后，相应取消各类收入过渡性账户，预算单位的财政性资金逐步纳入国库单一账户体系管理。国库单一账户体系的建立，是财政国库管理制度改革既借鉴国际经验又考虑国情现状的具体体现。各账户的含义及功能见表 9－1。

表 9－1　国库单一账户体系四类账户

账户名称	开设	作用
国库单一账户	国库单一账户由财政部门在中国人民银行或其分支机构开设，未设中国人民银行分支机构的地区在金库代理银行开设。	用于记录、核算和反映纳入预算管理的财政收入和支出活动，以及与零余额账户进行清算，实现支付。国库单一账户按收入和支出设置分类账，收入账按预算科目进行明细核算，支出账按资金使用性质设立分账册核算。
零余额账户	财政部门按资金使用性质在商业银行开设零余额账户，在商业银行为预算单位开设零余额账户。	用于记录和反映预算资金的日常支付活动，并与国库单一账户清算。零余额账户分为两类：财政部门零余额账户和预算单位零余额账户。财政部门零余额账户用于财政直接支付，由财政部门在商业银行（代理银行）开设；预算单位零余额账户用于财政授权支付，可以办理转账、提取现金等规定的结算业务，账户由财政部门在商业银行（代理银行）为预算单位开设。财政部门和预算单位的零余额账户与国库单一账户相互配合，构成财政资金支付的基本账户。
预算外资金专户	财政部门在商业银行开设预算外资金财政专户，按预算单位或资金性质设置收入分类账户，按预算单位设置支出分类账户。	用于记录、核算和反映预算外资金的收入和支出活动，并用于预算外资金的日常收支进行清算。
小额现金账户	财政部门在商业银行为预算单位开设小额现金账户	用于记录、核算和反映预算单位的零星支出活动，并用于与国库单一账户清算。
特设专户	特设专户是指经国务院和省级人民政府批准或授权财政部门开设的特殊过渡性专户。	用于记录、核算和反映预算单位的特殊专项支出活动，并用于与国库单一账户清算。

(2) 规范收入收缴程序。

一是改变收入收缴方式。《方案》规定缴库方式包括直接缴库和集中汇缴。直接缴库是由缴款单位或缴款人按法律法规规定，直接将应缴收入缴入国库单一账户或预算外资金财政专户的收入缴库方式。直接缴库方式不需设立各类过渡性账户。实行这种收缴方式的收入，包括税收收入、社会保障缴款、非税收入、转移和捐赠收入、贷款回收本金和产权处置收入以及债务收入。集中汇缴是由征收机关（依法享有征收权限的单位）按法律法规的规定，将所收取的应缴收入汇总缴入国库单一账户（属预算内的）或预算外资金财政专户（属预算外的）的收入收缴方式。集中汇缴方式也不需使用过渡性账户。实行这种缴库方式的收入，包括小额零散税收和非税收入中的现金缴款。

二是扩大了收入收缴管理范围。按政府收入分类，将财政性收入划分为六类，即税收收入、社会保障缴款、非税收入、转移和捐赠收入、贷款收回本金和产权处置收入、债务收入。上述收入既包括预算内收入，也包括预算外收入。收入收缴程序不仅对预算内资金收缴作出了规范，也对预算外资金收缴作出了规范。

三是规范收入收缴管理程序。《方案》还明确了与两种收缴方式相对应的收缴程序：直接缴库程序和集中汇缴程序。直接缴库的税收收入，由纳税人或税务代理人提出纳税申报，经征收机关审核无误后，由纳税人通过开户银行将税款缴入国库单一账户。社会保障缴款、非税收入、转移和捐赠收入、贷款收回本金和产权处置收入、债务收入，比照上述程序缴入国库单一账户或预算外资金财政专户。小额零散税收和法律另有规定的应缴收入，由征收机关于收缴收入的当日汇总缴入国库单一账户。非税收入中的现金缴款，比照本程序缴入国库单一账户或预算外资金财政专户。

(3) 改革资金支付方式。

一是规范支出类型。《方案》在总体上将财政支出分为购买性支出和转移性支出。根据支付管理需要，具体分为：工资支出，即预算单位的工资性支出；购买指出，即预算单位除工资支出、零星支出之外购买服务、货物、工程项目等支出；零星支出，即预算单位购买支出中的日常小额部分，除《政府采购品目分类表》所列品目以外的支出，或《政府采购品目分类表》所列品目未达到规定数额的支出；转移指出，即拨付给预算单位或下级财政部门，未指明具体用途的支出，包括拨付企业补贴和未指明具体用途的资金、中央对地方的一般性转移支付等。

二是规范支付方式。《方案》参照国际通行做法并结合我国国情，注意满足加强财政管理监督和提高支付效率的要求，并按照重要性、效率性和便利性原则，规定现阶段我国实行以财政直接支付为主、授权预算单位支付为辅的资金支付方式。设计的两种支付方式，按支付令发出主体的不同分为财政直接支付方式和财政授权支付方式。两种支付方式的含义及使用范围见表9-2。

表 9－2 两种财政支付方式

支付方式	含义	使用范围
财政直接支付	按照部门预算和用款计划确定的资金用途和用款进度，根据用款单位申请，由财政部门开具支付令，通过国库单一账户体系，直接将财政资金支付到收款人（即商品和服务供应者）或用款单位账户。	工资支出、购买支出、中央对地方的专项转移支付，拨付企业大型工程项目或大型设备采购的资金等，直接支付到收款人；转移性支出（除中央对地方专项转移支出），包括中央对地方的一般性转移支付中的税收返还、原体制补助、过渡期转移支付、结算补助等支出，对企业的补贴和未指明购买内容的某些专项支出等，支付到用款单位（包括下级财政部门和预算单位。
财政授权支付	按照部门预算和用款计划确定的资金用途和用款进度，由预算单位根据财政授权，自行开具支付令，通过国库单一账户体系将资金支付到收款人账户。	未实行财政直接支付的购买支出和零星支出。

对一个预算单位而言，有的支出支付应由财政直接支付，有的支出支付需实行财政授权支付方式。实际操作中，财政直接支付和授权支付的具体范围，由财政部门确定部门预算时列出。

三是规范支付程序。与支付方式相对应，《方案》重点设计了财政直接支付和财政授权支付两类支付程序。这两类支付程序都是以电子网络化的银行支付系统和国库管理系统为基础的。

财政直接支付程序是由预算单位按批复的部门预算和用款计划，向财政国库支付执行机构提出支付申请。财政部门审核无误后，财政国库支付执行机构根据批复的部门预算和资金使用计划，向代理银行签发支付令，并通知中国人民银行国库部门，通过代理银行进入全国银行清算系统实时清算，财政资金从国库单一账户划拨到收款人的银行账户。财政直接支付主要通过转账方式进行，也可以采取“国库支票”的方式支付。财政国库支付执行机构根据预算单位的要求签发支票，并将签发给收款人的支票交给预算单位，由预算单位转给收款人。收款人持支票到其开户银行入账，收款人开户银行再与代理银行进行清算。每日营业终了前由国库单一账户与代理银行进行清算。工资性支付涉及的各预算单位人员编制、工资标准、开支数额等，分别由编制部门、人事部门和财政部门核定。支付对象为预算单位和下级财政部门的支出，由财政部门按照预算执行进度将资金从国库单一账户直接拨付到预算单位或下级财政部门账户。

财政授权支付程序是由预算单位按照批复的部门预算和资金使用计划，向财政国库支付执行机构申请授权支付的月度用款限额，财政国库支付执行机构将批准后的限额通知代理银行和预算单位，并通知中国人民银行国库部门。预算单位在月度用款限额内，自行开具支付令，通过财政国库支付执行机构转由代理银行向收款人付款，并与国库单一账户清算。

与改革前的单位分散支付方式相比，《方案》确定的国库集中支付方式有显著的优点，见表 9－3。

表 9－3　国库集中支付方式和单位分散支付方式比较

比较项目	国库集中支付	单位分散支付
类型和构成	分财政直接支付和财政授权支付两种方式。	分对下级单位转拨经费和对商品和劳务供应者直接付款两类。
出款账户	从财政零余额账户或单位零余额账户中付款，当天与国库单一账户清算实现补偿。	从经费账户中支付。
执行主体	财政直接支付的执行主体是财政部门，财政授权支付的主体为接受财政授权的预算单位。	各预算单位。
支出内容	国库集中支付要对支出进行分类。工资支出、大额购买支出等采用财政直接支付方式，小额购买支出、单位零星支出等采用财政授权支付方式。	所有支出都由单位自行支付。
支付依据	预算、用款计划、购货合同、购货票证等，财政授权支付还包括用款额度等。	购货合同、购货票证等。
支付指令	财政直接支付凭证（财政授权支付凭证）、国库支票等专用支付凭证。	银行转账支票和银行现金支票，有的主管部门转拨经费时也用特制拨款凭证。

为进一步规范国库单一账户体系，2002 年 5 月，财政部发布通知，取消了《方案》中试点单位设立的小额现金账户。同期，根据试点改革情况，财政部与中国人民银行联合印发了《中央单位财政国库管理制度改革试点资金支付管理办法》（以下简称《办法》）的通知。《办法》规定，财政部为预算单位开设预算单位零余额账户和特设专户，用于办理纳入改革试点的财政性资金支付与清算；未纳入改革试点的财政性资金或改革试点实施前财政已拨付的资金，仍通过原账户支付和核算。暂未实行改革试点的预算单位所使用的预算资金，由其上级预算单位按规定从零余额账户中划拨。各试点单位可在财政部确定的代理银行所属分支机构内，自主选择预算单位零余额账户的开户银行。

2002 年，实行国库集中支付改革的中央部门增加到了 38 个。同年，财政部、中国人民银行联合发布了《预算外资金收入收缴管理支付改革方案》和《中央预算单位预算外资金收入收缴管理改革试点办法》，启动了收入收缴制度改革，并分两批对 15 个中央部门实施了收入收缴改革。全国十几个省份也积极进行了国库集中支付和收入收缴改革试点。

2003 年，中央实施国库集中支付改革的部门增加到 80 个，收入收缴改革试点范围也不断扩大。到 2004 年，中央实施国库集中支付改革的部门达到 140 个。财政部对国库司、国库支付中心的机构职能进行了整合，优化了资金支付流程。

截至 2005 年底，所有 160 多个中央部门均实施了国库集中支付改革，并将改革实施到所属 3300 多个基层预算单位，涉及预算资金 3700 多亿元。70 多个有非税收入的中央部门全部纳入非税收入收缴制度改革范围。与此同时，全国 36 个省级财政、

200 多个地市以及 500 多个县实施了国库集中支付改革，10 多个省份通过使用中央非税收入收缴系统实施了收入收缴改革。

3. 改革深化完善阶段（2006 年至今）

在 2005 年国库集中收入制度改革全面推行的基础上，财政国库管理支付改革进一步向纵深发展。2006 年，专项转移支付资金实行国库集中支付取得突破，率先对农村义务教育专项资金实行国库集中支付。随着改革的深入，原来滞留在预算单位账户上的闲置现金集中到国库单一账户，库款余额大幅上升，为开展国库现金管理提供了条件。2006 年开始，我国实施中央国库现金管理。2006 年起各地财政专员办征收的三峡工程建设基金、库区建设基金等四项非税收入，也开始实施收入收缴改革。同年，针对财政资金专户管理仍然存在专户过多、重复设置、管理分散等问题，有的还比较严重，迫切需要进一步加强规范与管理的情况，财政部发布了《关于加强与规范财政资金专户管理的通知》。该通知要求各级财政部门应对本级开设的财政资金专户进行认真清理、整顿，尽快将各类财政资金专户（包括预算内、预算外以及其他财政专户）统一归口到同级财政国库部门管理；各类财政资金专户的开设，应当按照财政部门内部审核程序，经财政国库部门核准后办理；各级财政部门应对本级开设的财政资金专户进一步清理、归并，属于同一性质或相似性质的资金专户应予以合并，进行分账核算；各级财政部门管理的预算外资金财政专户或非税收入财政专户，应尽量归并，原则上在同一家商业银行只开设一个财政专户。

2007 年，财税库银税收收入电子缴库横向联网①工作正式启动。同年，公务卡改革正式启动，利用“刷卡支付、消费有痕”的特点，将公务消费置于阳光之下。截至 2007 年底，中央所有部门及所属 9300 多个基层预算单位实施了国库集中支付制度改革；全国 36 个省、自治区、直辖市和计划单列市本级，300 多个地市、1300 多个县（区），超过 23 万个基层预算单位实施了改革。实施改革的资金涵盖一般预算资金、专项转移支付资金、政府性基金和国有资本经营预算资金等各类财政性资金，形成了包括预算指标管理、用款计划控制、支付申请及审核、支付结算及资金清算、会计核算、资金支付动态监控、代理银行考核等各环节紧密相连的国库集中支付管理体系。财税库银税收收入电子缴库横向联网稳步实施并取得初步成效。中央近 50 个部门，大多数省份的省本级、近 200 个地市、1000 多个县（区）、超过 18 万个单位实施了非税收入收缴改革。有 100 多个中央预算部门推行了公务卡管理试点，一些省份也积极开展公务卡管理试点改革。

2010 年，根据《财政部关于将按预算外资金管理的收入纳入预算管理的通知》，决定从 2011 年 1 月 1 日起，将按预算外资金管理的收入（不含教育收费）全部纳入预算管理，《方案》中的“预算外资金专户”被取消。中央各部门各单位的教育收费（包括目前在财政专户管理的高中以上学费、住宿费，高校委托培养费，党校收费，

---

① 横向联网是指财政部门、税务机关、国库、商业银行利用信息网络技术办理税收收入征缴入库等业务，税款直接缴入国库，实现税款征缴信息共享的缴库模式，是我国税收征缴管理制度和信息共享机制的重大变革。

教育考试考务费，函大、电大、夜大及短训班培训费等）作为本部门的事业收入，纳入财政专户管理，收缴比照非税收入收缴管理制度执行。

2013 年 5 月，财政部颁布实施的《财政专户管理办法》，限定了纳入财政专户的资金范围，包括社会保险基金、国际金融组织和外国政府贷款赠款和偿债准备金、待缴国库单一账户非税收入、教育收费、彩票发行机构和销售机构业务费、代管预算单位资金等 6 类特定资金。明确了财政专户开设的规定，上收了财政专户的核准权限。地方财政部门开立财政专户，应逐级报经财政部核准，取消了由各级财政部门审批的规定。

（三）改革取得的成效

经过十几年的时间，我国国库管理制度改革取得了显著成效。

1. 国库集中收付制度的优越性充分展现

国库集中收付制度改革是公共财政管理的基础性、机制性的变革，是财政管理的根本性创新，其优越性集中体现在四个方面。

一是体现了科学理财和依法理财的观念。国库集中收付制度所建立的一整套管理流程，对预算执行的各个环节都有严格的规范化、程序化要求。各单位财政财务管理规范性显著增强，管理水平大幅度提高，重分配轻管理的现象明显改变，科学理财、依法理财的观念得到了机制保障。二是增强了财政宏观调控能力。国库现金流量由过去各单位分散持有转变为财政部门统一持有和管理，财政部门资金调度能力发生根本改观，较好地保证了重点支出和预算的正常执行，还为实施国库现金管理、增强财政理财功能、加强财政政策与货币政策的协调实施以及加强宏观调控奠定了基础。三是加强了预算执行过程的监督控制。以国库单一账户体系为基础建立的电子化监控系统，实现了对中央 9300 多个预算单位用款的零余额账户的每一笔支付交易实时智能化动态监控，从根本上加强了事前和事中监督，创新了财政监控模式。自 2001 年中央财政建立财政国库动态监控机制以来，预算单位违规比例逐年持续下降，成效十分显著。四是提高了预算执行管理信息的透明度。预算执行信息的生产机制发生了较大变化。在收入收缴方面，税收收入实行财税库银电子缴库横向联网，使得税收收入信息由过去从相关部门汇总获取，改为从纳税环节直接获取；非税收入信息由过去通过各部门层层汇总后获取，改为从缴款环节直接获取。在支出支付方面，由过去对一级部门批发式拨款获取支出信息，改为从各基层预算单位最终付款环节获取。这种预算执行信息生成机制的改变，为预算执行信息的准确性和及时性提供了机制保障，为预算执行的管理和分析提供了可靠的信息基础。

2. 预算执行、分析和决算管理不断强化

在预算执行方面，为有效解决支出预算执行进度不均衡等问题，2007 年制定发布了《财政部关于加强预算执行管理的通知》，对提高预算编制的科学性、准确性，提高预算执行效率，以及建立绩效考评和分析报告制度，提出了比较全面的要求。地方积极落实《通知》要求，结合本地实际制定具体实施办法，采取多种行之有效的措施，提高预算到位率，切实提高财政支出的时效性和均衡性，取得了明显效果。在预算执行分析方面，经过几年的努力，预算执行分析报表报送的及时性、准确性大大提高，分析内容向多因素、相关性、政策效应和趋势分析拓展，反映经济和财政运行过程中苗头性、倾向性问题的能力进一步增强，分析报告质量进一步提升，已经成为财政经济决策管理的重要参考依据。在决算管理方面，近几年决算报表编报体系不断完善，决算编审和批复程序不断规范，批复进度不断加快。在此基础上，各级财政部门普遍加强决算数据的分析利用，揭示预算编制和执行中存在的问题，有力地促进了部门预算编制和预算执行管理的改进和完善。

3. 总预算会计管理基础得到加强

总预算会计管理是现代财政国库管理的基础和核心。总预算会计管理取得的成效表现在以下方面：一是财政资金专户管理得到规范。清理归并一批财政资金专户，实现了对预算单位银行账户的规范管理。目前，已对中央2.1万多个单位的9.4万个账户实行审批管理和年检制度。二是各级财政部门的资金安全防控意识和内部控制机制等进一步强化，建立了科学、严密的总会计业务流程。三是建立了国库现金流量预测系统，资金调度的及时性、准确性和可预见性逐年提高，确保了重点资金及时均衡拨付。四是及时修订完善总预算会计科目，以适应国库集中收付制度改革、政府收支分类改革、津贴补贴改革、国有资本经营预算管理等财政重大改革的需要。进一步加强和完善了对账制度，确保总预算会计账的真实性、完整性。此外，2003年我国启动了政府会计改革研究。在深入研究分析我国预算会计制度现状，借鉴国际政府会计管理与改革经验的基础上，完成了《我国政府会计战略框架问题研究报告》。目前，正在抓紧制定我国政府会计改革方案，并以国际公共部门会计准则委员会委员国身份，参与国际公共部门会计准则的制订。

4. 财政国库管理信息化长足发展

在推进财政国库管理改革工作中，国库管理信息系统发挥了强有力的技术保障作用。目前，已建立起比较完善的国库总账系统，统一管理预算指标、用款计划、收支执行等业务数据；已建立起基本的系统控制机制，预算控制计划、计划控制拨款、拨款单信息自动对应，同时辅以对财政资金拨付各环节的信息校验、业务流程控制、权限管理、基础数据管理等一整套复杂的控制规则，形成了较为完善的安全制约机制；已建立起纵横、高速的网络体系，中央财政国库信息系统基本覆盖全国省级财政，并与中央部门和代理银行相连接。信息化手段的应用，提高了国库管理现代化水平。

5. 财政国库动态监控效果日渐显现。

国库集中收付制度改革实施后，财政部门建立了以国库单一账户体系为基础的电子化监控系统，对中央预算单位用款的零余额账户的每一笔支付交易进行实时智能动态监控，创新了财政监控模式，并建立财政资金实时监控、综合核查、信息披露、整改反馈、跟踪问效的财政国库动态监控管理机制，从根本上加强了事前和事中监督，对违法违纪问题形成有效威慑，预算单位规范使用资金的意识明显增强，违规行为大大减少。

（四）目前仍存在的问题

根据现代国库制度建立的要求，改革实施以来，在取得显著成效的同时，也暴露了进一步深化改革的制约因素，为今后进一步深化改革提供了切入点。

1. 预算管理体制仍不够完善

第一，预算编制项目较粗，不够细化。由于有些部门预算往往只填“类”、“款”、“项”，即便填到“目”级，很多子项和子目都没有填报，使得财政部门在具体操作中仍然不能对每一笔资金的真实流向实现有效监控。

第二，预算编制时间相对较短，批准时间较晚。一方面，编制预算需要有大量的数据信息，并进行多次仔细的汇总、审核和修改，这会经历较长时间；另一方面，《预算法》的相关规定造成国库单一账户有近半年的收支并不是根据人民代表大会批准后的预算进行的，违背了“依法理财”的国库改革制度设计初衷。上述两个原因使国库单一账户在执行依据和执行程序上的规范性都受影响。

2. 信息网络建设还不够发达

第一，国库自身的信息化程度不高。从横向来看，沟通国库部门、预算单位、收缴支付执行机构和代理银行间电子化信息系统不完善，没有实现联网。不仅应用软件不一致，存在大量重复劳动，而且处理的数据口径不统一，无法实现共享；从纵向上看，预算部门上下级单位之间的网络不发达，越到基层这种情况越突出，加大了汇总的工作量，降低了时效性。

第二，市场信息不充分，无法形成全国统一的市场行情报价系统，国库难以准确地对用款单位的付款申请实施事前监督和审核，导致资金管理领域的“真空”出现。

3. 改革打破了传统的资金运行方式，触动了一些部门利益，改革的难度加大

国库集中支付对各单位、地区而言是一个新生事物，同时作为从源头上防止腐败的“阳光财政”的重要举措，势必会对这些部门的既得利益进行重新整合，在逐渐规范的过程中也会碰到一些阻力。主要表现在加大了试点单位的工作量、削弱了事业单位的理财积极性和破除了一些部门的既得利益等方面。

四、进一步深化国库集中收付制度改革

（一）深化国库集中收付制度改革的总思路

在目前改革试点已取得初步成效，改革思路逐步理顺，有关问题已有所显现的基础上，进一步深化国库集中收付制度改革的指导思想是：逐步实现所有政府收支纳入预算，统一由国库集中收付，在完善单一账户体系的基础上，依靠现代信息科学技术，以国库收付为核心，建立规范、高效的政府财政收入运行机制、支出运行机制和管理运行机制，以适应我国建立公共财政框架、发展社会主义市场经济的需要。

（二）深化国库制度改革应遵循的原则

1. 保障各政府职能部门和事业单位职责有效实现的原则

国库是政府财政资金的出纳和预算执行机构，根本任务就是保证预算收入的组织和支出拨付，实现政府职能，提供公共物品服务，满足社会公共需要。在现实生活

中，国库任务具体是通过各政府各部门及事业单位的职责来实现的。这也是检验国库制度改革成败的根本标准。

2. 提高财政资金运行效率的原则

提高财政资金运行效率，就要求财政收入及时足额入库，支出按预算、按计划准时拨付到用款单位，各种款项往来便捷，会计核算简便、务实，尽可能减少纳税人付出的成本，以及政府资金管理的成本和损失。

3. 保证资金运行安全、防范资金损失和风险的原则

在制度上、机制上建立相应的制约激励措施，协调财政国库管理机构、财政国库执行机构、中国人民银行国库机构、代理银行、预算单位及商品和劳务供应商等众多机构关系，防范资金损失和风险，维护社会共同利益。

4. 走规范化、法制化道路的原则

在进一步深化国库制度改革过程中，应加快国库管理规范化、法制化进程，使国库法律制度成为国家法律体系的重要组成部分，巩固改革成果。吸取改革开放后一些财政改革没有及时上升为国家法律，制度执行不够稳定、规范，与市场经济发展方向不完全一致的教训。

5. 加强国库资金收付的财政监督、人民代表大会监督和社会监督的原则

在进一步深化国库制度进程中，需要建立有效的监督，保证国库资金收付符合国家的路线、方阵、政策，以及法律、制度规定，保障预算执行，履行政府职责，维护社会公共利益，最大限度地治理截留、挪用，甚至贪污国库资金的违法违纪行为。

6. 加强国库集中收付制度配套制度建设的原则

国库集中收付制度改革是一项涉及对象广泛，需要多方联动的系统性工程。在进一步深化国库集中收付制度改革的进程中，需要进一步深化国库收入收缴制度和支付制度改革，推进预算制度及预算会计制度改革，加强国库收付管理信息系统建设以提供技术支持，加快国库制度改革的监督约束机制与激励机制的生成与完善。

专栏 9-2

“经理”改“代理”：走向现代国库管理制度的必然选择

“经理”和“代理”国库之争，实质是传统国库管理理念和现代国库管理理念的一场碰撞。

近期，在《预算法修正案草案（二审稿）》向社会公众公开征求意见过程中，有关国库由央行“经理”还是“代理”的问题引发一些讨论。“经理”和“代理”国库之争，实质是传统国库管理理念和现代国库管理理念的一场碰撞。全国人大在《预算法修正案草案（二审稿）》中将“中央国库业务由中国人民银行经理”的规定删除，改为“国库管理的具体办法由国务院规定”。笔者认为，这一修改虽然摒

弃了传统的国库管理理念，彰显了现代国库管理理念，但还没有完全修改到位。应直接修改为“国库业务由中国人民银行代理”，以充分体现我国国库管理制度改革的本质内涵，同时也与国际惯例接轨。

什么是“国库”

目前国际上对国库职能的定位，一般采用国际货币基金组织（IMF）的定义，即国库不单是指国家金库，更重要的是指财政代表政府控制预算执行，保管政府资产和负债的一系列管理职能。

虽然国库的机构设置和人员编制都在央行，但国库在业务性质上是有别于央行其他部门的。国库担负着对财政性资金进行收纳、划分、留解、拨付和清算的任务，是为实现国家预算收支任务服务的。国库工作实质上是整个国家预算执行工作的一个重要组成部分。按照国务院批准的“三定”方案，财政部的一项重要职责就是对央行国库业务进行指导和监督。

国库在机构设置和业务性质上的双重归属，是导致“经理”、“代理”国库之争的一个重要原因。

国库管理体制有三种类型，绝大多数国家采用委托国库制

从国库管理理论看，国库管理体制主要分为三类，即委托国库制、独立国库制和银行存款制。在委托国库制下，国家不单独设立专门的国库管理机构，而是委托相关机构履行国库职能。在独立国库制下，国家设置专门的国库管理机构，独立负责财政资金的收纳、保管和拨付等工作。在银行存款制下，国家将财政资金作为普通存款存放于商业银行，商业银行可以按商业化营运原则自由支配使用财政资金存款。

目前，国外绝大多数国家实行委托国库制，个别国家（如芬兰）实行独立国库制，一些西方国家地方政府实行银行存款制，尚无一个国家规定由央行经理国库。实行委托国库制的国家，一般都在法律中对委托机构作出明确规定。如《美国联邦储备法案》第 15 章规定，“联邦储备银行作为美国政府的存款银行和财务代理机构，应按照财政部长的指令，履行美国政府的财政代理职能”；《澳大利亚储备银行法案 1959》规定，“澳大利亚储备银行应作为联邦政府财政代理机构”。

我国传统国库制度存在诸多弊端

传统国库制度下，财政资金缴库和拨付是通过征收机关和预算单位设立多重账户分散进行的。随着社会主义市场经济体制和公共财政体系的建立和发展，这种传统国库制度暴露出来的弊端越来越突出。

一是重复和分散设置账户，导致财政收支活动透明度不高，截留、坐支应缴未缴资金现象严重，不利于实施有效管理和全面监督。二是财政收支信息反馈迟缓，难以及时为预算编制、执行分析和宏观调控提供可靠依据。三是收入执行中征管不严，退库不规范，财政收入流失问题时有发生。四是支出执行中资金分散拨付，大量财政资金滞留在预算单位，出现截留、挤占、挪用等问题，既降低资金使用效率，又容易诱发腐败现象。五是人民银行国库发生多起盗取财政资金案件，多的达上千万元。

也正是由于“经理”国库存在的严重问题，党中央、国务院才下决心要借鉴国际经验，彻底进行改革。

国库集中收付制度改革成为传统国库制度向现代国库制度转变的分水岭

2001年，国务院批准财政部和人民银行共同上报的《财政国库管理制度改革方案》，我国开始实施以国库单一账户体系为基础、资金缴拨以国库集中收付为主要形式的现代国库管理制度，实行与国际惯例接轨的委托国库制。

实施国库集中收付制度后，财政资金收缴入库和资金拨付的“路径”发生了根本性变化，各类财政收入通过国库集中收缴方式直接缴入国库或财政专户，各类财政支出以财政直接支付或财政授权支付方式，直接支付到最终收款人或用款单位，相当于以“第三方支付”形式，实现预算单位“花钱不见钱”，有效避免了资金的挤占和挪用，切实提高了资金运行安全性、规范性和有效性。人民银行建立大、小额支付系统办理商业银行支付资金后的银行清算业务，相当于为商业银行资金清算修建了一条“高速公路”，从银行业务方面有效满足了国库集中收付制度改革的需要，确保了银行资金清算准确、及时。在整个财政资金收付链条中，经招投标方式确定的代理银行成为重要一环，代理银行建设了为国库集中收付业务服务的信息系统，业务处理过程实现了电子化操作，为每一家预算单位提供了优质业务服务。

应当说，没有财政部门与人民银行、代理银行的协同配合，国库集中收付制度改革也不能顺利实施。

传统国库制度向现代国库制度转变后，切实强化了预算执行的管理与监督

传统国库制度向现代国库制度转变后，对预算执行的监督不仅没有弱化，反而得到进一步增强。

人大批准的预算是分配到每一个部门、每一个单位的预算。对预算执行的监督主要体现为对预算单位的预算执行情况进行监督。实施国库集中收付制度改革后，财政部门通过建立智能化的预算执行动态监控系统，对预算单位的每一笔资金支付实施动态监控，切实强化了事中监督，对预算单位违规支付行为形成有效威慑；同时，也确保了“三公”经费、行政经费等有关预算执行信息公开的真实性和准确性。

对财政部门是否按照预算拨付资金，则主要由审计部门进行监督，这是我国宪法、预算法和审计法规定的，也是和国际惯例接轨的。央行在银行资金清算方面进行监督，对商业银行超额度的拨付拒绝清算。据了解，财政部和人民银行共同颁布的一系列国库集中收付制度文件，都是这么规定的。

实施监督，要有完备的监督制度、监督权限、监督程序、对违规行为的处罚手段，以及对监督执法人员滥用权力的责任追究。笔者认为，有关部门应按照制度和规则行使监督权力，各司其职，各负其责，否则会破坏政府运行秩序，影响政府行政效能。

（摘自：马海涛："'经理'改'代理'：走向现代国库管理制度的必然选择"，《中国财经报》，2012年8月9日。）

（三）深化国库集中收付制度改革的重点

国库集中收付管理是财政部门一项十分重要的基础性工作，直接体现财政科学化、精细化管理水平。把这项基础性工作夯实，需要完善资金运行全过程各个环节的运作机制。

一是完善国库集中收缴运行机制。根据"强化税收、清理收费"的要求，积极推进财税库银税收收入电子缴库横向联网；加快推进非税收入收缴改革，所有执收单位要实行统一的非税收入收缴制度。

二是完善国库集中支付运行机制。按照"完善操作，优化流程，提高效率，确保安全"的原则，健全国库集中支付运行机制，提高财政资金运行透明度。

三是完善专项转移支付资金国库集中支付机制。逐步将具备条件的政府间专项转移支付资金纳入国库集中支付范围，建立健全专项转移支付资金拨付监管新机制，实现资金直达、运行透明、动态监控。

四是完善国库资金支付动态监控机制。建立事前事中事后一体化的预算执行动态监控体系，覆盖各级政府预算执行的全过程。

五是完善总预算会计管理制度。强化总预算会计岗位责任制，配备高素质的总预算会计人员，确保财政资金核算的安全、规范、高效。尽快将预算单位实有资金账户纳入国库单一账户体系管理，规范财政资金专户管理，建立资本性账户，丰富和完善国库单一账户体系。

六是完善预算执行分析和决算管理。加强和规范预算执行情况分析报告制度，细化和完善决算报表体系，加强财政决算和部门决算数据的分析利用，及时发现并反馈财政管理中存在的问题。

专栏9-3

财政部《关于加快建立地方预算执行动态监控机制的指导意见》

预算执行动态监控是国库集中支付有效实施的保障和手段，是预算执行管理的重要内容。加快建立预算执行动态监控机制，增强财政管理透明度，有利于提高财政资金使用的安全性、规范性、有效性，有利于推进财政管理的科学化、精细化。根据十一届全国人大二次会议审议通过的《关于2008年中央和地方预算执行情况与2009年中央和地方预算草案的报告》和国务院批准的《财政国库管理制度改革方案》的有关要求，现就加快建立地方预算执行动态监控机制提出以下指导意见。

一、充分认识加快建立预算执行动态监控机制的重要性和紧迫性

财政国库管理制度改革是公共财政管理的重大制度创新，自2001年试点以来，已在中央和地方全面推行并不断深化，其核心是通过建立国库单一账户体系，改革财政资金的传统缴拨方式，建立起适应公共财政发展的现代财政国库管理体系，目的是进一步加强财政监督，提高资金使用效益，更好地发挥财政宏观调控作用。预算执行动态监控机制是现代财政国库管理体系的重要组成部分，加快建立健全覆盖各级财政的预算执行动态监控机制是落实国务院批准的《财政国库管理制度改革方案》中"加强监督制约机制"要求的重要措施。

按照《财政国库管理制度改革方案》的要求，财政部于2002年开始探索建立预算执行动态监控机制，实施几年来取得了重大进展和成效。通过动态监控，发现并纠正了大量违规或不规范操作行为，预算单位规范使用资金的意识日益增强，违规金额和违规比例持续保持下降态势，有效地提高了财政资金的安全性、规范性和有效性，推动了预算执行管理的科学化和精细化进程。一些省级财政部门结合本地特点，比照财政部的做法进行了试点，也取得了很好的成效。实践表明，财政资金无论采用财政直接支付或财政授权支付，动态监控管理都是预算执行流程中不可缺少的一个重要环节，是前移财政监督关口、防范资金支付使用风险的机制保障。

总体来看，地方预算执行动态监控机制建设明显滞后于国库集中支付改革进程。这不仅影响到国库集中支付改革的进一步深化和现代国库管理体系的完善，而且也不适应财政支出科学化精细化管理和健全公共财政管理体系的需要，急需认真对待和加快改变。财政部党组高度重视预算执行监控工作，在2009年财政工作要点中明确要求建立各级财政国库动态监控体系。各地财政部门要着眼大局，提高认识，切实加快推进预算执行动态监控机制建设。

二、建立预算执行动态监控机制的总体要求

预算执行动态监控机制建设要深入贯彻落实科学发展观，按照公共财政管理和现代国库管理制度的发展要求，紧紧围绕重大财政政策的有效实施，以国库单一账户体系为基础、以财政资金活动监控为重点、以动态监控系统为平台，实时接收代理银行和预算单位信息，全程监控财政资金支付活动，充分发挥动态监控的威慑、警示、纠偏、规范作用，建立健全预算执行动态监控体系，推进财政管理科学化、精细化，着力加强预算管理与监督，确保财政资金安全、规范、有效使用。

预算执行动态监控机制建设要坚持有利于提高预算执行透明度、坚持有利于

增强部门和单位预算执行责任主体意识、坚持有利于深化财政国库管理改革、坚持有利于充分发挥信息网络技术作用，统筹考虑，加快实施，争取2009年基本建立起比较规范的省级财政部门预算执行动态监控机制；2012年全面建立起预警高效、反馈迅速、纠偏及时、控制有力的覆盖各级财政的预算执行动态监控体系。

三、建设完善财政国库动态监控系统

国库动态监控系统是预算执行动态监控机制的工作平台和技术支撑，地方财政部门要高度重视监控系统在预算执行监控中的重要基础性作用。各地财政部门要统筹规划，周密部署，结合“金财工程”总体规划和财政信息化建设特点，充分考虑系统建设的前瞻性和整体性，加快建立健全国库动态监控系统。

国库动态监控系统建设要充分利用现代信息网络技术，覆盖所有财政资金全过程支付活动，保持并实时更新交易记录，确保实现预警高效和信息集成，达到系统实时动态、智能预警、综合分析、实用兼容等核心主体功能目标。为加快推进监控机制建设，进一步节约成本和提高效率，中央财政国库动态监控系统可免费提供给地方财政部门安装和使用，软件的实施费用和服务费用，原则上由各级财政部门负担。已建立监控系统的省市要进一步完善功能，加大推广改造力度。

四、建立健全财政国库动态监控运作机制

地方财政部门要按照“完善操作，优化流程，提高效率，确保安全”的原则，加快建立预算执行动态监控运作机制。通过监控系统全面跟踪财政资金支付的申请、审核、支付、清算及核算的操作流程，动态监控每一笔财政资金支付的详细交易记录，包括付款人、付款金额、付款时间、付款方式、付款用途、预算科目、支付方式、支付类型、收款人、收款人账号等，及时核实预警疑点，深入核查重大事项，迅速纠正查实问题，即时通报违规情况，并积极开展与预算管理及主管部门的联动协作，真正形成事前事中有效控制、事后跟踪问效的资金支付使用监控模式。

地方财政部门要进一步健全国库单一账户体系，逐步将所有财政资金纳入国库单一账户体系运行并纳入动态监控管理。全面推行公务卡制度，按规范要求实现对预算单位公务卡消费的实时监控和动态分析，逐步将动态监控范围扩大到所有财政资金和全部预算单位。

五、建立预算执行动态监控分析报告制度

地方财政部门要通过建立月、季、年报及专项报告等各种形式，对监控发现的问题及新情况、新动态进行分类梳理、综合分析，挖掘根源、提出对策、反馈情况，充分发挥监控信息集中优势，及时快捷地为领导提供监控有效信息和决策参考，向预算管理部门和单位通报监控情况，促进预算编制、预算执行更加规范合

理，调动主管部门参与预算执行管理的积极性，形成合力，进一步提高预算管理的科学化、精细化水平。

六、健全财政国库内部控制制度

地方财政部门要加强财政国库内部控制管理，建立用款计划审批、资金审核支付、银行账户监管、财务会计核算、内部印章印鉴管理等科学规范的管理制度和分工明确的岗位制衡机制。财政国库机构内部资金审核岗位要与支付岗位相分离，资金支付岗位要与账务核算岗位相分离，监控岗位要与业务岗位相分离，会计岗位要与出纳岗位相分离，各个环节职责清晰，不得混岗串岗，不得擅减程序，完善财政国库内控管理，防范财政资金支付风险，保障财政资金安全运行。

七、扎实做好预算执行动态监控机制建设的配套工作

地方财政部门要充分认识建立健全动态监控机制工作的重要性和紧迫性，切实加强组织领导，充实人员队伍，完善机构建设，研究确定预算执行动态监控机制工作流程和操作规范。要按照科学规范和统筹发展的要求，结合本地实际情况，周密部署，加紧研究和制定预算执行动态监控机制建设的工作规划和具体实施步骤，确保实现建立预算执行动态监控体系的工作目标。

地方财政国库部门要加强与财政部门内部、预算部门和单位、代理银行等方面的沟通协调。加大培训力度，认真组织开展预算法律法规和相关制度的学习和培训，着力提高监控人员和代理银行相关人员政策理论水平、业务素质和实务操作能力。

省级财政国库部门在确保本级 2009 年初步建立预算执行动态监控机制的基础上，要加大对本行政区域各级财政部门预算执行动态监控机制建设的指导和督促力度，并通过举办专题培训班、召开现场推广交流会、专项资金支持等方式支持和引导下级财政部门因地制宜地开展动态监控管理工作。财政部对地方预算执行动态监控机制建设和进展情况进行跟踪，并通过适当方式进行督促和考核，确保整体工作目标如期实现。

第二节

政府采购制度改革

政府采购制度起源于欧洲，至今已有 200 多年的历史。1782 年，英国政府成立了“文具公用局”，负责采购政府所需货物和投资建设项目，并建立了一套政府采购

特有的采购程序以及规章制度。自此，政府采购成为西方市场经济国家普遍推行的财政支出管理制度。政府花纳税人的钱要尽可能取得最大效益，实现物有所值，这是世界各国政府采购制度的共同宗旨。

一、政府采购

（一）政府采购的含义

对政府采购的概念，学者观点不尽一致。有的认为政府采购等同于政府的购买性支出，认为“政府采购是各级国家机关和实行预算管理的政党组织、社会团体、事业单位，使用财政性资金获取货物、工程或服务的行为”。还有学者将政府采购定义为受政府采购制度约束的政府购买行为，认为“政府采购，也称公共采购，是指各级政府及其所属机构为了开展日常政务活动或为公众提供公共服务的需要，在财政的监督下，以法定的形式、方法和程序，对货物、工程或服务的购买”。总体而言，理论界对于政府采购主体的界定是比较一致的，认为政府采购的主体是公共机构，具体包括“各级国家机关、事业单位”，“团体组织”，“各级政府及其所属机构”；对政府采购的资金来源也没有太大的分歧，尽管有些定义没有明确，但都认为政府采购资金的来源具有公共性，主要是“财政性资金”；都认为政府采购是一种行为。

我国于 2002 年颁布的《中华人民共和国政府采购法》（以下简称《政府采购法》），对政府采购的定义是：“各级国家机关、事业单位和团体组织，使用财政性资金采购依法制定的集中采购目录以内的或者采购限额标准以上的货物、工程和服务的行为”。

（二）政府采购的特征

1. 政府采购的公共性

政府采购是以政府为代表的公共机构为主体进行的购买活动。政府采购的公共性可以从两个方面具体分析。一是政府采购资金来源的公共性，政府采购资金主要是以税收为主的财政性资金；二是政府采购目标的公共性，政府采购的最终目标是满足社会公共需要。

2. 政府采购的经济主体性

政府采购直接表现为一种对商品物资的购买活动。政府在市场上与其他经济主体的地位相同，不存在等级贵贱之分，都要遵循市场经济自愿平等的市场交易规则。从这个意义上来说，政府采购是政府作为经济主体进行市场交易的经济行为。

3. 政府采购的经济性

政府采购的经济性和经济主体性既有区别又有联系。政府采购的经济主体性是指政府采购主体在采购过程中，不会由于政府属于特殊部门就在采购市场上享受特殊待遇，而是与其他经济主体一样，遵循市场行为规则。政府采购的经济性是指政府采购追求效益最大化目标，这是由政府采购的经济主体性所决定的。

4. 政府采购的非营利性

政府采购的非营利性是指政府采购活动本身并不以营利作为目标，这是由政府采购的公共性决定的。

二、政府采购制度

（一）政府采购制度的含义

政府采购制度就是约束政府机关和公共机构运用市场竞争机制采购货物、工程和服务，以实现公共职能的制度，是为规范政府采购行为而制定的一系列法律、规章和办法的总称。

一般来说，政府采购制度的基本内容包括：

1. 政府采购法规，主要表现为各国分别制定的适合本国国情的《政府采购法》。该项法规主要包括总则、招标、决议、异议及申诉、履约管理、验收、处罚等内容。

2. 政府采购政策，即政府采购的目的，采购权限的划分，采购调控目标的确立，政府采购的范围、程序、原则、方式方法、信息披露等方面的规定。

3. 政府采购程序，即有关购买商品、服务或工程的采购单位采购计划的拟定、审批，采购合同签订，价款确定，履约时间、地点、方式和违约责任等方面的规定。

4. 政府采购管理，即有关政府采购管理的原则、方式、管理机构、审查机构与仲裁机构的设置，争议与纠纷的协调与解决等规定。

（二）政府采购制度的特征

现代政府采购制度日臻完善，它具有的规范性、集中性、计划性和透明性的特征，有利于规范采购行为，节约财政资金，适应现代政府预算的要求，同时方便公众的监督。因此，政府采购制度已经被大部分发达国家及不少发展中国家运用于公共支出管理中。

1. 规范性

现代政府采购制度通过一系列法律、规章和办法规范政府采购行为，有相应的专门管理政府采购工作的部门，在政府采购的主体、代理人、资金供给方等政府采购的当事人之间形成制约关系。

2. 集中性

传统的政府采购大多是分散进行的，现代政府采购则是以集中采购为主，集中的政府采购更能体现效益优势，节省交易成本，而且便于监督。同时，出于采购效益的考虑，现代采购制度也允许一些适宜分散采购的物资继续进行分散采购。

3. 计划性

政府采购物品的范围和数量受预算制度的约束，一般来讲，政府采购清单要严格按照每年的政府预算开列。

4. 透明性

现代政府采购制度往往对政府采购的透明性作出严格规定。政府采购过程要公开，受相关部门和公众的监督。一些大宗的、关键的政府采购项目，通常要求采用公平竞争的招标方式公开进行，除了政府采购的当事人互相监督之外，公众还可以对政府采购的整个过程进行监督。

不管是传统的政府采购制度，还是现代政府采购制度，只要是对政府采购活动的约束性规定，都属于政府采购制度的范畴。关键的问题不在于是否建立了政府采购制度，而在于建立了何种政府采购制度，以及先进的政府采购制度是否能被严格执行。现代政府采购制度的精神就在于使政府采购遵循一定的程序，增强政府采购的透明度，便于政府采购的管理和监督，追求财政资金使用的最高效益。

（三）实施政府采购制度的意义

政府采购的意义可从经济意义和社会意义两方面来理解。政府采购的经济意义可分为直接经济效益和宏观经济效益。直接经济效益是指政府采购有利于降低采购成本，节减财政支出，提高财政资金的使用效益；有利于增加消费者剩余，减少社会福利的额外损失。宏观经济效益是指政府采购有利于通过统一的政府采购，贯彻政府在总量调控和结构调整方面的意图；有利于发挥稳定物价的调控作用；有利于体现政府的某些特定政策。政府采购的社会意义表现为政府采购有利于加强政府系统的廉政建设和促进社会的持续健康发展。

三、政府采购方式

（一）政府采购方式的分类

1. 按是否具备招标性质，可将采购方式分为招标性采购和非招标性采购

采购金额是确定招标性采购与非招标性采购的重要标准之一。一般来说，达到一定金额以上的采购项目，采用招标性采购方式；不足一定金额的采购项目，采用非招标性采购方式。

招标性采购是指通过招标的方式，邀请所有的或一定范围的潜在的供应商参加投标，采购实体通过某种事先确定并公布的标准，从所有投标中评选出中标供应商，并与之签订合同的一种采购方式。

非招标性采购是指除招标采购方式以外的采购方式。非招标性采购方法很多，通常使用的主要有竞争性谈判采购、单一来源采购、询价采购等。

2. 按采购规模分类可将采购方式分为小额采购方式、批量采购方式和大额采购方式

小额采购是指对单价不高、数量不大的零散物品的采购，具体采购方式可以是询价采购，也可以直接到商店或工厂采购。批量采购，是指小额采购物品的集中采购，具体采购方式可以是询价采购、招标采购或谈判采购等。大额采购是单项采购金额达到招标采购标准的采购，适用的具体采购方式有招标采购、谈判采购等。

3. 按形式上依据的媒介即运用的手段，可分为传统采购方式和现代化采购方式

传统的采购方式，是指依靠人力来完成整个采购过程的一种采购方式，如通过报刊杂志来发布采购信息，采购实体和供应商直接参与采购每个环节的具体活动等。现代化采购方式，是指主要依靠现代科学技术的成果来完成采购过程的一种采购方式，如采购卡采购方式和电子贸易方式。

4. 按组织模式可分为集中采购和分散采购

当将完成所有采购的权力和责任，都赋予一个由采购首长控制的中央组织单位时，集中采购职能就产生了。分散采购是将采购职能分布在整个组织内，由各个部门分别实现政府采购职能。实际上没有100%的集中采购或分散采购。大多数采购职能都是混合的采购制度，一个组织究竟在多大程度上实现集中采购和分散采购没有标准模式。采购实体的目标、文化、资源和管理需求都对采购组织的集中化和分散化起作用。

5. 按招标所经历的阶段可将招标采购分为单阶段招标采购和两阶段招标采购

单阶段招标采购就是通过一次性招标，让投标商提交价格标的采购方式。两阶段招标采购是一种特殊的招标采购方式，即对同一采购项目要进行两次招标。第一次招标是采购实体要求供应商提交不含价格的技术标，目的是征求各家供应商对拟采购项目在技术、质量或其他方面的建议。第二次招标是采购实体根据第一阶段征求的建议修改招标文件，要求供应商按照修改后的招标文件提交最终的技术标和价格标。

（二）各种具体的采购方式

我国政府采购法中规定了五种政府采购方式，分别是公开招标、邀请招标、竞争性谈判、询价和单一来源采购。

1. 公开招标

公开招标采购，也称竞争性招标采购，是指采购方根据已经确定的采购需求，提出招标采购项目条件，邀请所有有兴趣的供应商参加投标，最后由招标人通过对各投标人所提出的价格、质量、交货期限和该投标人的技术水平、财务状况等因素进行综合比较，确定最佳的投标人为中标人，并与其最终签订合同。

公开招标方式由于最能体现采购公开透明的原则，因此被认为是首选的政府采购方式，不适用的情况主要分为以下三类：

（1）采购的商品不存在竞争的情况或者要求采购的产品是独家产品；

（2）如出于物资价值太低、采购时效和安全等原因不适合用竞争方式进行采购；

（3）排除竞争的情况，如研发、工程扩建和采用计划价格的产品等。

公开招标的流程如图9-4所示。

2. 邀请招标

邀请招标，也称选择性招标，是指由采购人根据供应商或承包商的资信和业绩，选择一定数目的法人或其他组织，一般不能少于三家，向其发出招标邀请书，邀请它们参加投标竞争，从中选定中标的供应商。

邀请招标的适用范围为：

（1）采购项目比较特殊，如保密项目和急需或者因高度专业性等因素使提供产品的潜在供应商较少，公开招标与不公开招标都不影响提供产品的供应商数量。

（2）若采用公开招标方式，所需时间和费用与拟采购的项目总金额不成比例，即采购一些价值较低的采购项目，用公开招标方式的费用占政府采购项目总价值比例

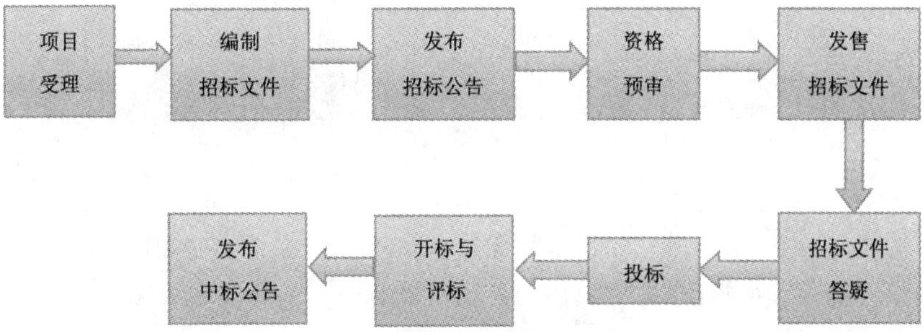

图 9-4 公开招标的流程

过大的情况，采购人只能通过邀请招标方式来达到经济和效益目的。

邀请招标的流程如图 9-5 所示。

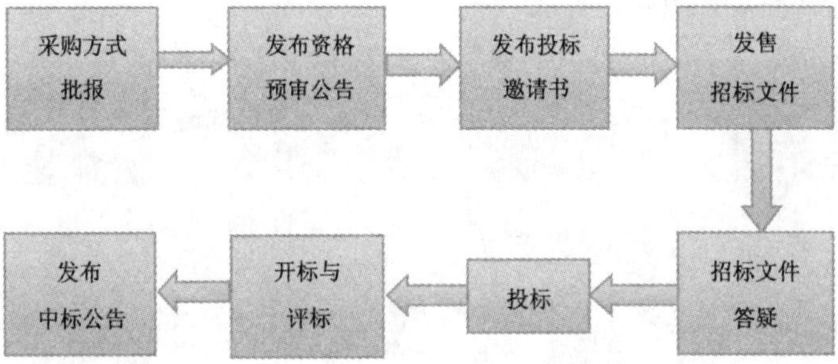

图 9-5 邀请招标的流程

3. 竞争性谈判采购方式

竞争性谈判采购是指采购机关通过与多家供应商进行谈判，最后从中确定中标商的一种采购方式。采购中的谈判是指采购和销售双方就交易的条件达成一项双方都满意的协议的过程。

我国颁布的《中华人民共和国政府采购法》规定，符合下列情形之一的产品或者服务，可以依照本法采用竞争性谈判方式采购：

（1）招标后没有供应商投标或者没有合格标的或者重新招标未能成立的；

（2）技术复杂或者性质特殊，不能确定详细规格或者具体要求的；

（3）采用招标所需时间不能满足用户紧急需要的；

（4）不能事先计算出价格总额的。

竞争性谈判的流程如图 9-6 所示。

4. 询价采购

询价采购也称货比三家，是指采购单位向国内外有关供应商（通常不少于三家）发出询价单，然后对供应商提供的报价进行比较，并确定中标供应商，以确保价值具有竞争性的采购方式。

适用询价采购方式的项目，主要是针对现货或标准规格的商品的采购，或投标文件的审查需要很长时间才能完成，供应商准备投标文件需要更高额费用或资格审查条

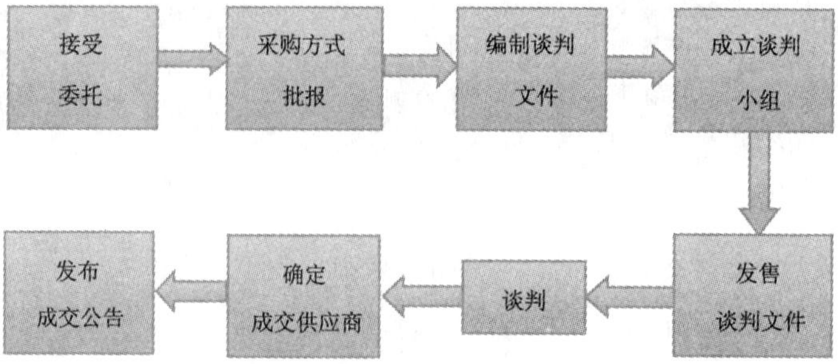

图 9-6 竞争性谈判操作流程

件过于复杂的采购。我国《政府采购法》规定，采购的货物规格、标准统一、现货货源充足，且价格变化幅度小的政府采购项目，可以采用询价采购方式。

询价采购的流程如图 9-7 所示。

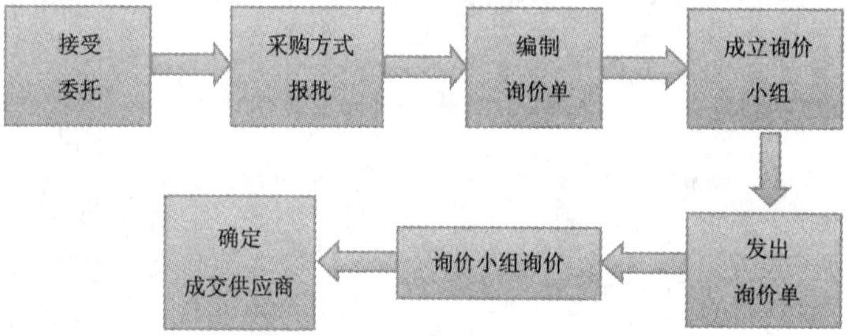

图 9-7 竞争性谈判操作流程

5. 单一来源采购方式

单一来源采购也称直接采购，是指采购机关向供应商直接购买的采购方式。单一来源采购是一种没有竞争的采购方式，是采购实体在适当的条件下向单一的供应商、承包商或服务提供者征求建议或报价来采购货物、工程或服务。它达到了竞争性招标采购的金额标准，但所购商品来源渠道单一，或属专利、首次制造、合同追加、原有项目的后续扩充等特殊情况，因而只能由一家供应商供货。它不需要寻找很多供应商，目标比较明确，方式比较简单，有利于采购单位降低采购成本。

我国《政府采购法》规定，符合下列条件之一的货物或服务，可以采用单一来源方式采购：

（1）只能从唯一的供应商处采购的；

（2）发生了不可预见的紧急情况，不能从其他供应商处采购的；

（3）必须保证原有采购项目一致性或服务配套的更求，需要继续从原供应商处添购，且添购资金总额不超过原合同采购金额 10% 的。

单一来源采购的流程如图 9-8 所示。

四、我国政府采购制度改革

我国政府采购制度自实施以来经历了一个快速发展的过程，在取得成就的同时，

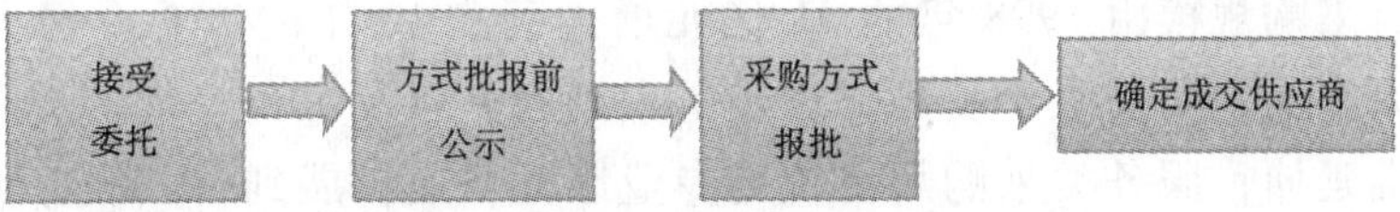

图 9-8　单一来源采购操作流程

也存在着一些问题，需在实践中不断完善。

（一）中国政府采购制度的建立与发展

我国政府采购制度发展经历了理论探索、试点及全面发展三个阶段。

1. 研究探索阶段（1995 年—1998 年 7 月）

这一时期主要是政府采购理论上的探索阶段，1995 年，财政部开始结合财政支出改革对政府采购进行理论上的研究。1996 年，上海、河北、深圳等地启动了政府采购的试点工作。1996 年 10 月，财政部编写了第一份政府采购简报，同年，上海市政府采购试点工作取得一定进展。1997 年，财政部向国务院法制办报送了制定《政府采购条例》的立法请示。当年，国务院法制办就《招标投标法》和《政府采购法》的立法思路进行了协调。

2. 试点阶段（1998 年 7 月—2003 年 1 月）

这一阶段主要是政府采购的试点阶段。1998 年 7 月财政部指定《中国财经报》作为政府采购的宣传媒体；同年，国务院进行机构改革，国务院核定财政部的“三定方案”赋予了财政部拟定和执行政府采购政策的职能，从而确立了我国政府采购的主管部门。1999 年，财政部颁布了《政府采购管理暂行办法》，这是我国第一部关于政府采购管理的全国性的部门规范性文件。2000 年 6 月，财政部在国库司专门设立了政府采购管理机构。2002 年 6 月 29 日，《中华人民共和国政府采购法》颁布。

3. 全面推行阶段（2003 年 1 月至今）

2003 年 1 月 1 日，《政府采购法》正式实施，标志着我国的政府采购制度由试点进入全面推行阶段。自此之后，我国政府采购的规范化程度不断提升，政府采购管理工作得到加强，如批量集中采购的推广、政府采购预算管理的加强、政府向社会力量购买服务的拓展等。政府采购的政策功能不断发挥，支持环保产业发展、支持中小企业发展等政策功能也不断发挥。2006 年 11 月，公布首份“绿色清单”，并发布《环保标志产品政府采购实施意见》，标志着政府绿色采购制度的开始。2009 年 9 月，国务院《关于进一步促进中小企业发展的若干意见》出台，明确提出完善政府采购支持中小企业的有关制度。这一时期，政府采购市场开放的步伐加快。2007 年 12 月底，我国向 WTO 提交了加入《政府采购协定》申请书和初步出价清单，正式启动了加入谈判。2008 年 9 月，我国向 WTO 提交了《中国政府采购国情报告》，请 GPA 参加方对我国政府采购法律和管理体制进行审议。截至 2014 年 1 月，我国已经向世界贸易组织提交了加入《政府采购协定》（GPA）的五份出价清单。

（二）我国政府采购制度改革取得的成就

1. 政府采购规模和范围不断扩大

全国政府采购规模由1998年的31亿元增加到2013年的1.6万亿元之多。政府采购范围由原来的主要局限于货物，逐步扩大到服务以及工程。货物类采购从通用类货物向专用类延伸；服务类采购从传统的专业服务快速扩展到公共服务、服务外包等新型服务领域；工程类采购开始逐步纳入政府采购管理范围。政府采购资金构成从财政性资金逐步向单位自筹资金、银行贷款、BOT项目市场融资等方面扩展。采购活动逐步涵盖一些公益性强、关系民生的支出项目，如农机具购置、中小学免费教材、医疗器械及药品、安居工程、文化下乡等。

2. 政府采购规范化程度不断提升

《政府采购法》颁布和实施后，财政部先后制定了配套规章和规范性制度30多个，初步建立了以《政府采购法》为统领的政府采购法律制度体系。集中采购所占比重逐渐增加，公开招标的比重也逐渐增加，公开招标采购金额由2005年的1917亿元增加到2012年的11713亿元，占采购总规模的比例由65.5%提高到83.8%。此外，评审专家管理更趋完善，信息公开力度不断加大，电子化政府采购系统建设步伐加快。

3. 政府采购的功能逐步得到发挥

在节约财政资金方面，实施政府采购以来，平均节约率为11%左右，“十一五”时期累计节约财政资金4000多亿元。“十一五”规划纲要首次把政府采购作为宏观经济调控手段，与财税、金融手段并列提出。近年来，政府有关部门逐渐重视制定与完善相关倾斜性政策，政府采购在支持自主创新企业、促进中小企业发展、推进节能环保、维护国家安全等方面显现出较好的政策功能，从单纯的财政支出管理手段上升为国家实现宏观经济和社会目标的公共政策工具。

4. 政府采购监督管理体制逐步理顺

中央和地方各级政府根据法律法规的要求，相继建立了专门的政府采购管理机构和操作机构，管理职能与操作职能相分离，政府采购“管”、“采”分离的格局基本形成。同时，随着机构的调整到位，政府采购组织模式逐步规范，集中采购机构的主导地位得到确立，政府采购信息公开化、电子化程度也在不断提高，协议供货、定点采购、网上竞价和批量集中采购等采购形式渐趋完善。

5. 政府采购对外开放和国际交流不断深化

财政部在政府采购制度改革历程中，非常重视政府采购的国际化，不断拓宽国际交流合作领域，妥善把握市场开放进程。1996年开始参加亚太经合组织（APEC）政府采购专家组活动，参与政府采购非约束性原则的制定，并积极参与有关政府采购磋商和交流。2005年以来，财政部先后在政府采购领域与欧盟建立了对话机制，与美国建立了技术性磋商机制。与此同时，财政部还参加了WTO政府采购委员会会议、联合国贸易法委员会专家组会议，以及世界银行、亚洲开发银行等国际组织有关政府采购的一系列培训、研讨等活动。2007年，我国启动了加入WTO《政府采购协定》（GPA）谈判，履行了加入WTO时的相关承诺，至今已提交了5份载明政府采购市场开放范围的出价清单，并提交了《政府采购国情报告》，请参加方对我国政府采购法律制度进行审议。在开展GPA谈判的同时，财政部统筹政府采购市场开放谈判，稳妥做好在中美战略与经济对话、中美商贸联委会等双边高层机制下的政府采购议题谈判，认真开展自贸区框架下政府采购议题磋商工作。

专栏9-4

世界贸易组织《政府采购协定》
(WTO Government Procurement Agreement)

随着国际贸易的发展，政府采购的规模越来越大，特别是到了20世纪80年代，政府成为货物贸易和服务贸易的最大买主。但由于政府采购不受关贸总协定国民待遇的限制，也不适用其最惠国待遇条款，各国可自由优待本国产品或某外国产品而歧视他国产品。歧视性政府采购日益成为国际贸易中的一个严重障碍。经过长期的讨价还价，“东京回合”多边贸易谈判于1979年4月12日在日内瓦签订了《政府采购协定》，于1980年1月1日生效。

《协议》确定了国民待遇和非歧视性待遇、发展中国家的特殊与差别待遇和透明度等原则，明确了以下基本目标：(1)通过建立一个有效的关于政府采购的法律、规则、程序和措施方面的权利与义务的多边框架，实现世界贸易的扩大和更大程度的自由化，改善协调世界贸易运行的环境；(2)各国关于政府采购的法律规章和程序做法均不得对国内供应商提供保护，以在国内外供应商之间实行差别待遇；(3)各国应提高政府采购法规及程序做法的透明度；(4)建立磋商、监督和争端解决的国际程序，以确保有关政府采购的法则能得到公正、迅速和有效的执行，维持权利和义务的平衡；(5)发展中国家特别是最不发达国家的发展、财政与贸易需要，应给予特别的考虑。

《协议》的主要内容有：《协议》的适用范围、采购方法，不得在技术要求上故意设置障碍，招标程序，投标、接标、开标和签订合同，资料和审查，义务的执行，质疑程序，磋商和争端解决，《协议》的例外和最后条款。

(三)政府采购制度改革中存在的问题

我国政府采购制度从无到有，从幼稚到不断走向成熟。取得成就的同时，我们也看到，与已实施200多年历史的西方政府采购制度相比，我国政府采购制度尚处于初级阶段。

1. 政府采购功能发挥受制于政府采购规模

目前我国政府采购功能的发挥受制于其规模。一方面，我国政府采购整体规模偏小，严重影响了政府采购功能的发挥。根据国际经验，一个国家一年政府采购的规模一般为本国当年GDP的10%到15%，而我国与国际一般水平相比有着很大的差距。另一方面，我国政府采购单次采购规模偏小，难以实现批量化采购，使政府采购通过规模采购降低成本的效果大打折扣，不少地方出现了采购价格高于市场平均价格的情况。

2. 政府采购法律建设尚需进一步加快

我国政府采购推行以来，法律建设跟进速度还是比较快的，1998 年试点改革，2002 年就出台了《政府采购法》。但当前仍需进一步完善《政府采购法》，加快出台《政府采购法》实施条例，进一步明确政府采购范围、资金来源、政府采购的程序等，以便更好地指导实际采购操作。

3. 政府采购与部门预算改革未实现“无缝对接”

若把政府采购置于公共财政制度框架体系下考察，政府采购应该与部门预算改革相接。若部门预算编制计划性不强，预算编制内容不全面，预算编制内容不细化，预算编制的价值计价不准确，预算编制审核不严、预算执行管理缺位等，将直接影响政府采购执行的效果。

4. 政府采购监督尚需进一步强化

当前政府采购监督中存在的问题主要有：一是“采管分离不彻底”。我国主要是在中央和省级层面设置集中采购机构来推进“采管分离”，在市县一级采管不分的现象依旧存在。而且，政府采购机构间职责划分不够清晰，协调机制仍有欠缺。二是事前监督和事中监督缺位。目前曝光的政府采购事件主要是事后监督发挥作用，但要更好地发挥政府采购的功效，必须加强事前监督和事中监督。

5. 政府采购实施范围尚需进一步扩大

我国《政府采购法》规定的政府采购，包括各级国家机关、事业单位和团体组织，使用财政性资金集中采购目录以内的或者采购限额标准以上的货物、工程和服务的行为。这一法律规定的政府采购实施范围，以及政府实际采购的覆盖范围，从采购适用的主体、采购资金来源与采购范围来说，相对较窄。

6. 政府购买公共服务尚需进一步探索

政府购买服务是国际上的普遍做法，也是政府采购市场开放的必然要求。目前在政府购买公共服务方面存在的主要障碍表现在四个方面：

一是认识上的不足。人们往往容易陷入公共服务由政府提供，就得由政府来生产的误区，或者从部门利益出发，当需要增加新的公共服务任务时，不是优先考虑向市场购买，而是要求增加机构，扩充编制。

二是缺乏政府采购公共服务的制度保障。目前，我国地方政府购买公共服务普遍处于“摸着石头过河”的状态，缺乏制度上的规范性。除广东、上海等地区外，我国省级政府没有出台相关文件规范政府购买公共服务行为。市一级也仅有无锡、杭州、宁波、广州等少数地级市出台了政府购买公共服务的指导意见。由于没有政府相关文件确立政府购买公共服务的法定地位，没有对其概念、范围、操作流程、资金拨付、绩效监督等作出明确规定，在制度保障缺失的情况下，政府购买公共服务难以长足发展。

三是社会组织的发育不足也限制了政府购买对象的选择。按照现有法律规定，社会组织要获得合法的登记注册手续，必须首先找到一个相关部门作为主管单位，并且对资金、活动场所的要求都很高。同时，即便登记注册成功，也未必就能够享受到税收优惠、资金资助等政策待遇。这些规定实质上都限制了社会组织的生存与发展，进而使得大量的社会组织不具备承接政府大规模的公共服务的能力。

五、进一步深化政府采购制度改革

未来推进政府采购制度改革，需要考虑如下几点。

（一）政府采购功能的落实要有优先排序

首先，我国政府采购功能的发挥仍应以节约财政支出、提高资金使用效率为主，这与国外政府采购制度产生的初衷是一致的，同时这种功能的发挥要以“物有所值”为原则，不能单纯地强调价格的降低而忽视质量的保证。

其次，当前政府采购政策功能的发挥要有优先排序，避免“小马拉大车”现象。这其中，保护民族产业事关国家利益，应放在第一层面。特别是在我国还未加入GPA的阶段，更应该考虑利用政策手段保护我们的民族产业。美国作为科技大国，至今仍在发挥《购买美国产品法》的功效，就是很好的例证。鼓励自主创新、节能环保则事关国家未来可持续发展，这是国家全局性政策安排，应放在第二层面。待政府采购规模扩大到一定程度，再考虑实施政府采购扶持中小企业和不发达地区、弱势群体等均衡局部发展的策略。2011年为了应对金融危机，我国发布了《政府采购促进中小企业发展暂行办法》，但也应优先支持科技型中小企业。

（二）完善政府采购法律体系

政府采购制度建设中，制度规范应当放在首位，要从法律层面进一步完善政府采购法律体系。

首先，应尽快出台《政府采购法实施条例》，提高《政府采购法》的可操作性。将协议供货、批量集中采购、政府购买公共服务等随政府采购改革不断创新的内容写进实施条例之中。

其次，应选择适当的时机，进一步修订和完善《政府采购法》。修订后的《政府采购法》，应按照“应采尽采”的原则，从法律层面对政府采购的主体范围、资金来源范围等进行更加明确的规范。

（三）做好政府采购与部门预算改革的衔接

财政部门要按照《预算法》、《政府采购法》规定，结合政府采购实践，做好政府采购与部门预算改革的衔接。

一是细化政府采购预算编制。要将部门预算逐步细化到工程、货物和服务分类，并落实到具体采购项目，做到应编尽编。对于各预算单位公用和项目支出中用于购置设备、会务、修缮、工程等专项资金，要严格按资金管理和资产管理及预算编制要求在部门预算中单独列示，并详细编报到具体单位和对应的政府采购品目。

二是建立以财政精细化要求为目标的政府采购定价体系。确定预算的价值基础，确定主要品目的定价基础、定价原则，可以先以目前的政府采购目录内产品或项目进行试点，逐步扩大，使预算编制的价值更为合理，更能正确反映政府采购的规模和节约率。

三是增强政府采购预算的计划性。要根据全年业务工作发展计划和目标，确定政府采购规模和项目采购实施方案，减少零星采购和无计划采购，避免重复采购现象发生，以全面、严谨、细致的政府采购预算管理来进一步提升政府采购工作及业务工作效率。

四是全面编制政府采购预算。对于纳入财政管理，资金来源为预算内资金、预算外资金、政府性基金、非税收入的采购项目支出，全部纳入政府采购管理。

（四）强化对政府采购的监督

首先要强化“管”、“采”分离机制建设。财政部门、采购中心、采购人等各方面要按照“采管分离”的原则，切实做到采购的监督管理与采购实施机构分离，各职能部门合理分工，相互制衡，形成合理、合法的制约机制。

其次，建立多渠道、多层次的政府采购监督体系。积极探索综合监督检查与纪律监督管理相结合的监管模式，相互制约而不是相互掣肘，要充分发挥人大、媒体和社会公众对政府采购的监督作用，将政府采购监督贯穿于政府采购的全过程之中。

最后，政府采购监督作用的发挥有赖于政府采购的公开透明。当前应充分利用政府网站、媒体等各种手段公开政府采购信息，同时完善信息系统建设，推动政府采购电子化建设，为采购监督创造条件。美国联邦政府和各州政府都高度重视采购信息系统的建设，不仅出版专门的杂志刊登各种采购信息，而且充分利用互联网强大的信息功能，发布和搜集有关政府采购的信息。

（五）扩大政府采购的范围

政府采购功能的发挥有赖于政府采购规模和范围的扩大，当前除了按照《政府采购法》的规定实现“应采尽采”外，还应该从制度设计上思考政府采购范围的扩大。要研究国有企业采购是否要纳入政府采购范围，以及工程类采购如何与政府采购进行衔接的问题，特别是服务类采购范围应随政府职能的转变而逐步扩大。

（六）继续探索扩大政府购买公共服务

从长远来看，政府购买公共服务是拓展服务类采购范围、扩大政府采购规模的重要手段，可以节约财政资金，提高财政资金使用效率，降低政府行政成本，提高行政效率。此外，通过公开招标程序，也能够显著提高政府提供公共服务过程中的透明度，使之便于社会监督，以进一步推动廉政建设。

当前推进政府购买公共服务，可从以下几方面入手：

一是结合公共财政改革方向，不断推进公共服务采购的广度。适应政府预算体系改革和财政支出结构调整的新变化，强化服务类项目的政府采购预算管理力度，做到应编尽编，应采尽采。适应服务业发展的新特点和发展中出现的新变化，结合基本公共物品和服务提供方式改革，逐步将高技术服务、合同能源管理、“云计算”、商务服务、社会工作服务等专业服务和公共服务项目纳入政府采购管理范围。

二是推进公共服务采购操作执行的规范化、标准化。加强研究公共服务的分类标准体系，开展对公共服务项目的采购需求描述、评标标准、质量评价、履约验收等标准化建设工作。同时，强化采购人、采购监管部门、采购代理机构、采购服务对象的衔接配合，研究建立公共服务采购效果评价体系，不断提高公共服务的质量和效果。

三是为公共服务采购提供制度保障。政府购买服务的类别增多、范围扩大和深度加强，要求我们根据服务的不同特点，进一步研究适合政府购买服务的程序、方式和政策目标，在未来的政府采购实施细则中予以说明。

四是创造条件促进社会组织发展。政府购买社会公共服务后，一方面是政府从大量公共服务中的“抽身”，另一方面是社会组织对大量公共服务的“接手”，这要求政府为社会组织从事公共服务活动创造更加宽松的环境，例如，放宽社会组织的登记注册条件，给予适当的税收优惠措施等。

（七）积极稳妥推进政府采购市场开放谈判，全面深化国际交流合作

党的十八届三中全会提出，要坚持世界贸易体制规则，加快政府采购议题谈判，为我国政府采购市场开放谈判指明了方向。目前，我国在多个贸易领域开展政府采购市场开放谈判，其中最主要的是加入 GPA 谈判。下一步，我们重点做好三项工作。

一是深入推进 GPA 谈判和国内改革工作。按照 WTO 加入 GPA 的程序和工作安排，积极与参加方谈判，稳妥扩大出价，争取对我有利的谈判结果。同时按照以开放促改革的要求，加强改革研究，围绕履行 GPA 义务和在开放格局下维护国家利益，周密部署，有序推进相关配套改革。

二是统筹做好其他多双边机制下的政府采购议题谈判工作。妥善应对中美战略与经济对话、中美商贸联委会等双边高层机制下的外方要价，继续做好中韩、中日韩等自贸区框架下的议题磋商，积极参与中美投资协定等机制谈判。

三是加强政府采购国际合作。采取“走出去”和“引进来”相结合的方式，一方面主动参加了 WTO、APEC、经济合作组织（OECD）、亚洲开发银行等国际组织研讨活动，利用国际舞台展示我国政府采购改革成效；另一方面加强与国际组织和欧美等国家的合作，请外国专家介绍国际先进做法，为我国加入 GPA 和深化政府采购改革提供借鉴。

专栏 9－5

PPP 与政府采购有何关联

什么是 PPP

PPP 是公私伙伴关系（Public－Private－Partnership）的简称，不同的国家和国际组织有着不同的概念界定。

1. 联合国发展计划署：PPP 是指政府、营利性企业和非营利性组织基于某个项目而形成的相互合作关系的形式。通过这种合作形式，合作各方可以达到比预期单独行动更有利的结果。合作各方参与某个项目时，政府并不是把项目的责任全部转移给私营部门，而是由参与合作的各方共同承担责任和融资风险。

2. 欧盟委员会：PPP 是指公共部门和私人部门之间的一种合作关系，其目的是提供传统上由公共部门提供的公共项目或服务。

3. 美国 PPP 国家委员会：PPP 是介于外包和私有化之间并结合了两者特点的一种公共物品提供方式，它充分利用私人资源设计、建设、投资、经营和维护公共基础设施，并提供相关服务以满足公共需求。

PPP 家族

英国财政部于2000 年第一次对 PPP 家族谱系做如下表述："PPP 涵盖大量不同类型的合作关系，包括：使用全部可能的结构（从公开发行股票到引入战略合作者），通过出售大部分或小部分股权将私人所有引入国有企业；通过制定私人主动融资和其他协议，公共部门以具有风险的私人融资作为激励，利用私人部门的管理技术，与私人部门签订长期合同来购买其高质量的服务；通过将政府服务在广阔的市场中进行销售以及通过其他合作安排，用私人部门的专业技能与资金来开拓政府资产的商业潜能。"具体有：Concession 特许经营，PFI 私人主动融资（含 BOT、BOO、BOOT 等），Strategic Infrastructure Partnership 基础设施战略合作 ，Integrator 整合，Alliancing 同盟。

PPP 不仅是融资模式，而且是一种公共采购形式，例如英法海峡隧道和马来西亚南北高速公路就是通过 PPP 形式进行采购的。

1. 英法海峡隧道

英国的很多铁路项目都是采用 PPP 融资模式建成的。其中，最有名的 BOOT 项目就是英法海峡隧道。项目公司 Eurotunnel 由英国的海峡隧道集团、英国银行财团、英国承包商以及法国的 France - Manehe 公司、法国银行财团、法国承包商等十个单位组成。特许权协议于 1987 年签订，该项目于 1993 年建成。政府授予 Eurotunnel 公司 55 年的特许期（1987—2042 年，含建设期 7 年），建设、拥有并经营隧道，55 年之后隧道将由政府收回。

2. 马来西亚南北高速公路

该项目是发展中国家经营 BOT 模式的成功案例之一。马来西亚南北高速公路全长 800 千米，南临新加坡、北靠泰国，其中部分路段为收费道路。由 United Engineer 公司组建了一个新公司——普拉斯作为项目发起公司，负责该高速路的筹资、设计、建造与经营。项目总成本 18 亿美元，特许经营期 30 年。项目资金构成中，900 万美元为项目发起公司的股本；18000 万美元为该公司的股份资金；其余 90% 均来自银行贷款。

PPP 是政府购买服务的有效机制

政府购买服务在党的十八届三中全会决定中多次被提及，是实现国家治理体系和治理能力现代化的重要抓手。近年来，PPP 模式也从公共基础设施领域逐渐向公共服务领域延伸扩展，如研究开发、技术转移、职业培训、囚犯改造等经济服务领域，社区服务、社会福利、安全保障、环境规划、基础教育等社会服务领域。

第三节 国债余额管理与国库现金管理

一、国债余额管理

国债余额管理在中国一波三折。早在 2001 年，财政部就向国务院提交了实施国债余额管理的建议，但一直石沉大海。直至 2003 年底，财政部副部长楼继伟在“中国：有效运作的金融市场”论坛上特别阐述了未来一两年将推出国债发行余额管理的设想，国债余额管理才引起市场重视。2005 年底，中国人大预算工作委员会就实行国债余额管理的意见得到通过，这一制度再度浮出水面。从 2006 年开始，参照国际通行做法，我国采取国债余额管理方式管理国债发行。随后全国人大会议审批通过，2006 年记账式第二期国债将以美式招标方式发行，期限三个月。这次短期债券的发行标志着我国国债余额管理的正式启动。

（一）国债余额管理的含义

所谓国债余额管理，是指立法机关（全国人民代表大会）不具体限定中央政府当年的国债发行额度，而是限定一个年末不得突破的国债余额上限，即财政部必须将每年全国人大批准的国债余额作为不可突破的指标，这个指标等于上一年的国债余额加上本年度财政预算的赤字额。“国债余额”实际上就是指国债的“市场存量”，它包括中央政府历年预算赤字和盈余相互冲抵后的赤字累计额、向国际金融组织和外国政府借款统借统还部分以及经立法机关批准发行的特别国债累计额，是中央政府以后年度必须偿还的国债价值总额。国际上，国债余额管理又分为两种形式。

一是国债限额管理，即立法机关为财政部门发行国债的总规模设置一个额度限制，财政部门可一直在国债规模限额内自行决定国债发行品种、时间和方式。如果确有原因需要提高国债规模限额，财政部门需要向立法机关申请并得到批准后才可突破国债规模限额发行国债。这种方式下，立法机关无需定期确定国债发行规模或国债规模限额。目前，美国国债发行管理采用的就是这种方法。

二是预算差额管理，形式上只是预算差额，即每年立法机关只审批国家的预算赤字或预算盈余，也就是国债规模的增量或减量，不审批国债借新还旧部分。目前，英国、德国、法国、日本和加拿大等许多发达国家都采用这种管理办法。以德国为例，按照德国宪法规定，用于弥补联邦预算赤字的国债发行须取得联邦立法机关的授权，每年由国会通过审批《预算法案》进行授权。如果需要突破当年国会授权的国债发行数额用于弥补预算赤字，则需要由国会通过审批《补充预算法案》授权。

（二）推行国债余额管理的意义

1. 弥补原有国债赤字管理制度的缺陷

首先，在国债赤字管理制度下，我国国债发行额度一旦被全国人民代表大会审议通过，就必须全额执行，即使是投资过热的年份，国债也照发无误。最明显的就是2004 年，一方面中国投资过热，另一方面巨额国债硬性发行，最后导致大量的财政资金躺在央行的负债表上睡大觉，无法发挥国债发行对宏观经济运行的“逆周期”调控作用。

2. 国债余额管理对国债市场本身具有积极影响

短期国债的大量发行有利于合理的国债收益率曲线的形成。以往出于减少使用额度的目的，财政部倾向于发行长期国债，一年期以内的国债根本没有发行过，一两年期的国债也较少发行。这样在国债市场流通的短期国债一般是剩余期限不足一年的长期国债国债，由于数量很少和期限短，一般机构都选择持有到期，很少交易，这样的交易价格形成的短期收益率不能反映合理的短期收益率。实行国债余额管理，财政需要用款的时候，就可以根据支出额以及时间进度来确定发债的量和时间，这样财政就可以发行一些短期国债。对于金融市场来说，财政部能够发行一年期以内的短期国债，就能够形成完整有效的收益率曲线，这样有利于金融机构的市场定价，从而可以为中国利率市场化改革铺路。

3. 为人民币升值压力下的我国货币政策“保驾护航”

近年金融市场上存在极端的资金浪费和低效率：一方面，央行以极大的成本滚动发行巨额的央行票据对冲多余的外汇占款，以稳定人民币汇率，使货币政策不堪重负。另一方面，中国金融市场上的短期国债“嗷嗷待哺”。随着国债余额管理的推行，短期国债可逐步替代央行票据吸引目前货币市场的流动性资金，为央行的货币政策操作挪出更多空间。

央行货币政策实施的三大措施包括调整利率、调整准备金率和公开市场操作，其中最频繁的是公开市场业务。由于没有足够的短期国债供央行使用，开始央行只能使用国债回购，但国债回购量受限于央行持有国债的数量，不得已央行发行短期票据来替代短期国债。因此短期国债的发行有利于央行货币政策的贯彻实施。

4. 为我国商业银行的经营管理提供新思路

首先，在实行国债余额管理后，财政部发行短期国债的积极性得到提高，因为这不需要占用当年的发行额度。因此，商业银行可以借短期国债发行、偿还的机会，开展与之相关的中间业务，特别是开展财务投资顾问等高附加值的中间业务，提高盈利水平。

其次，当前我国一些商业银行的资产配置不合理，缺乏利率风险定价的意识与能力。商业银行拥有大量的中长期债券，债券的期限结构不合理。同时，我国金融衍生品缺失，如果债券市场发生剧烈的波动，商业银行就有可能面临巨大的利率风险或流动性风险，甚至可能被迫低价出售中长期债券，影响银行资金的安全性与盈利性。

最后，国债发行实行余额管理，意味着社会闲置资金新增了一条非银行存款的保值、增值渠道，一部分居民存款向短期国债分流，银行低息融资的难度有所提高。虽然从目前来看，国债余额管理不可能对银行低息融资产生太大的现实冲击，但是随着新的投资产品及其衍生品的不断出现，商业银行的融资成本可能提高。因此，商业银行必须加大对中小企业贷款的力度，以适应融资成本上升后的经营环境。

二、国库现金管理

（一）国库现金管理的含义

国库现金是指财政部门尚未支付而暂时闲置在国库单一账户的财政资金。国库现金管理是在确保国库现金支付需要的前提下，以实现国库闲置现金最小化和投资收益最大化为目标的一系列财政管理活动。从国际成熟市场经济国家的做法看，国库现金管理大都是在国库单一账户上保留一个基本稳定的余额，如美国为 50 亿美元，英国为 2 亿英镑，以确保正常财政支付需要，超出部分进行市场运作，提高国库资金效益。当出现季节性财政资金缺口时，通过发行 1 年期以下的短期国债予以弥补，必要时，还可以通过发行期限为几天的现金管理券弥补临时性的资金缺口；当出现长期性财政资金盈余时，通过减少国债发行或买回国债等方式降低国库现金余额。

在具体操作上，不同国家的做法不尽相同，其中以美国和英国的做法最具有代表性。一是在国库资金归集方式上。美国近 1000 家商业银行代理征税时将国库资金直接存放在国库商业银行税收与贷款账户（TT&L）中，按比银行间隔夜拆借利率低 0.25 个百分点的水平收取利息，每天通过国库商业银行账户和国库单一账户的资金划拨，保持国库单一账户余额稳定在 50 亿美元左右；而英国的国库资金在征收时直接进入国库单一账户，然后对超过国库单一账户目标余额 2 亿英镑的部分进行市场运作。二是在中央银行介入程度上。美国的国库现金管理由财政部委托美联储进行具体操作，操作指令由财政部商美联储后下达；英国则是由财政部独立制定国库现金管理操作指令和具体操作。三是在操作方式上。美国超过国库单一账户目标余额的短期资金主要通过商业银行定期存款进行操作；而英国除商业银行定期存款外，还大量进行同业拆借、国债回购与逆回购等其他操作方式①。

国库现金管理是现代国库制度的重要内容，是实行国库集中收付制度的有机配套。2005 年国务院批准实施中央国库现金管理以来，中央财政通过对国库闲置资金的操作，不仅改善了国库集中收付制度改革后库款余额偏高的状况，而且在确保国库资金支付需要的前提下，为中央财政创造了较为可观的无风险收益。地方国库现金管理工作也取得积极进展。一是中央国库现金管理建立常态化操作机制。截至 2012 年底共实施中央国

① 詹静涛：《现代国库管理制度：管理型公共财政的正确选择》，财政部网站，http：//gks. mof. gov. cn/zhengfuxinxi/diaochayanjiu/200806/t20080620_47505. html。

库现金管理操作57次，主要是采取商业银行定期存款方式操作；在扣除活期存款利息后可获得净收益359.89亿元，冲抵发债筹资成本的作用明显。二是鼓励地方进行国库现金管理试点。积极协调有关部门，推进地方规范开展国库现金管理。

（二）国库现金管理的意义

开展国库现金管理，对提高国库现金的使用效益，完善财政政策和提高财政管理水平，有效实施政府宏观调控，具有十分重要的意义。

1. 开展国库现金管理，是深化财政国库管理制度改革的需要

实行国库单一账户制度，所有财政资金收支活动都纳入国库单一账户体系，预算单位应支未支的资金以及已实现的财政收入统一集中到国库，是实施国库现金管理的基本前提。通过国库集中收付制度改革，大量原滞留在预算单位的资金流量逐步集中到财政国库单一账户，国库现金余额明显增加，为实施国库现金管理奠定了基础。随着财政国库管理制度改革不断深化，对国库现金实施有效管理，已成为深化财政国库管理制度改革的迫切要求。

2. 开展国库现金管理，有助于提高国库现金使用效益

针对各地实施财政国库集中收付制度改革后库款资金不断增加的实际，2002年财政部、中国人民银行发布了《国库存款计付利息管理暂行办法》，规定自2003年1月1日起，中央财政和地方财政在人民银行的国库存款，按照活期存款利率计息。由于中国人民银行与财政部实行的是利润上交体制，人民银行各分支行支付给各级地方财政的利息，实际上仍要由中央财政负担。据估计，每年中央财政通过这一方式对地方财政的资金转移有几十亿元。尽管如此，由于地方库款仅按活期利率计付利息，不少地方认为收益率太低，不符合市场经济原则。为此，开展国库现金管理，有利于在国库存款计息基础上，进一步理顺财政部门、人民银行、商业银行之间的关系，提高财政国库现金的使用效益。

3. 开展国库现金管理，有助于加强财政政策与货币政策的协调配合

近几年来，我国经济增长速度较快，国库存款余额不断增加，但这些国库存款余额未得到有效利用，每年中央财政仍维持了较大的国债发行规模和债务规模。同时，由于短期国债的缺位，财政政策与央行货币政策之间缺少有效配合的实施工具。2006年起，我国原由人大审批国债发生额改为审批国债余额，在既定的国债余额范围内，财政部可根据库款情况，有选择地确定年度内国债发生额及发行期限，这就为国债管理、货币政策以及国库现金管理的有效结合，提供了条件。开展国库现金管理后，财政部可根据国库存款余缺情况，有条件地发行短期国债，提高国债市场流动性，降低国债筹资成本，调节和稳定国库现金流量，并实现与央行货币政策的有效配合。

三、国债余额管理与国库现金管理的关系

（一）余额管理制下的国债发行与国库现金运作余额管理制，是当今世界各国普遍采用的一项国债管理制度

美国从1917年起开始实行对国债筹资设置最高限额的方式，国会不再审批国债

发行额度。在德国、法国、日本以及加拿大等国家，立法机关通常在审批政府预算报告时一并审批预算赤字或预算盈余，只控制国债规模的增减量，将国债借新还旧部分授权财政部自行运作。实际上，控制国债限额强调的是存量，控制预算差额注重的是流量，本质都是控制国债余额。国外实践表明，实行国债余额管理，可赋予政府灵活调整国债结构的权力，便于合理安排国债期限结构，降低国债筹资成本，提高国债市场流动性，并进一步促进国债的顺利发行。

1. 余额管理制下的国债发行

2006年，我国开始实行国债余额管理，届时财政部向全国人大作预算报告时，只报告年度预算差额和年末国债余额，全国人大在审批预算报告时，只审批年度预算差额和年末国债余额，不再审批国债借新还旧额度，而授权国务院自行运作。预算执行中由于出现特殊情况确需突破年度预算差额和年末国债余额最高限额时，由国务院提请全国人大审批。在余额管理制下，财政部可做到短、中、长期国债的合理搭配，形成均衡和滚动的国债发行机制。同时，少发浮动利率国债，多发固定利率国债。这些改进将有利于扩大投资者的国债购买量，促进国债顺利发行，又能减轻国债利息负担，有助于防范政府债务风险。

2. 余额管理制下的国库现金运作

国库现金管理首先出现在西方发达国家，已经过数十年的发展历程，但我国至今还没有正式开展国库现金管理。从国外实践看，国库现金管理是通过合理使用政府资金资源，以最佳方式利用国库现金与易变现资源，优化政府财务状况，提高预算执行系统效率的管理活动。其目的在于控制支出总额，有效实施预算，使政府借款成本最小化，使政府储蓄和投资的回报最大化，实现财政政策与货币政策的协调。

为有效管理国库现金，需建立完善的管理制度。其中，规范的短期资金筹措机制与高效的国库现金盈余的投资安排，是国库现金运作的重要内容。短期资金筹措方面，一是依据国库现金流的波峰与波谷分布，定期滚动地发行短期国债，科学安排中长期政府债券的期限结构及政府债务兑付时间；二是依托于货币市场开展国债回购交易，用于平衡年度内季节性国库收支余缺。盈余现金投资方面，在法律允许及保证国库现金安全的前提下，或在商业银行开设存款账户管理国库现金，或通过货币市场双边运作投资现金余额，或将一定额度的国库现金继续存放于中央银行。通过这三种形式的投资以及与短期资金筹措活动的协调，熨平国库现金的波动，消除国库现金运行对货币政策的影响，提高国库资金的使用效益与运行效益。

（二）政府债务管理与国库现金管理的协调配合

政府债务管理与国库现金管理，既有交叉，又有差别，相互影响，相辅相成。从国库现金管理对政府债务管理的影响角度看，一是国库现金管理可减少资金闲置，提高国库资金使用效益，控制支出增长和减少政府债务增长；二是国库现金管理可使一部分中长期国债被短期国债或其他融资方式替代，减少政府债务余额和利息支出，降低年度借债净规模；三是国库现金管理可提高市场流动性，为市场提供示范和基准，提升市场参与者信心，降低国债发行成本。

从政府债务管理对国库现金管理的影响角度看，一是短期国债作为政府债券品种之一，是调剂国库头寸的主要手段；二是政府债券期限结构的合理安排，有助于改善国库现金管理的压力；三是政府中长期债券可成为国库现金市场拆借的载体之一，有助于国库现金管理的有效开展。在预算收入较多月份发行中长期债券会使国库现金增多，不利于国库现金管理；反之则有利于国库现金管理。此外，定期从二级市场买回长期债券，可避免债务平均期限变长，从而降低债务筹资成本和提高市场流动性。这些举措既可弥补预算收支差额，又有利于国库现金管理。

因此，二者之间可以做到有效协调与配合，但需要一定的制度环境与前提条件，即实行国债余额管理，国债期限结构科学合理。基于此，才能有效管理国库现金与政府债务。只有在实行国债余额管理制度后，建立起短期国债滚动发行机制，短期国债才能成为国库现金管理的主要工具，中长期国债管理才能成为政府债务管理的主要内容。这时，政府债务管理与国库现金运作将融为一体。

（三）政府债务与现金管理同货币政策运作的协调

从理论上讲，国债余额管理不仅赋予国债更强的财政功能，还赋予国债同样重要的金融功能，而后一功能主要通过央行的公开市场操作发挥出来。从当前情况看，实行国债余额管理后，短期国债将同央行票据共同发挥公开市场操作的调控职能，并在不远的未来逐步替代央行票据。进一步讲，短期国债的发行主体是财政部，公开市场操作的主体是中央银行，二者虽有共同利益，但不乏矛盾之处。这就需要处理好国债管理、国库现金运作以及货币政策之间的关系，避免宏观经济政策冲突的出现。

1. 政府债务、现金管理与货币政策运作在政策决策与机构设置上彻底分离

保持中央银行的独立性，是宏观经济调控的客观需要。为此，一般规定财政不得向中央银行透支，中央银行不得直接认购、包销国债和其他政府债券。政府债务与现金管理是财政部的职责之一，并对货币政策有重要影响。在政策决策与机构设置上实现与货币政策运作的完全分离，是国际社会的通行做法。这是因为，有时候货币政策要求提高利率，而债务、现金管理为实现借债成本最小化可能要求降低利率，由此两者之间产生矛盾。此外，债务、现金管理本不适合由中央银行具体管理，否则会导致债务、现金管理与货币政策之间出现冲突，并可能引起市场种种猜测。因此，实践中，需要采取措施保证财政部门与央行独立做出政策决策与管理战略。

需要特别指出的是，两者在政策决策与机构设置上的完全分离，不影响在操作层面以及必要时候开展高效的协调配合。比如，货币政策制定、国库现金运作，都需要分析与预测国内、国际宏观经济运行。在这方面，财政部门与央行加强合作与信息共享，对双方都有益处。因此，建立专门的财政部门与央行工作协调委员会或松散的经常性沟通渠道，处理各项协调事宜，加强双方信息交流、磋商与合作，有助于确保政府财政、货币政策的协调执行。

2. 中央银行为财政部开展债务、现金管理提供必要的服务

国库资金本质是财政资金，国库现金的管理主体也必然是财政部门，各预算单位财政存款账户的设立、撤销与调整，均需经财政部门同意，并按财政部门的要求开设。中央银行负有为政府开设与维护国库单一账户的责任，要收集与整理国库资金每日变动及日终余额信息，及时与财政部门实现信息共享。换个角度看，政府资金的规模、流量及波动，也是中央银行制定与实施货币政策时必须考虑的一个重要因素。因此，中央银行也需要从货币政策角度对国库现金流作出预测。而财政部为有效管理政府债务与国库现金，同样需要建立国库现金流预测机制，安排专职人员负责此项工作。因此，中央银行与财政部密切配合，有助于双方开展各自的工作。

市场经济条件下，政府债务与现金管理机构通常选择中央银行作为其结算、清算机构。这样做可利用本国中央银行清算系统以及与国际清算组织之间建立起来的电子网络。此外，国库现金的货币市场运作一般可委托中央银行代理，即便由财政部门自行操作，也需中央银行的配合，尤其是在货币市场关闭之后出现的现金盈余，只能由中央银行代为处理。这样做既可提高国库资金收益，也有助于中央银行的货币政策运作。尽管法律规定财政不得向中央银行透支资金，但在特殊情况下，仍可通过协议、代理、抵押等方式向中央银行融通短期资金。如美国财政部可以特别国库券为担保，向联邦储备银行借期限只有几天的款项；而瑞典财政部则可通过代理银行向中央银行借款。除上述内容外，中央银行还可接受财政部门委托，为其代理其他特定业务。至于在国债发行方面的协调配合，财政部门与央行早已形成共识，此处不再赘述。

3. 政府债务、现金管理为货币政策操作提供必要的便利

财政部门作为国库现金管理的主体，是货币市场上的具有特殊身份的投资者与融资者，可以追求债务成本最小化，但不以投资获利最大化为目标。这样有利于保证财政部不利用自身的优势干预利率决策。此外，财政部应坚持滚动发行短期国债，从而有助于形成短期债券的基准收益率，使中央银行及商业银行持有足够数量的短期国债，还可完善货币市场以及短期国债市场，为中央银行的货币政策操作提供良好的基础条件。应中央银行要求，财政部还可发行特别短期国债，帮助中央银行管理货币市场或实施特定的货币政策。

财政部适时适度开展国库现金运作，比如财政部依托于银行间债券市场，以债券承销机构作为交易对手，进行债券回购或出售，能在一定程度上促进货币市场和债券市场的发展与完善，有助于完善中央银行货币政策的操作环境。但是，对于财政部在货币市场上进行的交易方式、工具、对象、时间及金额等，财政部应事先与中央银行沟通、协商，达成一致，并及时向社会公布、公开，避免与中央银行公开市场操作相冲撞，确保政府债务、现金管理与货币政策的顺利、协调实施。

思考与讨论：

“公务卡”结算

所谓公务卡（Civil Service Card），是指财政预算单位工作人员持有的、主要用于日常公务支出和财务报销业务的贷记卡。公务卡消费的资金范围主要包括差旅费、会议费、招待费和零星购买支出等费用。公务卡具有一般银行卡所具有的授信消费等共同属性，同时又具有财政财务管理的独特属性，能够将财政财务管理的有关要求与银行卡的独特优势相结合，是一种新型的财政财务管理工具和手段。

作为公务业务的一种新型结算方式，公务卡操作可以概括为“银行授信额度，个人持卡支付，单位报销还款，财政实施监控”。单位工作人员外出公务消费时，可以不再预借现金，而是持公务卡先行刷卡支付，并取得发票及刷卡凭证（即银行的小票）。例如，某单位工作人员外出公务消费时，可以不再预借现金，而是持公务卡先行刷卡支付，并取得发票及刷卡凭证，出差回来后向单位财务申请报销，单位财务审核无误后将报销款项直接划入该工作人员公务卡账户中。

2005年，招商银行与中兴通讯联手发行了国内首张公务卡。2007年5月14日，央行和财政部联合召开了全国公务卡应用推广会议，共同推动公务卡在中央和各级地方预算单位的广泛使用。以此为标志，公务卡的应用推广工作将进入全面实施的新阶段。2007年7月，财政部、中国人民银行联合发布了《中央预算单位公务卡管理暂行办法》，正式启动中央预算单位公务卡制度改革。同年，选择中央纪委、中科院、宋庆龄基金会等7家单位进行公务卡改革试点。2008年，中央纪委、财政部和中国人民银行联合召开全国公务卡制度改革电视电话会议，全面动员和部署了中央和地方改革推进工作。2011年12月，财政部印发《关于进一步推进地方国库集中收付制度改革的通知》，要求各地积极推进公务卡制度改革，预算单位的差旅费、招待费和会议费等公务支出，凡具备刷卡条件的，一律使用公务卡结算，切实提高公务卡使用率。2012年9月，财政部会同中国人民银行印发《关于加快推进公务卡制度改革的通知》，要求加快推进公务卡制度改革。2012年9月27日，财政部下发通知，要求尚未实施公务卡制度改革的中央一级预算单位，不迟于2012年9月底为本单位工作人员统一办理公务卡；要求尚未实施改革的二级以下中央预算单位，确保2012年底前为本单位工作人员统一办理公务卡。同时，要求进一步扩大省、市两级改革覆盖面，加大县乡预算单位改革的推进力度。2013年以来，我国公务卡制度已基本实现全覆盖，成为我国公务支出管理领域的一项基础性制度。

根据以上材料回答：

1. 如何认识公共卡的属性？
2. 如何认识公务卡的作用和意义？
3. 如何认识公务卡与国库集中收付制度的关系？
4. 你认为公务卡在实行过程中还存在哪些问题以及如何解决？

本章推荐阅读文献：

1. 关振宇编著：《预算改革理论与实践研究》，中国经济出版社，2012 年。
2. 马海涛、姜爱华：《我国政府采购制度研究》，北京大学出版社，2007 年。
3. 马海涛著：《国库集中收付制度问题研究》，经济科学出版社，2004 年。
4. 廖少刚、熊小刚主编：《政府采购》，对外经济贸易大学出版社，2013 年。
5. 安国俊著：《国债管理研究》，经济科学出版社，2007 年。
6. 王雍君著：《国库改革与政府现金管理》，中国财政经济出版社，2006 年。

本章主要参考文献：

1. 财政部国库司编著：《国库现金管理基础与实务》，经济科学出版社，2007 年。
2. 财政部国库司国库支付局编著：《财政国库管理制度改革》（培训教材），中国财政经济出版社，2003 年。
3. 陈秋华著：《预算管理创新与财政支出改革》，中国财政经济出版社，2002 年。
4. 邓晓兰著：《国库现金管理创新》，光明日报出版社，2010 年。
5. 郭宏宇著：《国债规模风险研究》，社会科学文献出版社，2010 年。
6. 刘辉、马通编著：《国债管理》，南开大学出版社，2005 年。
7. 刘亚利主编：《政府采购案例精编》，中国金融出版社，2011 年。
8. 孙开、彭健著：《财政管理体制创新研究》，中国社会科学出版社，2004 年。
9. 孙开主编：《财政体制改革问题研究》，经济科学出版社，2004 年。
10. 谢旭人著：《中国财政改革三十年》，中国财经经济出版社，2008 年。
11. 韩军："余额管理制：中国国债市场化管理的选择"，《金融教学与研究》，2003 年第 6 期。
12. 马洪范："国债余额管理、国库现金运作及货币政策协调"，《中国金融》，2006 年第 6 期。
13. 刘博、郭娱瑜："关于国债余额管理的文献综述"，《消费导刊》，2007 年第 9 期。

14. 马海涛、姜爱华：《政府采购管理》，北京大学出版社，2008 年。

15. 詹静涛、林燕、娄洪、王东伟、滕霞光、李春阳：《财政国库现金管理问题研究》，财政部网站，http：//gks. mof. gov. cn/zhengfuxinxi/diaochayanjiu/200806/t20080620_47454. html。

第十章
我国财政管理的技术基础建设

【本章序言】

政府预算收支分类，是指在政府预算管理中，按照一定的标准，将庞杂的预算收支项目进行划分和归类，以准确体现各类收支的性质、运行规律，反映国家一定时期内的路线、方针和政策，为政府预算的编制、执行和决算服务。政府预算的具体分类通过预算收支科目反映，政府预算收支科目是政府收支的总分类，由财政部统一制定，全国统一执行。如何对政府预算收支进行科学分类，涉及政府预算管理的各个环节，关系着预算管理的水平与质量。本章主要介绍政府预算收支分类的主要方法，国际货币基金组织、美国、英国、捷克等国家的政府收支分类方法，以及及对我国的政府预算收支分类的借鉴意义。

财政信息化是财政管理的深刻革命，对财政管理创新改革，提升财政管理效率，提高财政透明度和强化财政监督等都有着积极的意义。本章通过对公共财政框架下财政改革要求的分析，得出财政信息化对我国公共财政建设的必要性；主要介绍了政府财政信息化的概念、主要内容和特征，并介绍了美国、日本、法国在财政信息化建设方面的先进经验；财政信息化工作的核心是建立财政管理信息系统（又称为“金财工程”），本章介绍了系统工程规划设计；同时阐述随着信息化的发展而来的一系列风险威胁和制度保障要求。

第一节
政府预算收支分类

一、政府预算收支分类与预算管理

在公共财政条件下，就政府预算的完整性而言，政府所有的收入和支出，都应当包括在预算中，即政府预算的收支范围，就是政府活动的范围。因而政府预算收支分类可以反映一定时期政府的治国方针、政策，以及政府活动的领域及内容，它是进行预算管理的基础。

（一）政府预算收支分类与科目

政府预算收支分类，是指在政府预算管理中，按照一定的标准，将庞杂的预算收支项目进行划分和归类，以准确体现各类收支的性质、运行规律，为政府预算的编制、执行和决算服务。如何对政府预算收支进行科学分类，涉及政府预算管理的各个环节、层次，关系着预算管理的水平与质量。

政府预算的具体分类通过预算收支科目反映，政府预算收支科目是政府收支的总分类，在我国由财政部统一制定，全国统一执行。预算科目按层次分为类、款、项、目等，其关系是：前者是后者的概括和汇总，后者是前者的具体化和补充。它是编制政府预算、决算、组织预算执行以及预算单位进行会计明细核算的重要依据，也是了解政府具体收支活动和内容的重要窗口，还是满足不同级次、不同类别预算管理的基础。

（二）预算收支分类与管理

按照一定的标准，从不同的角度，对各项预算收支进行科学、系统的分类，是政府预算管理的客观需要。在一定程度上，体现着人们对政府预算的认知水平、管理水平，也反映着一个国家的政治、经济制度与国情。

1. 体现政府职能，反映国家一定时期的路线方针政策

科学的预算收支分类可以准确体现政府一定时期所承担职能的具体情况，反映政府活动的范围和方向。如我国近年来实施的科教兴国战略，解决农村、农业和农民问题，环境保护等方针、政策，在政府预算收支安排中，通过相应的预算科目得到了较好体现。

2. 研究各项预算收支规律，为预算管理服务

政府预算收支，从政府公共资金运行角度，反映国民经济和社会发展中各种错综复杂的关系。对预算收支按一定标准，从不同角度进行分类，可以充分认识和掌握各项预算收支规律，更科学、合理、有效地编制政府预算，并付诸实施，为政府履行职责、满足社会公共需要提供财力保证。

3. 直接为政府预算的编制、执行和决算服务

利用预算收支分类，设置科学、合理、规范的预算收支科目，将整个政府预算收支项目系统化、具体化，为编制、执行和总结政府预算服务。在预算编制环节，通过预算收支科目，将预算收支在各个收支项目之间进行安排，并利用预算收支科目的层次性，对每类收支进行详细计划，满足预算管理的要求。具体应用于编制和汇总预决算，办理预算缴拨款，组织会计核算，报告预算执行情况，进行财务考核分析，进行财政收支统计等。

4. 全面反映政府预算运行状况，加强预算监督

政府预算收支反映了一定时期内国民经济和社会发展的有关情况，涉及社会各阶层的利益，历来是社会矛盾的焦点。通过预算收支分类，从不同角度、不同侧

面，反映政府预算运行状况，便于加强预算监督。对社会公众而言，通过预算收支分类，可了解和掌握政府预算资金的来源和运用，行使纳税人的监督权利；对国家立法机关而言，通过预算收支分类，可掌握具有法律效力的政府预算具体执行情况，监督政府依法理财，保护社会公共利益；对新闻媒体而言，通过预算收支分类，以及预算科目设置，增强预算透明度，揭露、分析预算管理中的各种问题，发挥舆论监督功能。

（三）我国现行政府预算收支分类的原则

1. 全面完整

预算收支分类要完整反映政府收支的来源和性质，不仅包括预算内收支，还包括政府性基金收支、国有资本经营收支等应属于政府收支范畴的各项收支。完整地反映以政府为主体的全部财政收支活动，全面体现政府活动的范围和方向，不允许在预算规定范围之外还有任何以政府为主体的资金收支活动。

2. 科学规范

预算收支分类要按照科学标准和国际通行做法进行分类，将政府收支按收入分类、支出功能分类和支出经济分类进行划分，为进一步加强收支管理和数据统计分析创造有利条件。

3. 细致透明

从分类结构上看，收入分类分设类、款、项、目四级，支出功能分类分为类、款、项、目四级，经济分类又分为类、款两级。科目逐级细化，以满足不同层次的管理和公开透明的要求。

二、政府预算收支分类的一般方法

（一）预算收入分类

所谓政府收入分类，是从不同角度，采用一定的标准，对政府收入进行科学系统的类别、结构和层次的划分。对政府收入进行统一分类，就是要完整反映政府收入的来源和性质，即全面、规范、细致地反映政府各项收入。

1. 税收收入

在现代市场经济条件下，税收收入是政府预算收入的主要形式，承担着为政府提供公共物品和服务筹集资金的重任。

我国现行税种分为 4 大类 20 个左右。

（1）流转税类。主要包括增值税、消费税、营业税、关税，这些税种是在生产、流通或服务领域，按纳税人取得的销售收入或营业收入征收的。

（2）所得税类。主要包括企业所得税和个人所得税，这些税种是按照纳税人取得的利润或纯收入征收的。

（3）财产税类。主要包括房产税、城镇土地使用税、车船税、车辆购置税、契税、耕地占用税等，这些税种是对纳税人拥有或使用的财产征收的。

（4）行为税类。包括城市维护建设税、印花税、土地增值税等，这些税种是对特定行为或为达到特定目的而征收的。

目前我国实行以流转税和所得税为主体的税制体系，流转税和所得税在税收总收入中占很大比例。

2. 非税收入

（1）非税收入的概念及意义。政府非税收入是指除税收以外，由各级政府、国家机关、事业单位、代行政府职能的社会团体及其他组织依法利用政府权力、政府信誉、国家资源、国有资产或提供特定公共服务、准公共服务取得并用于满足社会公共需要或准公共需要的财政资金，是政府财政收入的重要组成部分，是政府参与国民收入分配和再分配的一种形式。

广义的政府非税收入是相对于税收收入而言的，是指除税收以外，包括政府债务收入在内的所有政府收入。狭义的政府非税收入是指除税收和政府债务收入以外的所有政府收入。就我国目前非税收入的管理范围来说，我国的政府非税收入属于狭义的范畴。

（2）非税收入的内容。在成熟的市场经济国家中，非税收入是政府财政收入的必要补充。我国政府非税收入管理范围主要包括：行政事业性收费、政府性基金、国有资源有偿使用收入、国有资产有偿使用收入、国有资本经营收益、彩票公益金、罚没收入、以政府名义接受的捐赠收入、主管部门集中收入以及政府财政资金产生的利息收入等。社会保障基金、住房公积金不纳入政府非税收入管理范围。

行政事业性收费，是指国家机关、事业单位、代行政府职能的社会团体及其他组织根据法律、行政法规、地方性法规等有关规定，依照国务院规定程序批准，在向公民、法人提供特定服务的过程中，按照成本补偿和非营利原则向特定服务对象收取的费用。政府收费收入通常包括规费收入和使用费收入两大类。规费是指政府部门对居民个人和单位提供特定服务或实施特定行政管理而收取的工本费或手续费，主要有行政规费（如证照费、商标注册登记费、专利权保护收费、药品审批费等）和司法规费（如诉讼费等）；使用费是指政府对公共设施或公共物品的使用者按照受益原则依照一定的标准收取的费用，如公园收费、道路桥梁通行费等。

政府性基金，是指各级政府及其所属部门根据法律、行政法规和中央、国务院有关文件规定，为支持某项特定公共基础设施建设和公共事业发展，向公民、法人和其他组织无偿征收的具有专项用途的财政资金。政府性基金一般具有设定程序规范、来源特定、具有专门用途等特点，具有强烈的筹资特性，是政府运用政治权力快速、集中、大量筹集资金的一种有效形式。

政府性基金管理的原则是：基金全额纳入政府性基金预算，实行“收支两条线”管理；收入全额上缴国库，以收定支，专款专用，收支平衡，结余结转下年继续使用。

经国务院批准，目前中央政府性基金收入主要包括，三峡工程建设基金、港口建设费、民航机场管理建设费、民航基础设施建设基金、铁路建设基金、国家蚕丝绸发展风险基金、外贸发展基金、大中型水库移民后期扶持基金、三峡水库库区基金、南水北调工程基金、旅游发展基金、农网还贷基金、育林基金、水利建设基金、大中型水库库区基金、文化事业建设费、国家电影事业发展专项资金、城市教育附加、森林植被恢复费等。

国有资源有偿使用收入，包括土地出让金收入，新增建设用地土地有偿使用费，海域使用金，探矿权和采矿权使用费及价款收入，场地和矿区使用费收入，出租汽车经营权、公共交通线路经营权、汽车号牌使用权等有偿出让取得的收入，政府举办的广播电视机构占用国家无线电频率资源取得的广告收入，以及利用其他国有资源取得的收入。

国有资产有偿使用收入，包括国家机关、实行公务员管理的事业单位、代行政府职能的社会团体以及其他组织的固定资产和无形资产出租、出售、出让、转让等取得的收入，世界文化遗产保护范围内实行特许经营项目的有偿出让收入和世界文化遗产的门票收入，利用政府投资建设的城市道路和公共场地设置停车泊位取得的收入，以及利用其他国有资产取得的收入。

国有资本经营收益，包括国有资本分享的企业税后利润，国有股股利、红利、股息，企业国有产权（股权）出售、拍卖、转让收益和依法由国有资本享有的其他收益。

彩票公益金，是指政府为支持社会公益事业发展，通过发行彩票筹集的专项财政资金。

罚没收入，是指政府及其所属的执法部门根据法律法规的规定，对违反国家法律法规的行为进行处罚而收取的收入，主要包括交通罚款、工商罚款、刑事罚款等。政府获取罚没收入不是设立罚没收入的主要目的，罚没收入也并非收取的量越大越好，它主要起一种惩戒和威慑作用。

以政府名义接受的捐赠收入，是指以各级政府、国家机关、实行公务员管理的事业单位、代行政府职能的社会团体以及其他组织名义接受的非定向捐赠货币收入，不包括定向捐赠货币收入，实物捐赠收入，以及以不实行公务员管理的事业单位、不代行政府职能的社会团体、企业、个人或者其他民间组织名义接受的捐赠收入。这些捐款往往被用于向特定项目提供资金。如政府号召居民和其他经济主体向自然灾害、战争或其他公益事业进行捐助，以成立专门的基金，用于这些项目的支付。捐赠收入的取得，通常要依靠社会成员的自愿，一般不能强制取得，当然在战争等特殊时期，也有可能要求社会成员必须向政府捐赠资金和物资。捐赠收入往往是对某些特定项目的资金筹集形式，仅能作为一种次要的政府筹资方式。

主管部门集中收入，主要指国家机关、实行公务员管理的事业单位、代行政府职能的社会团体及其他组织集中所属事业单位收入，这部分收入必须经统计财政部门批准。

政府财政资金产生的利息收入，是指税收和非税收入产生的利息收入，按照中国人民银行规定计息，统一纳入政府非税收入管理范围。

（3）非税收入收缴管理。2002 年以来，对政府非税收入的收缴管理，按照社会主义市场经济条件下政府职能转变和建立健全公共财政制度的要求，通过设立新的收缴账户、规范收入收缴程序、加强健全票据监管、利用现代信息技术等改革措施，进行了全面的改革。

按照财政国库管理制度改革的总体要求，以国库单一账户体系为基础，通过直接缴库和集中汇缴两种方式，应用《非税收入一般缴款书》，以信息系统为技术支撑，对中央非税收入收缴进行了规范。

2009年1月财政部发布了《关于深化地方非税收入收缴管理改革的指导意见》，强调要深化改革，进一步扩大范围，继续推进制度创新，有效解决改革面临的问题，加快建立完善的非税收入收缴管理制度体系。一是全面推进非税收入收缴管理。经清理整顿后继续保留的收费、基金、罚没收入、国有资本经营收益、国有资源（资产）有偿使用收入、彩票公益金等非税收入要全部纳入改革范围。暂时不具备条件的地方，也要在2012年底前将改革推进到所有执收单位和所有非税收入项目。二是规范和完善非税收入收缴方式。收缴方式包括三种：通过非税收入收缴管理信息系统收缴非税收入；通过就地缴库方式收缴非税收入；通过财政与其他部门的横向联网系统收缴非税收入。三种收缴方式分别适用于不同类型和不同管理要求的非税收入收缴，应按照统一规范、运行高效、监督有力的目标要求逐步完善。三是健全非税收入收缴管理制度。省级财政部门要按照非税收入收缴管理的总体要求，结合本省实际，完善非税收入收缴管理制度，健全全省统一的非税收入收缴管理制度。四是规范非税收入收缴账户管理。地方各级财政部门选择非税收入收缴代理银行的原则是实行招投标制度，原则上在同一家商业银行只开设一个财政专户。要将各类财政资金专户统一归口到同级财政国库部门管理。五是完善非税收入收缴管理系统建设。要通过完善非税收入收缴管理信息系统，提升系统管理功能和收缴效率，并加强系统安全管理，切实保证非税收入及时、准确、安全收缴。六是加强非税收入收缴执行情况分析。要研究建立省级非税收入收缴执行分析制度，全面、准确、及时地反映非税收入规模结构和收缴情况，科学分析影响收入实现的因素。七是强化非税收入收缴监管。要加强《非税收入一般缴款书》管理，切实发挥《非税收入一般缴款书》“以票控收”的作用，建立非税收入收缴代理银行综合考评制度。

（二）预算支出分类

我国现行预算支出分类体系将政府支出按职能和经济性质分设了两层既相互独立又紧密联系的支出分类体系。这种设置与财政资金使用去向细化透明的要求有关，现实中财政资金的分配和使用分为两个阶段：一是财政部门将资金分配到部门和单位；二是部门和单位使用财政资金购买相应的商品和服务。

1. 支出功能分类

支出功能分类属财政资金分配的第一阶段，是要完整地反映政府各项职能活动及其政策目标，说明做了什么。一般财政支出按支出功能分类可分为四个部分：

（1）一般政府服务，支出一般没有具体的受益人。主要包括一般公共管理、国防、公共秩序与安全等。

（2）社会服务，支出具有明确的受益人。主要包括教育、卫生、社会保障等。

（3）经济服务，支出着重于提高经济运行效率。包括交通、电力、工业、农业等。

（4）其他支出，如利息、转移支付等。

2. 支出经济分类

支出经济分类属财政资金分配的第二阶段，反映政府支出的经济性质和具体用途，即反映政府的钱是怎么花出去的，是付了人员工资，还是买了办公设备。因此，支出经济分类是对政府支出活动更为明细的反映，是进行政府预算管理、部门财务管理以及政府统计分析的重要手段。

专栏 10－1

政府收支分类的完善

近年来，我国不断推进政府收支分类改革，细化政府收支分类。根据社会上反映强烈的“三公”费用、行政成本等热点问题，研究形成了完善政府收支分类的改革方案，将支出功能分类从类、款、项三级扩展为类、款、项、目四级，通过新增的目级科目反映行政经费、基本建设以及不同单位性质的支出；不断细化政府收支分类科目，新增国土资源气象等事务、住房保障支出、粮油物资储备管理事务等类级科目，对国有土地出让金、国有资本经营预算、政府性基金等科目进行了较大的修订。

（资料来源：财政部网站，http：//www. mof. gov. cn/。）

三、我国政府预算收支科目的主要内容

（一）收入分类

根据目前我国政府收入构成情况，结合国际通行的分类方法，各类政府收入分为类、款、项、目四级。

类级科目分为税收收入、社会保险基金收入、非税收入、贷款转贷回收本金收入、债务收入以及转移性收入等。

税收收入下的款级科目按现行税种划分，包括增值税、消费税、营业税、企业所得税等；社会保险基金收入下的款级科目包括基本养老保险基金收入、失业保险基金收入、基本医疗保险基金收入等；非税收入下的款级科目按收入性质分为政府性基金收入、行政事业性收费收入、罚没收入等；贷款转贷回收本金收入下的款级科目包括国内贷款回收本金收入、国外贷款回收本金收入、国内转贷回收本金收入、国外转贷回收本金收入等；债务收入下的款级科目包括国内债务收入、国外债务收入；转移性

收入下的款级科目包括返还性收入、财力性转移支付收入、专项转移支付收入等，如表 10 - 1 所示。

表 10 - 1　　税收收入（101）

科目编码				科目名称
类	款	项	目	
101				税收收入
	01			增值税
		01		国内增值税
			01	国有企业增值税
				……

（二）支出功能分类

按照这一要求并充分考虑到我国国情，现行政府支出分类改变了过去按支出用途分为基本建设支出、企业挖潜改造支出等的做法，而是根据公共财政建设、政府管理和部门预算编制的要求，统一按支出功能设置类、款、项三级科目。

类级科目综合反映了政府的职能活动，2011 年类级科目具体包括以下内容：一般公共服务、外交、国防、公共安全、教育、科学技术、文化体育与传媒、社会保障和就业、社会保险基金支出、医疗卫生、节能环保、城乡社区事务、农林水事务、交通运输、资源勘探电力信息等事务、商业服务业等事务、金融监管等事务支出、地震灾后恢复重建支出、国土资源气象等事务、住房保障支出、粮油物资管理事务、储备事务支出、预备费、国债还本付息支出、其他支出、转移性支出。

款级科目反映为完成某项政府职能所进行的某一方面的工作，如“教育”类下的“普通教育”、“职业教育”。

项级科目反映为完成某一方面的工作所发生的具体支出事项，如“普通教育”款下的“小学教育”、“高等教育”等，如表 10 - 2 所示。

表 10 - 2　　教育（205）

科目编码			科目名称
类	款	项	
205			教育
	01		教育管理事务
		01	行政运行
		02	一般行政管理事务
		03	机关服务
		……	……
	02		普通教育
		01	学期教育
		02	小学教育

续表

科目编码			科目名称
类	款	项	
		03	初中教育
		04	高中教育
		05	高等教育
		……	……
	03		职业教育
	04		成人教育
	05		广播电视教育
	06		留学教育
		……	……

现行支出功能分类更加凸显了现阶段我国政府支出的方向，也体现了我国财政由生产建设型财政向公共财政的转型。其科目能够比较清晰地反映政府各项职能活动支出的总量、结构和方向，便于根据建立公共财政体制的要求和宏观调控的需要，有效进行总量控制和结构调整。

（三）支出经济分类

现行支出经济分类科目设类、款两级。

类级科目分为 12 类，具体包括：工资福利支出（见表 10－3）、商品和服务支出、对个人和家庭的补助、对企事业单位的补贴、转移性支出、赠与、债务利息支出、债务还本支出、基本建设支出、其他资本性支出、贷款转贷及产权参股、其他支出。款级科目是对类级科目的细化，主要体现部门预算编制和预算单位财务管理等有关方面的具体要求，如基本建设支出进一步细分为房屋建筑物构建、专用设备购置、大型修缮等。

表 10－3　　工资福利支出（301）

科目编码		科目名称
类	款	
301		工资福利支出
	01	基本工资
	02	津贴补贴
	03	奖金
	04	社会保障缴费
		……

上述支出功能分类与支出经济分类相配合，能够对每一项支出进行“多维定位”，可以形成一个相对稳定的，既反映政府职能活动，又反映支出性质，既有总括反映，又有明细反映的支出分类框架，从而为全方位的政府支出分析创造了有利

条件。

多维定位如表 10－4、表 10－5 所示。

表 10－4　　　　支出功能分类、经济分类交叉表

经济分类 功能分类	工资福利	商品和服务支出	对个人和家庭的补助	对企业的补贴	基本建设支出	……	合计
一般公共服务							
外交							
国防							
公共安全							
教育							
科学技术							
医疗卫生							
……							
合计							

表 10－5　　　　支出分类与部门分类、项目分类的联用

单位编码	功能分类			科目名称	项目分类	经济分类			合计
	类	款	项			工资福利支出	基本建设支出	…	
331				＊＊农业局					
	213			农林水事务					
		01		农业					
			18	灾害救助		163	271	……	670
					＊＊救助	12	35	……	230
					＊＊重建	43	80	……	210
					……	……	……	……	……

四、我国政府收支分类改革及评价

为完整、准确地反映政府收支活动，进步规范预算管理、强化预算监督，经国务院批准，财政部预算司于 2006 年下发了《政府收支分类改革方案》，并于 2007 年开始实施新的政府收支分类体系。

（一）政府收支分类改革的内容

2007 年的政府收支分类改革，是以建立包括收入分类、支出功能分类和支出经济分类在内的政府收支分类体系为目标的，具体包括以下三个方面。

第一，对政府收入进行统一分类，全面、规范、细致地反映政府各项收入。改革后的收入分类全面反映政府收入的来源和性质，不仅包括预算内收入，还包括预算外收入、社会保险基金收入等应属于政府收入范畴的各项收入。从分类方法上看，原收入分类只是各种收入的简单罗列，如各项税收、行政事业性收费、罚没收入等。新的收入分类按照科学标准和国际通行做法将政府收入划分为税收收入、社会保险基金收入、非税收入、贷款转贷回收本金收入、债务收入以及转移性收入等，这为进一步加强收入管理和数据统计分析创造了有利条件。从分类结构上看，原收入分类分设类、款、项三级，改革后分设类、款、项、目四级，在核算级次上进一步延伸。四级科目逐级细化，以满足不公层次的管理需求。

第二，建立新的政府支出功能分类体系，更加清晰、细致地反映政府各项职能活动。这是此次科目改革的核心。新的支出功能分类按政府的职能和活动设类、款、项三级科目。类级科目反映政府的某一项职能，款级科目反映为完成某项政府职能所进行的某一方面工作，项级科目反映某一方面工作的具体支出。政府各项支出究竟做了什么事，就能直接从科目上看出来。支出功能分类设置类、款、项三级。新的支出功能科目能够清楚地反映政府支出的内容和方向，可有效消除原支出预算的弊端。

第三，建立新型的支出经济分类体系，全面、规范、明细地反映政府各项支出的具体用途。支出经济分类体系主要是对原来的支出目级科目进行扩充和完善，科目设类、款两级。全面、明细的支出经济分类是进行政府预算管理、部门财务管理以及政府统计分析的重要手段。

新的政府收支分类体系完整，反映全面，分类明细，便于操作。新的分类科目与部门分类编码和基本支出预算、项目支出核算相配合，在财政信息管理系统的有力支持下，可对任何一项财政收支进行“多维”定位，清楚地说明政府的钱是怎么来的，最终用到了什么地方，为预算管理、统计分析、宏观决策和财政监督等提供全面、真实、准确的经济信息。

不仅如此，近年来，我国的政府收支分类一直处于不断的完善中，如将预算外资金全部纳入预算，使得预算收支涵盖的范围更加广泛。

（二）政府收支分类改革的成效及意义

2007 年政府收支分类改革，有效克服了原政府预算收支分类的弊端，充分体现了国际通行做法与国内实际的有机结合，以及市场经济条件下建立健全我国公共财政制度的总体要求。

第一，政府收支分类改革形成了一个政府预算内外资金共用的，统一、规范的收支分类体系，将使政府预算的编报更为完整、准确。从长远来看，政府预算各类收支由长期分散统计、分散管理转向了综合统计、综合管理。

第二，新的政府收支分类可清晰反映政府收支总量与结构，财政实施宏观调控、优化资源配置的能力将显著增强。全口径政府预算管理的实施，能够对财政收入占

GDP 的比重以及教育、科技、农业、社会保障等重点支出占全部政府支出的比重等形成更加清晰的判断，这是准确把握宏观调控力度、合理配置财政资源、不断优化财政支出结构的重要依据。

第三，新的支出功能分类和支出经济分类可清晰反映政府各项职能活动以及各项支出的具体用途，使政府预算更加透明、预算监督更加有力。新的支出分类客观上促使政府预算编制的出发点由便于管理向便于监督转变。新的支出功能分类能够清楚反映政府国防、教育、农业等支出，支出经济分类可以进一步告诉公众办教育的钱究竟是建了校舍，还是支付了教师工资。这种制度设计，体现了公共财政条件下政府预算必须公开、公正、透明的基本要求。

第四，新的收支分类体系实现了与国际财政统计口径的有效衔接，更有利于进行宏观分析决策与国际比较交流。新的政府收支分类除包含预算内外收支外，还按国际通行做法，纳入了具有“准财政资金”性质的社会保险基金收支，从而实现了与国际通行政府全部收支口径的总体衔接。另外，由于遵循了国际通行分类原则，我国政府收支分类科目尽管设置较细，但都能与国际财政统计口径实现很好的衔接。

第五，新的政府收支分类体系和财政信息管理系统相配合，可实现对财政运行过程的全面、实时监控，有力地促进了我国财政管理更加规范、精细、科学。

（三）政府收支分类改革的方向

政府收支分类的改革取得了很大的成效，但是随着经济的不断发展，其不够完善的地方也已经逐渐显露出来，未来的收支分类改革应向着更加细化、更加规范的方向推进，同时还应完善相应的配套措施，以促进政府收支分类的改革。

一是积极推进政府收支分类改革，使之与国际惯例接轨。预算科目按支出功能和经济分类设置，以清晰反映政府支出是用到了哪些方面，如教育、科技等。

二是在明确各类预算功能定位、收支范围的基础上，结合各类预算收支特点，建立统一规范、各类预算共同使用的政府收支分类体系，为各类预算编制提供基础制度保障，为编制、汇总综合预算创造条件。

三是抓紧制定预算编制的“电子辞典”，从经济社会发展和财政管理工作的实际需要出发，科学设计预算支出科目的代码，全方位、多层次地反映预算支出的属性，促进财政统计工作的进一步完善。

“阳光财政”的实施依赖于政府财政信息的公开、透明和完整。我国财政近几年所进行的各种改革正是为此进行的。但是这一制度的真正建立及有效实施还有赖于让纳税人真正把自己当成政府财政的提供者，让其对上缴政府的税收使用享有知情权、参与权和监督权，而这些权利实施的前提是纳税人能够看得懂政府的账本。要做到这一点，就应进一步细化政府收支分类，将每一项支出都清晰地反映出来，使政府能够说得清楚，公众能够看得明白。

专栏 10－3

政府预算的改革方向

财政部部长楼继伟近日在接受新华社记者采访时说，中国将在2016年基本完成深化财税体制改革的重点工作和任务，2020年各项改革基本到位，现代财政制度基本建立。

“深化财税体制改革不是政策上的修修补补，更不是扬汤止沸，而是一场关系国家治理现代化的深刻变革，是一次立足全局、着眼长远的制度创新和系统性重构。”楼继伟说，从逻辑看，预算管理制度改革是基础、要先行；收入划分改革需在相关税种税制改革基本完成后进行；而建立事权与支出责任相适应的制度需要量化指标并形成有共识的方案。整体改革任务重、难度大、时间紧。

他表示，今明两年是关键。按照中央的部署和要求，预算管理制度改革要取得决定性进展，税制改革在立法、推进方面取得明显进展，事权和支出责任划分改革要基本达成共识，2010年基本完成深化财税体制改革的重点工作和任务，2020年各项改革基本到位，现代财政制度基本建立。

楼继伟说，税制改革重点锁定六大税种，包括增值税、消费税、资源税、环境保护税、房地产税、个人所得税。“营改增”范围将逐步扩大到生活服务业、建筑业、房地产业、金融业等各个领域，“十二五”全面完成“营改增”改革目标，相应废止营业税制度，适时完成增值税立法。加快煤炭资源税改革，推进资源税从价计征改革，逐步将资源税扩展到水流、森林、草原、滩涂等自然生态空间。建立环境保护税制度，将现行排污收费改为环境保护税。加快房地产税立法并适时推进改革，由人大常委会牵头，加强调研，立法先行，扎实推进。

楼继伟表示，进一步理顺中央和地方收入划分，主要是在保持中央与地方收入格局大体不变的前提下，合理调整中央和地方收入划分，将收入波动较大、具有较强再分配作用、税基分布不均衡、税基流动性较大的税种划为中央税，或中央分成比例多一些；将地方掌握信息比较充分、对本地资源配置影响较大、税基相对稳定的税种，划为地方税，或地方分成比例多一些。收入划分调整后，地方形成的财力缺口由中央财政通过税收返还方式解决。

（资料来源：新华网，2014年7月4日。）

第二节

我国财政信息化建设——金财工程

财政信息化是财政管理的深刻革命，对财政管理创新改革，提升财政管理效率，提高财政透明度和强化财政监督等都有着积极的意义。加强财政信息化建设、促进财政管理科学化，是建立规范有序公共财政运行机制的客观要求，也是信息时代财政工作的必然选择。近几年来，我国不断加强财政信息化建设，使信息技术逐渐成为财政改革的重要支撑，财政管理逐步向信息化、精细化、科学化迈进。自 1985 年财税信息系统开始建立，到 2004 年财政部完成国库司原有 8 个独立运行的业务系统的有效整合，开发出新的中央部门版国库支付管理系统，再到 2008 年财政部门、税务机关、人民银行国库两两之间横向联网的实现以及当前财政管理的精细化、科学化理念的提出，我国财税信息化建设取得了显著成效，信息基础设施建设不断得到加强，应用支撑平台成功上线并开始运行，财政业务系统应用成效斐然……不得不承认，推进财政信息化的建设，是未来财政发展改革的重中之重。

一、财政信息化概述

（一）财政信息化的含义

财政信息化的概念有广义和狭义之分。广义的财政信息化，是指与实现财政工作信息化有关的所有工作，包括财政应用软件的开发，财政管理信息系统的建立、应用和维护，财政信息化人才的培训，财政信息化的宏观规划，财政信息化的制度建设，财政应用软件市场的培育与发展等。

狭义的财政信息化是指以电子计算机为主体的当代电子信息技术在财政工作中的应用。财政部门依据现代财政管理理论，应用现代信息技术，整合财政部门的预算、执行、监督等管理流程，及时、准确地向财政各层管理者提供充分和有用的信息支持，加工和利用财政信息，实现对政府财政活动进行控制，满足政府财政管理和对外服务需要一系列过程的总称。

财政信息化的目标是：追求财政管理水平和对外服务水平的提升。财政信息化的作用是：提高财政数据处理的时效性和准确性，提高财政管理的水平和质量，减轻财政工作人员的劳动强度；提高财政管理和控制的作用，使财政管理由事后算账、管理转向事先预测、规划，事中控制、监督，事后分析、决策的一种全新的管理和控制模式，以增加财政信息的使用价值，提高财政管理、控制和决策水平；推动财政管理方式、财政管理理论创新和观念更新，促进财政工作进一步发展。

（二）财政信息化的主要内容

从内容上看，财政信息化主要体现为财政信息的自由流通与代码化处理、基于计算机网络的财政信息储存与分享平台、智能化的服务型财税体系。

1. 财政信息的自由流通与代码化处理

对各种财政信息进行代码化处理（如财政支出进行数字编码与录入，每一项财政支出对应唯一的编码），是财政信息化的基础，是财政信息传输、交换以及专业财政信息服务软件设计的必要条件。这种数字化不仅包括对信息资源的事前编码，还应考虑事后财政信息反馈的数字化处理。因为真正的信息化应是以信息的自由流通、交换为前提的，也就是说财政信息化要能传达到其需求方，需求方对信息的反馈也必须能回到终端，以及终端对反馈有回应，整个流程是构成信息“化”的一个基本单元。少了任何一个环节，财政信息都只是孤立的“信息”，谈不上“信息化”。而自由流通的信息需要以代码为媒介。首先，设计能高速运算的专业软件需要计算机代码的支持；其次，任何信息在网络间的传输过程中都以代码形式存在。其他的非代码，如汉字，要先转成编码才能进行传输。到达某一终端后，又要由代码转成汉字，这样比较低效。

2. 基于计算机网络的财政信息储存与分享平台

进行财政信息化建设，一个重要原因是经济发展、民主化改革、与国际接轨等都需要国家财政的大力支持。这就必然产生海量的财政信息，而过去受技术水平的限制，无法将这庞大的信息资源进行系统化的集中、归类与整合，造成了信息资源流失、信息不对称、各类信息重叠冗杂等现象。这就给制定有效的财政决策，正确把握宏观经济形势等带来了极大的不便。

通过财政信息化建设，可以最大化地储存有用的信息资源，也为信息的系统化处理提供了技术支持。而通过网络把不同地区的财政信息联系到一起，提高了财政信息资源的利用率。一般的信息使用者可以将资源分享到网络信息库中，体现了公民参与度的提高，有利于我国的民主化发展。

3. 智能化的服务型财税体系

借助经过计算机有效筛选、分类、整理的巨大财政信息资源库和智能化的模拟分析与测算工具，我国财政部门的职能可以更好地发挥。财政决策将更多地依据智能化分析工具，而非人的主观判断来实施。这些智能化分析工具可以通过预测、模拟等方式降低财政政策的滞后性，以及对私人部门挤出效应的影响。

内容丰富的信息资源库，有效的资源流通，加上对已有信息资源与新录入的信息资源的管理与使用，便构成了财政信息化体系的整体。一方面，它为政府部门提供了准确可靠的决策制定支持体系；另一方面，它为非政府的个人或团体法人提供更加方便的信息获取渠道。

（三）财政信息化的特点

财政信息化对优化财政管理、提高财政服务效率起了越来越重要的作用。从财政信息化的内容上看，我们能清楚发现财政信息化的具体特点。

1. 流通性

财政信息需要自由的流通才能渗透到财政管理、财政监督、财政绩效评价的方方面面，达到“信息化”的目的。而流通范围不仅包括财政部门内部，还应包括各部门间的流通以及国与国之间的流通。后者在经济全球化、财政国际化的趋势下已显得越发重要。

2. 服务性

服务性指的是通过财政信息化建设，实现各项财政工作的信息化管理，提高各项财政业务的高效实施和运行，进而推动整个财政工作的全面进步。财政中一个关键性的问题就是政府如何“花好纳税人的钱”，也就是说财政的投入必须以广大人民群众的偏好为出发点，财政信息化建设必须具有服务性。

3. 专业性

财政信息化涉及财政管理和信息技术，需要以财政政策和相关理论以及信息技术为指导，即在财政管理工作中全面应用信息技术。在公共财政改革推进的过程中，部门预算、国库集中支付、政府采购等管理方式都全面应用了信息技术。而正是这种专业化的建构，使得财政信息化建设所实现的“产出”更加科学、更加合理。

4. 公开性

公开性是指让各个财政部门的信息处在同样的共享平台上，实现财政部门内部信息的自由流动，进而使财政信息化建设平台与银行等的信息化建设平台相结合，为外部财政信息使用者作出正确的决策提供信息支持。接受广大人民群众的监督，提高行政透明度。

二、公共财政与财政信息化

公共财政在国民经济中占有重要地位，它对依法促进公平分配，调控宏观经济，合理配置市场资源，做好国有资产管理，起着不可代替的作用。所谓公共财政，就是为社会提供公共物品与公共服务的政府分配行为，是与市场经济体制相适应的一种财政管理体制。公共财政主要着眼于满足社会公共需要，弥补“市场失效”缺陷。公共财政的历史使命，在于它支持、促进市场经济体制的形成和发展。有市场经济体制，必有公共财政，二者相互制约，相互促进，交替推动，共同前进，是一种紧紧捆在一起的双边互动的关系。只有真正推行公共财政，才能建立与完善社会主义市场经济体制。

（一）公共财政框架下财政改革的要求与方向

建立和发展社会主义市场经济必然需要建立公共财政。虽然中国的公共财政管理已具雏形，但政府职能转变仍然不彻底，还存在“越位”、“错位”和“缺位”现象。随着经济全球化的加深，如何以国际化视野和现代化的方法来加强公共财政建设成为一个新的课题。

1. 转变政府职能，建设人民满意的服务型政府

“服务型政府”一词是温家宝总理在2005年3月份全国人大十届三次会议政府工作报告中首次提出的，并从“创新政府管理方式，寓管理于服务之中，更好地为基层、企业和社会公众服务。整合行政资源，降低行政成本，提高行政效率和服务水平”等方面概括了“服务型政府”的内涵。概括而言，服务型政府的主要特征为：一是以人为本。政府的权力来自于人民，政府必须全心全意为人民服务，政府的施政

目标必须首先征得服务对象即民众的同意；二是政府的主要职责是提供服务，政府主要是做市场和个人不能做、不愿做和做不好的事情；三是“服务型政府”的目标不是追求经济效益，而是保障公民的基本权利。

从某种意义上说，政府所有的职能活动都是财政活动，不论是行政管理、公共服务还是经济建设，政府的任何活动都要通过财政来实现。建设服务型政府的提出，就是要求调整和转变政府职能，把政府的职能重心放到公共服务上来。建设服务型政府是完善我国公共财政体系的内在要求，为建设服务型政府提供物质保障。

2. 政府收支集中管理是财政公共化的核心要求

改革初期以行政性分权为基本特征的改革模式，在一定程度上导致了政府收支权力的分散和混乱。大量的收支游离于预算之外，收支管理多头并存，既有预算内收入，也有预算外收入，还有制度外收入等各种形式的收入，支出也同样存在这些问题。财力的分散和混乱，不利于政府集中财力满足社会公共需要，与公共财政理念背道而驰。

以公共利益最大化为目标是财政公共化的核心要求，这要求约束政府部门的权力，禁止利用政治权力为部门和个人谋求利益。要做到这一点，需要将全部政府收支纳入预算管理，所有政府收支都要完全归口于财政税务部门管理。

3. 财政民主、公开、透明化是公共财政建设的本质要求

财政民主化既是社会主义民主政治建设的重要组成部分，与我国的民主政治建设进程息息相关，也是影响民主政治建设进程的重要因素，两者形成双向的互动。财政民主化的目的是形成这样一个良性的循环：社会成员依法自觉纳税——合理的偏好得到表达，社会成员参与公共财政收支活动的决策——政府依法使用公共资金并提供公共物品和服务——社会成员的公共需要得到满足。

在市场经济体制下，政府实际上是一个国家或社会的代理机构，承担着一种公共受托的责任。本质上公众委托政府来提供私人无法通过市场配置而实现的有效供给。政府在收取纳税人的税收后，除部分作为自身的维持经费外，主要职责在于向社会提供安全、秩序和经济发展的基本社会条件。在筹集资金和使用资金的全过程，作为公众利益的代表，政府必须接受公众的监督，这是由纳税人与收税人的基本关系所决定的。规范为政者行为，加强其为人民治理好国家和社会的责任，用好公众所交纳的税收，服务人民，造福人民，无疑是公共财政的内在要求。

4. 推进公共财政管理手段、强化财政宏观管理职能，是公共财政顺利推行的重要保证

政府采购制度作为市场经济国家加强公共支出管理的基本手段，是建立公共财政体系的重要内容。近年来，中国各地都不同程度地开展了政府采购试点工作，效果十分明显。同时，还应积极探索“零基预算”等适应公共财政要求的管理手段和办法，以不断提高财政支出效率，充分体现公平、公正、公开的原则。

在市场经济条件下，财政作为政府的宏观调控部门，为充分发挥好公共财政稳定经济、调节分配、维持市场公平竞争的职能，应把主要精力放到研究和把握经济与社

会发展中关系全局、具有战略性的大事上来。因此，在职能转变中，财政应逐步减少直接管理，学会用制度法规来间接管理，学会运用宏观经济手段管理微观事务。基于这种认识，财政宏观管理的重点应该是：拟定和执行财政、税收发展战略、方针政策、中长期规划、改革方案及其他有关政策；参与制定各项宏观经济政策；提出运用财税政策实施宏观调控和综合平衡社会财力的建议；拟定和执行国家与企业的分配政策；监督财税方针政策、法律法规的执行；提出加强财政管理的政策建议；加强对财政经济形势的跟踪分析和政策研究，提高驾驭宏观经济的能力。

（二）公共财政框架下财政信息化建设的必要性

财政信息化是公共财政框架下财政改革的一个重要方面，是财政管理现代化的必然要求。它的建设与实施对加快社会主义市场经济体制的建立和促进国民经济管理的现代化，规范财政预算管理，提高国库资金使用效率，增强财政决策的科学性和财政工作的透明度，加强廉政建设，实现依法理财等都具有十分重要的意义。

1. 财政信息化是我国推进电子政务建设的重要组成部分

信息技术是当代先进生产力的代表，信息化关系经济、社会、政治和国家安全的全局，信息化水平是衡量一个国家和地区竞争能力、现代化水平的重要标志。电子政务（政府管理信息化）是国民经济和社会发展的必然要求和必然趋势。财政部门是国家重要的综合经济管理部门，实现财政管理信息化，是电子政务的重要内容，是财政部门和财政工作适应国民经济和社会管理信息化的必然要求。财政信息化工作的核心是建立财政管理信息系统。财政管理信息系统以大型数据库为基础，建立部门、单位、地域、序号等属性的数据字典，详细记录每个部门、单位每一笔财政资金收支的来龙去脉和每一个时点的资金运动情况，涵盖了财政收支管理的全过程。

2. 财政信息化是我国财政预算管理工作高效运行的要求

政府财政管理信息系统是目前世界上主要市场经济国家政府信息管理系统中的核心之一。美国2000年度除国防支出外，包括社会保障基金和退税在内的全部9亿笔政府开支，总值为1.2万亿美元的财政资金，都是由管理信息系统通过单一账户支付（其中70%是电子支付方式）实现的。因此，建立与实施财政管理信息系统，符合我国按市场经济发展和加入世界贸易组织要求，在财政管理方式方法上有利于尽快与国际接轨。在全国范围内建立起各地方、各部门之间的电子信息化系统，实现电子信息的传输和所有信息的共享，从而大大提高整个财政工作的效率。

3. 财政信息化规范预算收支管理，增加预算编制与执行的透明度的保障

预算作为政府的财政收支计划，是政府筹集和使用集中性财政资金的重要分配杠杆，体现政府集中性的财政分配关系，是政府实现其职能的重要工具。按照市场经济体制的规律和建立公共财政体系的要求，预算编制与执行必须真实、统一与公开。建立与实施财政管理信息系统，详细记录每个用款单位每一笔财政资金收支的运行状态，大大减少了预算执行的随意性。因此，它不是传统意义上只能做“事后”记账处理的一般财务系统，而是带有“事前”控制机制的政府财政“资源性”管理系统，也是自动化程度较高、依法理财的系统。它的建立与实施可以从根本上防止财政资金

的体外运行和沉淀。既能对财政部门的管理工作进行规范，又能对支出部门的预算执行行为进行有效监督，从源头上预防腐败现象的发生。

4. 财政信息化科学预测收支，提高国家宏观经济决策水平

宏观经济分析与决策是对国民经济整体运行状况所进行的分析和相应采取的财政、货币政策，是整个宏观经济政策制定的基础，也是进行宏观经济管理的前提。财政是国家职能的重要组成部分，财政政策是国家宏观调控的一个重要工具。政府财政信息系统可以完整地保存宏观经济分析和预算执行各方面的数据，为整个财政管理工作提供准确、适时的财务信息，从而促进宏观经济预警、收支测算、现金预测等模型的建立。既为决策的科学化提供数据保障，又为各种财政管理工作提供科学的分析依据。

5. 财政信息化有利于提高财政部门对外服务水平

服务型政府的理念已经得到全社会的认可和期待，对于财政部门而言，通过财政信息化工作，可以在加强财政部门内部管理的同时，进一步提高财政部门对各行政事业单位、企业、公民的服务效率和服务水平。

三、财政信息化系统建设的基本要求

在电子信息化时代，政府预算执行的技术保障手段是政府财政管理信息系统。政府财政管理信息系统又称为“金财工程”（Government Fiscal Management Information System，简称 GFMIS），是指运用现代信息技术，综合预算、会计与财务管理应用程序，完整记录财政收支过程，及时提供各种准确可靠的财务信息，为预算编制、执行提供全面、综合的管理报告，为微观经济管埋和宏观经济决策提供依据的系统。

GFMIS 系统以大型信息网络为支撑，以细化的部门预算为基础，以所有财政收支全部进入国库单一账户为基本模式，以预算指标、用款计划和采购订单为预算执行的主要控制机制，以出纳环节高度集中并实现国库现金的有效调度为特征，详细记录每个用款单位的每一笔财政资金收支，覆盖了财政收支管理的全过程，可监控任一时间点的财政资金收支状况。它是一套与我国建立公共财政体制框架目标相适应的先进信息管理系统，是我国正在实施的电子政务战略的重要组成部分。

（一）以“一体化”作为建设指导思想

财政信息化系统的建设是一项复杂的系统工程，贯穿于财政工作的各个环节，必须统筹规划，以一体化作为指导思想来加以推进。2007 年财政部党组作出了一体化建设的部署，即积极推进“管理一体化、业务一体化、技术一体化”。从目前发展的实际情况来看，各级财政部门结合当前的财政业务工作，已经开发并且应用了一系列的财政管理软件。但软件开发过程中标准不统一，导致应用时各业务流程相互脱节、系统资源相互隔离不能共享，各级财政部门内部以及上下级财政部门在信息化的过程中几乎都处于不同程度的“信息孤岛”的尴尬境地，甚至将统一的各项财政业务割裂开来。不但降低了财政管理的效率，增加了业务办理的复杂度，而且极大地阻碍了财政信息化建设的发展进程。

当前，应用支撑平台在一些省市的成功试点，有效解决了整合系统和统一标准等问题，为财政信息一体化提供了良好的技术支撑，引导财政管理向科学化、精细化的方向发展。通过大力推进应用支撑平台的推广来加快信息化建设的进程，将原有分散独立的应用系统转变为集中处理数据、信息交互的新运行模式，构建覆盖所有财政部门、所有预算单位、所有财政业务、所有财政资金的“一体化”财政管理信息系统，改变目前“信息孤岛”的状态，更好地实现公共财政框架下财政管理的目标。

（二）以数据获取和整合为核心

现有的各级财政部门的财政应用系统之间是独立的，导致信息资源极为分散，财政数据一体化成为一个亟待解决的问题。实现局域、广域、异构操作系统和数据库环境下的信息集成，将分散的信息资源更好地统一、整合、管理，并通过统一的信息门户呈现出来，已成为提高财政信息化应用水平的关键。

财政数据的获取包括三个方面：第一，财政部门内部以及上下级财政部门之间数据的采集和获取；第二，不同政府部门之间的数据的采集和共享；第三，人民群众对公开数据作出回应所产生的信息数据的采集和反馈。一方面通过对各类信息资源的深度挖掘和综合分析为科学决策提供支持；另一方面通过对各类信息资源的挖掘处理来提供更好的公众服务。

（三）以有效的信息安全保障为基础

信息安全是保障财政信息化建设顺利进行的现实基础。电子财政的科学决策支持及政府服务系统必须构筑在国家信息安全的基础之上，具体表现为：在财政管理信息系统的内网与互联网之间建立起严密的防火墙以及恰当的物理隔离，用来保障网络系统的安全；为财政管理信息系统中需要保密的数据和信息的安全采取一定的保障措施；为了避免突发灾害带来重大的损失，还要及时做好数据的备份工作。

（四）完善信息化的立法与规章制度建设

由于财政信息化人机系统运行机制的特殊性，有力的管理和科学的内部控制制度在保证系统的高效运行方面显得尤为必要，比如信息安全法、计算机网络管理制度、业务工作流程、人员建设及培训制度等。信息立法在西方发达国家已经出现，例如欧美国家都设立了一系列较为完备的信息法规。随着我国改革开放的发展，我国已经基本建立起相应的法律法规体系。但是近年来电子信息网络的发展过于迅猛，我国的信息法在法律体系中的地位还有待于进一步提高，还需要深入研究信息法规中较为重要的内容。

四、财政信息化建设的总体规划与布局

2006 年全国财政系统“金财工程”建设座谈会提出，“要构建以一个应用支撑平台（即数据库）、二级数据处理（即中央与地方分级数据处理）、三个网络（即内部涉密网、工作专网和外网）、四个系统（即预算编制系统、预算执行系统、决策支持系统和行政管理系统）、五个统一（即统一领导、统一规划、统一技术标准、统一数据库和统一组织实施）为主要内容和特征的，管理与技术有机融合，公开透明，服

务便捷，安全可靠的政府财政管理信息系统”。

1. 基础数据库规划

伴随多项财政业务的改革开展，财政信息化的不断推进，诸如信息的急速增长、信息孤岛问题的日益凸显、决策支持的信息需求增强等成为目前亟待解决的问题，建设一个能够统一管理数据的财政数据仓库可以为解决这一系列问题打下坚实的基础。运用网络平台，将国库集中支付系统、部门预算系统、非税收入系统、工资统发系统、财政指标系统等多个操作系统纳入同一的数据库，形成以部门预算为基础，以税收信息系统、非税收入系统、国库集中支付系统、工资统发系统和“乡财县管”系统为终端的财政管理信息大系统，最大程度实现收入与支出数据的共享，建立统一的数据平台（见图 10－1）。

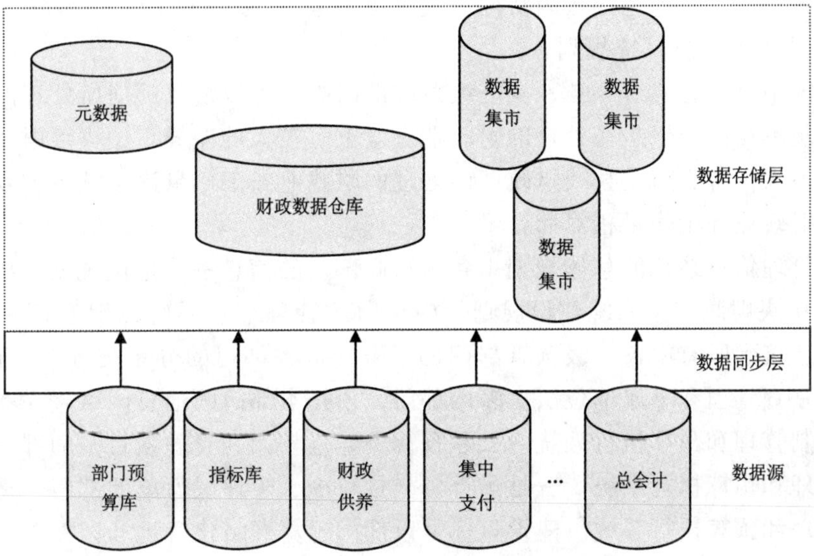

图 10－1 数据平台规划框架

（1）数据存储层。数据存储层依照数据仓库的设计模式，将部门预算库、指标库、国库集中支付库等其他数据库及外部数据源中的元数据分别归类后建成元数据库，相应的数据在搜集后再经过过滤拆分、整合同步、迁移加载后进入数据仓库。用户查询数据时，可以直接浏览元数据仓库，或是发送数据查询请求以得到所要查找的数据。

（2）数据同步层。一般来说，财政业务数据需要经过许多步骤和方式进入数据仓库，如对数据的清洗与过滤、归并和拆分、抽取与转换等，数据同步层可以将经过上述处理过后的业务数据整合到数据存储层（元数据库）当中。数据同步层需要满足数据以不同频率进入系统的需要，包括对关键的业务数据即时同步；对实时的重要业务数据按天同步；对稳定的业务数据按月同步；对历史性数据一次同步；对特殊类型的业务数据设定具体时间灵活同步。

2. 信息网络规划

政府财政管理信息系统是在财政网络系统的基础上运行的。随着业务应用发展的需要，建立建设统一的全国范围的财政信息网络系统，是财政信息化建设的客观需要。目标是“建立覆盖所有财政核心业务的财政综合业务管理系统，建设覆盖全国各级政府财政管理部门和财政资金使用部门的政府财政管理信息网络”。

财政部门网络系统包括：组建财政部内主干网，并通过主干网连接各司（局）的局域网或单台微机，形成部领导到司（局）和处（室）全部贯通的部机关局域网络；建成连接各省（自治区、直辖市和计划单列市）财政厅（局）的财政系统内部网，实现电子邮件服务和网络文件（报表）传送；财政系统内部网与中办、国办、各部委、财政管理和宏观经济信息发布单位（国家税务总局、中国人民银行、统计局、上交所和深交所等）连接，为领导决策和业务人员办公提供全面、迅速、直接的信息服务；安全可控地接入因特网，提供更宽范围的服务。

3. 财政管理信息系统规划

在我国中央、省、市、县、乡五级财政部门中，各级财政部门所处理的核心财政业务工作基本相同，但是在处理的财政业务量上有较大的差异。中央级财政处理的财政业务量最大，省、市、县级财政部门处理的财政业务工作量逐级减少，乡级财政部门处理的财政业务工作量相对而言最小。

财政管理信息系统的总体规划由各级财政部门的信息系统建设规划构成。

（1）中央财政信息系统建设规划。中央财政管理信息系统以财政部主网络系统为中心，连接到所有中央一级预算部门的财务司。各部门的分系统分三种模式建立：一是向下垂直管理和下属单位层次多的部门，依托本部门的信息网络建立本部门的部门预算编制管理和预算执行系统。二是预算资金量较大和管理项目多的部门，建立预算编制管理和预算执行系统。三是预算资金量较少、管理层简单的部门，建立小型预算编制管理和预算执行系统。建设目标是以部门预算网络化管理和国库单一账户集中收付为核心管理运行模式，建立中央财政管理信息系统。

（2）省级地方财政信息系统建设规划。省级财政的管理信息系统将以省财政厅和省级网络系统为中心，连接到省属各部门的财务处。各部门的分系统按照各部门情况分两种模式建立：下属单位层次多和向下垂直管理的部门，依托本部门的信息网络建立本部门的部门预算编制管理和预算执行系统。管理层次少的部门，建立小型预算编制管理和预算执行系统。各省市财政管理信息系统的建设目标是以部门预算网络化管理和国库单一账户集中收付为管理运行模式的信息系统。

（3）市级地方财政信息系统建设规划。大部分市级财政建成以部门预算管理和国库单一账户集中收付为管理运行模式的信息系统，实现细化预算的网络化管理，绝大部分财政资金进入集中支付。

（4）县级地方财政信息系统建设规划。可采用两种模式，地方财力较好的县可以建立以部门预算管理和国库单一账户集中收付为管理运行模式的财政管理信息系统；财力较弱的县可以采取会计集中核算模式，在财务集中核算的基础上，逐步进行国库集中支付系统和部门预算编制系统的建设。

（5）乡级财政信息系统建设规划。对乡级财政而言，主要采取会计集中核算模式，进行财政管理信息系统建设。系统配置基于 PC 服务器档次的小型系统。

五、政府财政信息化系统的架构与实现

政府财政管理信息系统覆盖各级政府财政管理部门和财政资金使用部门，全面支撑部门预算管理、国库单一账户集中收付、政府采购、宏观经济预测和办公自动化等方面的应用需求。GFMIS 系统的建立将有利于预算管理的规范化，提高国库资金的使用效率，提高政府财政管理决策的科学性，增大财政管理的透明度，有利于加强廉政建设。GFMIS 系统的建立将从根本上改变财政系统多年来"粗放"的管理模式，有利于逐步走向依法理财。政府财政管理信息系统是主要市场经济国家政府信息系统中最核心的。美国、法国、英国财政部的管理信息系统已经运行了近 20 年，一直是国家经济运行和管理的核心。

政府财政管理信息系统的建设目标由两大部分构成。一是包括预算管理、国库集中收付、国债管理等核心财政业务的管理系统和宏观经济预测系统，即财政业务应用系统；二是覆盖全国各级财政管理部门和财政资金使用部门的信息网络系统。

政府财政综合管理信息系统以财政系统纵横向三级网络为支撑，以细化的部门预算为基础，以所有财政收支全部进入国库单一账户为基本模式，以预算指标、用款计划和采购订单为预算执行的主要控制机制，以出纳环节高度集中并实现国库资金的有效调度为特征，以实现财政收支全过程监管、提高财政资金使用效益为目标。

按照系统工程规划设计，"金财工程"建设共分为业务应用系统、信息网络系统和安全保障体系三个方面，即以应用为中心，以网络为支撑，以安全为保障。一是建立财政业务应用系统，包括预算管理系统、国库集中支付管理系统、总账管理系统等 12 个业务应用系统；二是建立纵横向三级网络系统，包括本级局域网、纵向连接各级财政部门的广域网和横向连接统计各预算单位、国库、银行、税收等相关职能部门的城域网；三是建立安全保障体系，即建立以认证中心、数据加密为核心的统一安全保障体系，确保"金财工程"应用系统高效、稳定运行。

（一）财政业务应用系统

财政业务应用系统主要指预算管理系统、国库支付管理系统、总账管理系统、现金管理系统、工资发放管理系统、国债管理系统、政府采购管理系统、固定资产管理系统、收入管理系统、财政经济景气分析系统、标准代码系统和外部接口系统共 12 个业务管理系统，如图 10－2 所示。

1. 预算管理系统

该系统实现各级财政资金使用部门和各级财政管理部门的预算编制、预算审核、预算调整的规范化和科学化的管理，支持基本预算支出和项目预算支出的部门预算编制，能完成预算控制数编制及预算批复，支持预算科目新体系，系统通过数据库实现与国库支付管理、现金管理、收入管理、政府采购、宏观经济预测等系统的数据共享。其子系统有：（1）部门预算管理系统；（2）预算指标管理系统；（3）定员定额

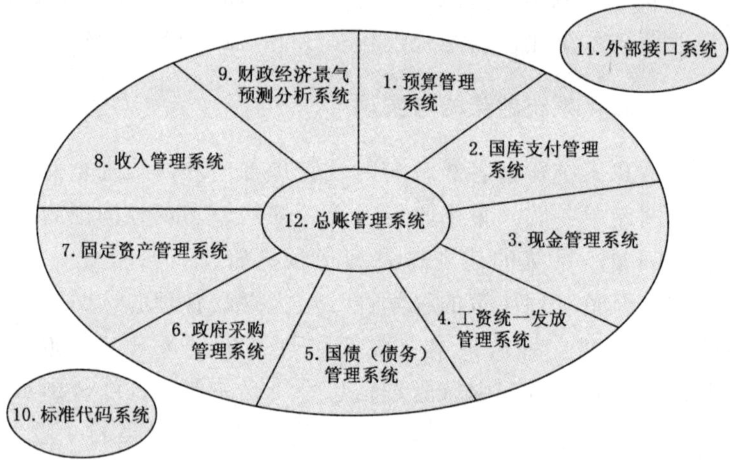

图 10－2 财政业务应用系统模块构成

管理系统；（4）中央对地方专项拨款管理系统；（5）地方预算汇总管理系统；（6）转移支付测算管理系统；（7）全国预算汇总管理系统；（8）非贸易非经营性外汇管理系统。

2. 国库支付管理系统

该系统主要按照财政国库集中收付管理制度改革的要求，完成财政资金使用过程中的分月用款计划管理、支付管理、采购订单管理、账务管理和预算执行分析管理等，并实现与现金管理、预算管理、收入管理、国债管理、政府采购、宏观经济预测等系统的数据共享。其子系统有：（1）国库集中支付管理系统；（2）总账管理系统；（3）分月用款计划管理系统；（4）预算单位财政资金支付管理系统。

3. 现金管理系统

该系统对国库现金账进行实时管理，并实现与国库支付管理、收入管理、国债管理、政府采购等系统的数据共享。主要功能模块包括与人民银行国库局和与商业银行连接的支付对账系统、现金流预测系统，可实现在现金流总体控制条件下的支付授权。

4. 工资统一发放管理系统

工资统一发放管理系统存储财政供养人员的基本信息、工资结构，并通过国库单一账户来管理和发放每个人的工资。通过系统的内部控制机制和财政、人事部门、编制机构的三方核对，能有效防止个人工资虚增冒领的现象。具备工资调整测算功能，具有与银行的接口，能够通过代理银行直接将工资发放到个人账户。该系统还将拓展用于住房补贴、住房公积金、个人医疗费的直接支付，并提供对外个人工资信息的网上授权查询功能。

5. 国债管理系统

具有对国债发行计划、国债发行及清偿进行管理，国债风险评估，国债经济效益分析等功能。实现与预算管理、国库支付管理、现金管理、宏观经济预测等系统的数据共享。该系统包括四个子系统：（1）国债发行计划系统；（2）国债发行及清偿管理系统；（3）国债风险评估系统；（4）国债经济效益分析系统。

6. 政府采购管理系统

以网络化和电子商务的先进技术手段支持政府采购业务流程，与预算管理中的政府采购预算、国库支付中的采购订单相连接，与固定资产管理等系统实现数据共享。政府采购管理系统的核心由四部分组成：（1）采购项目管理系统；（2）政府采购信息发布系统；（3）政府采购订单管理系统；（4）政府采购审计监督系统。

7. 固定资产管理系统

建立固定资产总分类账，支持固定资产添置、折旧、重估、报废等管理工作，实时更新和维护固定资产数据库，并实现与国库总分类账、政府采购等系统的数据共享。

8. 收入管理系统

主要管理预算内收入和预算外非税收入，并实现与预算编制、国库支付管理、现金管理、宏观经济预测等系统的数据共享。该系统的预算内收入系统将与税务、海关连接，具有退税管理功能。预算外非税收入系统是执行“收支两条线”，实现综合预算的关键，也是收入管理系统的主体部分。

9. 财政经济景气分析系统

该系统以财政数据库的数据为基础，综合国内外宏观经济数据，建立财政收支分析预测模型、财政监测预警模型、政策分析模型、宏观经济预测模型、宏观经济景气与监测模型，科学、全面地掌握宏观经济和财政收支增减因素，合理控制债务规模，为政府财政预算编制、财政支出管理、财政政策调整提供辅助决策依据。

10. 标准代码系统

为实现“金财工程”各系统间的信息共享，必须首先建立规范、统一的数据标准。进一步扩充完善《财政信息分类与代码》，统一规范基础数据指标体系，建立财政业务各环节的主题数据表，对财政应用基础数据按主题进行科学定义和分解（元数据化），在此基础上建立“金财工程”核心数据模型。

11. 外部接口系统

“金财工程”需要与税务、海关、人民银行国库、代理商业银行进行信息交换和业务连接，需要与发改委、卫生、民政、统计等综合经济部门和管理部门相连接，通过对外接口向国务院、人大财经委、各综合经济管理部门提供相关信息。

12. 总账管理系统

总账管理系统是“金财工程”数据存储及管理的核心。既管理收入账，又管理支出账。利用该系统，可分解出每个部门、每个预算单位的明细账目。总分类账系统将完整记录国库单一账户收入、支付的每一笔资金的详细信息，真正实现一级财政一本账管理。

（二）网络系统

建立一个覆盖全国各级财政部门和财政资金使用部门的纵横向三级网络系统。纵向上，建设财政部连接各省（区、市）财政厅（局）的一级骨干网，省级财政连接各市（地、州）级财政的二级骨干网，市（地、州）级财政连接县级财政的三级骨干网；横向上，实现各级财政部门与同级预算单位、人民银行、代理银行等部门的连接。建立政府财政管理信息系统的运行基础，以支撑财政核心业务应用。网络结构如图 10－3 所示。

为确保“金财工程”高效、稳定、可靠运行，需要提供对网络、系统、数据进行有效管理和监控的手段，实现财政部网络中心、省级网络中心的计算机系统硬件、操作系统、数据库平台的两级集中管理。

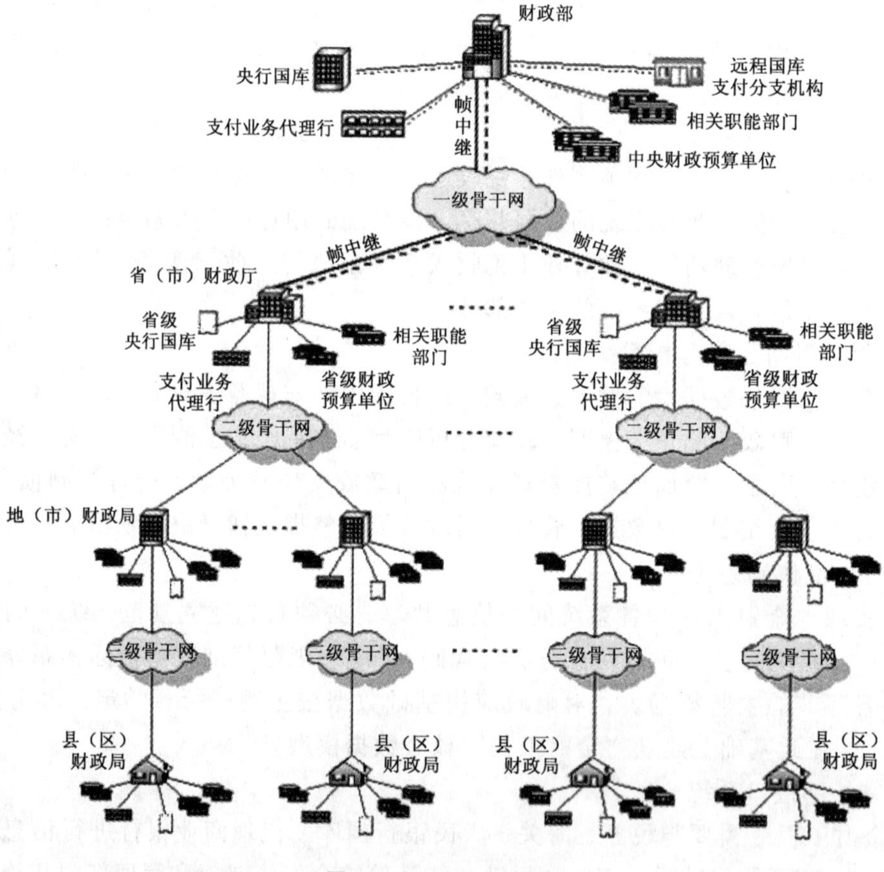

图 10－3　网络结构图

（三）安全保障体系

建立统一的安全体系是“金财工程”建设的一个重要方面。要实现全系统的应用安全、系统安全、网络安全和物理安全的统一管理，重点建设以认证中心、数据加密为核心的应用安全平台，制定相应的安全管理制度，为“金财工程”提供有效的安全保障。

按照高可靠性和高标准的故障恢复能力，建立完善的备份与恢复系统。做好现场备份、同城备份及异地备份。待“电子签名”等具备法律依据，可以采用无纸化的网上支付及收缴时，采用实时模式灾难恢复技术，建立一个高度可靠和高度可用的系统。

专栏 10－3

预算管理一体化系统解决方案

随着金财工程建设的逐步深入，各种先进的管理思想也被一步步引入到财政业务的改革中。在预算管理方面，精细化预算管理、预算信息公开、财政支出绩效评价等内容已成为当前最紧迫、最热点的问题，财政部及各地财政部门都在努力探索通过信息化的方式实现这些热点问题的科学化管理。随着各地部门预算、非税收入、国库集中支付等财政综合改革的不断深化，各地财政部门在预算管理方面也凸显了一些有待解决的问题，如部门预算项目库需进一步精细化管理；年初预留预算和年度调整预算未完全实现信息化管理；部门预算与绩效评价、资产管理、政府采购、国库集中支付等系统的衔接性有待提高等。经过多年的业务积累和系统完善，用友政务公司针对各级财政部门提供了一套易用性好、扩展性强的预算管理一体化解决方案。该方案在综合预算的整体架构下，以基础信息库和项目库为基石，结合多种辅助审核分析工具，在提升预算管理工作效率的同时，轻松实现预算业务的精细化、一体化管理。

一、系统建设目标

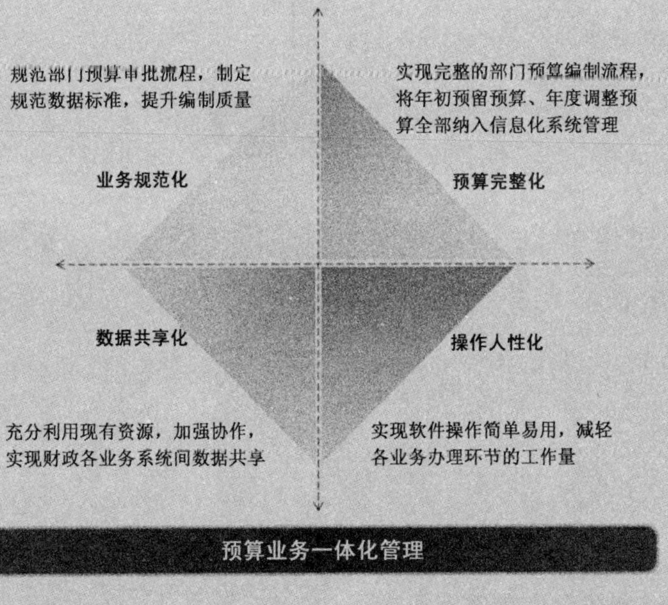

二、系统建设内容

（一）系统架构

系统遵循财政部的财政应用支撑平台基本思想，采用基于 J2EE 的三层 C/S/S

架构。系统建设以财政部平台为基础展开，业务系统基于平台采用生长式开发模式，预算管理系统与其他系统通过应用中间件进行无缝衔接，从而可以更好地满足用户在数据通畅性、统一性、实时性方面的要求。

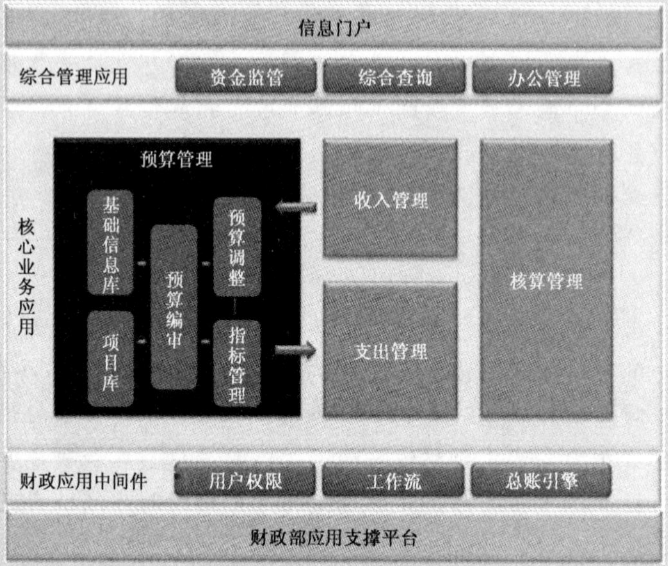

（二）系统功能

预算管理一体化系统共包含五大子系统：基础信息库管理、项目库管理、预算编审、预算调整及指标管理。

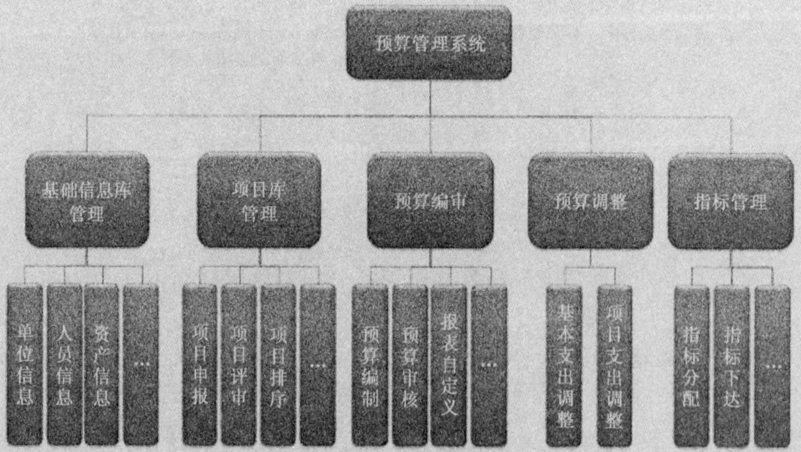

预算管理系统是基于公共财政决策分析系统的预算管理软件。它从建立面向预算单位的基础信息库和滚动项目库入手，使用定额分析、公共财政资金分配决策等分析模型，科学、合理地确定财力分配方案。同时，将决策的结果直接用于部门预算管理，在有效提高部门预算编报质量、使预算更加科学合理的同时，极大地减轻了政府部门预算编制的工作量，更好地发挥了部门预算的效能，有效地促进了预算管理目标的实现。

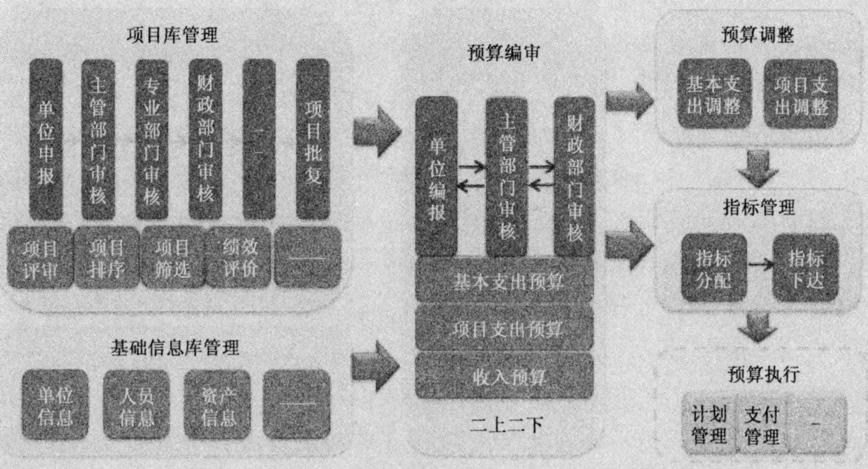

1. 基础信息库管理

辅助财政部门从预算单位的人员编制、人员支出、资产信息等基础信息入手，全面、清晰地了解预算单位的预算需求，根据实际情况制定出科学合理的公共财政资金分配政策，并引导预算单位高质量地完成部门预算。基础信息库管理注重公共财政资源的调查，在资料的收集和甄别环节提供了大量服务于财政和预算单位的专业化功能，使财政部门能够轻松掌握单位详实的基础信息，为资金分配决策提供可靠依据。

2. 项目库管理

辅助财政部门搜集预算单位项目支出需求，根据项目的轻重缓急进行筛选、排序，合理安排财政资金。项目库管理提供了项目审核和绩效评估所需要的全部信息，包括项目可行性分析报告、项目概况、项目总预算、分年度预算、项目各项明细费用及项目相关附件，可使审核部门充分了解项目情况，为合理决策提供依据。另外，项目库管理可对项目预算进行全生命周期的滚动式管理，从项目申报到审核、批复、执行、结项，全程记录预算情况。

3. 预算编审

协助财政部门根据政策要求，结合决策分析结果和历史经验，引导预算单位完成下一年度部门预算的编报。预算编审系统在设计上不局限于完成部门预算二上二下的编审过程，更注重于提升预算编审的质量和效率。预算编制功能基于最小数据录入量和最高录入效率设计，预算审核功能基于最小审核工作量和最高审核效率设计，可极大提高财政部门和预算单位的工作效率，使编审时间大幅缩减。

4. 预算调整

若年中需要新增项目，或对已有项目预算进行调整，则可通过预算调整功能实现。该功能可使年中对项目预算的调整从源头做起，追加的项目全部保存在项目库中，既保证了项目库的完整性，又未改变年初人大批复的预算内容。

预算调整模块主要包括基本支出调整和项目支出调整两大功能，调整后数据可直接生成相应的指标数据进入指标管理系统。

5. 指标管理

二下完成后，系统可自动将预算数据转换为待分指标或单位可执行指标，转换规则可根据财政需要自行设定。对于待分指标可通过指标分配功能进行再分配，最终形成可执行指标，对于可执行指标，则在指标下达后直接进入预算执行环节。指标管理模块主要包括预算未批复前的控制数管理、预算形成指标管理、指标录入、指标分配、指标追加、指标追减、指标调剂、指标修正、指标冻结/解冻、年终指标结转等功能。

6. 查询分析

预算明细信息可实时汇总，自动生成预算收支表和其他统计报表。业务人员可在各自权限范围内随时查询不同批次、不同单位、不同类型的报表，并可通过查询条件的组合来查看所需的实时数据。同时，对于同一单位不同时点的数据，还可进行对比分析，方便查看修改内容。

思考与讨论：

1. 简述政府收支分类改革的背景和意义。
2. 简述政府收支分类改革的主要内容。
3. 简述我国金财工程建设的主要内容。

本章主要参考文献：

1. 财政部预算司编著：《中央部门预算编制指南》（2013），中国财政经济出版社，2013 年。

2. 李燕：《政府预算理论与实务》，中国财政经济出版社，2010 年。

3. 李燕：《政府预算》，经济科学出版社，2012 年。

第十一章
我国财政管理改革——预算绩效管理

【本章序言】

预算绩效管理是一种以支出结果为导向的预算管理模式。它强化政府预算为民服务的理念，强调预算支出的责任和效率，要求在预算编制、执行、监督的全过程中更加关注预算资金的产出和结果。预算绩效管理最早出现于1949年的美国，在不同的时期不同的地区被诠释为不同的形态。项目预算、项目规划预算、产出预算等，是政府部门按所完成的各项职能进行预算，将政府预算建立在可衡量的绩效基础上。

预算绩效管理是政府绩效管理的重要组成部分，是财政科学化精细化管理的重要内容和结果要求。我国从2003年开始关注财政支出绩效评价工作，2005年5月，财政部预算司印发《中央部门预算支出绩效考评管理办法（试行）》的通知，开展绩效考评工作的试点工作。2009年以来，财政支出绩效评价进入常态化阶段；2011年4月，财政部下发《财政支出绩效评价管理暂行办法》（财预［2011］285号），2011年7月，财政部出台《关于推进预算绩效管理的指导意见》（财预［2011］416号），建立“预算编制有目标、预算执行有监控、预算完成有评价、评价结果有反馈、反馈结果有应用”的绩效预算管理模式。

第一节
预算绩效管理概述

预算绩效管理是政府绩效管理的重要组成部分，是财政科学化精细化管理的重要内容和结果要求。党中央、国务院高度重视预算绩效管理工作，多次强调要深化预算制度改革，加强预算绩效管理，提高预算资金的使用效益和政府工作效率。十六届三中全会提出“建立预算绩效评价体系”，十七届二中、五中全会分别提出“推行政府绩效管理和行政问责制度”、“完善政府绩效评估制度”等。十一届全国人大五次会议关于预算审查结果报告明确提出，要进一步加强预算绩效管理，健全支出绩效考评机制，提高资金使用效益。2011 年国务院还专门批准建立了由监察部牵头的政府绩效管理工作部际联席会议制度，推进政府绩效管理试点。推进预算绩效管理，对提升政府执政的公信力，促进高效、责任、透明政府的建设具有重大的政治、经济和社会意义。

一、预算绩效管理的内涵与实施背景

预算绩效管理最早出现于 1949 年的美国，称为 Performance Budgeting，是指政府部门按所完成的各项职能进行预算，将政府预算建立在可衡量的绩效基础上，即干多少事拨多少钱。它要求预算过程充分利用关于政府活动产出与成果的数量化信息，把财政资金分配和政府部门绩效更紧密地结合起来，是“为结果而预算”。20 世纪 80 年代绩效预算在一些 OECD 国家的成功实施，尤其是美国克林顿时代以其作为“重塑政府”的重要工具所取得的一系列显著进展，令不少国家对预算绩效管理产生了浓厚兴趣。也有研究说引入并完善绩效预算需要一定的制度与技术条件（IMF，2003）。

预算绩效管理是政府绩效管理的重要组成部分，是一种以支出结果为导向的预算管理模式。它强化政府预算为民服务的理念，强调预算支出的责任和效率，要求在预算编制、执行、监督的全过程中更加关注预算资金的产出和结果，要求政府部门不断改进服务水平和质量，花尽量少的资金、办尽量多的实事，向社会公众提供更多、更好的公共物品和公共服务，使政府行为更加务实、高效。

从管理流程上来看，预算绩效管理是一个由绩效目标管理、绩效运行跟踪监控管理、绩效评价实施管理、绩效评价结果反馈和应用管理共同组成的综合系统。推进预算绩效管理，要将绩效理念融入预算管理全过程，使之与预算编制、预算执行、预算监督一起成为预算管理的有机组成部分，逐步建立“预算编制有目标、预算执行有监控、预算完成有评价、评价结果有反馈、反馈结果有应用”的预算绩效管理机制。

二、财政支出绩效评价与预算绩效管理

（一）财政支出绩效评价的内涵

财政支出绩效评价（以下简称绩效评价）是指财政部门和预算部门（单位）根据设定的绩效目标，运用科学、合理的绩效评价指标、评价标准和评价方法，对财政支出的经济性、效率性和效益性进行客观、公正的评价。

根据财政支出评价对象的不同，财政支出绩效评价分为四个层次：一是财政支出项目绩效评价，二是单位财政支出绩效评价，三是部门财政支出绩效评价，四是财政支出综合绩效评价。四者是一个层层递进、逐级包容的关系，单位负责项目的支出管理，部门负责单位的支出管理并对项目支出管理有最终管理权，而综合评价是对一级政府或一定区域的财政支出绩效进行综合评价。对这四个层次主体的绩效评价体现了一个从微观到宏观、从具体到全面的过程。

财政支出绩效评价的主体是财政部门、主管部门和单位，而不仅仅是财政部门。主管部门和项目单位是使用财政资金的主体，因而也是绩效评价的主体。财政支出绩效评价的客体是各项财政资金，即纳入部门预算管理的财政性资金，包括预算内、预算外及其他资金。

（二）绩效预算的内涵与要素

绩效预算把市场经济的一些基本理念融入公共管理之中，强调投入与产出的关系，即政府通过公共物品服务收益与成本的比较，以最小的投入取得最大的产出。其宗旨在于有效降低政府提供公共物品的成本，提高财政支出的效率，约束政府支出的扩张，因此又被称为以结果为导向的预算。绩效预算的目标是政府工作的“成果”，而不是政府机构的产出。例如修一条公路，即使能够按时、保质完工，但并没有达到缓解交通拥堵的设计初衷，则这种投入应被视为是低效或无效的。

完整的绩效预算管理过程总体上可分为5个阶段：一是政府确定要实现的施政目标，并细化分解为部门绩效目标和具体工作计划；二是为实现各部门的绩效目标和工作计划配置资源；三是各部门分别围绕绩效目标实施工作计划并报告绩效目标完成情况；四是评价机构按照确定的标准和方法对绩效目标的实现情况进行评价，并向社会公布评价结果；五是应用评价结果，调整政府及部门的施政目标和计划，并据以确定以后年度的预算。

绩效预算要求政府每笔支出必须符合绩、预算、效三要素的要求。首先，“绩”是指请求财政拨款是为了达到的某一具体目标或计划，即业绩指标。这些目标应当尽量量化或者指标化，以便编制预算并考核效果。其次，“预算”是指完成业绩所需的拨款额，或公共劳务成本。它包括人员工资和各种费用在内的全部成本。但办公用房通常不计入成本。凡是能够直接量化的，政府都应当计算并公布标准成本。最后，“效”是指业绩的考核和业绩与预算（成本）挂钩方式。对效的考核指标设计包括量的指标和质的指标两部分。通常，对绩效的考核由审计部门或委托社会公证机构来进行，财政部门根据考核结果拨款。

三、预算绩效管理与投入预算区别

绩效预算是以目标结果为导向，以项目成本为衡量，以业绩评估为核心的一种预算管理模式。它与以投入为导向的传统预算管理模式有很大区别，具有以下特征和功能。

1. 强调目标结果，以绩效作为预算安排的出发点

传统的预算方式注重对投入的控制和管理，以政府应履行的职能为出发点，根据可分配的资源量来确定政府履行职能的程度，并以此确定相应的预算。绩效预算则注重结果，以政府提供公共物品应达到的目标，即政府投入所产生的社会效益为出发点，结合可分配的资源量和绩效考核结果来确定预算资金分配，使预算安排与社会公共需要更加紧密地结合起来，从而大大提高了财政资源分配的科学性和合理性。

2. 强调成本控制，以成本效益作为衡量支出的标准

传统预算注重体现政府意图，预算支出侧重于反映政府部门的工作量，而不注重计量完成工作的成本，缺乏内在的约束机制，以致形成了财政学上的政府支出扩张的定律。绩效预算则从强调公共物品核算的角度，在预算中融入了成本效益核算作为衡量支出的标准，强化了政府内控机制，减少了预算支出决策的随意性和失误，进而优化了财政资源配置效果，提高了财政资金使用效率。

3. 强调权责对等，以绩效换取管理者的"自主权"

传统预算存在部门权力有余、责任不足的权责不对等问题，并强调严格的制度控制，致使部门片面追求按规则办事，忽视承担责任和创造性工作。绩效预算则是在确定部门行为目标——绩效的前提下，明确其权力和责任。既赋予部门一定的在预算总规模内，自主决定资金具体用途的权力，又通过建立问责制度，防止职权滥用，并将资源分配的增加与否与绩效是否提高紧密结合，从而调动了部门规范、科学和创造性理财的积极性。

4. 强调民主公开，以客观公正的绩效评价体系作为考量

传统预算以实行国家机关的监督为主要特征，主要是通过权力机关、审计机关及政府内部监督机制进行事后的合规性审查。绩效预算更强调监督的社会化，通过建立客观公正的、完善的绩效评价体系，以取样于社会的客观指标和相对独立的代表纳税人利益的评估机构的参与来进行考核和评价，因此，更具有民主性和公开性。可以有效修正政府施政的目标和行为偏差，增强财政监督实效，促进政府管理水平的提高。

总之，绩效预算将市场机制、竞争机制和问责制等引入到政府预算管理中。其核心是通过制定公共支出的绩效目标和建立预算绩效评价体系，使预算紧紧围绕绩效展开，以实现从注重财政资金投入的管理转向注重对支出效果的管理，体现了以满足公共服务需求为出发点和归宿的管理理念。可以有效降低政府提供公共服务的成本，提高财政支出的效益，增强政府资源配置的科学化和民主化。

四、我国推行预算绩效管理的必要性和意义

党中央、全国人大、国务院高度重视预算绩效管理工作，多次强调要深化预算制度改革，加强预算绩效管理，提高财政资金使用效益和政府工作效率。党的十六届三中全会提出"建立预算绩效评价体系"，十七届二中、五中全会分别提出"推行政府绩效管理和行政问责制度"、"完善政府绩效评估制度"。十八届三中全会通过的《关于全面深化改革若干重大问题的决定》，提出"要严格绩效管理，突出责任落实，确保权责一致"。2014 年新修订的《预算法》，提出"各级预算应当遵循统筹兼顾、勤俭节约、量力而行、讲求绩效和收支平衡的原则。各级政府编制预算时要考虑绩效目标，各级政府、各部门、各单位应当对预算支出情况开展绩效评价"。2014 年 10 月发布的《国务院关于深化预算管理制度改革的决定》（国发［2014］45 号），提出要"创新管理方式，提高管理绩效，用好增量资金，构建全面规范、公开透明的预算制度"。

加强预算绩效管理，提高财政科学化精细化管理水平，有利于深入贯彻落实科学发展观和党中央、国务院关于经济财政工作的各项要求，有利于进一步完善政府绩效管理制度和加强财政预算管理工作，有利于推动政府职能转变和公共财政体系建设。

第一，加强预算绩效管理，是深入贯彻科学发展观的客观要求。预算绩效管理强调结果导向，促进公共资源的科学合理配置，要求使用好有限的财政资金，进一步保障和改善民生，促进社会主义和谐社会建设，做到发展为了人民、发展成果由人民共享。这与科学发展观以人为本的核心要求是一致的。

第二，加强预算绩效管理，是建设高效、责任、透明政府的重要内容。预算绩效管理注重支出的责任。加强预算绩效管理，强化部门的支出责任意识，履行好经济调节、市场监管、公共服务、社会管理等政府职能，推进预算绩效信息公开，有利于促进政府部门提高管理效率，改善决策管理和服务水平，提升公共物品和服务的质量，进一步转变政府职能，增强政府执行力和公信力。

第三，加强预算绩效管理，是财政科学化精细化管理的出发点和落脚点。预算绩效管理是财政科学化精细化管理的重要内容，是效率观念的拓展和提升。加强预算绩效管理，要求预算编制时申报绩效目标，实施绩效运行监控，加强绩效监督和结果问责，建立预算安排与绩效评价结果有机结合机制。把绩效理念融入预算编制、执行、监督管理全过程，既可有效缓解财政收支紧张的矛盾，又可提高财政资金的使用效率，是进一步提升财政科学化精细化管理水平的有力抓手。

第四，加强预算绩效管理，是财政改革发展到一定阶段的必然选择。预算绩效管理更加关注公共部门直接提供服务的效率。加强预算绩效管理，促进财政工作从“重分配”向“重管理”、“重绩效”转变，解决财政资金使用的绩效和支出责任问题，是市场经济国家财政管理发展的一般规律，也是我国财政改革发展到一定阶段的必然选择。

由此可见，顺应时代发展要求，立足我国国情并借鉴国际经验，逐步推行绩效预算，建立科学的预算绩效评价体系，对深化财政改革，加强财政管理和提高财政保障能力，对强化政府的社会管理和公共服务职能，建设服务型政府，提高政府及公共部门的管理水平和能力，对全面贯彻落实科学发展观、执政为民的执政观和经济社会发展战略目标，推进社会主义和谐社会构建等，都具有重要的现实意义和深刻的长远意义。

五、我国实行绩效预算的可行性探讨

近年来，随着我国经济社会的发展和各项改革的不断深入，政府绩效问题越来越引起政府和社会的关注。温家宝总理在《2005 年政府工作报告》中明确提出要“抓紧研究建立科学的政府绩效评估体系”，部分地方政府和部门开拓性地进行了政府绩效管理的实践探索。在财政领域，20 世纪 90 年代以来，我国实施了包括分税制财政管理体制改革、税制改革、非税收入管理改革、部门预算、国库集中收付和政府采购制度改革等在内的一系列改革，改革已经取得了显著的成效。公共财政体制框架初步建立，为民理财、依法理财理念不断强化，财政保障能力不断增强，财政管理的规范性、安全性和有效性进一步提高。由此可见，我国已具备了一定的推行绩效预算的思想、实践和制度基础。但是，结合国外实施绩效预算的经验，对我国现实情况进行深入对比分析后，我们也应清醒地认识到，我国在现阶段要全面推行绩效预算，还存在许多制约因素。

一是全面推行绩效预算的理念和文化还不够深入。绩效预算不仅是预算管理方式的创新，更是政府管理理念和文化的一次革命。绩效预算的全面实行要求全社会特别是政府部门切实树立绩效理念和文化，处处以绩效作为工作的出发点，时时以绩效作为指导预算分配和衡量工作的尺度。我国虽然具有一定的预算支出考核工作基础，政府及社会公众也逐步认识到绩效管理的重要性，但由于受“行政就是管理，财政就是分钱”的传统观念束缚，社会整体的绩效意识并不高，与实行绩效预算的要求相比还有很大的差距。

二是全面推行绩效预算的阶段性条件还有待完善。绩效预算的全面实行，要求以制度控制为主要手段的传统预算的有效运行为基础。只有在完善的制度控制前提下，才能以绩效目标为约束条件，赋予管理者更大的自由空间。由于受重预算、轻管理和制度建设思想的影响，目前我国的预算法律制度并不完善，预算活动的全方位监督体系尚未建全，财政透明度不高，预算硬约束机制并未建立起来，预算人员的责任意识、法律意识还有待进一步增强，预算管理中的随意甚至腐败现象仍然存在，因此，尚未跨越完全向绩效预算转轨的历史阶段。

三是全面推行绩效预算的制度基础还有待构建。绩效预算的全面实行要求政府职能边界清晰，预算必须具备完整性、自主性和自由度，建立能够采集和分析大量数据的信息系统，实行适应绩效管理的权责发生制会计制度和政府问责制度。而我国目前尚不具备科学确定由公共部门还是私人部门提供一些公共服务的条件，尚未做到将政府的全部资源（特别是公共资产方面的资源）都纳入预算管理的范围。受制于法定支出等限制，无法完全按照项目优先次序安排预算支出，也未形成符合绩效预算要求的信息管理系统，以及准确测量和科学反映政府行政成本的会计制度。因此，在实行绩效预算必须具备的基础性制度建设方面，我们还有许多工作亟待完成。

四是全面推行绩效预算的管理能力和人才力量还有待储备提升。绩效预算的全面实行要求政府及其部门具有很高的行政管理能力，能够对投入和产出进行严格的监督和控制，同时，绩效目标的确定及分解，绩效指标的选择，绩效标准的制定，绩效数据的收集、测算、分析、研究，绩效报告的完成等都具有很高的技术要求和难度。这都需要政府拥有相当数量的具有相关知识和能力的工作人员。在此方面，我国无论是在理论研究上还是人才培养上，都有不小的差距。

第二节

我国预算绩效管理的进程与内容

早在计划经济时代，我国就有学者和实际部门开始研究财政支出的效益问题。我国实行社会主义市场经济后，“经济效益”、“财政支出效益”越来越为政府和社会所关注和重视。进入 20 世纪 90 年代以来，随着公共财政理论和效益财政理论的建立，我国政府及财政部门逐步开始了以实施预算绩效考评、建立预算绩效评价体系为突破口，以最终实行绩效预算为目标的积极实践和探索，具体过程可以分为以下四个阶段。

一、我国政府预算绩效评价开展进程

第一阶段，可称为预算支出绩效评价的萌芽阶段。该阶段从 20 世纪 90 年代初开始。为加强行政事业单位财务管理，从 1990 年起，财政部开始实行文教行政财务管理和使用效益考核工作。为加强国家重点投资项目的评价工作，从 1998 年起，我国开始建立财政投资评审制度体系，明确了评审对象，形成了比较成熟的评审方法和程序，建立了相对独立的投资评审机构队伍。上述考核和评审主要是相关财政支出的后评价，具有一定的预算支出绩效评价的性质，但并非严格意义上的预算支出绩效评价，其初衷也不是实行绩效预算，而是完善财政支出管理，加强对财政资金使用的监督和跟踪问效。这一时期关于财政支出效益评价的实践还属于小范围和浅层次的，只是预算支出绩效评价的萌芽或开端，但客观上为我国下一步探讨建立预算支出绩效评价体系，实行绩效预算奠定了基础。

第二阶段，可称为分散性的预算支出绩效评价初步试点阶段。该阶段从 21 世纪初开始。在此阶段，绩效预算理念已经进入我国，理论界和实际部门对我国实行绩效预算的必要性和可行性问题，进行了较为深入的研究探讨。虽然我国还不具备全面实行绩效预算的条件，但是积极探索建立预算绩效评价体系，对财政支出绩效进行评价，提高财政资金使用效益，具有重要意义，也具备可行性。2001 年，湖北省财政厅根据财政部安排，率先在恩施土家族自治州选择 5 个行政事业单位进行了评价试点，真正意义的预算支出绩效评价开始在我国起步和试验。2003 年，《中共中央关于完善社会主义市场经济体制若干问题的决定》明确地将“建立预算绩效评价体系”，列为推进我国财政管理体制改革的内容之一。在此背景下，中央和一些地方财政部门有选择地从教育、科技、卫生、转移支付等部分管理领域的一些项目入手，进行了绩效考评的初步试点，并制定了一些单项性的绩效考评管理办法，如财政部的《中央级教科文部门项目绩效考评管理试行办法》（财教［2003］28 号）、《中央级行政经费项目支出绩效考评管理办法（试行）》（财行［2003］108 号）、《关于开展中央政府投资项目预算绩效评价工作的指导意见》（财建［2004］729 号）等。在相关部门的通力合作下，试点范围逐步扩大，取得了一定的成效，摸索出初步经验。但总的看，这一阶段的预算绩效评价还是初步的、尝试性的，主要反映为：一是试点分散进行，没有统一的制度规定；二是实施范围有限，主要是部分行业管理部门的部门预算中的项目支出，很少涉及基本支出；三是指标体系设计不很科学，比较粗放，偏重于效率指标和对工作量的考评；四是具体执行中存在走样问题，有的将预算绩效考评变成项目竣工验收或是项目执行情况的反映。

第三阶段，可称为统一制度规范下的预算支出绩效评价试点阶段。进入这一阶段的标志是 2005 年 5 月，财政部制定了《中央部门预算支出绩效考评管理办法（试行）》（财预［2005］86 号，以下简称《办法》）。《办法》在总结前期预算支出绩效考评试点经验的基础上，统一规定了部门预算绩效考评的各项基本制度，表明我国预算支出绩效评价取得了重大突破，具体表现在三个方面：一是规定要对部门绩效进行评价。这为下一步对政府绩效进行评价奠定了基础。二是规定要进行综合评价。将实施范围由前阶段的主要针对财政投资性支出及一般预算支出中的项目而进行的单项评价，扩展到对整个部门预算进行的综合性评价。三是规定要有专门的评价主体。明确了绩效评价的组织管理体系和评价机构制度。《办法》的出台和实施，为健全完善预算绩效评价体系奠定了制度基础，对统一规范和指导部门预算绩效考评试点工作，保障预算绩效考评试点工作的顺利进行，推动向绩效预算目标迈进将发挥重要作用。以《办法》为依据，从 2006 年起，财政部组织新闻出版总署、农业部和水利部，选择了 3 部门的 4 个项目，开展了统一的绩效考评试点工作。目标是在 2008 年至 2010 年，基本建立起预算绩效评价体系，大大提高政府管理效能和财政资金使用效率。

第四阶段，2009 年以来财政支出绩效评价常态化阶段。2007 年，我国全国财政收入突破 5 万亿元，2011 年，突破 10 万亿元大关。随着我国财政收支规模的不断扩大，我国财政支出绩效考评工作进入常态化阶段。2009 年 6 月，财政部下发《财政支出绩效评价管理暂行办法》（财预［2009］76 号）；2011 年 4 月，财政部对 76 号文件进行了修订，下发《财政支出绩效评价管理暂行办法》（财预［2011］285 号）（以下简称《暂行办法》），成为当前我国开展财政支出绩效评价工作的指导文件。为推动地方开展此项工作，财政部 2011 年 7 月出台《关于推进预算绩效管理的指导意见》（财预［2011］416 号），2011 年 8 月出台《绩效评价工作考核暂行办法》（财预［2011］433 号）。财政支出绩效评价工作在中央层面和地方层面普通推广开来，进入常态化考评阶段。2012 年，财政部印发《预算绩效管理工作规划（2012—2015 年）》的通知（财预［2012］396 号），在预算绩效管理工作规划中，明确了预算绩效管理的目标是树立“讲绩效、重绩效、用绩效”、“用钱必问效、无效必问责”的绩效管理理念。未来 5 年各级财政部门预算绩效管理的核心内容可用“一、二、三、四”来概括：建立一个机制、完善两个体系、健全三个智库、实施四项工程。

专栏 11－1

预算绩效管理工作规划（2012—2015）解读

建立一个机制。建立“预算编制有目标、预算执行有监控、预算完成有评价、评价结果有反馈、反馈结果有应用”的全过程预算绩效管理机制，实现预算绩效管理与预算编制、执行、监督有机结合。

完善两个体系。完善预算绩效管理制度体系和预算绩效评价体系。预算绩效管理制度体系着力建立健全预算绩效管理相关制度及具体实施细则，从方向和目标上加以规划和指导，增强可操作性。绩效评价体系着力规范评价主体范围，合理运用评价方式方法，切实完善绩效评价指标体系。

健全三个智库。健全专家学者库、中介机构库和监督指导库，分建共享，动态管理，为预算绩效管理提供智力支持和制衡监督。

实施四项工程。拓展预算绩效管理各环节工作的广度和深度，实现预算绩效管理在所有预算部门（单位）的全覆盖，并通过重点评价的深入推进、评价质量的有效提升、评价结果的切实应用，确保预算绩效管理取得实效。包括：实施扩面增点工程、实施重点评价工程、实施质量提升工程、实施结果应用工程。

二、我国《财政支出绩效评价管理暂行办法》政策解读

2011 年 4 月，财政部下发《财政支出绩效评价管理暂行办法》（财预［2011］285 号）（以下简称《暂行办法》），对财政支出绩效评价的主体、对象、目标、指标、结果应用等作出规范，成为当前我国开展财政支出绩效评价工作的指导性文件。

（一）财政支出绩效评价的职责分工

按照职责分工，预算编制和执行的职责在中央各部门。财政部的职责是编制中央总预算；对各部门预算，财政部门只是负责协调预算编制，监督预算执行，而不是代替部门编制预算，执行预算。既然赋予中央各部门预算编制和执行自主权，就需要加强外部审计监督，建立相应的绩效考评体系。

《暂行办法》第 23 条规定：财政部门负责拟定绩效评价规章制度和相应的技术规范，组织、指导本级预算部门支出、下级财政部门的绩效评价工作；根据需要对本级预算部门支出、下级财政部门支出实施绩效评价或再评价；提出改进预算支出管理意见并督促落实。预算部门负责制定本部门绩效评价规章制度；具体组织实施本部门绩效评价工作；向同级财政部门报送绩效报告和绩效评价报告；落实财政部门整改意见；根据绩效评价结果改进预算支出管理。

因此，绩效考评工作由财政部统一领导，中央各部门具体组织实施。财政部负责统一制定绩效考评的规章制度，指导、监督、检查中央部门的绩效考评工作。中央部

门负责组织实施本部门的绩效考评工作。中央部门绩效考评的实施办法和组织实施形式由财政部确定。重大项目的绩效考评原则上应聘请具有相应资质的外聘专家或中介机构进行，中介机构的聘请应通过招投标方式产生；一般性项目可以由本部门内部相关业务人员进行。中央部门的绩效考评结果应当于考评结束后一个月内报财政部备案，财政部可以对中央部门的绩效考评结果进行检查。

（二）绩效评价的工作程序

《暂行办法》对绩效评价的工作程序作出了比较明确的规定，以保证绩效评价的客观公正。《暂行办法》规定，绩效考评工作程序一般分为准备实施、撰写和提交绩效考评报告三个阶段（见图 11－1）。

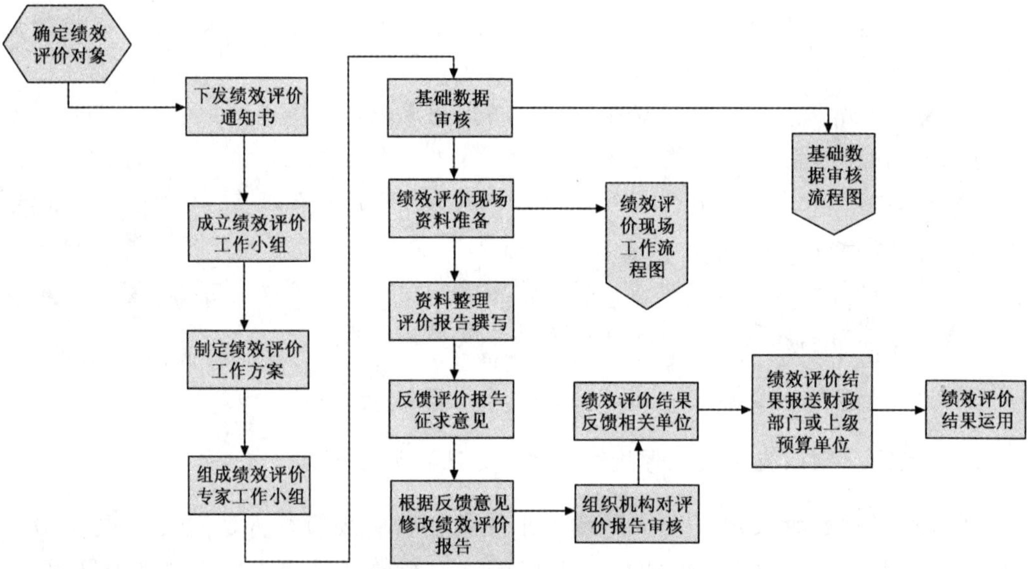

图 11－1　财政支出绩效评价工作流程图

1. 绩效考评的准备阶段

确定考评对象和下达考评通知。中央部门会同财政部根据绩效目标以及预算管理的要求确定绩效考评对象，下达考评通知（内容主要包括考评目的、内容、任务、依据、考评时间、考评的具体实施者等）。对确定的绩效考评对象，中央部门应在向财政部编报“二上”预算时，对绩效目标作出规定；根据财政部“二下”批复的预算，中央部门对绩效目标作出调整的，应报财政部备案。拟定考评工作方案。考评的具体实施者根据绩效考评对象和考评通知拟定具体考评工作方案报中央部门审定。

2. 绩效考评的实施阶段

（1）形式审查。考评的具体实施者应当对中央部门提交的绩效报告（格式见本章附录）及相关资料的格式和内容进行审查。中央部门对所提供资料的真实性和准确性负责。

（2）现场和非现场考评。绩效考评的形式包括现场考评和非现场考评，考评的具体实施者可根据具体情况，结合考评对象的特点采取不同的考评形式。现场考评，是指考评的具体实施者到现场采取勘察、询查、复核等方式，对有关情况进行核实，并对所掌握的有关信息资料进行分类、整理和分析，提出考评意见。非现场考评，是指考评的具体实施者在对中央部门提交的资料进行分类、整理和分析的基础上，提出考评意见。

(3) 综合评价。考评的具体实施者在现场和非现场考评的基础上，运用相关考评方法对绩效情况进行综合评价，形成考评结论。考评结论包括定性分析和定量分析两个方面。

3. 撰写和提交绩效考评报告阶段

考评的具体实施者按照规定的文本格式和要求撰写绩效考评报告。绩效考评报告应依据充分，内容完整，数据准确，分析透彻，逻辑清晰。应当在规定时间内提交绩效考评报告，并将绩效考评结论通知中央部门。

（三）绩效评价的范围和对象

1. 财政支出绩效评价的主体与范围

《暂行办法》第3条规定：各级财政部门和各预算部门（单位）是绩效评价的主体。预算部门（单位）（以下简称预算部门）是指与财政部门有预算缴拨款关系的国家机关、政党组织、事业单位、社会团体和其他独立核算的法人组织。对一些中央管理企业，也需要按照本办法，对本单位一些财政拨款项目进行绩效评价。

绩效考评以预算年度为周期实施年度考评，其中重大跨年度支出项目可根据项目完成情况实施阶段性考评。绩效考评的主要内容包括：绩效目标的完成情况；为完成绩效目标安排的预算资金的使用情况和财务管理状况；部门为完成绩效目标采取的加强管理的制度、措施等；部门根据实际情况确定的其他考核内容。

2. 绩效评价的对象

《暂行办法》第7条、第8条、第9条规定，绩效评价的对象包括纳入政府预算管理的资金和纳入部门预算管理的资金。按照预算级次，可分为本级部门预算管理的资金和上级政府对下级政府的转移支付资金。其中，部门预算支出绩效评价包括基本支出绩效评价、项目支出绩效评价和部门整体支出绩效评价。绩效评价以项目支出为重点，重点评价一定金额以上、与本部门职能密切相关、具有明显社会影响和经济影响的项目。有条件的地方可以对部门整体支出进行评价。上级政府对下级政府的转移支付包括一般性转移支付和专项转移支付。一般性转移支付原则上应当重点对贯彻中央重大政策出台的转移支付项目进行绩效评价；专项转移支付原则上应当以对社会、经济发展和民生有重大影响的支出为重点进行绩效评价。

首先，绩效评价对象可以是整个部门预算，也可以是具体的预算项目支出。不单独对基本支出进行绩效评价。由于基本支出主要是维持机构的正常运转，目前大多数机构实行定员定额管理，因此，对基本支出单独进行绩效评价意义不大。从当前我国中央部门绩效评价试点的情况来看，中央和地方都没有进行单独的基本支出绩效评价试点。鉴于财政部在未来一定时期内开展绩效评价工作的重点是项目支出，不会涉及基本支出，因此，《办法》将基本支出排除在绩效评价对象之外。

其次，部门预算支出绩效考评更能体现绩效管理的基本理念。因为评价的是部门提供公共服务的能力和水平，而项目支出只是部门为了完成其公共服务目标的一个组成部分，因此，部门绩效评价更有推广实施的必要。而对于项目支出为绩效评价对象的，在项目选择上以行政事业类项目或其他项目为主，尽量不评价基建项目。因为基建项目一般都有明确的可行性研究报告，对财务管理和项目建设都有比较严格的限制，项目完工后还要进行竣工验收，因此，进行绩效评价的意义不大，容易流于形式，变成另一种形式的“竣工验收”。绩效考评项目应以行政事业类项目或其他类项目为主，包括重大项目和一般性项目。其中，重大项目是指资金数额较大、社会影响较广、具有明显社会效益的本部门或者跨部门的项目。

（四）绩效目标、指标体系和方法

1. 绩效目标

《暂行办法》第 12 条规定：绩效目标是绩效评价的对象计划在一定期限内达到的产出和效果，由预算部门在申报预算时填报。预算部门年初申报预算时，应当按照本办法规定的要求将绩效目标编入年度预算；执行中申请调整预算的，应当随调整预算一并上报绩效目标。

绩效目标应当包括以下主要内容：（1）预期产出，包括提供的公共物品和服务的数量。（2）预期效果，包括经济效益、社会效益、环境效益和可持续影响等。（3）服务对象或项目受益人满意程度。（4）达到预期产出所需要的成本资源。（5）衡量预期产出、预期效果和服务对象满意程度的绩效指标等。

绩效目标应当符合以下要求：（1）指向明确。绩效目标要符合国民经济和社会发展规划、部门职能及事业发展规划，并与相应的财政支出范围、方向、效果紧密相关。（2）具体细化。绩效目标应当从数量、质量、成本和时效等方面进行细化，尽量进行定量表述，不能以量化形式表述的，可以采用定性的分级分档形式表述。（3）合理可行。制定绩效目标时要经过调查研究和科学论证，目标要符合客观实际。

2. 绩效评价指标

绩效评价指标是指衡量绩效目标实现程度的考核工具。绩效评价目标一般是定性的，不会涉及具体的数字，因此，在衡量中央部门的绩效目标时，要把绩效目标细化，通过具体的可量化的绩效评价指标来衡量。《暂行办法》提出绩效评价指标的确定应当遵循以下五项原则：（1）相关性原则，应当与绩效目标有直接的联系，能够恰当反映目标的实现程度。（2）重要性原则，应当优先使用最具评价对象代表性、最能反映评价要求的核心指标。（3）可比性原则，对同类评价对象要设定共性的绩效评价指标，以便于评价结果可以相互比较。（4）系统性原则，应当将定量指标与定性指标相结合，系统反映财政支出所产生的社会效益、经济效益、环境效益和可持续影响等。（5）经济性原则，应当通俗易懂、简便易行，数据的获得应当考虑现实条件和可操作性，符合成本效益原则。

《暂行办法》还对绩效评价的共性考评指标和个性考评指标作了规定。共性考评指标是适用于所有中央部门的绩效考评指标，个性考评指标是针对部门和行业特点确定的适用于不同中央部门的绩效考评指标。共性指标是适用于所有评价对象的指标。主要包括预算编制和执行情况，财务管理状况，资产配置、使用、处置及其收益管理情况以及社会效益、经济效益等。个性指标是针对预算部门或项目特点设定的，适用于不同预算部门或项目的业绩评价指标。共性指标由财政部门统一制定，个性指标由财政部门会同预算部门制定。

选择绩效评价指标应当根据部门的实际情况，既不能过高也不能过低。标准过高可能会导致机构无法完成指定的任务，挫伤管理者的积极性；标准过低又使管理者不费力气就能够达到要求，起不到激励作用。绩效评价的标准可以参考国家相关标准、国外平均水平，以及本部门所处的发展阶段来制定。当然，绩效评价标准的选择很难一蹴而就，需要一个不断摸索不断优化的过程。

3. 绩效评价的方法

绩效考评采取定性和定量相结合的方式。绩效评价方法主要采用成本效益分析法、比较法、因素分析法、最低成本法、公众评判法等。（1）成本效益分析法，是指将一定时期内的支出与效益进行对比分析，以评价绩效目标实现程度。（2）比较法，是指通过对绩效目标与实施效果、历史与当期情况、不同部门和地区同类支出的比较，综合分析绩效目标实现程度。（3）因素分析法，是指通过综合分析影响绩效目标实现、实施效果的内外因素，评价绩效目标实现程度。（4）最低成本法，是指对效益确定却不易计量的多个同类对象的实施成本进行比较，评价绩效目标实现程度。（5）公众评判法，是指通过专家评估、公众问卷及抽样调查等对财政支出效果进行评判，评价绩效目标实现程度。

（五）绩效评价结果及其应用

按照《暂行办法》的规定，绩效评价结果应当采取评分与评级相结合的形式，具体分值和等级可根据不同评价内容设定。中央部门应当根据部门的绩效目标和绩效考评结果，及时调整和优化本部门以后年度预算支出的方向和结构，合理配置资源，加强财务管理，提高财政资金的使用效率。财政部门和预算部门及时整理、归纳、分析、反馈绩效评价结果，并将其作为改进预算管理和安排以后年度预算的重要依据。对绩效评价结果较好的，财政部门和预算部门可予以表扬或继续支持。对有问题、达不到绩效目标或评价结果较差的，财政部门和预算部门可予以通报批评，并责令其限期整改。不进行整改或整改不到位的，应当根据情况调整项目或相应调减项目预算，直至取消该项财政支出。

考虑到建立绩效评价信息公开发布制度有利于保证绩效评价工作的公开透明，满足广大纳税人对公共资金运用情况的知情权和监督权，促进部门预算资金的有效合理使用，参考国外发达国家的通告做法，《暂行办法》第 34 条规定：绩效评价结果应当按照政府信息公开有关规定在一定范围内公开。

三、我国政府预算绩效管理的主要内容

预算绩效管理是一个由绩效目标管理、绩效运行跟踪监控管理、绩效评价实施管理、绩效评价结果反馈和应用管理共同组成的综合系统。推进预算绩效管理，要将绩效理念融入预算管理全过程，使之与预算编制、预算执行、预算监督一起成为预算管理的有机组成部分，逐步建立“预算编制有目标、预算执行有监控、预算完成有评价、评价结果有反馈、反馈结果有应用”的预算绩效管理机制。

（一）绩效目标管理

1. 绩效目标设定

绩效目标是预算绩效管理的基础，是整个预算绩效管理系统的前提，包括绩效内容、绩效指标和绩效标准。预算单位在编制下一年度预算时，要根据国务院编制预算的总体要求和财政部门的具体部署、国民经济和社会发展规划、部门职能及事业发展规划，科学、合理地测算资金需求，编制预算绩效计划，报送绩效目标。报送的绩效目标应与部门目标高度相关，并且是具体的，可衡量的，一定时期内可实现的。预算绩效计划要详细说明为达到绩效目标拟采取的工作程序、方式方法、资金需求、信息资源等，并有明确的职责和分工。

2. 绩效目标审核

财政部门要依据国家相关政策、财政支出方向和重点、部门职能及事业发展规划等对单位提出的绩效目标进行审核，包括绩效目标与部门职能的相关性、为实现绩效目标所采取措施的可行性、绩效指标设置的科学性、实现绩效目标所需资金的合理性等。绩效目标不符合要求的，财政部门应要求报送单位调整、修改；审核合格的，进入下一个预算编审流程。

3. 绩效目标批复

财政预算经各级人民代表大会审查批准后，财政部门应在单位预算批复中同时批复绩效目标。批复的绩效目标应当清晰、可量化，以便在预算执行过程中进行监控，在预算完成后实施绩效评价时对照比较。

（二）预算绩效管理的工作原则

1. 统一组织，分级负责

“统一组织”是指预算绩效管理工作由财政部门统一组织和指导。“分级负责”是指各级财政和预算部门按现行财政体制和隶属关系分别开展工作，各负其责，各尽其职。财政部负责全国预算绩效管理工作，制定全国性规划和规章制度，组织、指导中央部门和地方财政部门的预算绩效管理工作实施。地方各级财政部门负责本地区预算绩效管理工作，制定区域性规划和规章制度，组织、指导本级预算部门和下级财政部门的预算绩效管理工作实施。预算部门是本部门预算绩效管理的责任主体，制定本部门工作规划和规章制度，具体实施本部门及下属单位的预算绩效管理工作。所有预算单位都应当按照规定要求，扎实做好预算绩效管理基础工作。

2. 统筹规划，远近结合

“统筹规划”是指各级财政和预算部门要统筹谋划本地区、本部门预算绩效管理的指导思想、总体思路和长远规划，确定基本目标和主要任务，落实保障措施。“远近结合”是指各级财政和预算部门编制预算绩效管理规划时，要结合加强预算绩效管理的推进情况，既要着眼长远，又要立足当前，既要有中长期规划，又要有年度目标，建立完善年度工作计划与中长期规划相结合的机制。

3. 全面推进，重点突破

“全面推进”是指各级财政和预算部门要充分认识推进预算绩效管理工作的重要性和紧迫性，积极扩大预算绩效管理覆盖面，逐年增加绩效目标管理范围和绩效评价项目，横向到边，纵向到底，全面推进。“重点突破”是指各级财政和预算部门要正视现阶段开展预算绩效管理工作的艰巨性和长期性，结合本地区、本部门实际情况，因地制宜，积极探索，抓住关键，以各级党委、政府关心和社会公众关注的重点民生项目为突破口，积累经验，扩大影响，以点带面，早出实效。

4. 改革创新，协力推动

“改革创新”是指在预算绩效管理工作中既要适应新形势新任务的需要，解决当前影响财政资金使用效益的问题，又要敢于突破旧框架旧观念的束缚，大胆探索，不断创新管理理念、管理方法，不断完善相关政策措施，不断优化内部流程，从制度机制上解决财政工作中存在的突出矛盾和问题，在创新中推进，在改革中发展，充分发挥财政部门职能作用，不断提高财政资金使用绩效。“协力推动”是指在发挥各级财政和预算部门能动性，推动预算绩效管理工作的同时，要借助各级人大、纪检监察、审计、社会中介等各方力量，合力推动、提升政府执行力和公信力。

（三）绩效运行跟踪监控管理

预算绩效运行跟踪监控管理是预算绩效管理的重要环节。各级财政部门和预算单位要建立绩效运行跟踪监控机制，定期采集绩效运行信息并汇总分析，对绩效目标运行情况进行跟踪管理和督促检查，纠偏扬长，促进绩效目标的顺利实现。跟踪监控中发现绩效运行目标与预期绩效目标发生偏离时，要及时采取措施予以纠正。

（四）绩效评价实施管理

预算支出绩效评价是预算绩效管理的核心。预算执行结束后，要及时对预算资金的产出和结果进行绩效评价，重点评价产出和结果的经济性、效率性和效益性。实施绩效评价要编制绩效评价方案，拟定评价计划，选择评价工具，确定评价方法，设计评价指标。预算具体执行单位要对预算执行情况进行自我评价，提交预算绩效报告。要将实际取得的绩效与绩效目标进行对比，如未实现绩效目标，须说明理由。组织开展预算支出绩效评价工作的单位要提交绩效评价报告，认真分析研究评价结果所反映的问题，努力查找资金使用和管理中的薄弱环节，制定改进和提高工作的措施。财政部门对预算单位的绩效评价工作进行指导、监督和检查，并对其报送的绩效评价报告进行审核，提出进一步改进预算管理、提高预算支出绩效的意见和建议。

（五）绩效评价结果反馈和应用管理

建立预算支出绩效评价结果反馈和应用制度，将绩效评价结果及时反馈给预算具体执行单位，要求其根据绩效评价结果，完善管理制度，改进管理措施，提高管理水平，降低支出成本，增强支出责任；将绩效评价结果作为安排以后年度预算的重要依据，优化资源配置；将绩效评价结果向同级人民政府报告，为政府决策提供参考，并作为实施行政问责的重要依据。逐步提高绩效评价结果的透明度，将绩效评价结果，尤其是一些社会关注度高、影响力大的民生项目和重点项目支出绩效情况，依法向社会公开，接受社会监督。

第三节

我国财政支出绩效管理改革方向

绩效预算管理是政府绩效管理的重要组成部分，并与政府绩效管理的各项内容、各个环节紧密联系。实行绩效预算是一项复杂的社会工程，并非简单的技术性改革。绩效预算涉及内容的综合性和丰富性，决定了绩效预算改革的综合性、艰巨性和长期性。从实行绩效预算比较成熟的国家来看，其绩效预算的试验、推广和发展都经历了相当长的探索过程，如美国有近60年的历史。因此，通过深入分析绩效预算的本质内涵和我国现实情况，我们必须充分认识到我国实行绩效预算管理改革的艰巨性和长期性，设定好改革的思路和步骤，明确各阶段的目标和任务。

一、我国实行绩效预算管理改革的基本思路

我国实行绩效预算的基本思路应当为：根据政府绩效管理改革和公共财政改革的总体部署和要求，把绩效管理理念和方法引入我国政府管理和财政预算管理之中，以改革和规范现行预算管理制度为基础，以健全和完善政府绩效管理制度为保障，以实施预算支出绩效考评、建立绩效预算评价体系为突破口，按照统一规划、积极稳妥、先易后难、多头共抓、循序渐进、分步实施的原则，逐步实现绩效预算的改革目标。具体可分为近期、中期和远期三个阶段。

二、我国实行绩效预算管理改革的近期目标及主要工作

我国实行绩效预算管理改革的近期目标是：广泛树立绩效预算管理理念，加快推进各项体制和制度改革，初步建立预算绩效评价体系，夯实实行绩效预算的基础。这一阶段是实行绩效预算的打基础阶段，主要任务是奠定好实行绩效预算的体制、制度和人力资源基础，需要着力做好以下几方面工作。

（一）大力培育有中国特色的绩效管理理念和文化，奠定实行绩效预算的思想基础

良好的绩效管理理念和文化是推行绩效预算的思想基础和重要条件。从政府及其工作人员到社会公众，如果没有对政府绩效的广泛认知和认同，就不可能将推行绩效预算管理化为自觉的行动。为此，一是要加大宣传力度，使更多的人了解绩效管理和绩效预算的价值、理论知识和实际操作办法。二是要强化领导支持和组织保障。政府高层领导的重视、支持和大力组织推动，是实行绩效预算的关键因素。三是要努力培养一批掌握绩效预算管理知识的人才队伍。应通过加强培训，使更多的政府工作人员掌握政府绩效管理的理论知识、实施程序和操作技能，以胜任绩效预算改革实际工作。

（二）大力实行公共管理体制改革，建立政府绩效管理制度，夯实实行绩效预算的政治体制和制度基础

绩效预算改革不可能独立进行，改革公共管理体制、建立政府绩效管理制度，是实行绩效预算的重要条件。温家宝总理在《2005 年政府工作报告》中明确提出要“抓紧研究建立科学的政府绩效评估体系”，这为推进我国公共管理体制改革，探索政府绩效管理制度指明了方向。为此，首先要继续深化行政管理体制改革，明确划分政府与市场、政府之间及政府部门之间的职能界线；其次要根据职能优化政府组织结构，确立政府及政府部门的行政责任，逐步实现绩效目标管理；再次要逐步建立政府内部激励约束机制和问责制度；最后要加强政务公开和民主监督，提高政府行政的公开性和透明度。

（三）深入推进财政预算改革，夯实实行绩效预算的财政体制和制度基础

继续深化财政预算改革，是实行绩效预算的重要财政体制和制度保障。一是要进一步完善税制和财政管理体制，合理划分各级政府事权，建立财力与事权相匹配的财政管理体制，增强地方政府特别是基层政府的财政独立性；二是要推进非税收入管理改革，逐步实现政府预算的完整性、统一性；三是深化部门预算、国库集中支付、政府收支分类、收支两条线管理等预算管理改革，增强预算编制和执行的科学性、规范性，提高预算管理人员的工作水平和能力；四是大力加强财政制度建设，完善预算管理法律制度和监督机制，强化预算执行的外部控制和约束。同时，借助于上述改革，逐步建立实行绩效预算所需要的信息管理系统。

（四）逐步扩大预算绩效评价试点的广度和深度，初步建立预算绩效评价体系

预算绩效评价是绩效预算的核心，也是培育绩效预算文化和培养绩效预算管理人才的重要途径。这一阶段，应继续采取中央和地方双管齐下的办法，逐步扩大预算绩效评价试点范围，从行业管理部门逐渐扩大到其他部门。同时，考虑到地方政府提供公共服务涉及的范围小，更加贴近社会实际与人民生活，容易用指标衡量和收集数据等因素，要特别注重地方预算绩效评价工作的推广和发展。在评价目标上，应着力于兼顾支出的合规性和效率性。在评价对象上，逐步由项目支出绩效评价扩展到涵盖项目支出和基本支出的综合性评价。在评价指标体系设计上，这一阶段的指标体系、评价标准和计量方法应力求有效可行，不宜强求非常完美。在评价主体上，应继续以政府内部评价为主。在评价结果应用上，应将绩效考评结果作为以后年度编制和安排预算的重要参考依据，不宜强求预算绩效评价结果与预算安排的连接。

三、我国实行绩效预算管理改革的中期目标和任务

我国实行绩效预算管理改革的中期目标是：从项目预算管理入手，逐步过渡到产出导向的绩效预算，进一步完善预算绩效评价体系，实行修正的权责发生制会计，健全绩效预算管理的法规制度。这一阶段可谓实行绩效预算的关键阶段，面临着制度、技术和管理等多方面的挑战，需做的主要工作有以下几项。

（一）制定科学的部门事业发展规划和中期财政预算计划，建立预算与政策的连接

绩效预算涉及预算编制、执行和控制方式的改变，要形成以绩效为核心的预算管理系统，战略规划是其中不可分割的部分。各部门应根据国家经济社会发展总体战略规划，科学制定本部门事业发展规划。在此基础上，制定科学、合理和可操作的年度绩效目标和工作计划，并细化形成具体的项目目标和可测量指标，将中长期战略规划与具体的目标设定联系起来。政府财政部门应建立中期财政预算计划，形成联系政策制定与预算安排的有效机制。通过中期财政预算计划，预测和框定跨度为3年左右的可用于公共支出的总资源，并据此结合国家和部门发展战略规划和绩效目标，预计该时间跨度内政府未来支出的成本，平衡和确定部门、单位总体的与年度的分配限额，通过建立支出先后顺序和根据实际可运用资源总量，调整部门的实际分配额度。由此逐步建立起预算与政策之间的连接和互动，为下一步实现结果导向的绩效预算奠定基础。

（二）从项目预算管理入手，逐步过渡到产出导向的绩效预算

在部门预算改革的基础上，按照先易后难的原则，从具体项目的预算管理着手，运用绩效预算的原理来充实部门预算，建立“部门绩效项目库”，由部门根据本部门事业发展规划和绩效目标，确定项目内容及实施滚动管理，具体选择拟实施的项目，编制和执行部门年度预算，并将预算绩效评价制度与部门预算管理结合起来，实现部门预算的绩效优化。在完善项目预算的基础上，逐步从关注投入、有效控制财政资源，转向关注产出、注重资源分配和使用效率及有效性。在管理机制上，应在建立更为有效的部门内部控制制度和机制的基础上，逐步放松外部控制，赋予部门更多的预算管理自主权，增强各部门在具体配置本部门资源时的灵活性。

（三）完善适应产出导向绩效预算的预算绩效评价制度，积极探索绩效评价结果与预算安排的联系

这一阶段，预算绩效评价在评价目标上，应实现从关注预算支出的合规性到更加关注预算支出的使用效率及有效性的转变。在评价对象上，实现对各个政府部门预算支出效益的综合评价。在评价指标体系设计上，逐步形成多层次、多因素的立体结构的评价指标体系，同时形成以通用标准为主导、专用标准为辅助、其他标准为补充的立体结构的评价标准体系。在评价主体上，逐步实现内部评估和外部评估相结合。在政府内部评估方面，实行部门自我评价、财政评价与审计部门评价相结合；在外部评

估方面，加强社会评估机构建设，充分发挥社会评估机构作用，并探索引入社会公众评价机制。在绩效评价结果运用上，积极探索绩效评价结果与预算安排的联系方式，在预算编制过程中积极地、系统性地使用绩效评价结果信息。

（四）引入权责发生制会计，实行部门绩效报告制度

现行的收付实现制会计方法存在通过提前或延迟支付，人为地操纵各年度的支出，忽略投资的机会成本等缺陷，不适应绩效预算管理要求。因此，在此阶段应着手加以改革，逐步引入权责发生制会计，由收付实现制逐步过渡为修正的收付实现制及修正的权责发生制，以便更加正确、全面地反映一定时期内政府提供产品和服务所耗费的总资源成本。同时，要探索实行部门绩效报告制度。在年度终了时，各部门根据年度预算执行情况向政府和人大提交部门绩效报告。部门绩效报告是由部门行政首长负责的、代表部门工作结果的、具有法律效力的文件，应说明本部门年度工作计划及绩效目标的执行情况，比较实际取得的绩效成绩和年初预期目标的差异，分析没有达到绩效目标的原因，提出进一步完成或改进绩效目标的计划。具体可从项目绩效报告开始，逐步扩大为对整个部门绩效情况的报告。通过建立部门绩效报告制度，从根本上强调执行主体的责任，提高部门预算资源使用的透明度，为下一步实现政府绩效报告制度奠定基础。

（五）健全绩效导向型预算管理的法规制度，完善管理监督机制

在总结上述项目预算、产出预算等绩效导向型预算改革实践的基础上，政府应适时制定和不断完善有关规范绩效导向型预算编制、执行和管理的行政法规，规定绩效导向型预算的目标、原则、主体、内容、方法和程序，以及预算绩效评价体系的相关制度内容，明确实行绩效导向型预算及预算绩效评价涉及的各方主体的权利和义务，完善绩效导向型预算的管理监督机制。

四、我国实行绩效预算管理改革的远期目标及主要工作

我国实行绩效预算管理改革的远期目标是：全面实行结果导向的绩效预算，实现政策决策、预算安排和绩效评价结果的紧密结合，实行完全的权责发生制会计制度，健全完善绩效预算法律制度体系。这一阶段可谓为绩效预算全面、深入实施的高级阶段，需进行的主要工作有：

（一）全面实现政府绩效管理，为实行结果导向的绩效预算提供空间

一是要更加科学、准确地制定政府及部门的发展战略规划和计划，更加清晰地反映政府及部门的绩效目标和政策措施。二是要实现政府组织机构及管理流程的再造，以便适应政府绩效管理和绩效预算管理要求，实现对目标结果的关注和评价。三是积极引入市场化的管理理念和方法，如将政府提供的部分公共物品和服务通过招标等竞争方式承包给私人部门负责，从而扩大政府绩效管理成果。四是要全面建立问责制度，正确界定和强化政府及部门管理者的责任，实现管理主体权利与义务的对等。

（二）继续拓展绩效预算实施的深度，全面推行结果导向的绩效预算

产出导向的绩效预算在部门内部构建起绩效预算管理体系，但仍未完全解决财政

部门从源头上真正实现财政资源高效配置等问题。因此，应继续拓展绩效预算实施的深度，逐步实现结果导向的绩效预算。将绩效管理扩展到整个政府预算范围，以政府投入应产生的绩效目标（这些目标应当尽量量化或指标化，以便编制预算和考核效果）为出发点，在充分进行成本效益分析的基础上，结合可分配的资源量和绩效评价结果，来确定政府预算资金分配。在投资决策上寻求以最小的成本获得最大的效益，使“绩效”的观念贯穿于整个预算编制与执行过程。逐步建立起综合性的绩效预算管理体系，真正实现预算安排和资源使用这一“过程”与社会公共需要这一“结果”的更加紧密的结合，最终在政府整体层面上按效益和效果拨款，从源头上真正实现财政资源高效配置的效果。

（三）完善适应结果导向绩效预算的预算绩效评价体系，实现政策决策、预算安排和绩效评价结果的更紧密连接

这一阶段，在评价目标上，应由关注预算支出的效率和有效性，转为注重预算支出的效益、效果和影响。在评价对象上，实现对政府预算支出整体效益的综合评价，即对各部门财政支出效益进行综合反映。在评价指标体系上，形成更为科学的评价指标体系和标准体系，以实现对财政支出绩效结果的评估。在评价主体上，更加强化客观评价，完善具有独立性的社会机构和公众参与评价的机制和制度。在政府政务公开、预算公开的基础上，全面实现由政府内部评价向政府与社会相结合的综合评价机制的转变。在评价结果应用上，实现政策决策、预算安排与绩效评价结果更加直接的联系，利用绩效评价结果判断政策及绩效目标设定和财政资金配置的合理性，调整和完善政策及绩效目标、财政资金使用方向和结构，奖惩和问责预算部门、单位及其人员，遵循绩效预算按照“结果”拨款的原则。

（四）全面实行权责发生制会计制度，完善政府绩效报告和财务报告制度

结果导向的绩效预算，要求实行权责发生制会计。在条件成熟时，应将权责发生制扩展到整个政府活动范围，更好地将预算确认的成本与预期的绩效成果进行配比，从而支持管理者的有效决策，完整地反映政府受托责任，促进全面的绩效管理改革。在完善政府会计制度的基础上，实行政府绩效报告和财务报告制度。在每年的人代会上，各级政府不仅要报告年度预算情况，还要报告政府绩效目标完成情况，包括列明绩效目标和绩效结果，并将两者进行比较。通过绩效指标详细描述绩效目标的完成程度，分析说明未达到目标的原因及改进的措施等。同时，还要报告政府的财务状况，包括现金流量、资产、负债和权益状况等。

（五）制定绩效预算管理法律，健全完善绩效预算法律制度体系

应在评估前一阶段各时期制定的绩效导向型预算管理法规制度实施情况的基础上，总结绩效预算实践发展的经验成果，适时制定规范结果导向绩效预算管理的法律，并以法律为依据对绩效预算法规制度进行全面修订，形成健全完善的绩效预算法律制度体系，从制度上强有力地保障和促进结果导向绩效预算全面、深入的实施和管理效果的充分发挥。

思考与讨论：

1. 简述绩效评价的内涵及其要素。
2. 简述绩效预算内涵及其要素。
3. 简述绩效评价与绩效预算的区别与联系。
4. 简述绩效预算与投入预算的区别。
5. 简述推行绩效预算中的意义。
6. 论述我国绩效预算评价开展进程。
7. 简述绩效预算评价的工作程序。

本章主要参考文献：

1. 财政部：关于印发《财政支出绩效评价管理暂行办法》的通知（财预［2011］285号）。

2. 财政部：《关于推进预算绩效管理的指导意见》（财预［2011］416号）。

3. 财政部预算司编著：《中央部门预算编制指南（2013）》，中国财政经济出版社，2013年。

4. 朱志刚主编：《财政支出绩效评价研究》，中国财政经济出版社，2003年。

5. 阿尔伯特·C. 海迪等著：《公共预算经典（第二卷）——现代预算之路（第三版）》，上海财经大学出版社，2006年。

6. 马克·G. 波波维奇主编：《创建高绩效政府组织》，中国人民大学出版社，2002年。

7. 《地方公共支出绩效评价研究》课题组："地方公共支出绩效评价研究总报告"，《财政部财政科学研究所研究报告》，2006年第19期。

8. 沙安文、沈春丽主编：《地方政府与地方财政建设》，中信出版社，2005年。

9. 白景明："推行绩效预算必须解决的四个重要问题"，《财政与发展》，2006年第1期。

10. 王进杰、贾英姿："政府绩效预算改革研究"，《财政研究》，2006年第8期。

11. 张维平："对中国实行绩效预算管理的思考"，《当代财经》，2005年第2期。

12. 佘小平、孔志锋等："在我国实行绩效预算的设想"，《财政部财政科学研究所研究报告》，2004年第2期。

13. 何达基："绩效管理改革：政府承诺与挑战——美国的经验和教训"，《中国发展研究基金会研究报告》，2006年第2期。

14. 特里萨·库利斯廷："预算过程的绩效信息：经合组织2005年调查问卷结果"，《中国发展研究基金会项目参考》（第3期），2006年8月。

15. 杨敏、肖雪峰："积极探索建立预算绩效评价体系，稳步推进绩效预算管理改革——中国实行绩效预算的理论与实践问题研究"，《中国发展研究基金会报告》，第27期。

附录

财政支出绩效目标申报表

（　　　年度）

填报单位（盖章）

<table>
<tr><td>项目名称</td><td></td><td>项目属性</td><td colspan="3">新增项目□　延续项目□</td></tr>
<tr><td>主管部门</td><td></td><td>主管部门编码</td><td colspan="3"></td></tr>
<tr><td>项目实施单位</td><td></td><td>项目负责人</td><td></td><td>联系电话</td><td></td></tr>
<tr><td>项目起止时间</td><td colspan="5"></td></tr>
<tr><td rowspan="7">项目资金申请(万元)</td><td colspan="5">资金总额：</td></tr>
<tr><td colspan="5">财政拨款：</td></tr>
<tr><td colspan="5">自有资金：</td></tr>
<tr><td colspan="5">事业收入：</td></tr>
<tr><td colspan="5">经营性收入：</td></tr>
<tr><td colspan="5">其他：</td></tr>
<tr><td colspan="5">其他：</td></tr>
<tr><td>单位职能概述</td><td colspan="5"></td></tr>
<tr><td>项目概况</td><td colspan="5"></td></tr>
<tr><td rowspan="3">项目立项情况</td><td>项目立项的依据</td><td colspan="4"></td></tr>
<tr><td>项目申报的可行性</td><td colspan="4"></td></tr>
<tr><td>项目申报的必要性</td><td colspan="4"></td></tr>
<tr><td rowspan="6">项目实施进度计划</td><td>项目实施内容</td><td colspan="2">开始时间</td><td colspan="2">完成时间</td></tr>
<tr><td>1.</td><td colspan="2"></td><td colspan="2"></td></tr>
<tr><td>2.</td><td colspan="2"></td><td colspan="2"></td></tr>
<tr><td>3.</td><td colspan="2"></td><td colspan="2"></td></tr>
<tr><td>……</td><td colspan="2"></td><td colspan="2"></td></tr>
<tr><td>……</td><td colspan="2"></td><td colspan="2"></td></tr>
<tr><td rowspan="2">项目绩效目标</td><td colspan="2">长期目标</td><td colspan="3">年度目标</td></tr>
<tr><td colspan="2"></td><td colspan="3"></td></tr>
</table>

续表

	一级指标	二级指标	指标内容	指标值	备注
长期绩效指标	产出指标	数量指标			
		质量指标			
		时效指标			
		成本指标			
		……			
	效益指标	经济效益指标			
		社会效益指标			
		环境效益指标			
		可持续影响指标			
		……			
	服务对象满意度指标	具体指标			
	……				

续表

	一级指标	二级指标	指标内容	指标值	备注
年度绩效指标	产出指标	数量指标			
		质量指标			
		时效指标			
		成本指标			
		……			
	效益指标	经济效益指标			
		社会效益指标			
		环境效益指标			
		可持续影响指标			
		……			
	服务对象满意度指标	具体指标			
	……				
其他说明的问题					

第十二章
我国财政管理改革——政府会计改革

【本章序言】　基于纳税人和政府之间委托代理关系的认识，政府在向纳税人提供公共服务的过程中，有必要向纳税人解释政府会计应当是帮助政府履行和解释公共受托责任的重要途径。2000 年以来，我国财政管理领域进行了一系列改革，包括部门预算、国库集中支付、政府采购、财政绩效评价、政府收支分类改革等等，这些改革推动了公共财政体制的建立和完善。而会计核算体系是我国公共财政体制的重要基础，如不能及时改革，适应形势发展需要，将制约公共财政的整体改革进程。2013 年以来，我国行政事业单位会计制度改革步伐加快。2013 年 1 月 1 日，修订后的《事业单位财务规则》、《事业单位会计准则》和《事业单位会计制度》开始施行，2014 年 1 月 1 日，修订后的《行政单位会计制度》开始施行。上述重大改革举措兼顾了行政事业单位财务、预算、资产、成本等方面管理的需要，促使行政事业单位的财务状况、事业成果、预算执行情况得到更为全面、真实、合理的反映，对提高行政事业单位会计信息质量、加强财政对行政事业单位的科学化精细化管理、提升行政事业单位的财务管理水平、促进行政事业单位健康可持续发展发挥了积极作用。

第一节
政府会计概论

政府会计作为确认、计量、记录和报告预算及其执行情况的会计，是一个收集和传达政府财政状况信息的制度，是政府的神经系统，信息疏通则政府财务运作自如，信息堵塞则政府作业有瘫痪之险。如果政府不能对财政支出规模、类型和资金流向作出明确记录，那么财政资金使用的效率、效果和效益就难以有效衡量。政府会计应当为财政决策提供有用的管理信息，防范潜在的财政风险。

一、政府会计与预算会计辨析

根据国际会计准则委员会的规定，政府会计是指用于确认、计量、记录和报告政府和事业单位财务收支活动及其受托责任的履行情况的会计体系。按照国内学界相关学者的观点，预算会计是追踪拨款和拨款使用的政府会计，强调国库在预算会计中的核心作用，预算会计是政府会计的重要内容或核心内容。政府会计是对政府财政交易或事项进行确认、计量、记录和报告，提供决策有用信息，全面反映政府受托责任的一种信息系统。确认、计量、记录和报告反映了政府会计核算的主要环节；提供决策有用信息、全面反映政府受托责任体现了政府会计目标；政府会计是一个信息系统，同时也是一个控制系统。

政府会计内容包括三部分，概括起来可称为“一项制度，两个体系”：政府会计准则体系、政府会计制度体系和政府财务报告制度。政府会计有三个特征：一是政府单位执行统一规范的政府会计准则和会计制度。这就是说，政府的行政部门、非行政部门或是其构成实体等，执行的准则和制度是统一的，不是分类的。另外，所有政府单位使用的政府性资金和管理的政府性资产，所有的政府活动形成的财政资源和财政责任，都要纳入政府会计的核算和管理。二是实行政府财务报告制度。政府财务报告制度全面、系统地反映财政预算执行和政府单位的财务活动及财务状况，综合披露政府及政府单位的资产、负债和净资产的真实信息。三是提供科学有效的政府会计信息。政府会计全面、系统、准确地反映政府资产负债状况、政府预算执行情况及政府的种类经济活动状况。这些科学有效的信息有利于立法机关对政府的监督，有利于强化政府的会计责任，有利于政府自身的科学民主决策，有利于推进宏观经济管理。

二、政府会计的功能

（一）监控预算执行过程的合规性

从预算会计系统中产生的关于拨款和拨款使用情况的信息，是政府财政、国库等核心部门与为数众多的支出机构实施有效监控预算执行过程、确保预算执行合规性的前提条件。在任何国家，支出机构和核心部门都需要了解预算执行过程的实际收入、支出去向与数额、收支进度等重要信息，并将这些信息与预算数据进行对比，寻找差异信息，分析差异的性质、导致差异的原因等，以便及时采取相应的调控措施，确保预算正确执行。

（二）提高政府财政透明度

按照国际货币基金组织《财政透明度手册》的界定，财政透明度是指“政府向公众公开政府结构和职能、财政政策目标、公共部门账户和财政预测等信息的程度”。其中核算与报告政府资产与负债是实现财政透明度的核心。政府会计系统通过核算与披露政府资产、负债与净资产等相关信息，为公众及相关群体全面理解政府可控资产总量与构成、负债、承诺以及应承担的社会义务的规模与结构等提供至关重要的基础性数据，据以正确评价政府的履责能力与持续性，提高财政透明度。

（三）评价政府绩效，解释政府公共受托责任

政府会计是帮助政府履行和解脱公共受托责任的重要手段和途径。绩效性受托责任指政府履责所取得的业绩及与其所耗费公共资源之间的配比关系是否符合经济性、效率性和效果性的要求。政府会计系统核算与披露政府收入与取得代价配比、费用与部门、项目、服务间的投入与产出配比等相关信息，为公众及相关群体评价政府工作绩效、解脱公共受托责任提供信息途径。

三、中国现行政府预算会计体系概貌

中国现行的政府会计在制度上被称为预算会计，是核算、反映和监督政府预算执行的会计体系，是以预算管理为中心的宏观管理系统和管理手段，是中国两大会计体系（政府会计与企业会计）之一。随着国内政治经济环境的巨大变化，我国现行预算会计制度已无法满足政府公共财政、财务管理和外部利益相关者的信息需求，迫切需要对现行预算会计进行改革，建立一套既立足于我国国情又符合国际惯例的政府会计体系。

中国现行的政府预算会计体系由财政总预算会计、行政单位会计、事业单位会计以及参与预算会计执行的国库会计、税收征解会计和基本建设拨款会计等组成。我国《会计法》规定，国家实行统一的会计制度，会计制度由国务院财政部门根据《会计法》制定并公布。国务院有关部门可以依据《会计法》和国家统一的会计制度，制定对会计核算和会计监督有特殊要求的行业实施国家统一的会计制度的具体或者补充规定，报国务院财政部门审核批准。目前，预算会计模式的法规规章体系主要如表12-1所示。

表12-1　中国现行预算会计的法律法规体系

名称	发布日期	生效日期	发布单位	主要内容
财政总预算会计制度	1997.6	1998.1	财政部	对财政总预算会计的适用范围、会计计量、记录方法、会计科目、会计报表编审等方面进行规范
国库会计管理规定	2005.10	2006.1	中国人民银行	对国库会计核算管理与操作的规定
事业单位财务规则	2012	2013.1	财政部	对适用范围、财务管理任务、资产管理、负债管理、预算管理、收入支出管理、结余管理进行规范
事业单位会计准则	2012.12	2013.1	财政部	对会计核算目标、会计要素、会计确认基础、财务信息质量要求、财务报告体系等进行规范
事业单位会计制度	2012.12	2013.1	财政部会计司	对事业单位会计科目与编号、会计科目使用说明、会计报表格式、财务报表编制进行详细说明

续表

名称	发布日期	生效日期	发布单位	主要内容
行政单位财务规则	2012.12	2013.1	财政部	对适用范围、单位预算管理、资产管理、负债管理、预算管理、收入支出管理、结余管理、财务监督等进行规范
行政单位会计制度	2013.12	2014.1	财政部国库司	对行政单位会计科目与编号、会计科目使用说明、会计报表格式、财务报表编制进行详细说明
行政事业单位内部控制规范	2012.11	2014.1	财政部会计司	对行政事业单位内部控制建设的总体原则、风险评估和控制方法、单位层面内部控制、业务层面内部控制、评价与监督进行规范

财政总预算会计、行政单位会计和事业单位会计是现行政府会计体系的基本组成部分。其中，财政总预算会计是核心，而行政单位会计和事业单位会计是财政总预算会计的延伸。财政总预算会计是各级财政部门核算、反映、监督国家预算执行和财政周转金等各项财政性资金活动情况的专业会计。与国家预算组成体系相一致，我国的财政总预算会计体系共分五级：财政部设立中央级财政总预算会计，省（自治区、直辖市）财政厅（局）设立省级财政总预算会计，市（自治州）财政局设立市（州）级财政总预算会计，县（自治县、不设区的市）财政局设立县（市）级财政总预算会计，乡（镇）财政所设立乡（镇）级财政总预算会计。财政总预算会计的主要职责是进行会计核算，反映预算执行，实行会计监督，参与预算管理，合理调度资金。行政单位会计是行政单位核算、反映和监督单位财务收支情况以及结果的会计，事业单位会计是各类事业单位（仅指国有事业单位）核算、反映和监督单位财务收支情况以及结果的会计，两者被称为单位预算会计。行政事业单位会计组织系统根据机构建制和经费领报关系，分为主管会计单位、二级会计单位和基层会计单位三级。国库会计、收入征解会计和基本建设拨款会计作为参与预算会计执行的专门会计，同财政总预算会计和单位预算会计共同组成了国家预算执行的会计体系，对国家预算执行进行系统会计核算。我国预算会计体系如图 12-1 所示。

四、财政管理与财政改革对政府会计提出的挑战

经过 30 多年的改革开放，我国市场经济环境已经发生了巨大变化，尤其是政府职能的转换、公共财政体制的改革、国库集中收付制度改革、政府收支分类科目的变化、政府绩效评价制度的建设以及政府监督的加强等，均对反映政府经济活动的政府会计信息提出了更高要求。需要与时俱进，积极推进政府会计改革。

（一）政府职能转换与政府会计改革

我国的改革开放和市场经济发展历程，实际上也是我国政府职能逐步转换的过程。中国共产党十八届三中全会明确提出要发挥市场在资源配置中的决定性作用，进一步调整政府职能，明确政府与市场的界限。政府职能的转换，体现着以下基本精神：第一，强调政府是人民的政府，政府受人民之托，用人民的资金，来管理国家各

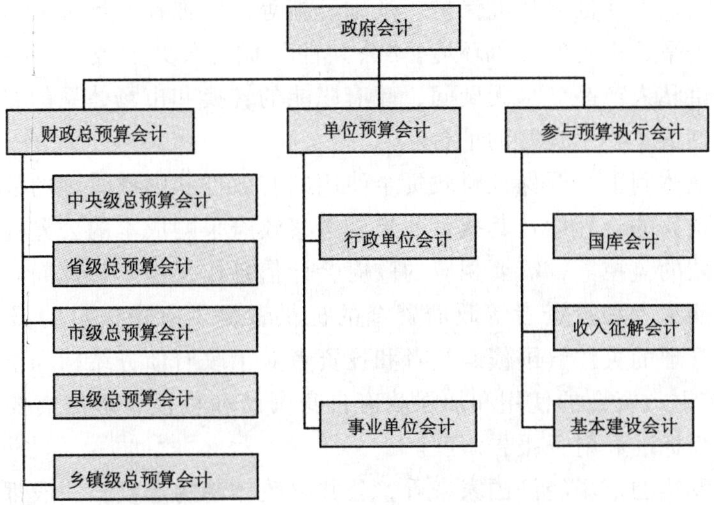

图 12－1　中国现行预算会计体系概貌

项事务（包括各项国有资产和财政性资金），向人民提供公共服务。第二，政府应当为人民当好家，理好财，政府应当接受人民的监督和评价，其中包括对政府国有资产管理、债务管理和财政性资金管理的监督和评价。第三，在市场力量逐步增强、法制建设逐步完善和政府职能逐步转换的情况下，人民与政府之间需要真正建构起委托与受托之间的关系，政府负有公共受托责任。第四，政府的功能将逐步向服务型、管理型、绩效型转换。

毫无疑问，实现上述政府职能的转换，建立一个完善的政府信息系统是十分必要的，这套信息系统有助于全面反映政府的各项活动（包括经济活动），评价其业绩，也可以对政府形成一种有效的制约和监督，从而解脱政府的公共受托责任。2008 年《政府信息公开条例》实施，信息成为沟通政府与人民之间的重要桥梁。在整个政府信息系统中，政府会计信息是政府信息系统的有机组成部分，是实现政府职能转换、提高政府透明度的重要一环。会计信息起着非常重要的作用，政府财务报告关注整个政府的资产负债状况和运营绩效，可以完整反映政府的财务状况、运营情况和现金流量，有助于解除政府公共受托责任，满足人民群众等利益相关者的信息需要。因此，政府职能的转换要求政府会计标准建设和政府会计改革，而政府会计的改革又能促进政府职能的转换，体现“立党为公、执政为民”的精神。

（二）公共财政改革与政府会计改革

近年来，我国财政体制发生了较大变化。部门预算、国库集中支付、收支两条线、预算外资金纳入预算管理、政府采购、绩效评价等重大改革措施相继出台，对财政资金的管理由过去的“切蛋糕”、重分配，向事先的部门预算、事中的政府采购和国库集中支付，以及事后的监督管理与追踪问效转变。各级财政部门也顺应公共管理浪潮，开始循序渐进地建立适应我国市场经济发展需要的公共财政体制。公共财政的基本理念是，政府财政应当侧重于向社会提供公共物品（包括公共服务），如社会保障、科学教育、卫生保健、环境保护、基础设施等，以弥补市场失灵，为市场主体营造一个规范、公平、稳定的竞争环境。“公共性”成为公共财政的本质特征，政府很少或者不再提供私人产品。毫无疑问，政府职能的转换和市场体系的完善已经为公共财政体制改革创造了一个良好的平台。

在公共财政体制下，要保证财政资金使用的有效性和财政管理的公开、公正、透明，考察部门预算的合理性及其执行效果，考察政府采购成本的公允性，对财政资金的使用实施有效的监控等，需要相应的政府会计信息作支撑。与此同时，政府出于向纳税人、国债购买者和投资者等政府资金的提供者提供有用信息的需要（如纳税人对于政府资产管理的关注，国债购买者和投资者对于政府债务结构和偿债能力的关注等），出于监控财政资金的使用和加强政府自身资产和负债管理的需要，也应有相应的政府会计核算标准和财务报告制度。

从西方较发达的市场经济国家来看，公共财政体制的建设，一般都有政府会计准则和政府财务报告制度、政府财务管理法规等相配套，我国也不例外。国际货币基金组织（IMF）在一份研究报告中指出，新兴经济国家正在改革它们的公共支出管理体系，但“这些国家已经面临着一个持续的压力，即需要更加完整的会计信息，这需要改革会计体系”。而“采用权责发生制会计应当被视为广泛的预算体系改革的有机组成部分”，“执行以权责发生制为基础的政府会计体系，可能是保证公共部门管理全面转轨的唯一一条路径”。

（三）政府收支分类改革与政府会计改革

在政府会计体系中，政府财务报告全面反映政府的财务状况、营运绩效和现金流量，但是反映财政预算收支的信息仍是其中的一项重要内容。基于此，我国正在积极推进政府收支分类改革，目的是提高预算透明度，强化财政监督，完善公共财政框架。

政府收支分类改革，将有助于建立起我国财政信息管理系统，但基础数据将主要来自于预算会计和政府会计系统，因此，政府收支分类改革将对政府会计的内容核算、科目设置等产生深远影响。而改革现行的预算会计制度势在必行，否则，政府收支分类改革将缺乏微观基础。

（四）预算绩效管理推广与政府会计改革

随着我国新一届政府开始推行问责制和公共财政体制要求对财政资金的使用进行追踪问效，我国财政部门以及其他有关部门都在逐步建立政府绩效评价体系，以对政府部门及官员进行有效的制约和监督。在政府绩效评价体系的建设过程中，政府绩效评价标准的设计固然重要，但是为政府绩效评价提供数据的政府会计信息和其他有关信息更加重要。从这个角度讲，要建立科学、合理的政府绩效评价体系，离不开政府会计的改革和政府财务报告所提供的信息。比如，要评价财政项目的有效性，就必须依赖于政府会计提供有关项目成本的信息和由项目所形成资产的信息；要评价某一政府或者部门的工作业绩和可持续发展能力，就需要依赖于政府财务报告中所包括的营运绩效表和资产负债表所提供的有关收入、费用、资产、负债信息等。

（五）政府审计和社会监督的加强与政府会计改革

随着我国财政收支规模日益扩大，政府经济实力逐步增强，如何加强对财政收支活动、政府经济活动和国有资产管理的监督检查已经成为一个新的课题。在这种情况下，政府审计的地位和重要性日益突出，每一年度由审计署发布的政府审计报告，已经成为社会各界关注的焦点。政府审计对维护政府经济秩序、反腐倡廉、提高财政资金的使用效果和公共管理效率，发挥了重要的作用。

我国政府审计将逐步向财务审计和绩效审计兼顾的方向发展，在这种情况下，现行预算会计制度侧重于财务收支的核算，而忽视运营绩效和资产负债管理的核算，已经难以适应政府审计发展的需要。因为会计标准是政府审计执业的重要标准，如果会计标准滞后或者不适应形势发展的需要，那么势必会影响审计的标准和质量，也会影响政府审计职能的发挥和外部监督的效用，从而不利于整个政府运行系统效果的发挥和效率的提高。所以，有效发挥政府审计的作用，形成一个有约束、高效率的政府，迫切需要建立我国政府会计体系。

与此同时，人民群众和社会舆论对于政府财务状况、运营绩效和现金流量信息也日益关注，希望能够获得更多的知情权，从而无形中对政府形成了一个强大的社会监督网。政府要提高自身的透明度，解除其公共受托责任，满足社会监督的需要，也必须建立起一套完整的政府会计标准和政府财务报告制度。

第二节

我国政府会计改革战略与路径

从目前我国的政治环境来看，预算会计已经不能体现我国政府的诸多业务活动。我国的政府会计模式应该是有着完整框架结构，能够提供政府整体财务状况、业务活动成果及现金流量信息，广泛体现政府的受托责任，并使信息使用者从中获取信息制定有用决策，适应国际国内社会经济发展需求的一种政府会计模式。

一、我国政府会计改革的原则

（一）与财政管理改革相适应的原则

政府会计是财政管理的一个基础手段，是服务于财政管理的，财政管理模式构成政府会计特定的运行环境。不同的财政管理模式对政府会计的信息要求是不同的。在以投入管理为主的财政管理模式中，反映财政资金运动合规性状况的会计信息需求会在政府会计目标中占据重要地位。在以产出和结果为导向的财政管理模式下，政府会计信息不仅要反映预算资金使用的合规性情况，更要反映政府资金使用的绩效情况。从国际经验来看，财政管理中的控制重点、分权程度、竞争性、公众参与程度等因素都会影响政府会计和财务报告目标和内容的变化。

我国当前正处于经济体制转轨和社会发展转型时期，财政管理改革正在逐步深入，政府会计改革应当与财政管理改革的阶段相适应，并有一定的超前性。一方面，政府会计和财务信息在数量上和质量上不能够满足财政管理改革的要求，会导致财政管理的改革障碍和功能丧失能力；另一方面，政府会计和财务报告的目标与信息的提供超出了财政管理的需要，也会造成信息过度的负担，加大财政管理成本，降低政府的工作效率。特别是在借鉴国际经验的过程中，要注意对发达国家完善详备的会计信息内容进行分析，根据我国的国际和财政管理的实际需要进行取舍。此外，我国和欧美国家不同。我国的市场经济体制及政治体制改革正在进行中，在选择我国的政府会计管理和改革目标模式时，需要有一定的前瞻性，要考虑我国中长期公共管理和财政管理改革对政府会计的影响。

（二）透明度原则

良好的财政透明度有助于保障社会公众对政府事务和财政活动的知情权、参与权和监督权，有助于提高政府财政分析的公平性和效率性，有助于防范潜在的财政风险和金融风险，保持宏观经济的持续稳定发展。政府会计信息的充分提供和规范披露是提高财政透明度的重要内容。长期以来，我国财政透明度较低与政府会计方面的改革滞后存在一定的关系，因此，新的政府会计目标模式必须有助于政府财政透明度的提升，包括扩大信息供给的内容，提供更为全面和多样的政府会计信息；建立规范、公开的信息披露渠道，使政府外部的信息使用者能够方便地获得有关的政府会计信息；保证政府会计信息的真实性和可理解性，新的政府会计模式应当确保其产生的会计信息能够反映预算收支和政府财务的真实状况，并且容易被信息使用者获得和理解。

（三）成本效益、循序推进原则

政府会计改革是一项系统性工程，改革的波及面比较广，需要耗费大量的人力、物力、财力等公共资源，因此，在选择改革目标模式和进行制度设计时，需要考虑改革的成本效益原则，以及改革的潜在影响。贯彻成本效益原则不仅需要考虑到改革成本，还要考虑新制度建立后的运行成本。新的政府会计制度必须尽可能简便易行，便于操作。

二、我国政府会计改革概念框架

由于政府会计概念框架可以为制订会计准则提供理论依据，为政府会计实务提供理论依据，因此，必须尽快构建我国政府会计概念框架，同时依据政府会计概念框架加快政府会计准则体系的建立。

尽快构建我国政府会计概念框架。首先，政府会计概念框架有着非常重要的意义。它有助于具体政府会计制度与会计准则之间的相互协调，对增强准则的可理解性和全面实现政府财务报告目标具有重要的意义，同时，也有助于政府会计准则发展和演化的连续性。其次，在构建政府会计概念框架时，应当把握和坚持先进性、协调性原则。政府会计概念框架的构建中，政府财务报告目标的界定是研究其他政府会计概念的前提，而政府财务报告目标的界定又直接受制约于政府范围的界定及政府治理理念的变化。这就要求对政府财务报告目标界定时必须紧紧把握政府治理理念的研究成果。随着市场经济的完善和政府职能的转换，政府治理理念应当定位于服务而不是掌舵，而这也与我国政府职能转变的理念相吻合，也与西方国家的公共治理理念的变化方向一致。最后，在构建政府会计概念框架时，要注重解决政府财务报告主体、政府财务报告基础、政府财务报告信息质量特征、政府财务报告要素设置以及政府财务报告的模式等重要问题。政府财务报告主体可借鉴国际公共部门会计准则委员会（IPSASB）的做法将其定义为政府以及由政府控制的所有受控主体组成的一组主体。政府财务报告应当采用权责发生制，这是基于政府财务报告基础改革的趋势，以及在适应政府治理理念的变化上，权责发生制与收付实现制对比以后表现出的优点而作出的选择。政府财务报告信息质量特征的规定方面，应该强调政府财务报告的四项主要信息质量特征，即强调信息的相关性和可靠性，同时注重可理解性和可比性。具体来说就是信息质量应当符合可理解性、相关性、重要性、可靠性、真实性、实质重于形式、中立性、审慎性、完整性、可比性、及时性等。在政府财务报告要素的确定方面，应当适应权责发生制的要求，确定为资产、负债、净资产权益、收入和费用。在政府财务报告模式的确定方面，要依据政府财务报告的对象，采用以政府财务报表为主体，多种财务报告手段相结合的模式，披露政府财务报告主体受托资源的信息。

三、构建“准则加制度”的政府会计规范体系

摒弃现行总预算会计、行政单位会计和事业单位预算会计制度不统一的做法，制定和执行统一的政府会计制度、政府会计准则体系，保证政府会计信息能够正确合并，有利于编制政府整体的财务报表。

作为会计规范的具体形式，会计准则和制度各有利弊。政府会计准则从会计要素和业务的角度出发，侧重于各项会计要素和各项会计业务的确认、计量和报告；而会计制度则从会计主体和报告主体的角度出发，侧重于单位全部业务的会计记录和报告编制的具体说明。从当前和今后一段时间我国行政事业单位财务会计管理水平来看，行政事业单位及其会计人员普遍适应目前的预算会计制度管理方式方法，熟悉简单明晰的业务操作规范。因此，可根据我国企业会计规范体系的建设经验，在制定政府会计准则的同时，制定适应政府会计新模式要求的政府会计具体制度。“准则 + 制度”模式比较符合我国政府会计改革的实践需求，能够适应我国当前行政事业单位的财务会计管理水平，改革推行的阻力比较小，从而减少广大会计人员在准则接受方面的阻力。

在“准则 + 制度”的政府会计规范体系中，准则具有指导性的原则和作用，特别是基本准则部分，应当在政府会计的基本理论和原则上统领全局，对政府会计制度的建设起指导和协调作用。政府会计制度的构建和变革应当遵从基本准则所构建的理论框架，并且保持和具体准则的协调一致性。考虑到事业单位各个行业的业务特点，可以有针对性地制定不同的行业会计制度，以便于操作，但必须贯彻相同的准则要求。

在制订政府会计准则时，要考虑以下几个方面的问题：首先，政府会计准则的制订模式。根据我国的政治体制，可以由财政部保留制订权，制订统一、规范的政府会计准则，适用于各级政府的所有单位。在制订政府会计准则的步骤上，不可能一蹴而就，应由简到繁，逐步完善。其次，对政府会计中有关会计主体、核算对象、核算范围、会计要素、记账基础、核算原则、计价方法、财务报告的基本要求等重大的、基础性事项进行明确。以此为基础，根据不断发展变化的公共财政体制的要求，补充和完善政策性较强和技术性比较复杂的准则项目，最终形成完备的政府会计准则体系。最后，就是在准则的内容上，尽可能避免“准则超负荷”——公告数量过多、规定过于详尽、过量的披露或过于复杂的计量程序等。

四、明确中国政府会计目标定位

我国政府会计改革的目标是根据社会主义市场经济体制的要求，全面提升政府会计信息的生产和供给能力，建立一个能够有效地为各方面的政府会计信息使用者提供预算收支运行及合规性、政府财务状况和绩效、政府持续履约能力等会计信息的政府会计体系。不同的信息使用者有着不同的财务信息需求，概括地说，主要有以下几个方面的原因。

（一）公共受托责任履行情况的信息需求

社会公众、投资者与债权人向政府提供财政资源，立法机构授权政府管理和使用这些财政资源。政府作为资源的受托方，一旦接受了管理和使用这些资源的权力，就承担了向委托方报告其受托责任履行情况的义务。所提供的信息应当包括：（1）财政资源的来源、管理和运用情况等用以评价、监督政府预算执行的合规性信息；（2）政府整体财务状况和资源使用效果等评估政府持续运作能力的信息；（3）反映政府提供服务努力程度、成本和业绩的信息。

（二）加强政府内部管理的信息需求

政府及其内部管理机构需要了解和掌握全面的会计信息，不仅包括预算执行报告信息，还包括各类资产、负债的相关信息以及所提供服务的成本信息等，以便进行内部管理，并为政府决策者进行决策和控制提供参考。

（三）预测政府能力的信息需求

债券评级机构、经济师、财务分析师等需要了解政府整体财务状况、现金流量等会计信息，以评价政府的信用等级、预测政府的偿债能力等，为政府潜在投资者和债权人等进行投融资决策提供建议。

（四）衡量经济影响的信息需求

经济全球化使得各国政府和国际组织之间的联系更紧密，它们需要通过政府会计信息来了解各国政府财政活动的性质、范围、程度和结果等方面的信息，以衡量其对国际经济的影响，进而作出政治、经济决策。

从上述分析可以看出，政府会计信息的使用者或侧重于了解公共部门受托责任履行情况的信息，或倾向于获得有助于作出资金提供决策的信息，信息需求越来越复杂化和多样化。为了满足不同信息使用者的信息需求，需要重新定位我国政府会计目标。

基于上述分析，本文将从总体目标和具体目标两个方面分别定位我国政府会计目标，如图 12－2 所示。具体目标是总体目标的具体化，而总体目标则需要通过具体目标来实现。政府会计的最高目标是有利于反映政府的公共受托责任。具体目标包括有利于提升财政透明度、有利于加强预算管理、有利于政府决策等。

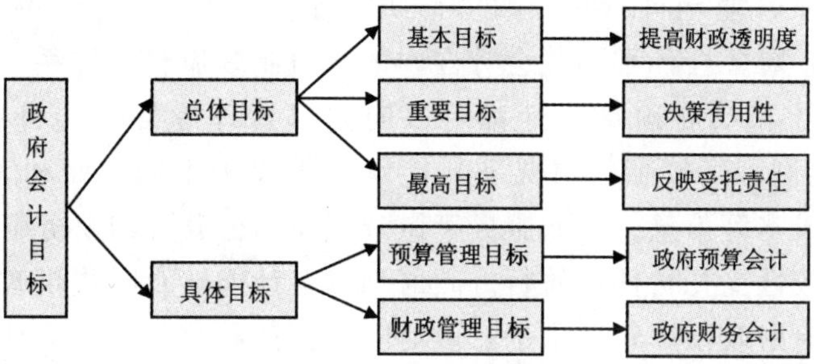

图 12－2　政府会计目标的定位

政府会计的总体目标可以分为三个层次。第一个层次是基本目标，它是整个总体目标层次的起点，也是后两个目标得以实现的基础。在这个目标下，预算编制及其执行情况、政府内部的政策和管理职能、各种公共财政法律法规等信息都应公开披露，以提高政府财政透明度，增强公众对政府的监督。第二个层次是以全面反映政府的公共受托责任为重要目标。公共受托责任是政府会计存在的基础，政府会计提供的信息不仅要帮助政府解除组织内部的受托责任，而且应有助于解除其对社会公众的外部受托责任。第三个层次是最高目标，在该目标下，政府会计应该提供有助于信息使用者进行决策的信息，包括有助于内部使用者作出有效管理决策的信息和有助于外部使用者作出政治、经济等决策的信息。

政府会计的具体目标应当兼顾两个方面：一是预算管理目标。政府会计信息主要是对预算收支全流程的控制与反映，包括预算资金的来源、分配和使用的信息，预算预定目标与实际结果的比较信息，预算资金与相关法律法规的符合程度的信息，未来的预算资源信息等。二是财务管理目标。主要是反映政府的各种财务信息，包括政府资产的存量及其变动信息，政府承担债务的规模、结构与偿还能力，公共物品与服务的数量、质量和持续提供能力，政府公共资金的使用效率等。

五、规划我国政府会计改革的战略框架与改革次序

（一）建立预算会计、财务会计分立并存的多功能政府会计体系

政府及其代理部门合规性行为的受托责任要求选择和建立“控制取向”的政府会计模式，使会计系统能够作为一种控制机制来约束和控制政府及其代理部门在取得和使用公共资源过程中的行为。从世界范围的政府会计改革来看，在政府会计中引入权责发生制，可以很好地满足这一要求。它不但可以改善政府财务报表的信息质量，

而且可以在以完全权责发生制为基础的财务会计系统之上建立成本会计，为公共部门财务管理和外部绩效评价提供成本等定量信息。

财务会计提供的相关信息能较好地满足公共部门财务管理的要求，从而促进政府绩效性受托责任的履行，但无法对政府预算执行的全过程进行反映、监督和控制。预算会计能够对政府预算执行的全过程进行反映、监督和控制，但无法为资产管理、负债管理、成本管理等完善的公共部门财务管理提供完整、全面、连续的相关信息。为建立“控制导向+管理导向”并兼顾“透明度导向”的政府会计体系，最好的方法就是建立一个包括财务会计和预算会计在内的双轨制政府会计体系。

政府财务会计和政府预算会计都可以向内部管理者提供会计报告。财务会计（特别在权责发生制程度较高的情况下）能够提供关于主体全面和完整的财务状况、财务业绩，甚至成本等信息，从而服务于微观层面的公共部门财务管理活动，促进政府和政府部门绩效性受托责任的履行。政府预算会计能够及时提供政府预算的执行情况信息，提升政府财政预算管理水平。政府财务会计和政府预算会计均能向政府外部利益相关者提供关于受托责任履行结果的信息，帮助政府履行报告受托责任，此时的政府会计是“透明度导向”的。但两者所能提供的信息各有侧重。政府财务会计重在提供财务状况和财务业绩信息，而政府预算会计重在提供预算执行信息，特别是预算和实际的比较信息①。

（二）确定适合国情的政府会计和财务报告主体范围，提供不同层次的政府会计信息

政府会计和报告主体范围的确定受政府会计报告目标的影响。我国政府财务报告的目标主要是向相关使用者提供评价政府受托责任的信息，会计报告主体的选择应当有利于界定各级政府及有关机构的受托责任。目前，我国的预算会计主体是各级预算单位。在总预算会计中，它是国家各级政府的财政部门；在行政和事业单位预算会计中，它是各级行政单位和事业单位。这一模式的好处是政府会计主体和预算执行单位存在组织上的一致性，在管理上具有一定的效率优势。缺陷在于目前在政府整体层面只提供预算收支报告，并不提供政府财务报告。资产负债表等财务信息的报告主体仍然限于各级预算单位，政府整体并不完全是会计报告主体，因此，政府会计信息不能很好地反映政府整体的受托责任。

第一个层次是以各级政府整体作为会计和报告主体。按照我国一级政府一级预算的原则，各级政府向同级人民代表大会负责。因此，为了履行政府的受托责任，必须要有各级政府整体的决算报告和财务报告，反映这一级政府的预算收支的执行结果，完成相关政府职能所花费的成本费用，以及这一级政府的资产、负债情况。同时，由于全国政府部门在当年集中和使用预算资金的问题和结构对宏观经济运行和国民收入分配格局有着重要的影响，因此，通过汇总和合并反映并提供全国的政府预决算数据是十分必要的，并且预算收支数据的汇总合并在技术上比较容易实现。

---

① 路军伟：“政府会计改革：战略次序、框架设计和冲突协调”，《中央财经大学学报》，2011年第7期。

第二个层次是以各级政府组成部门作为会计和报告主体。与部门预算相对应，政府部门应当反映各部门的预算收支执行结果和为履行相应职责所获得的资源及成本费用情况、资产负债情况，因此，需要编制各级政府组成部门的决算报告和财务报告。各级政府组成部门的决算报告和财务报告是政府整体决算报告和财务报告的直接基础。

第三个层次是以使用公共预算资源的政府机构或相关组织（预算单位）作为会计主体。为满足预算资金管理的要求和履行受托责任，各预算单位应提供本单位的决算报告和财务报告，反映各预算单位的预算收支执行结果和为履行相应职责所获得的资源及成本费用情况、资产负债情况。各预算单位的决算报告和财务报告是各级政府组成部门决算报告和财务报告的直接基础。

除了以上三个层次之外，对于一些有严格限定使用用途的基金，如社会保险基金、政府性基金等，应以基金为主体进行单独的核算和报告，以利于资金使用的控制和管理。

（三）逐步实现政府会计确认基础由收付实现制向权责发生制的转换

对于政府实现绩效最大化、财务信息透明等目标，必须将政府财务报告基础由收付实现制转变为权责发生制，这也是政府财务报告的关键环节。

随着公共管理环境的剧变，收付实现制明显表现出了对新体制的种种不适应性，尤其是难以提供符合新公共管理要求的相关财务信息，不能显示财务状况及财务绩效的全貌，而低质的财务信息又导致低水平的财务管理和预算管理。与之相比较，权责发生制基础表现出了明显的优越性。第一，权责发生制会计为社会公众充分提供了如实评价政府财务状况和运营绩效的信息。第二，在改进公共部门服务质量和效率，增强政府竞争力方面，权责发生制为量化计划和活动的效率水平，以及评价其随时间变化的情况提供了一种机制。第三，在新公共管理环境下，权责发生制能提供增强财政长期支持能力方面的信息，优化了政府的中长期决策，拓展了公众受托责任的要求，增强了财务透明度。从政府会计的国际趋势来看，权责发生制的采用是必然的趋势。

然而，在考虑实施完全权责发生制会计之前，必须考虑以下几个限制性因素：(1) 完全权责发生制会计要求对资产及其价值进行全面的记录，同时需要一个良好的成本计量系统，因此，在政府层级上实施这一系统，需要大量数据、技能、资源和时间。(2) 如果是在支出机构层次上引入绩效导向方法，那就应在机构层次上进行成本计量，同时在机构层次上提取和确认资产折旧。如果折旧数据由保持核心记录的国库部门在年末简单地加以估计，采用权责发生制会计可能获益不多。权责发生制会计的运用需要在政府内部和外部配备许多高技能的会计人员，并且只有当政府领导和社会公众能深刻领会权责发生制政府会计的基本精神时，权责发生制会计才能改进透明性，而发达国家并没有这方面的证据。因此，在采用权责发生制的同时，保留一定程度和范围的收付实现制，从而形成多种修正的权责发生制模式。最常见的修正的权责发生制形式是对确认资产和负债的范围作出限制。限制范围的原因往往是这些资产和负债的确认存在技术上的困难，计量成本过高，或对政府管理与政策的影响不大等。

不同会计基础满足财务报告的能力的情况如表 12－2 所示。

表 12－2　不同会计基础满足财务报告的能力

目标	收付实现制		权责发生制	
	收付实现制	修正的收付实现制	修正的权责发生制	权责发生制
与预算的符合性	是	是	是	是
与法律、合同要求的开支限制的符合性	现金需求和限制	现金和现金等价物的需求与限制	现金与财务资源的需求与限制	现金和经济资源的需求与限制
资源、分配和财务资源的使用	现金资源	现金和现金等价物资源	现金和财务资源	现金和财务资源
提供基金和现金需求	现金资源	现金和现金等价物资源	现金和其他财务要求	现金和其他财务要求
为活动提供基金和偿付负债和责任的能力	来自于现金	来自于现金和现金等价物	来自于财务资源	来自于经济资源
财务状况及其变化	现金状况	现金和现金等价物状况	财务资源	财务和经济资源
根据财务成本确定的财务业绩	未报告信息	未报告信息	有限的信息报告	提供评估业绩的必要信息

资料来源：《2003 中国财政发展报告》，上海财经大学出版社，2003 年。

在我国的政府会计改革中，引入权责发生制会计基础是政府会计的改革方向。但是从世界各国权责发生制会计改革的进程来看，考虑上述制约性因素，转变我国政府会计核算基础，总体思路应当是积极稳妥，逐步过渡，宜采用修正的权责发生制。具体的做法可以如下：资产和负债的确认范围可以包括现金和财务资源、流动负债和长期负债。例如国债还本付息费用按权责发生制原则分期确认，担保的贷款确已坏账的，按权责发生制入账，以达到充分揭示政府隐性债务，防范财政风险的目的。对于收入，可以借鉴国际上的一般做法，采用接近收付实现制的做法，只对一部分有政府政策承诺的、可计量的负收入补贴采用权责发生制。

六、建立权责发生制基础的政府财务报告制度

（一）明确政府财务报告目标

政府财务报告改革起点就是确定政府财务报告目标。在我国政府财务报告改革中应将“全面受托责任”引入政府财务报告目标，以决策有用观为主体，结合受托责任观。我国政府财务报告目前只考虑各级政府、财政部门以及内部管理部门对政府会计信息的需求，并没有充分考虑提供诸如受托资源管理情况的信息，政府工作绩效的信息，对社会、经济发展影响的信息以及政府财务状况的信息等。政府与社会公众之间存在着广泛的公共受托责任，这种受托责任代表着信息提供方——政府与拥有权力方——公民及其代表之间的一种关系，即政府有责任向公民报告政府的活动及成果，

公民有权利知道政府的活动是否遵循了有关的要求并取得了成绩。"全面受托责任"应包括政府接受国家和人民的委托并按《预算法》的规定承担的预算管理责任、公共财政管理体制责任、国有资产管理责任、社会保障基金等信托基金运营责任、政府债权债务管理责任等经济责任，以及维护社会治安、提高公民素质、保护环境的社会责任和政治责任。将"全面受托责任"引入政府财务报告目标有助于完善政府财务报告的内容。在这一思路的引导下，政府财务报告目标的制定应有利于提供高财务信息的质量，有利于使用者评价政府整体财务状况和政府绩效，满足实际使用人和潜在使用人的需要，从而帮助政府有效履行其公共治理职能。

在具体设计政府财务报告目标来看，政府财务报告目标又可以分解为总目标、基本目标和具体目标三层。政府财务报告的总目标就是上述提到的目标，提供有助于广大使用者对资源分配作出决策的信息，提供有关主体财务状况、业绩和现金流量的信息。政府财务报告基本目标是总目标的集中体现，主要是促进政府部门主体建立健全财务管理机制，以助于使用者作出决策和评价具体政府部门的受托责任。政府财务报告具体目标则是总目标的具体化或者说是基本目标的补充，主要是保证公共财政资源使用的合理性和合法性，防范舞弊，保护财政资金的安全，评价受托责任的履行情况。

（二）扩展政府财务报告内容

在明确政府财务报告目标的基础上，为了能更好地达到政府财务报告目标，必须扩展现有政府财务报告的内容，由原来报告预算资金运动扩展为新公共管理下的价值运动。政府财务报告内容的确定既是一个会计理论问题，又是一个会计实务问题。它规定了报告主体进行会计确认、计量、记录和报告的范围。在过去，政府财务报告的内容主要是反映政府当期预算资金的运动情况，包括政府当期预算资金的来源、运用及结果等内容，这与政府所承担的主要责任——财政性资金收支管理的受托责任相适应。它能清楚地反映政府当期受托资源的运用情况，也能较好地反映政府运用受托资源时是否遵守了相关法律等信息。

在新公共管理运动中，政府承担的受托责任更加广泛。不仅包括经济的受托责任，还包括政治、社会、文化等方面的受托责任。而就其经济的受托责任来说，按照现行的政治体制，各级人民政府除了承担财政性资金收支管理的受托责任外，还承担着社会保障资金、债权债务、国有资产产权及收益权管理等受托责任。因此，政府除了对当期的财政收支情况承担受托责任以外，还应当对整个财务收支情况及财务状况承担受托责任。政府财务报告不仅要报告当期的预算资金运动的情况，还应当报告国有资产、社会保障资金和政府债权债务等各方面的价值运动。而现行的政府财务报告显然未能将全部受托资源的信息反映出来。

在新公共管理运动的背景下，将政府财务报告的内容由原来的预算资金运动扩展为价值运动，可以更好地反映政府管理国家事务活动和履行受托责任的连续性，把预算资金活动的前因后果联系起来，提供连续、全面、完整的财务信息。此外，把国有资产产权及收益权的价值运动纳入政府财务报告，有利于督促各级政府履行国有资产保值增值的责任，防止国有资产的流失，从而建设高效、廉洁、透明的政府。

财务报告内容的设计可以通过财务报表要素的设计得以体现。依据政府财务报告目标的设定，可以将政府财务报告要素设计为资产、负债、净资产权益、收入、费用等。将上述除预算资金以外的价值运动具体化到各要素中加以体现。如将国有资产产权及收益权具体化为资产中的不动产、房舍、设备等，同时将其纳入净资产权益。带来的收益则可以纳入收入，发生的费用纳入费用。只要能将政府财务报告内容作具体化的处理，分解到各个财务报告要素中，就可以将政府财务报告的内容由预算资金运动扩展到价值运动。在此过程中，合理设置财务报告要素是关键。

（三）完善政府财务报告体系

为了向公众提供更加充分和相关的政府财务信息，我国应完善现行主要反映预算执行情况的政府财务报告体系，以扩大财务报告的信息容量。

政府财务报告是政府对一定会计期间政府财务活动乃至整个政府的各项活动进行系统、全面的总结和报告。由于政府承担广泛的受托责任，因此在披露政府财务活动信息时，应当通过多种财务报告种类来反映，即通过各种财务报告种类形成的政府财务报告体系来反映。美国财务会计准则委员会（Financial Accounting Standard Board，FASB）在 1978 年发表的 SAFAC No. 1 中就明确指出，“财务报告的编制不仅包括财务报表，还包括其他传输信息的手段，其内容直接地或间接地与会计系统所提供的信息有关”。在政府财务报告体系中，政府财务报表应该占据主要地位，披露政府的主要财务信息，并且通过政府财务报告的其他手段来补充和完善财务报表未能反映的一些信息，包括一些非财务信息。

具体设计我国政府财务报告体系时，可以借鉴的做法有：首先，在财务报表的设计上，国际公共部门会计准则理事会（IPSASB）在其公布的《国际公共部门会计准则第 1 号——财务报表的列报》中指出，“一套完整的财务报表由以下几部分组成：(1) 财务状况表；(2) 财务业绩表；(3) 净资产权益变动表；(4) 现金流量表；(5) 会计政策和财务报表注释。这里的财务状况表也可以称为资产负债表，财务业绩表也可以称为收入支出表、收益表、业务活动情况表、损益表。财务报表注释也可以包括附表”。其次，在政府财务报告的其他手段设计上，应当充分考虑政府承担的广泛受托责任。由于许多受托责任的履行情况及结果无法用财务的信息表达，如社会治安、公民素质等，所以可使用统计报表或其他形式来披露这些信息。政府财务报告体系的设计具体可以通过图 12 - 3 来反映。

财务状况表、财务业绩表、净资产权益变动表、现金流量表构成了财务报表体系的主体部分。

财务状况表也可以称为资产负债表，它主要反映报告主体在报告日的资源和义务。资产负债表的内容设计，可以参照企业资产负债表的内容设计。报告的内容主要包括资产、负债及净资产权益。而在资产方面，按照财务报告的目标以及采用的权责发生制，可以将资产区分为流动资产与非流动资产两大类。其中，流动资产主要包括现金和现金等价物、应收款项、存货、预付款、短期投资等，非流动资产主要包括长

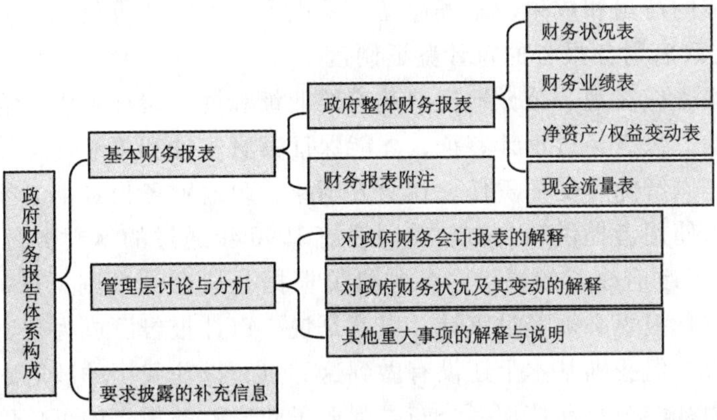

图 12－3 政府财务报告体系构成

期应收款项、长期投资及其他金融资产、基础设施房舍和设备、土地和建筑物、无形资产等。

在负债方面，可以参照资产分类方式，将负债分为流动负债和非流动负债两大类。其中，流动负债主要包括短期应付款、短期借款、长期借款的流动部分、准备项目中的短期部分、雇员福利的短期部分、养老金中的短期部分；非流动负债主要包括长期应付款、长期借款、准备项目中的长期部分、雇员福利的长期部分、养老金中的长期部分等。净资产权益应当反映已投入资本、累积盈余和赤字、所有公积等内容。

财务业绩表报表主要反映财务报告主体在一定时期受托资源运营的业绩。其主要内容也可参照企业利润表来设计。具体内容主要包括收入和费用两个要素。其中，收入可以分为经营收入和非经营收入。经营收入是指财务报告主体为达到其主要目标而从事经营活动所产生的收入，例如地方政府所取得的财产税收收入等。非经营收入则是指除经营活动取得的收入以外的其他收入，如出售不动产、设备等取得的收入。与此相对应，经营费用是指财务报告主体为达到其主要目标而从事经营活动所产生的费用。非经营费用是指除经营活动产生的费用以外的其他费用，如财务报告主体融资或出售不动产等所发生的费用。在格式上，可以采用多步式，以详细反映财务报告主体正常经营活动和非正常活动的收入及费用情况。收入和费用的比较结果就是财务报告主体本期净资产权益的变动，应当包括在财务状况表净资产权益中。

净资产权益变动表则要反映两个报告日之间主体的净资产权益变动，以披露当期主体财富的增加或减少。

现金流量表反映报告日期内现金流入的来源、支出现金的项目以及报告日的现金余额。通过此报表让使用者了解公共部门主体如何获得其活动所需的现金和这些现金使用的方式。

管理层的阐释与分析以及要求披露的补充信息，则主要反映未能或无法在主要财务报表及其附注中披露的信息，而这部分信息对使用者评价主体的业绩和资产的经管责任以及制定和评价资源分配的决策产生影响，因而，必须通过财务报表以外的其他形式进行披露。这些信息主要包括财务报告主体遵循立法、监管或其他强制性法规的情况，以及主体的产出和成果、服务业绩、重大项目的审核等信息。

（四）建立政府财务报告的审计鉴证制度

政府财务报告应客观、公允地反映政府的业绩和受托责任，由政府来发表意见显然是有失公允的。只有经过审计鉴证，才能保证其真实性和可靠性，使政府财务报告取信于使用者，以解除其受托责任。在西方国家，政府财务报告都必须由政府审计师鉴证后，才能向使用者提供和公布。美国政府1990年通过的《财务总监法案》（The CFO Act）提出了政府改革的要求。各类机关根据公认会计准则（GAAP）每年编制财务会计报表，且报表必须经过审计。也就是说，审计报告已成为政府财务报告不可缺少的组成部分。但我国基本上还没有做到这一点，以往我国的政府财务报告没有经过审计就直接向社会公众和使用者公布，削弱了政府财务报告的可信度。这也是我国政府会计与财务报告需要改进的一个方面。

对政府财务报告进行审计鉴证，有利于提高公共财政资金的使用效率，监督政府官员及政府行政管理部门高效、廉洁地开展工作，保证政府履行受托责任，促使政府及其官员通过提高政绩来取得社会公众、立法机构的信任。这不是一道可有可无的程序。

思考与讨论：

1. 政府公共受托责任的概念与分类。
2. 政府公共受托责任与政府会计的关系。
3. 会计环境与政府会计改革路径选择的关系。
4. 中国现行预算会计制度核算缺陷与改革思路。

本章推荐阅读文献：

1. 李建发：《政府财务报告研究》，厦门大学出版社，2006年。

2. 中国会计学会：《政府会计理论与准则体系研究》，大连出版社，2010年。

3. （美）陈立齐著，陈穗红、石英华译：《美国政府会计准则研究》，中国财政经济出版社，2009年。

4. 赵建勇：《政府与非营利组织会计》，复旦大学出版社，2008年。

本章主要参考文献：

1. 李建发：《政府财务报告研究》，厦门大学出版社，2006年。

2. 路军伟，李建发："政府会计改革的公共受托责任视角解析"，《会计研究》，2006年第12期。

3. 陈志斌："公共受托责任：政治效应、经济效率与有效的政府会计"，《会计研究》，2003年第6期。

4. 肖鹏："基于防范财政风险视角的政府会计改革研究"，《会计研究》，2010 年第 6 期。

5. 肖鹏、李燕："预算透明：环境基础、动力机制与提升路径"，《财贸经济》，2011 年第 1 期。

第十三章 财政监督改革

【本章序言】 财政监督是财政管理的重要组成部分，在保障财政职能作用发挥、提高财政管理水平、严肃财经纪律、推动源头治腐、促进社会和谐等方面具有十分重要的作用。十八届三中全会《中共中央关于全面深化改革若干重大问题的决定》的颁布，提出了我国服务型政府行为取向转变的进一步要求。作为维护民主法制，约束政府行为的有力武器，政府财政监督也面临新的选择和新的挑战。如何改革与完善财政监督，坚持事前、事中和事后监督相结合，建立覆盖所有政府性资金和财政运行全过程的监督机制，将监督结果作为预算安排的重要参考依据，根据监督结果完善相关政策，加强财政管理，提高财政资金的配置及使用效益，使财政监督符合新时期的需求，就变得极为重要。本章对财政监督在新时期的地位与作用、目标与原则、基本属性与特征、方式与内容、存在的问题及未来的改革方向等进行探讨。

第一节 财政监督概述

财政监督是指财政部门为保障国家财政管理的有序和有效，依法对财政运行的相关主体的财政财务行为实施的监控、检查、稽核、制裁、督促和反映等活动的总称。

财政监督是财政的固有职能，是政府监督的重要组成部分，是财政管理不可或缺的重要环节，但同时又对财政管理活动起着重要影响。通过对财政收支的事前决策审核，事中跟踪纠偏，以及事后总结评估，财政监督在严格预算管理、加强增收节支、保障政策执行、维护财经秩序、提供决策参考等方面发挥着重要作用。

一、财政监督的内涵

财政监督是一个含义非常广泛的概念。广义的财政监督泛指由国家权力机关、政府财政部门、专业审计部门以及社会公众，对国家财政资金的规模、结构、效率，以及合法性、合规性、有效性进行的监督管理，是一个涉及多环节、多部门的综合管理体系。

狭义的财政监督一般是指财政部门及其内部专门监督机构，为保证财政分配活动的正常运行，依照国家有关法律法规，对财政性资金的筹集和使用以及财政管理行为进行的监督管理。其目标是保证财政收入的合法化、财政支出行为的规范化、财政支出结果的效益性，从而实现国家财政的宏观调控目标和收入分配政策。本章所指的财政监督在没有特别指明时，指的是狭义的财政监督。

（一）财政监督的地位

财政监督是财政管理的重要内容，也是国家经济管理监督的重要组成部分，是对财政资金的运动过程及其效果所进行的专门监控，是为实现财政管理目标而建立的一种约束财政主体行为的机制。因此，财政监督体现了财政管理的本质属性，并内生于财政管理活动之中，与财政资金运动同步。其主要功能是确保财政资金分配科学、有效，发现并纠正预算执行中的偏差，提高财政资金配置及使用效率。因此，财政监督在公共财政管理和国家经济监督中具有不可替代的积极作用。

（二）财政监督的范围

国内外公共财政理论的发展历程显示，财政监督起始的重点都在于对国家财政预算的监督。然而，近年来国内外的研究和实践经验表明，在现代经济条件下，财政监督的范围十分广泛，可以说凡是有财政收支和财政管理活动的领域，都有财政监督的身影。我国过去只注重对财政收入的监督，财政监督带有明显的“重收入管理，轻支出管理”的问题。随着我国向市场经济体制的转轨，公共财政框架的逐步建立和完善，财政监督范围应不断拓宽。财政监督的范围不仅要囊括整个预算管理的全过程，还应包括所有类别的财政资金管理，例如国有资产管理、非税收入管理、财务会计管理、政府性基金管理、社会保障基金管理等。

（三）财政监督的主体

就理论分析而言，财政监督的主体只能是国家，但从实践层面来说，财政监督需要由相关的国家机关和有关机构来实施，因此，监督主体又是多元的。我国财政监督主体主要有人民代表大会及其常务委员会、审计部门、财政部门、税务部门、资金使用单位以及相关社会机构、社会公众等，这些与财政管理工作内容密切相关的各个监督主体共同构成了具有中国特色的财政监督体系。

相对于多元化的财政监督主体而言，我国财政监督的主要实施主体是财政部门，包括各级财政机关的专职财政监督机构和其他业务机构。专职财政监督机构是指财政部门专司财政监督职责的机构；业务管理机构主要从事财政日常管理业务，同时负有日常监督的职责，其开展监督活动是和日常管理结合起来的。按照我国目前的财政管理体制，中央财政专职监督机构主要包括财政部监督检查局和财政部驻各地财政监察专员办事机构。地方财政专职监督机构主要包括省、市、县各级财政部门的专职机构（财政监督处或科以及财政监督分局）。中央财政专职监督机构和地方财政专职监督机构构成了我国的财政监督体系，共同对财政资金收支活动和运行全过程进行监督管理。

（四）财政监督的内容

财政监督的内容是由财政分配活动覆盖的范围所决定的，因而财政监督的内容十分广泛。在一定时期和环境条件下，财政监督的内容应有所侧重。当前财政监督的内容主要包括预算管理监督、财政收入监督、财政支出监督、国有权益监督、会计监督和财政内部监督等[①]。

二、财政监督的作用

财政监督的作用与财政监督的职能是紧密相连的。从理论上来说，财政监督的职能包括监控、检查、稽核、制裁、督促和反馈等。在实际工作中，财政监督应充分发挥各项职能，在保障重大财税政策的贯彻落实，整顿和规范市场经济秩序，确保财政机制有效运行，积极推进财税改革，以及建立监督约束机制、防范与遏制腐败等方面发挥主导作用。具体表现在以下几个方面。

（一）维护全局利益和社会公共需要

公共财政要立足于满足社会公共需要，为社会提供公共物品和公共服务。但是，在财政政策措施的制定和执行过程中，由于主观或客观条件的限制，有时会出现妨碍公共利益实现的现象。财政监督通过对财政活动的合法性和有效性进行监督与检查，从制度上确保社会公共需要的满足和社会公众利益的实现。

（二）防范财政风险

市场经济的运行时刻伴随着各式各样的风险。财政决策失败、财政收支失衡，不仅会引发财政风险，影响财政职能作用的正常发挥，还会影响社会经济的稳定与顺利发展。财政监督通过事前审查，可强化预算资金配置与国家战略的高度相关，与民众需求的紧密相连，使财政资金决策绩效得到有效提高。财政监督通过事中的加强征管，可堵塞财政收支漏洞，防止财政资源流失，减少贪腐行为，防范财政风险发生。

（三）保障财税政策的贯彻落实

财政监督的重要任务是保证国家出台的各项财税政策全面贯彻落实。财政政策作为政府调控的两大经济手段之一，在宏观经济调控中发挥着越来越重要的作用。充分发挥财政宏观调控作用的基本前提，就是确保各项财税政策，特别是重大财税政策能够得到切实的贯彻和执行。做好财政监督工作，可以提高财政政策的政策效果，更好地实现调控目标。

借助财政监督工作，在重大财税政策出台前开展调研、摸底工作，在财税政策执行过程中跟踪、反馈和监控，在财税政策实施后对效果进行检查评价，可确保财税政策目标的顺利实现。

---

① 谢旭人：《中国财政管理》，中国财政经济出版社，2011 年。

（四）促进财税规章制度的健全和完善

借助财政监督的监控、评价、纠偏与反馈等功能，可及时发现和反映财政管理中的问题以及财政管理制度的不完善之处，并将财政监督结果反馈给相关管理部门，从而有助于健全和完善相关管理制度和业务流程，促进财政内部机构严格执行规章制度与业务流程，不断提高财政管理水平。

（五）整顿和规范市场经济秩序

当前我国市场经济体制还有待进一步发展和完善，在一定范围内还存在经济的无序状况。财经秩序是市场经济秩序的重要组成部分。有效的财政监督可以强化财经规章和纪律的执行，推动形成规范有序的财经秩序。

（六）推动廉政建设

当前，在经济运行中还存在着各种对财政资源不规范、不恰当地收取、支配和使用的现象，例如，收人情税、拨关系款、设立“小金库”和公款请客送礼等。做好财政监督工作，不仅可以对财政领域中的各种权力形成有效的监督与制约，而且可以教育相关人员，纯洁干部队伍，推进廉政建设。

第二节

财政监督的主要内容、方式与基本规范

一、财政监督的主要内容

财政监督是推动财政职能实现的重要手段。随着财政职能的不断完善，财政监督的内容也进行了相应的调整。在不同的历史时期、不同的经济体制以至不同的宏观经济政策下，财政监督的内容都会有所不同。根据我国当前财政管理的范围，财政监督的内容主要包括预算管理监督、财政收入监督、财政支出监督、国有权益监督、会计监督、财政内部监督等。

（一）预算管理监督

预算问题是关系民主制度是否名符其实的大问题。没有健全预算的政府是“看不见的政府”，而“看不见的政府”必然是“不负责任的政府”。预算改革的目标，就是要把“看不见的政府”变为“看得见的政府”。从这个意义上来说，预算监督就是对政府和政府官员实施的非暴力的制度控制。预算监督也由此成为财政监督的重要组成部分。

预算管理监督具体来说，分为预算编制监督和预算执行监督两类。预算编制监督，既包括对各级财政根据预算管理体制编制财政预算行为的监督，也包括对各级政府部门实施部门预算管理的监督，以及对纳入财政拨款的预算单位的年度预算情况进行的监督。预算执行监督，既包括在预算执行过程中对各单位、各部门、各级财政的预算执行情况进行检查、督导，也包括对单位、部门、各级的财政决算进行审查。

（二）财政收入监督

财政收入监督由税收收入、非税收入、社会保障基金收入等方面的监督组成。税收收入监督一般分为两个层次：一是税务部门按照税收征收管理法实施的稽查，主要解决税收征缴中存在的问题；二是财政监督机构对其进行的再监督，主要解决税收征收管理以及缴退库中存在的问题，这是对税务部门征管质量的监督。

非税收入监督是指对政府非税收入的监督。目前，社会保障基金、住房公积金、政府性基金收入等还未纳入政府收入管理范围。但是，在构建公共财政框架和推进财政改革的过程中，这部分收入的规范和有效使用具有十分重要的意义，因此，对财政性社会资金的监督也应成为财政监督的重要内容。

（三）财政支出监督

财政支出是政府为实现其职能，取得所需商品和劳务而进行的财政资金支付。财政支出监督可以确保财政资金运行的安全、可靠、准确、高效，是提高财政管理质量的关键环节，是发挥财政宏观调控作用的客观需要。财政支出监督的涵盖面比较广，涵盖了财政支出的全部内容。

（四）国有权益监督

国有权益监督包括对国有单位的资产、财政投入到经营领域企业的资本金及其权益的监督。对国有权益的监督是维护国有资产完整性的需要。

（五）会计监督

会计监督包括对会计管理体系、单位会计行为、会计基础工作量的检查监督和对社会审计机构及其执业人员执业质量的监督。

（六）财政内部监督

财政内部监督简称内部监督，是对财政系统各级财政关系、财政机关内部管理质量及工作人员的监督。财政内部监督由各级财政部门内设的财政监督检查机构派出检查人员，对财政部门内设职能机构的财务会计管理、预算编审执行、内部制约，以及直属单位的财务收支和会计信息质量情况实施的监督检查。其主要内容是对预算的编制和执行，财政部门内部各单位内部控制制度的建立、健全进行监控，对检查发现的问题及时予以纠正，对管理方面的薄弱环节提出整改的意见和建议。同时，内部监督还肩负着对财政部门所属事业单位的财务管理和会计信息质量进行监督检查，提出改进管理意见的职责。

专栏 13－1

财政部门内部监督体系说明

财政部门内部监督是财政部门的一种自身监督和对财政部门内部权力运行的制约措施，是财政部门惩治和预防腐败体系的重要组成部分，与财政外部监督、财政内部控制既有区别，又相互联系。财政部门内部监督具有管理控制性、工作经常性、职能双重性、方式灵活性等特征。随着财政管理的不断加强和财税制度改革的不断深化，财政部门内部监督在保障国家财税政策贯彻落实，促进财政部门依法理财、科学管理以及促进财政部门廉政建设等方面发挥着越来越重要的作用。

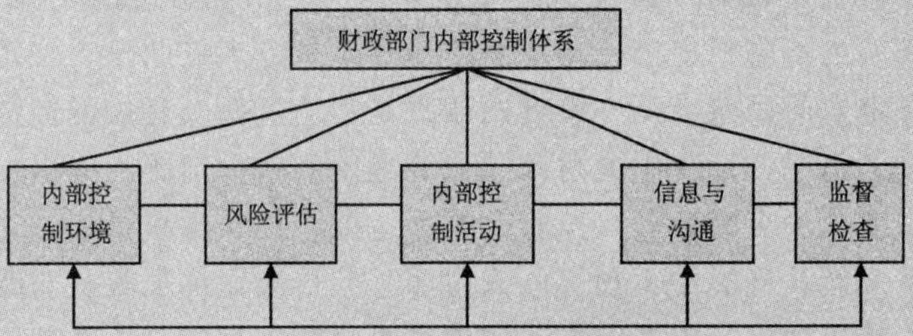

图 1 财政部门内部控制体系框架

财政部门内部监督内容包括财政管理情况的监督、内部控制运行机制的监督以及财政机关本部门及其所属单位的监督（见图 1）。

财政管理情况的监督。财政部门内部监督专职机构对财政业务管理机构履行财政管理职责情况进行监督，是财政内部监督的重要内容。具体包括对预算编制的监督、对预算执行的监督、对财政决算的监督、对其他财政审批管理事项的监督。

内部控制机制运行情况的监督。财政部门内部监督专职机构对财政部门内部控制机制的内部控制环境、风险评估、内部控制活动、信息与沟通各要素及内部控制的整体情况进行持续性监督检查或专项监督检查，向财政部门管理层报告并提出有针对性的改进措施。具体而言，对财政部门内部控制运行的监督主要有以下四个方面的内容：一是评价财政部门内部控制环境状况，促进内部控制环境的改善；二是监督财政部门内部风险管理，强化财政管理风险的识别和防范；三是监督财政部门内部信息和沟通情况，强化信息对称和沟通顺畅；四是监督财政部门内部控制活动的有序运行，提高财政内部机构运行效率。

财政机关本部门及所属单位的监督。重点监督财政机关本部门的部门预算编制与执行情况，财政机关及所属单位财务收支核算、资产管理以及内部控制与会计基础工作等情况。主要包括对预算编审的监督、对收入的监督、对支出的监督、对资产管理的监督、对往来款项核算的监督、对结余与专用基金管理的监督、对政府采购和招投标管理的监督、对内部控制制度落实情况的监督。

二、财政监督机构与职责

财政监督机构是指财政部门专门履行财政监督职责的机构。财政监督机构要在取得财政业务管理机构协调配合的基础上，履行财政监督职责。财政业务管理机构主要包括预算管理机构、会计管理机构和国库管理机构。

我国财政监督机构由中央财政监督机构与地方财政监督机构组成。中央财政监督机构不单指财政部监督检查局，还包括财政部驻各地财政监察专员办事处；地方财政监督机构主要指省、市、县财政部门设立的财政监督机构。

财政部监督检查局的主要职责是：拟订财政监督检查的政策和制度；监督检查财税法规、政策的执行情况，监督检查会计信息质量和注册会计师执业质量，依法查处违法违规行为；检查反映财政收支管理中的重大问题，提出加强财政管理的政策建议；负责财政部的内部监督检查；指导财政监察专员办事处业务工作等。

财政部驻各地财政监察专员办事处的职责是：监督检查有关部门和单位执行国家财税政策、法规的情况；反映中央财政收支管理中的重大问题；提出加强中央财政管理的相关建议；实施中央财政收入监管，查处应征不征、越权减免、违规退付或调整中央预算收入等问题；开展中央预算收入对账、分析工作；征收、监缴中央财政非税收入；对收入退库事项进行审查审批；实施中央财政支出监管；办理国库管理制度改革中有关试点资金的支付审核、中央财政直接拨付资金的支付审核、有关单位申请中央财政专项补贴（补助资金）的事前审核等事项；监督检查中央财政支出资金的管理使用情况；开展中央二级以下预算单位银行账户监管和财务监管工作；监督检查驻地二级以下预算单位及有关企业的会计信息质量；监督检查有关会计师事务所及其注册会计师的执业质量；监督检查驻地中央级金融单位国有资产管理及会计核算等情况。

地方财政监督机构的职责是：代表本级财政部门监督检查本级和下级政府所属的部门、单位的预算执行情况，并对发现的违法违纪行为提出处理意见；监督检查本级和下级政府所属的部门、社会团体、企事业单位的财务收支，以及执行财税法规政策、财务和会计制度的情况，并对违反财经法纪法规的行为和案件进行处理；监督检查社会经济中介机构执行财税法规、政策和财务及会计制度的情况，并对违法违纪行为进行处理；受理违反财税法规、政策和财务会计制度的举报事宜，办理对坚持执行财经纪律人员进行打击报复的重点案件；研究确定财政监督检查的工作规划与强化财政监督检查的措施，提出完善财税法规、政策以及财务会计制度的意见或建议；对本级政府的国有资产进行监督；根据授权办理其他有关监督检查的事项；配合有关部门开展财政法制的宣传教育等。

财政业务管理机构承担的监督职责主要包括：对财政部门颁布的财税法令、政策和财务会计制度的执行情况进行监督；对本级政府各部门及下一级政府预算、决算草案的真实性、准确性和合法性进行审查稽核，并根据政府授权对下级政府预算执行情况进行监督；对本级政府部门及其所属各单位的预算执行情况进行监督；对本级预算收入征收部门的收入征收情况和本级国库办理预算收入的收纳、划分及留解情况进行监督；对本级预算支出资金的拨付、使用和效益情况进行监督；组织制定国库管理制度、国库集中收付制度，指导和监督国库业务；负责制定政府采购制度并监督管理；对社会审计机构在执业活动中的公正性、合法性进行监督；对预算单位银行账户开立使用情况进行监督；对会计管理情况进行监督①。

三、财政监督的方式和方法

（一）财政监督的方式

财政监督方式是完成财政监督工作任务的专门工作形态，是由财政监督的内容所决定的。财政监督方式的划分有多种标准，可以根据财政监督的工作职责、工作范围、工作目的来划分，也可以根据财政监督的工作内容、组织形式和检查方式来划分。

1. 按照财政监督的工作方式划分

财政监督按照监督的工作方式可分为日常监督、专项监督和个案检查。日常监督主要是指财政机关各有关业务部门按照国家法律法规的规定，对预算执行和财政管理中的某些事项所进行的日常监督管理活动。专项监督是指财政机关各有关业务部门和财政监督专门机构，对某一特定项目所进行的监督检查，是日常监督检查必要的补充，也是深化管理、制定政策、加强法治的重要手段。个案检查是指财政监督检查专门机构根据上级批示，以及日常监督检查和专项检查中发现的线索，组织力量对群众举报案件进行检查核证的一种方式。

2. 按照财政监督的实施时段划分

财政监督按监督实施的时间可分为事前审核、事中监控、事后检查。事前审核是指对国家机关、企事业单位、其他经济组织等部门将要发生的经济事项以及与其相关的行为的合法性、合理性以及效率性，依照国家有关法律法规进行审核的一种经济管理活动。事中监控是指对国家机关、企事业单位、其他经济组织等部门已经发生但尚未完结的经济事项，及其运行过程中发生的各类行为的合法性、合规性，依照国家有关法律法规进行审查，从而保障经济事项在预定轨道中正常运行的一种经济管理活动。事后检查是指对国家机关、企事业单位、其他经济组织等部门已经完结的经济事项及其运行结果，以及与结果相关的各类行为的合法性、合规性以及效率性，依照国家有关法律法规进行的审查与评估。

3. 按照财政监督的范围划分

财政监督按监督的范围可分为内部监督和外部监督。内部监督是指由财政部门及各级财政部门内设的财政监督检查机构派出的检查组或人员，对财政部门内设各职能机构在财政收支、财政财务会计管理、预算编审执行、内部稽核制度和日常管理等工作中，执行国家有关法律、法规、规章和内部管理的情况，以及对直属单位的财务收

① 谢旭人：《中国财政管理》，中国财政经济出版社，2011 年。

支和会计信息质量情况实施的监督检查。外部监督是指国家权力机关、专业审计部门以及社会公众依据国家有关法律、法规的规定，对国家机关、企事业单位及其他经济组织涉及财政收支事项以及其他相关事项进行的审查、稽核与检查等经济管理活动，包括对财政收入预算执行的监督、预算外资金收支的监督、国有资产的监督、财务收支管理的监督、会计监督和对会计师事务所及其注册会计师社会监督的再监督等。

（二）财政监督的方法

财政监督的方法主要有审核、审批、监控、监缴、对账、分析、调查、检查、监盘、观察、查询、函证、分析性复核等。其中，审核是指财政部门及其派出机构按照法律法规等规定，对有关单位的会计和业务资料的真实性、完整性、合规性进行审阅、核实与查对。目前，中央财政监督机构开展审核事项主要包括部门预算审核、国库集中支付审核和专项资金审核等。

审批是指财政部门及其派出机构在审核基础上所进行的批复业务。目前，中央财政监督机构开展的审批事项主要包括财政收入退付的审核审批、账户审批和年检等内容。

监控是财政部门及其派出机构按照法律法规等规定，对预算编制、执行和财政管理中的某些重要事项进行监督控制，以确保财政资金分配合理、使用安全，并达到预期目的。

监缴是指财政部门及其派出机构根据财政管理的要求，对应缴预算的政府性基金、行政事业性收费和罚没等非税收入的缴库或汇缴财政专户情况就地进行监督。

对账是指财政部门对税收收入征收部门、预算支出部门和人民银行国库等部门按月开展收入和支出核对。

分析是指财政部门及其派出机构为加强财政收支监管，对本级财政收支数据及其相关经济指标等进行比较分析，从而查明原因、寻找解决途径。

调查是指财政部门围绕财政管理和财政检查中暴露的难点、热点和重点问题，有针对性地进行了解和考察。

检查是指财政监督检查人员对会计记录和其他书面文件的准确性、可靠性、真实性所进行的审阅、核对与测试等活动。

监盘是财政监督检查人员现场监督被检查单位对实物资产、现金及有价证券等实施盘点，并进行适当抽查。

盘点是验证账实是否相符的一种重要方法，有突击盘点和通知盘点两种方式。

观察是财政监督检查人员对被检查单位的经营场所、实物资产和有关业务活动及其内部控制执行情况等进行的实地察看。

查询是指财政监督检查人员对有关人员进行的书面或口头询问。

函证是财政监督检查人员为印证被检查单位会计记录所载事项而向第三者发函询证，获取和评价检查证据的活动，可分为积极函证和消极函证。

分析性复核是财政监督检查人员对被检查单位重要的比率或趋势进行的分析，包括调查异常变动以及这些重要比率或趋势与预期数额的差异[①]。

四、财政监督基本程序

财政监督程序是财政部门实施财政监督活动、办理财政监督事项时必须遵循的工作顺序和操作规程。由于财政监督以审核审批、专项检查和专题调查等不同的方式方法实施，因此，财政监督程序也有所不同，具体可以分为审核审批程序、专题调查程序和财政检查程序。

审核审批程序是财政部门根据国家财经法规对财政事项进行审理核定或批准的工作步骤。一般包括受理、初审、复核、审批和办结五个阶段。

专题调查程序是财政部门为实施财政监督与管理，对财政事项进行调查研究的工作步骤，一般包括拟订调查计划或方案、实施调查和完成调查报告三个阶段。

财政检查程序是财政部门及其工作人员实施财政检查工作所必须履行的步骤和规程。一般包括准备阶段、实施阶段和终结报告三个阶段。

（一）准备阶段

准备阶段是指财政部门根据财政监督检查计划安排决定派出检查组，到下发财政检查通知书为止的这一段时间。在这一阶段，财政监督实施部门需要做的工作是：（1）确定检查项目或选择被检查人；（2）组成检查组；（3）进行事前调查；（4）设计检查的总体安排；（5）下达财政检查通知书。

（二）实施阶段

实施阶段是财政检查人员按照财政检查工作方案的要求，通过检查会计凭证、会计账簿、会计报表，查阅与检查事项有关的文件、资料，检查现金、实物、有价证券，向有关单位和个人调查等方式进行检查，并取得证明材料，即开展检查与取证的过程。财政检查的实施阶段是整个财政检查程序的关键阶段。

财政检查实施阶段的主要工作是：（1）检查进点。通过召开进点碰头会，听取被检查单位负责人及有关职能部门对单位情况的介绍，共同协商提供必要工作支持等事项，并采用适当方式，使被检查单位职工了解财政检查的目的与内容，以取得其支持和协助。（2）实施检查。对有关的会计资料和其他资料进行检查，并核实相关问题。（3）搜集证据或相关资料。（4）编制和复核工作底稿。工作底稿是指检查人员对被检查人基本情况进行的记录，或据以得出检查结论或与被检查人违法违规行为有关的证明材料。为证明工作底稿所反映的事实，可以添加附件。财政检查工作底稿附件应当有提供者的签名或盖章。未取得提供者签名或者盖章的材料，检查人员应当注明原因。

（三）终结阶段

终结阶段是财政检查人员对被检查人的会计报表、收支项目及其他有关经济活动的检查结果资料进行筛选、归类、分析和整理，作出综合评价，最后向财政部门提交

---

① 谢旭人：《中国财政管理》，中国财政经济出版社，2011 年。

检查报告的过程。终结阶段的主要工作是：(1) 撰写财政检查情况，征求被查单位意见。(2) 撰写检查报告。(3) 复核检查报告。

在撰写检查报告和复核报告之后，财政检查人员按照有关规定应及时下发处理决定，履行告知程序，并根据需要进行跟踪回访①。

五、财政监督与其他经济监督的关系

我国宏观经济监督由多层次、多种类监督组成，具体包括财政监督、审计监督、税务监督和中介机构监督等。上述各项监督具有不同的特点，相互配合和互为补充，共同组成了完整、系统、严密的经济监督、控制体系。

具体来说，审计、税务、社会中介监督是对被检查单位的外部监督，且主要是事后监督。而财政监督既有外部监督，又有自身内部监督，且内部监督是在财政管理过程中形成的同步监督。

(一) 财政监督与审计监督

审计监督是指国家审计机关依照国家审计法律、法规，对政府机关、财政金融机构、企事业单位等的财务收支和经济效益情况进行的审核、监督、稽查。审计监督是经济监督的一种重要的法律形式，具有法律规定的独立地位。独立行使审计监督权，可保证对单位财务会计的过程及其工作质量和生产经营情况的有效监督。

财政监督与审计监督都具有维护政府财经纪律，促进经济正常运转的职能。但审计监督与财政监督不同，审计监督侧重于对单位财务资金使用的合规性、合法性进行监督，监督过程侧重于事中与事后。广义的财政监督的范围更加宽泛，既包含对财政资金使用的事中与事后合规性、合法性监督，还包含对财政资金决策与配置的事前效率审查与绩效监督（见表13－1）。

表13－1　财政监督与审计监督对比

比较点	财政监督	审计监督
执法主体	财政机关	审计机关
执法依据	《预算法》等财经法律法规	《审计法》等
侧重形式	事前、事中、事后	偏重于事后
监督方法	日常监督、专项检查等	专项审计监督
监督手段	检查、调查、审核、评价、督促等	审计、调查、评价等

(二) 财政监督与税务监管

税务监督是税务部门组织的对各种税收征缴情况的监督检查，其直接目的是确保税法的完整执行和国家下达税收任务的圆满完成。税务监督直接对税务部门负责。

① 谢旭人：《中国财政管理》，中国财政经济出版社，2011年。

税务监督是在财政收入环节的监督，相对于财政监督而言是一种局部监督。税务监督负责对日常的和具体的税款征缴活动进行监督，财政监督还需对税务监督实施再监督。

（三）财政监督与中介机构监督

中介机构监督主要是指各种社会中介机构，如会计师事务所、审计师事务所和税务师事务所实施的监督。虽然这些机构的直接目标是谋求自身利益的最大化，但其业务的性质决定着它们具有维护经济秩序和财经纪律的作用。

在市场经济中，这些中介机构为了自身的长远利益目标，都具备较强的自我约束力，但也离不开政府部门的监督。当前，我国正处在市场经济建立初期，有些机构过分看重眼前利益，自我约束和守法意识都不够理想。在这种情况下，政府部门的外部监督制约就更为重要了。财政部门是政府管理会计事务的主管部门。对这些机构执业的合法性、客观性和公正性进行监督检查，是财政监督应有的职责。

专栏 13－2

《财政部门监督办法》解读

为了规范财政部门监督行为，加强财政管理，切实保障财政资金安全规范有效使用，维护国家财经秩序，财政部在 2012 年 3 月颁布了《财政部门监督办法》，自 2012 年 5 月 1 日起正式施行。《财政部门监督办法》的出台，对提高财政管理科学化、精细化水平，建立健全预算编制、执行和监督相互制约、相互协调的机制，保障财政职能作用的发挥，推进财政部门依法行政、依法理财具有十分重要的意义。

（一）财政监督主体和财政监督对象

《财政部门监督办法》规定，县级以上人民政府财政部门依法对单位和个人涉及财政、财务、会计等事项实施监督。省级以上人民政府财政部门派出机构在规定职权范围内依法实施监督。此外，乡镇财政机构在规定职权范围内或者受上级政府财政部门委托，依法实施监督工作。财政部门实施监督的对象既包括对本部门自身财务收支行为的监督，也包括对财政管理对象的监督。

（二）明确财政监督工作原则

《财政部门监督办法》规定财政部门实施监督，应当坚持事前、事中和事后监督相结合，建立覆盖所有政府性资金和财政运行全过程的监督机制；应当与财政管理相结合，将监督结果作为预算安排的重要参考依据；根据监督结果完善相关政策、加强财政管理；加强财政支出绩效监督，提高财政资金使用效益。财政部门应当加强信息化建设，充分运用现代技术手段实施监督，提高监督效率。

（三）明确财政监督机构及其职责

《财政部门监督办法》规定财政部门监督职责由内设专职监督机构和业务管理机构共同承担，明确了专职监督机构和业务管理机构各自的监督职责。财政监督由专职监督机构实行统一归口管理、统一组织实施、统一规范程序、统一行政处罚。业务管理机构应当在履行财政、财务、会计等管理职责过程中加强日常监督，配合专职监督机构进行专项监督等，根据监督结果完善相关财政政策，向专职监督机构反馈意见采纳情况。

（四）明确财政监督范围和权限

《财政部门监督办法》明确规定了财政部门实施监督的范围和权限。财政部门依法对下列事项实施监督：（1）财税法规、政策的执行情况；（2）预算编制、执行、调整和决算情况；（3）税收收入、政府非税收入等政府性资金的征收、管理情况；（4）国库集中收付、预算单位银行账户的管理使用情况；（5）政府采购法规、政策的执行情况；（6）行政、事业单位国有资产，金融类、文化企业等国有资产的管理情况；（7）财务会计制度的执行情况；（8）外国政府、国际金融组织贷款和赠款的管理情况。

（五）规范财政监督方式和程序

《财政部门监督办法》规定，财政部门实施监督可以采取监控、督促、调查、核查、审查、检查、评价等方法，采用专项监督和日常监督相结合的方式。专项监督应当结合年度监督计划，按照规定程序组织实施。日常监督应当结合履行财政、财务、会计等管理职责，按照规定程序组织实施。

财政部门实施监督，应当依法对财政违法行为作出处理处罚；对不属于本部门职权范围的事项，应当按照规定程序移送有关机关处理。财政部门实施监督，应当加强与监察、审计等有关机关的沟通和协作。有关机关已经作出的调查、检查、审计结论能够满足本部门履行职责需要的，应当加以利用。

第三节 我国财政监督改革未来方向

一、财政监督发展历程

财政监督机制的建设是一个不断探索、求实创新、与时俱进的发展过程。改革开放以来，我国财政监督工作经历了数次变革。

（一）1985 年开展全国性专项重点治理工作

1985 年，由国务院和地方各级政府统一领导，人大、政协参与，财政部门牵头，全国税务、计划（物价）、审计等部门共同组织，在全国范围内开展税收财务物价大检查。大检查每年开展一次，从 1985 年到 1997 年历时 13 年，取得了明显成效。通过大检查，严肃了财经秩序，防止了财政收入流失，完善了财税法规，强化了财税管理，为规范经济秩序，促进财税改革，推动经济发展，加强廉政建设，作出了积极贡献。同时也为加强日常财政监督积累了工作经验，促进了日常监督机制的建立和完善，对我国财经监督体系的形成和发展提供了宝贵的实践经验。

（二）1995 年组织开展全国范围的清理检查"小金库"工作

"小金库"是我国经济生活中的一种特殊现象，国家有关法规对小金库的概念作了明确界定：凡违反国家财经法规及其他有关规定，侵占、截留国家和单位收入，未列入本单位财务会计部门账内或未纳入预算管理，私存私放的各项资金，均属"小金库"，都在清理检查之列。

虽然 1985 年开始的税收财务物价大检查，每年都将"小金库"作为一项重要的内容检查，但由于种种原因，一些企业、事业单位和行政执法部门私设"小金库"的现象仍屡禁不止，甚至愈演愈烈。1995 年初，国务院根据反腐工作的需要，在全国范围内开展清查"小金库"的工作，由财政部牵头组织，会同审计署、中国人民银行共同完成。

（三）1996 年和 1997 年组织开展全国范围的预算外资金清查工作

预算外资金是指国家机关（包括国家权力机关、行政机关、审判机关和监察机关）、事业单位、社会团体以及具有行政管理职能的企业主管部门（集团、公司）和政府委托的其他机构，为履行或代行政府职能，依据国家法律、法规和具有法律效力的规章而收取、提取、募集和安排使用，未纳入财政预算管理的各种财政性资金。

20 世纪 80 年代以后，随着国民经济的迅速发展，我国预算外资金增长较快，规模日渐扩大。1995 年底，收支规模已达到 3000 亿元。应该说，预算外资金对支持经济建设和国家各项事业的发展发挥了重要作用。但由于这项资金内容复杂，管理政策和法规一时难以跟上，加上管理机构不健全，管理人员相对不足，收支管理中的无序和失控的现象越来越突出。例如有的地方和部门擅自越权设立基金和收费项目；随意扩大征收范围、提高征收标准；不按规定缴存财政专户，坐收坐支或挪用现象严重；有的将预算内资金转到预算外，私设"小金库"，逃避监督，请客送礼，滥发私分，甚至滋生贪污腐败。

预算外资金征收、使用中存在的问题，引起了相关部门的高度重视。1996 年，财政部牵头，会同国家计委、审计署、中国人民银行、监察部在全国范围内开展预算外资金清查工作。按照中纪委和国务院的要求，1997 年财政部等五部门再次组织开展了预算外资金清查，清查工作的基本目标是"标本兼治、查改并举、以查促改、突出治本"。检查从 6 月开始到 8 月结束，采取同级查和上级抽查下级相结合的方式，重点对公安、工商行政管理、民政三个系统和 1996 年清查发现问题较多的单位进行抽查。根据检查发现的问题，财政部和地方政府切实加强预算外资金法制建设，制定了一系列具体规定和办法，使预算外资金管理的法制化、规范化、制度化程度有了明显提高。

（四）2000年建立事前审核、事中监控和事后检查相结合，内外监督相配合的财政监督机制

2000年，我国各级财政部门积极转变监督观念，紧紧围绕经济运行和预算执行中的重大问题开展财政监督检查，逐步建立起以预算任务完成为中心，以促进财政管理为重点，以监督检查与规范财政管理相结合的财政监督机制，基本形成了日常性检查、专项检查、个案调查相结合的财政监督工作模式。财政监督在加强财政管理、维护财税秩序、严肃财经纪律、保障积极财政政策顺利实施等方面发挥了积极作用，实现了以下“三个转变”。

1. 从侧重企业财务收支的“创收型”检查向加强预算执行情况的监督、财税执法监督和全面促进财政管理转变。第一，建立了会计信息质量抽查公告制度。第二，加强了对中央部门和单位预算外资金管理使用情况的监督检查，为预算外资金的规范管理和实施部门预算提供了决策依据。

2. 从侧重事后检查向事前审核、事中监控和事后检查相结合的监督模式转变，提高了监督检查的针对性、时效性，丰富了财政监督检查为财政管理服务的实践。

3. 从单纯重视收缴违纪资金向严格执法，把处理违纪问题和处理违纪人员相结合转变，狠抓“精品”，重点突破，查办了一批大案要案。

在财政监督检查工作中，为提高财政监督检查的整体效益，中央财政在查处财经领域违法违纪问题方面还采取了其他一系列重要举措：第一，重视提高监督检查的综合成效。注重检查资料的综合利用，对查出的问题进行归纳整理，对带有普遍性或苗头性的问题进行研究分析，及时向有关单位和部门提出改进和加强管理、完善制度的意见和建议，发挥财政监督检查及时性、防范性的特点，防患于未然，提高监管成效。第二，建立追究违法违纪责任人员的制度。长期以来，在经济执法工作中重检查轻处理，重经济处罚轻责任人处罚的现象普遍，为各种违法违纪和腐败行为提供了滋生蔓延的土壤。为严肃财经法纪，力求治本，1998年财政部、审计署、监察部和最高人民检察院联合下发了《关于严肃追究扰乱财经秩序违法违纪责任人员责任的通知》，财政部据此还专门发文对财政部门贯彻通知精神进行了具体规定。在监督检查中不仅对违法违纪单位和个人给予经济处罚，而且将处理人与处理事紧密结合起来，注重追究有关责任人的党纪政纪责任，取消会计人员技术职务，直至追究刑事责任。将经济、行政处罚和追究刑事责任等多种手段结合运用，为维护财经秩序，树立财经法纪权威提供了制度保障。第三，加强财政监督的宣传工作。通过新闻媒体对违法违纪行为进行公开曝光，对违规罚没物品公开拍卖，发挥舆论监督作用，提高财政执法监督的透明度，促进依法行政，扩大了财经法纪的宣传教育效应。

（五）2008年建立健全预算编制、执行和监督相互协调、相互制衡的新机制

2008年，财政部要求进一步增强战略意识，落实“三个贯穿”，建立健全预算编制、执行和监督相互协调、相互制衡的新机制。(1) 坚持将财政监督工作贯穿于财政中心工作大局之中，做到切实为大局服务，促进经济社会又好又快发展。(2) 坚持将财政监督工作贯穿于财政管理体制、机制建设和改革的总体设计之中，围绕财政资金的安全性、规范性和有效性，从制度上实现财政权力运行监督制约机制，强化严肃财经纪律的源头治理。(3) 坚持将财政监督工作贯穿于财政管理工作全过程之中，强化事前、事中、事后监督，逐步实现对财政资金运行全过程的动态监控，促进财政管理水平不断提高。

(六) 2010 年构建有利于推进财政科学化精细化管理的财政监督机制

2010 年，为充分发挥财政监督在推进财政科学化精细化管理的重要作用，财政部发布《关于加强财政监督基础工作和基层建设的若干意见》(以下简称《意见》)，开始着力构建覆盖所有政府性资金和财政运行全过程的监督机制。《意见》指出，将进一步推进财政监督机制建设，由财政监督机构拟订财政监督制度，并组织实施年度监督计划，对预算管理机构履行的日常监督职责进行再监督。推进中央基层预算单位综合监管，逐步构建与财政部机构设置特点相适应的“分级管理、权责明确、规范透明、相互制衡、运转高效”的中央基层单位综合财政监管机制，实现对中央基层预算单位财政监管的全覆盖，并建立健全县乡财政监管机制。

与此同时，为进一步提升财政监督科学化水平，财政部提出，各级地方政府应建立与完善财政监督信息披露和公告制度，将监督结果与预算编制和资金分配挂钩，并同时向中央部门和地方通报或向社会公告。

此外，2010 年，中纪委、监察部、财政部、审计署、国务院国资委还联合发布《国有及国有控股企业“小金库”专项治理实施办法》，专项清查国有及国有控股企业“小金库”。凡国有企业违反法律法规及其他有关规定，未列入按规定应列入单位账簿的各项资金（含有价证券）及其形成的资产，均属于检查、治理范围内的“小金库”。对检查发现的“小金库”，除依法进行财务税务处罚外，对有关责任人还要追究其行政和司法责任。

(七) 2014 年提出建立嵌入业务流程的财政支出监督机制，监督重点向支出预算和政策拓展等方面发展

为强化对预算执行过程的监督与控制，2014 年，财政部提出逐步建立嵌入业务流程的财政支出监督机制，将监督重点向支出预算和政策拓展等方面发展。财政支出重点检查将向以下方面发展。

1. 开展财税优惠政策情况检查

组织开展地区性、区域性财税优惠政策执行情况专项检查或调查，充分发挥财政监督的预警、反馈功能，严肃查处个别地区和部门执法不严或出台“土政策”，通过税收返还等方式变相减免税收、侵蚀税基、转移利润、制造税收“洼地”问题，为下一步清理规范税收优惠政策打好基础。

结合新出台的《党政机关厉行节约反对浪费条例》、《党政机关国内公务接待管理规定》、《中央和国家机关培训费管理办法》、《中央和国家机关差旅费管理办法》

等法规制度，结合中央基层预算单位财政综合监管，进一步规范中央部门的预算资产财务管理，探索建立对中央部门预算资产财务的事中监管机制。

2. 开展公共租赁住房等资金专项检查

重点关注农业、教育、社会保障、医疗卫生、保障性安居工程等涉及民生的财政政策和财政资金的实施与落实，加大检查和调查的力度，推进财政绩效监督，保障财政资金安全规范有效。同时，结合专项检查和调研，研究建立财政部门对政策落实和项目实施效果的长效监督机制，选择公共租赁住房资金、教育科技文化专项资金、生态环保资金、产业转型和技术改选资金等开展专项监督检查，保障民生政策的落实和重大专项资金的安全。

在财政部统一部署下，试点开展对中央在地方重大项目和中央基层预算单位重大项目的绩效评价工作，研究探索专员办参与预算绩效评价的有效路径和工作方法，并将预算绩效评价与预算管理紧密结合，研究建立绩效评价成果与预算资金安排挂钩的专门制度。

3. 推进内控体系建设

采取措施，全面落实《财政部门内部监督检查办法》，结合财政部工作流程再造，加强沟通协调，研究探索内部监督与任期经济责任审计和离任审计相结合的途径与办法，提升内部监督成效。

4. 加强对地方财政监督指导

采取分级负责、上下联运、综合整改的方式，选择“三农”、环保等资金开展全面检查，以外促内，以查促纠，切实保障专项工作的深入开展。进一步加强对监督检查数据与材料的分析和利用，提升监督检查的综合成效，提高专项工作的规模效应、服务效应和管理效应①。

经过近30年的发展，我国财政监督已经取得了长足进步和飞跃式发展，形成了较为完善与健全的监督体系。但由于我国还处于转轨时期，行为规范、运行有序的市场经济机制还没有真正建立起来，深受外部经济和执法环境影响的财政监督也难免具有某些局限性，其权威性、及时性、有效性难以得到充分发挥。为此，在未来一段时期，还需要对我国的财政监督进行一系列的改革与完善。

二、完善财政监督的主要方向

财政监督作为财政管理的有机组成部分，是确保财政政策目标实现的重要保障。随着我国公共财政框架的建立，财政监督必须尽快适应公共财政改革的需要和市场经济发展的要求。公共财政的职能主要是通过为社会提供公共物品和公共服务，达到优化资源配置、公平收入分配、稳定社会经济发展的目的。然而公共财政在履行职能时，有可能出现“公共性”不足、干预的范围及力度存有偏差、决策低效率、寻租腐败产生等问题，在一定程度上导致财政调控“失灵”，增加财政风险。在我国财政

① 《财政监督：嵌入预算执行全过程》，中央政府门户网站，www.gov.cn，2014年2月17日9时39分。

转型尚未完全到位的背景下，为避免财政政策“失灵”，减少或根除导致财政调控“失灵”的因素，就必须加强对财政资金的动态监控，以结果为导向，建立健全“全员参与、全面覆盖、全程监控”的财政大监督机制，并将财政监督融入财政管理的各个环节之中①。

（一）完善财政监督法律体系，增强财政监督权威

当前我国财政监督立法明显不足，特别是缺乏有关财政监督的程序性法律。为此，必须增强财政监督的实效，使财政监督的各个环节有法可依。一是尽快修订预算法。通过修订预算法，明确人大审批监督预算的范围和内容，对预算监督的程序作出更为严格的规定；强化对预算外收入和预算超收收入的管理；对实行预算调整或变更的特殊情况作出列举式说明，以维护预算法案的严肃性；对违反预算法，随意变更预算的行为，进行严格的责任追究；明确预算、决算案遭到否决的法律后果、法律责任及补救措施。二是制定财政监督法。明确规定财政监督在财政活动中的法律地位、职能、内容和手段，科学界定财政监督、审计监督和社会监督之间的分工协作关系，以及财政监督的职能和权限。

（二）构建以结果为导向的全过程绩效财政监督体系

从本质上来说，结果导向财政监督与效率导向财政监督存在显著差异②。效率导向监督注重目标的执行、监督成本最小化或产出最大化，关注如何“正确地做事”。结果导向将“做正确的事”放在首位，监督的重点是财政资金的决策与配置，以及资源使用结果。这一管理模式将决策与战略、决策与目标紧密地结合在一起，从而保障了财政支出决策与战略、决策与结果的高度相关。

结果导向将监督的核心从执行过程的效率监督向前与向后进行了延伸。向前拓展至管理前期——项目决策阶段，关注“做正确的事”，因为只有在决策正确的前提下合理地投入才能带来预期的成果，并产生长期有益的社会经济影响，决策的失误只会造成更大的损失与浪费。结果导向监督还向管理的后期——结果阶段进行了递展，即通过对执行结果的全面考核与评估，发现问题、查找不足、督促改进，以进一步完善决策、提高效率、增进责任。

结果导向监督改变了传统意义上效率监督单纯注重经济成果的格局，而将决策、效率与运营责任一并纳入监督范围，使财政监督管理更加全面，更加完整，也更加科学。结果导向监督也据此形成一个完整的以结果为核心的链条，并将其贯穿于财政管理活动的全过程（图 13－1）。

（三）构建全方位参与的财政监督体系

目前，我国财政部门、审计部门、中介机构对财政进行的监督已较为规范，但国家权力机关以及社会公众对财政的监督还较为欠缺。为此，还应大力发展以各级人大

---

① 柳光强：“公共财政下的财政监督理论研究与实践探索”，《财政研究》，2009 年第 9 期。

② Government Accountability Office（1995）. Managing for Provide for Results: State Experiences Insights for Federal Management Reforms [EB/OL]. Available at http//www.gao.Gov.

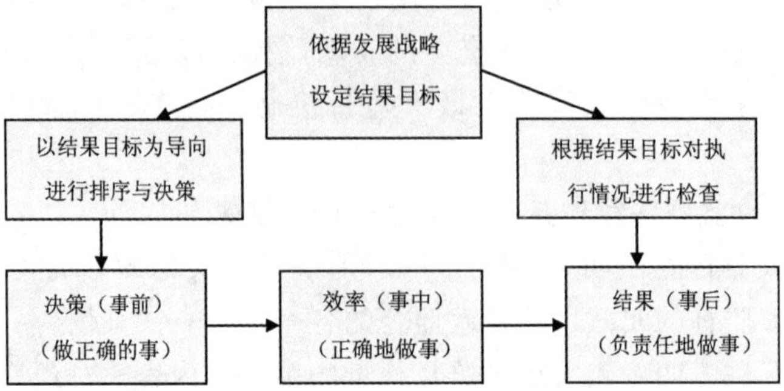

图 13－1　结果链的形成

为代表的立法结构对财政进行的监督，并将社会公众有序引入到对公共财政的监督中来。

1. 增强各级人民代表大会对财政预算的监督

人民代表大会作为我国的权力机关，有对财政预算进行审查批准的权力，可以强制性地制止、纠正财政预算执行中的违法违规行为，保障财政预算符合公众即初始委托人的利益。因此，加强人大的财政预算监督意义重大。

（1）完善财政预算草案审批制度。首先，应完善财政预算初审制度。人大对预算初审的时间要提前，以便人大预算审查机构提前介入预算编制过程，并进行深入的调查研究。其次，推行分项预算审批制度。将预算草案分解为若干个预算议案，分别进行审议，这样就可以避免在对预算进行“一揽子”审批时，为了不影响整体的通过而使个别违规项目也通过的现象，避免预算审批走形式。推行分项预算审批制度，改变目前预算审议“一揽子”的状况，将有利于拓展预算审批监督的范围和深度。最后，建立辩论、听证和质询制度。在听取政府和预算初审机构关于预算草案的有关报告后，应该就预算草案整体与专门事项，安排专门的时间进行公开辩论、听证和质询。

《预算法》规定，预算草案由行政部门编制，由人大审批，但对人大是否享有预算草案的修正权，以及政府是否享有对预算审批的制衡权则表述模糊。应通过立法的形式，赋予各级人大及其常委会改变预算草案不当内容的权力，以及建立政府对预算审批结果不同意时进行辩论的有效制度。此举可以避免由于制衡机制的缺乏，目前每个预算执行部门都有实现自己最大利益的“法律依据”，不同级的部门之间和同一级的部门之间的利益冲突缺乏法律控制的问题。

（2）切实加强对预算执行环节的审查监督。为加大预算执行监督的深度和力度，应逐步建立以下两项监督制度：一是逐步建立重大投资计划和项目的评价制度。二是逐步建立对预算资金使用管理的专门评议制度。

（3）加强决算监督力度。决算监督是对预算支出结果进行全面检查和评价。应继续坚持和扩大部门决算审计制度。对审计出的违规问题，要建立严格的责任追究机制来控制预算中的机会主义行为，增强监督的刚性。现行《预算法》虽然对各级政府及其负有直接责任的主管人员和其他直接责任人员，因擅自变更预算、擅自动用国库库款或支配库款、隐瞒预算收入或将非预算内支出转为预算内支出等规定了相应的责任追究措施，但范围过窄。应进一步扩大责任追究范围，如明确违反预算编制、执行，擅自作出预算调整，擅自不留预备费和动用预备费等行为的违法责任及处理决定；同时对预算违法构成、法律责任种类、责任主体、适用条件、责任幅度和执法主体、执法权限和执法方式、追究程序以及监督保障措施加以规范，增强财政法律法规的权威性和可操作性，加大对各种违法乱纪行为的惩处力度。

2. 公民参与有序引入到财政监督之中

财政是对公共资源的配置。百姓以纳税为代价将私人资源让渡给政府，并从公共支出中获益；政府通过对私有财产的“占有”提供令公民满意的服务。在这一过程中，公共财政成为发现公众偏好并予以回应的工具，财政支出方向及其优先性排序就是政府对民众偏好的最佳回应。公共财政支出决策也因此成为将民众偏好转化为政府政策目标及公共服务内容的最恰当工具。

公民的积极参与还可使政府制定出更多反映民众偏好且获民众广泛支持的公共政策，有利于建设一个更少分歧和争斗、易于管理和规制的和谐社会。而公民的参与使得社会大众能够在财政配置决策过程中充分表达自己的偏好。当财政配置从民众最需要的地方开始时，其本身就已经体现了公共财政配置的效率，因为对公共物品或公共投资项目的偏好集合正是民众最迫切需求的真实反映。此外，公民对公共资金决策的参与，既是参与公共决策的过程，也是对政府行为进行监督的过程，能够有效防止公共预算过程中产生贪腐行为，从而促使公共财政的安排更加合理、高效、透明。

为此，将公民参与引入地方公共治理，借助公共财政过程的公民参与，强化政府受托责任，改善财政资金的使用效率，提高政府行政透明度，促进民主建设，就成为财政改革与财政监督的历史使命。

近年来，公民参与实践在世界各地迅速推广开来，如巴西阿雷格里市、法国巴黎大区、德国埃姆斯代滕市等都先后实施了参与式预算。在中国，浙江温岭新河镇的“民主恳谈会”、江苏无锡的“参与式预算”、上海南汇区惠南镇的“事实工程”等，通过民意测验、座谈会、听证会、信息公开等方式，将公民参与纳入到财政资金配置以及重大投资项目、立法、地区规划等重大公共事务的决策过程。

（四）构建全口径财政监督体系

所谓全口径预算管理监督，就是要对全部的政府性收支，实行统一、完整、全面、规范的预算管理和监督。凡是凭借政府权力获得的收入和为行使行政职能所产生的一切支出，都应纳入全口径预算管理和监督的范畴。全口径预算管理的基本内涵，就是通过预算管理制度的改革，形成一个能够覆盖所有政府收支、不存在游离于预算管理之外的政府收支的政府预算。换言之，在政府预算之外不允许政府及其各个部门有任何收支活动，从而使预算成为行政层面内部控制与立法层面外部控制的管理工具，最终使得以财政部门为财务统领的政府整体能够对立法机构负责，进而确保整个政府活动对全体公民负责。

全口径预算监督应进一步扩大政府预算收支范围。在大部分非税收入已经纳入预算管理的前提下，应做到：(1) 进一步清理和规范非税收入项目，取消财政专户管理的非税收入资金；(2) 扩大国有资本经营预算，将金融资产、矿产性资产等形成的收益，以及科教文卫、行政政法、农业、铁道、金融等80多个中央部门（单位）所属6000多户企业纳入预算管理与监督范围；(3) 扩大社会保障预算实施范围，编制社会救济、社会福利等预算，打造完整的社会保障预算；(4) 建立规范的地方投融资预算，对各种形式的地方债务规模的合理性进行监督与管理，对投资项目的必要性、可行性进行综合评价，对项目的确立与实施进行监管；(5) 调整政府性基金范围，扩大预算范围，清理规范基金项目，控制基金设立，逐步将全部政府性基金纳入预算范围，及时取消已经到期、已失去收入来源或不适应管理体制要求的基金项目；(6) 应完善预算管理法规，将地方政府债务纳入预算管理范围，使之透明、公开，以遏制地方政府债务扩张的趋势，降低地方政府财政风险。

思考与讨论：

审计署于2013年8月至9月组织全国审计机关5.44万名审计人员，按照“见人、见账、见物，逐笔、逐项审核”的原则，对中央、31个省（自治区、直辖市）和5个计划单列市、391个市（地、州、盟、区）、2778个县（市、区、旗）、33091个乡（镇、苏木）的政府性债务情况进行了全面审计。

此次共审计62215个政府部门和机构、7170个融资平台公司、68621个经费补助事业单位、2235个公用事业单位和14219个其他单位，涉及730065个项目、2454635笔债务。

审计署数据显示，截至2013年6月底，全国各级政府负有偿还责任的债务206988.65亿元，负有担保责任的债务29256.49亿元，可能承担一定救助责任的债务66504.56亿，合计30.27497万亿元，地方政府负有偿还责任的债务108859.17亿元。

与2012年年底相比，全国政府负有偿还责任的债务上升8.57%，其中地方部分上升13.06%至108859.17亿元，中央部分上升3.98%至98129.48亿元。

这是我国首次摸清政府债务底数。审计结果表明，目前我国政府性债务风险总体可控，但有的地方也存在一定的风险隐患。

根据以上材料回答：

1. 如何通过全口径财政监督加强对地方政府债务的监督与控制？

2. 财政监督的内涵与作用有哪些？

3. 财政监督的内容与方法有哪些？

4. 如何实施以结果为导向的财政监督？

本章推荐阅读文献：

1. 贺邦靖：《中国财政监督制度》，经济科学出版社，2008 年。
2. 于国安：《财政监督理论与实务》，经济科学出版社，2004 年。
3. 蒋洪等：《公共财政决策与监督制度研究》，中国财政经济出版社，2008 年。
4. 谢旭人：《中国财政管理》，中国财政经济出版社，2011 年。
5. （美）艾伦·希克，王卫星译：《公共支出管理》，经济管理出版社，2000 年。
6. （美）乔纳森·卡恩，叶娟丽译：《预算民主：美国的国家建设和公民权》，格致出版社，2008 年。

本章主要参考文献：

1. 孙开："论财政法制与财政监管"，《财政问题研究》，2002 年第 12 期。
2. 贺邦靖：《中国财政监督制度》，经济科学出版社，2008 年。
3. 贾康："关于财政监督问题的探讨"，《经济纵横》，2007 年第 2 期。
4. 刘明慧："'全口径预算'绩效监督问题思考"，《财政监督》，2013 年第 3 期。
5. 童伟："制度构建与模式创新背景的绩效预算监督体系催生"，《改革》，2013 年第 3 期。

第十四章
财政政策理论与走向

【本章序言】 财政政策，一般指一国政府根据一定时期政治、经济、社会发展的任务，为实现一定的宏观经济目标，而调整财政收支规模和收支平衡的财政工作指导原则及其相应的措施。财政政策随着社会生产方式的变化而不断发展变化。早在我国的封建社会中，就已经有通过财政政策调控经济，巩固政权的例子。改革开放后，党中央和国务院更加重视应用财政政策，并配合以货币政策来对社会经济进行宏观调控，先后经历了紧缩性财政政策、扩张性财政政策和稳健的财政政策，对我国宏观经济的平稳运行起到了不可小觑的作用。财政政策的实施，不但有利于调控经济总量和结构，还有利于改善民生，提高人民的生活水平，甚至在国际交往中发挥了重要的作用。

第一节
财政政策概念与类型

一、财政政策的概念

财政政策一般指一国政府根据一定时期政治、经济、社会发展的任务，为实现一定的宏观经济目标，而调整财政收支规模和收支平衡的财政工作指导原则及相应的措施。财政政策是国家公共治理政策的组成部分和政府宏观调控的重要工具。财政政策具体由预算政策、税收政策、国债政策、支出政策等构成。国家通过预算、税收、公债、补贴等手段熨平经济周期波动，推动实现国家治理目标。

财政政策是随着社会生产方式的变化而不断发展的。在西方社会，在早期资本积累阶段和资本主义的形成时期，统治者一般都偏好掠夺性财政政策，以加速资本积累的过程。早期的资本主义国家，例如英国，一般都实行预算平衡、简政轻税的财政政策，以促进和推动资本主义的发展。在国家垄断资本主义时期，社会矛盾日益显现，生产社会化与资本主义私有制的冲突日益激化，导致政府的经济职能不断加强，财政政策成为实现国家政治职能服务，政府干预和调节社会经济生活的重要工具。

步入20世纪30年代后，在经济学中具有重要地位的凯恩斯主义诞生，财政政策快速成为调节经济状态、挽救经济危机、促进经济发展的重要手段：在经济萧条时期实行扩张性的财政政策，以刺激社会总需求，加快经济复苏的步伐；在经济兴盛时期实行紧缩性的财政政策，以减少社会总需求，保障经济的平稳运行。

在我国，财政政策的产生和发展由来已久。在早期的奴隶社会，奴隶主的财政政策主要为巩固其统治地位的政治职能服务。而进入封建社会之后，虽然仍然受到自然经济的制约，但是已经有很多财政政策思想得以涌现，例如“量入为出”、“轻徭薄赋”、“藏富于民”等，对各朝代的小农经济的不断成熟演变和中央集权的建立、统一和发展起了积极的推动作用。

步入现代社会之后，党和国家领导人带领中国人民建立了以公有制为主体，多种所有制并行的经济制度。在新中国成立初期的计划经济体制下，财政政策对经济采取的是直接调节的形式，内容和手段都很单一。随着我国由最初的计划经济体制转变为惠及民生的社会主义市场经济体制，财政政策主要通过各种政策手段间接地调节经济的运行。因此，财政政策的目的更加鲜明化，内容更加丰富化，手段更加多样化，功能更加强大化，但由此带来的财政政策的运用也更具难度和挑战。

随着我国改革的不断深化和发展，党和国家集中了全体人民的意志，代表着人民的根本利益，对财政政策的运用更加成熟自如，能自觉地根据客观经济规律的要求制定扩张型、紧缩型的财政政策。既有利于促进人民民主政权的巩固，又有利于组织和协调社会经济生活，在巩固社会主义生产方式，满足人民日益提高的物质文化生活需要方面起了重要的作用。

二、财政政策的主体

财政政策的主体指的是财政政策的制定者和执行者。由于财政政策是国家调节经济的重要手段之一，因此财政政策的主体为中央政府和其下辖的各级地方政府。财政政策主体作为财政政策的制定方和执行方，其偏好是否合理、方式是否有效、目的是否明确，都在很大程度上影响着财政政策的效力和效率，对国家财政功能的发挥具有重大的影响作用，甚至是决定性的作用。因此，规范财政政策主体行为就成了防止滥用政策权力、提高政策执行效率的重要手段。

改革开放之前，我国处于计划经济阶段，实行的是统收统支的财政体制，而由此带来的是中央政府处于决策者的地位，而地方政府处于执行者的地位。中央和地方存在“集权与分权”、“统一性与独立性”的矛盾[①]。改革开放初期，我国由计划经济转为市场经济，地方政府的权力增大，开始同时扮演决策者和执行者的双重角色。基于财政政策制定者理性经济人的定位，在地方利益的驱动下，地方对中央的财政政策存

① 陈共：《财政学》（第六版），中国人民大学出版社，2009年。

在抵制现象，执行政策不全面，落实政策不到位，即所谓的“上有政策、下有对策”。地方各自敛财，独立为政，这一现象直接导致在20世纪80年代末90年代初，我国中央财政陷入了严重危机，财政收入占GDP的比重和中央财政收入占整个财政收入的比重迅速下降，国家财政投入到国防、基础研究和各方面必需的建设资金严重匮乏，政府机构面临前所未有的“弱中央”的状态。1994年，党中央、国务院痛下决心，开始了一场轰轰烈烈的，具有深远影响的分税制改革，使中国的财政秩序回到正轨，中央地方的财权事权得以重新分配，中央财政重获活力。

由此可以看出，财政政策主体的行为在很大程度上影响财政政策的执行效率和效果。因此，规范财政政策主体的行为将有利于提高财政政策的执行水平，从而更好地促进社会经济的发展。

三、财政政策的目标

财政政策目标，即实施财政政策所要达到的目的，对财政政策内容的制定具有方向性的指导作用，是财政政策具体执行的基本准则。财政政策目标的制定应以调节国民经济运行，规范国企私企行为，增强企业活力，引导社会资金运动为目的，以保证和提高财政政策效果为核心，在坚持收支平衡、略有结余的基础上，计划和引导财政收支，调整和控制财政资金的需求和供给，使财政职能部门从被动供应资金变为主动和更加有效地运用财政资金。一般可将财政政策的目标归为以下几个主要方面。

（一）维持物价水平的基本稳定

维持物价水平的基本稳定的目标是指将物价上涨幅度维持在不至于影响社会经济正常运行的范围内。具体可以理解为在经济发展过程中避免过度的通货膨胀或通货紧缩。

通货膨胀源于社会总需求大于社会总供给，物价上涨，钱不值钱；而通货紧缩恰好相反，是由于社会总需求小于社会总供给而造成物价下降、经济萧条。在面对通货膨胀或通货紧缩时，及时有效的财政政策能够很好地调整产业结构和收入支出结构，从而对社会总需求和总供给的总量和结构产生影响，使物价趋于稳定。基于我国处于市场经济体制的框架下，财政政策已不可能独立完成对物价的调控作用，一般都需与其他政策，如货币政策等协调配合，从而达到所需的目的。

（二）促进经济水平的适度增长

促进经济水平的适度增长的目标是指通过组织财政收入和安排支出，发挥财政政策的调节作用，从而保障社会资源分配、积累与消费的方式水平、技术创新和经营管理等反映一国的商品和劳务生产与增长相结合的各方面指标的适度增长。

党的十八大指出，我们必须深入贯彻落实科学发展观的基本要求，全面落实经济建设、政治建设、文化建设、社会建设、生态文明建设五位一体总体布局，实现全面协调可持续的发展。我们要坚持一切从实际出发，解放思想、实事求是、与时俱进、求真务实，统筹改革发展稳定、内政外交国防、治党治国治军各方面工作，统筹城乡发展、区域发展、经济社会发展、人与自然和谐发展、国内发展和对外开放，统筹各方面利益关系，充分调动各方面积极性，努力形成全体人民各尽其能、各得其所而又和谐相处的局面。

2013 年中央经济工作会议指出，自 2013 年以来，各级政府深入贯彻落实党的十八大精神，坚持稳中求进的工作总基调，按照宏观政策要稳、微观政策要活、社会政策要托底的思路，扎实做好各方面工作，经济社会发展稳中求进、稳中求好，实现了良好开局。目前，中国经济进入增速换挡、转型升级的关键时期，而现在的经济增长模式主要依靠的还是房地产和基础设施建设。使用比较高的增长目标，不仅无助于结构调整，还要加大货币投放。因此，只有全面认识持续健康发展和生产总值增长的关系，而不是把发展简单化为增加生产总值，才能实现经济发展质量和效益的提高。

（三）保障居民收入的合理分配

保障居民收入的合理分配的目标是指深入贯彻落实以按劳分配为主体，多种分配制度并存的分配制度。初次分配注重效率，再次分配注重公平，大力缩小贫富差距，使人民实现共同富裕。

计划经济时的平均主义分配制度，抑制了广大劳动者的工作积极性，不利于经济的快速发展。收入分配的不合理，也导致了国家贫富差距大，两极分化严重，不利于社会的长治久安。因此，在现有的市场经济体制下，政府如何通过财政政策的实施，尽可能地缩小贫富差距，缩小城乡差距，保障收入的合理分配，维护人民的合法权益，将对促进经济发展，维护社会稳定起到不可小觑的重要作用。党的十八大指出，共同富裕是中国特色社会主义的根本原则，我们必须坚持走共同富裕道路，坚持社会主义基本经济制度和分配制度，调整国民收入分配格局，加大再分配调节力度，着力解决收入分配差距较大问题，使发展成果更多、更公平地惠及全体人民，朝着共同富裕的方向稳步前进。

（四）提供丰富多样的就业机会

提供丰富多样的就业机会的目标就是降低国家失业率，尽量实现充分就业的目标。失业率是指失业人口占劳动人口的比率，与经济增长率具有反向的变动关系。失业率增加是经济疲软的信号，可导致政府放松银根，刺激经济增长；失业率下降，将形成通货膨胀，使央行收紧银根，减少货币投放。失业可以分为摩擦性失业、结构性失业、季节性失业、周期性失业、非自愿失业和自然失业。其中，自然失业率是指在充分就业水平下的失业率，但是并不意味着此时不存在失业，而是价格和工资水平处于均衡状态的失业率，也是经济运行中，可以维持的最低的失业率。

采取各种措施缓解就业和再就业的压力，是促进经济增长，维护社会和谐稳定的重要举措之一，也是财政政策的重要目标之一。积极的大学生创业政策、鼓励中小企业发展的优惠税收政策等都将对实现充分就业发挥重要的作用。

（五）提高人民群众的生活质量

经济发展的最终目标是满足社会全体成员的需要。需要的满足程度，不仅仅取决于个人消费需求的实现，更重要的是社会的共同消费需求的实现。社会共同的消费需求，包含公共安全，环境质量，生态平衡，基础科学研究和教育、文化、卫生等水平的提高。因此，社会共同消费需求的满足程度，就是社会生活质量的水平。提高人民群众的生活质量是指公共安全、环境质量、基础科学研究、普及教育、公共卫生水平等反映社会生活质量的指标的完善和人民幸福感的提升。财政政策把社会生活质量作为政策目标之一，增加社会公共设施的投资，提高公共福利的服务水平，对农副产品的生产和流通实施多种补贴等。

总之，无论是从近期还是从长远看，都应把维持物价水平的基本稳定、促进经济水平的适度增长、保障居民收入的合理分配、提供丰富多样的就业机会、提高人民群众的生活质量，作为我国财政政策的目标。通过有效的财政政策的实施，不断改善人民生活水平，建设和谐小康社会，建设中国特色社会主义社会，建设“美丽中国”。

四、财政政策的工具

财政政策工具是指财政政策主体所选择的用以达到政策目标的各种财政手段，主要包括预算、财政收入（主要是税收）、财政支出、国债和政府投资等。财政政策工具分为收入政策工具和支出政策工具。收入政策工具主要表现为税收。支出政策工具分为购买性支出政策和转移性支出政策，其中，购买性支出政策又分为公共工程支出政策和消费性支出政策。财政政策工具的选择是由财政政策的性质及其目标所决定的，财政政策的性质和目标不同，所采取的财政政策工具也不同。

（一）预算

预算作为财政政策的工具，主要通过预算收支规模及平衡状态的确定、收支结构的安排和调整来实现财政政策目标。当经济处于低谷时，一般会增加预算支出、减少预算收入，形成赤字预算，以撬动经济增长。20 世纪 30 年代经济大危机之后，赤字预算政策逐渐成为政府调控经济的重要手段，即通过预算分配活动来扩大政府支出的规模，增加和刺激社会的总需求。预算安排中的主要措施包括减少预算收入（主要通过减税）和增加预算支出。当经济过于高涨时，增加预算收入、减少预算支出，为经济降温。

（二）税收

税收作为一种财政政策工具，是国家凭借政治权力参与社会产品分配的重要形式，具有无偿性、强制性、固定性的特点。税收调节作用，主要是通过宏观税率和具体税率的确定、税种选择、税负分配以及税收优惠等政策来实现的，从而确定和保证国家财政收入，满足国家履行政治经济职能的财力需要，促进经济稳定协调发展和社会的公平分配。

宏观税率，即税收收入占国家 GDP 的比重，是衡量财力集中与分散程度的一个重要指标。一般来说，高的宏观税率意味着更多的财力从民间部门转向政府部门，政府部门掌握的财力增加，调控资源的能力增强，而民间部门的收入减少，导致民间部门的需求减少，产出减少，影响民间经济的发展。低的宏观税率则意味着更多的财力留在了民间部门，民间部门的需求增加，产出也随之增加，促进了民间经济的发展，但是与此同时，政府部门掌握的财力降低，调控资源的能力下降，政府部门发挥宏观调控的能力下降，政府职能的有效履行受到挑战。因此，适度的宏观税率对财力在民间部门和政府部门间的合理分配起了重要的作用，既有利于民间经济的向前发展，又有利于政府部门的宏观调控。

合理的税负分配由税种的选择和具体税率的确定来实现。税收可以通过调整税率和增减税种来调节产业结构，实现资源的优化配置；还可以通过累进的个人所得税、财产税等来调节个人收入和财富，实现公平分配。这些都直接影响人们的可支配收入。政府增加税收，实质是将收入从个人或企业手中转移到政府手中。而税收优惠和税收惩罚方面的政策具有较大的灵活性，可根据具体情况进行具体的设定。税收优惠包括减税、免税、加速折旧等，而税收惩罚则包括报复性关税、收取滞纳金等。税收优惠将有利于行业的发展，例如我国近年不断推出小微企业的税收优惠政策，旨在促进小微企业的发展；而税收惩罚则抑制该产业的发展，例如欧盟对中国的光伏玻璃产品征收反倾销税等。一般来说，政府减税容易增税难，减税政策是通过增加居民的可支配收入实现的，而增税则容易遭到纳税人的反对。

（三）财政支出

财政支出是指政府为满足纯公共需要而进行的支出。按照财政支出是否与商品与服务相交换为标准，可将财政支出分为购买性支出和转移性支出。购买性支出是用财政资金直接购买商品或服务的支出，包括购买为维持政府部门正常运行所需的各项商品和服务，以及购买用于国家投资和履行政府职能所需要的商品或服务，它所体现的是政府的市场性再分配活动。而转移性支出则体现为财政资金的无偿的、单方向的转移，包括财政补贴、转移支付、捐赠支出等，在现代社会里发挥着“安全阀”和“润滑剂”的作用，起调节社会总供求平衡的作用，体现的是政府的非生产性再分配活动。

购买性支出的增加有利于增加市场总需求，从而调动市场的积极性，增加市场的活力，拉动经济上涨。与此同时，政府的投资能力和投资方向都将对社会经济结构的调整和经济的发展起关键性的作用，这一政策更多体现的是效率；转移性支出的增加有利于对各地区的收入进行宏观的调控和再分配，虽没有与商品相交换，但有助于缩小各地区的贫富差距，对需求的扩张作用更大，更多体现的是公平。因此，在财政政策的运用上，一定要注意特定情况的特殊性，利用适当的财政支出政策，提高财政资金的使用效率。

（四）国债

国债，作为国家按照信用有偿的原则筹集财政资金的一种形式，已由最初的仅仅用于弥补财政赤字，逐渐转变为调节货币供求、协调财政资金的重要工具之一。国债对经济的调节作用主要体现在四种效应上。

1. 排挤效应，指通过国债的发行，使民间部门的投资或消费资金减少，从而对民间部门的消费和投资起调节作用。

2. 货币效应，指国债发行所引起的货币供求变动。它一方面可能使“潜在货币”变为现实流通货币，另一方面可能将存于民间的货币转移到政府手中，或由中央银行购买国债而增加货币的投放。

3. 利率效应，指通过对国债利率水平的调整以及对资本市场的供求变化调整来影响市场的利率水平，从而对经济产生扩张或紧缩效应。

4. 收入效应，指无论是以未来年度增加税收还是以发行新债来偿还，国债持有者在国债到期时，不仅收回本金，还将获得利息，而国债筹集上来的资金一般用于公共建设。因此，一般纳税人与国债持有者之间就产生了收入的转移问题。这一问题不仅影响当代人，还有可能对后代的收入水平产生影响。

在现代信用条件下，国债的市场操作是联系财政政策与货币政策的主要载体①。国债的作用主要通过国债规模、持有者结构、期限结构、利率结构等因素综合体现出来。在国债发行时，应对社会资金供求状况、金融状况、政府的应债能力等多个因素进行考虑。因此，在制定国债政策时，应根据财政政策目的的不同，在国债的发行方式、发行时间、发行条件等问题上作出相应的调整。

（五）财政投资

财政投资，是指财政用于资本项目的建设支出，它最终形成各种类型的固定资产。投资的项目主要是指那些具有自然垄断特征，外部效益大，产业关联度高，具有示范和诱导作用的公共设施、基础性产业以及新兴的高科技主导产业。通过国家预算拨款和引导预算外资金的流向、流量，实现巩固和壮大社会主义经济基础，调节产业结构，促进经济稳定协调发展和维持社会安定的目的。财政投资对经济增长具有强有力的推动作用，而且具有乘数效应。

五、财政政策的分类

（一）自动稳定的财政政策和相机抉择的财政政策

根据财政政策调节经济周期的作用来划分，可以将财政政策分为自动稳定的财政政策和相机抉择的财政政策。

1. 自动稳定的财政政策

自动稳定的财政政策，是指财政政策本身具有一种内在的、不需要政府采取其他干预行为的调节功能，能够根据经济波动情况和变化趋势，自动调节经济运行机制，起到维持经济平稳发展的作用。这种机制也被称为“财政自动稳定器”。

财政政策的自动稳定性主要表现在两方面：一是税收的自动稳定效应，是整个税收体系，特别是企业所得税和个人所得税的自动稳定作用。在经济萧条时，国民产出减少，个人和企业利润降低，符合纳税条件的个人和企业数量减少，因而税基相对缩小，税收收入也会随之减少。税收的减少幅度大于个人收入和企业利润的下降幅度，税收便会产生一种内在的推力，“自动”抑制个人消费和企业投资的过度下降，从而起到抑制经济衰退的作用。在经济繁荣时期，其作用机理则正好相反，随着税收收入的增加，内在的推力会“自动”减缓经济发展速度，维持经济稳定运行。二是转移

① 陈共：《财政学》（第六版），中国人民大学出版社，2009 年。

支付的自动稳定效应。转移支付支出是政府为维持居民的最低必要生活水平而提供的失业救济金和最低生活保障金。在经济出现衰退后，符合领取失业救济和各种福利标准的人数增加，失业救济和各种福利的发放数量自动增加，从而有利于抑制消费支出的持续下降，减缓总需求的下降速度，防止经济进一步衰退。在经济繁荣时期，其作用机理则正好相反，失业救济和各种福利的发放数量减少，从而降低总需求的增长速度，抑制经济过热。

2. 相机抉择的财政政策

相机抉择的财政政策，是指财政政策本身不具有内在的调节功能，需要政府根据一定时期的经济社会状况，主动灵活选择不同类型的反经济周期的财政政策工具，才能有效地干预经济运行，实现财政政策目标。在20世纪30年代的世界经济危机中，美国实施的罗斯福—霍普金斯计划（1929—1933年）、日本实施的时局匡救政策（1932年）等，都是相机抉择的财政政策的典型范例。

相机抉择财政政策具体包括汲水政策和补偿政策。汲水政策是指政府在经济萧条时期进行公共投资，以增加社会有效需求，使经济恢复活力的政策。汲水政策有四个特点：第一，它以市场经济所具有的自发恢复机制为前提，是一种诱导经济复苏的政策；第二，汲水政策以公共投资为载体，以扩大公共投资规模为手段，从而达到启动和活跃社会投资的目标；第三，财政投资规模具有有限性，即只要社会投资恢复活力，经济实现自主增长，政府就不再投资或缩小投资规模；第四，汲水政策是一种短期财政政策，经济萧条出现时可以开始投入使用，经济萧条消失就停止使用。补偿政策是指政府有意识地根据当时经济状况，反方向调节经济景气变动幅度的财政政策，以实现稳定经济波动的目的。在经济萧条时期，为缓解通货紧缩影响，政府通过增加财政支出、减少财政收入的财政政策来增加市场上的投资和消费需求，增加社会有效需求，从而刺激经济增长；在经济繁荣时期，为抑制通货膨胀带来的不利影响，政府通过增加财政收入、减少财政支出的财政政策来抑制和减少社会上的过剩需求，从而降低社会有效需求，达到稳定经济波动的目的。

相比之下可以看出，汲水政策和补偿政策存在很多相同之处和不同之处。相同之处在于，二者都是政府有意识干预经济的手段，且所使用的手段都是为了达到逆经济趋势而行的目的。不同之处在于，汲水政策是应对经济萧条的有效手段，而补偿政策是一种全面干预经济的方法，应用范围上比汲水政策要广；汲水政策是通过公共投资这一种手段，达到刺激民间投资的目的，而补偿政策是通过税收、转移支付等多种手段达到调节社会总需求的目的，其作用手段和作用目标存在差异。

（二）扩张性财政政策、紧缩性财政政策和中性财政政策

根据财政政策在调节国民经济总量和结构中的不同功能，可以将财政政策划分为扩张性财政政策、紧缩性财政政策和中性财政政策。

1. 扩张性财政政策

扩张性财政政策，又称积极的财政政策，是指通过财政分配活动来调整财政收支规模，从而增加和刺激社会的总需求。在国民经济过于萧条时，使用扩张性的财政政

策有利于消除通货紧缩的弊端，刺激经济的发展。扩张性财政政策主要通过增加政府支出或者减少政府税收收入来实施。政府支出是社会总需求的直接构成因素之一，政府支出的增加将扩大社会总需求，对经济产生刺激作用；而政府税收收入的减少则是间接增加民间部门的可支配收入，提高民间部门的消费能力和投资水平，从而促进经济的增长。相比而言，增加政府支出比减少政府税收收入的扩张乘数更大，对经济的刺激作用更加明显。若两种方式并举，则极易造成财政赤字。因此，在使用此类财政政策时，要注重适度使用的原则。

2. 紧缩性财政政策

紧缩性财政政策，又称稳健的财政政策，是指通过财政分配活动来调节财政收支规模，从而减少和抑制社会的总需求。在国民经济过于繁荣时，使用紧缩性的财政政策有利于消除通货膨胀的不良影响，达到供求平衡。紧缩性的财政政策主要通过减少政府支出或者增加政府税收收入来实现。减少政府支出将在很大程度上降低社会的总消费需求和投资需求，从而抑制经济的膨胀；增加政府的税收收入则会减少民间的可支配收入，从而抑制民间经济的消费和投资需求，达到降低经济热度，稳定经济运行的目的。若两种方式并举，则极易带来财政盈余。因此，在使用此类财政政策时，也要注重适度使用的原则。

3. 中性财政政策

中性财政政策是指财政的收支分配活动对社会总需求的影响保持中性，既不产生扩张效应，又不产生紧缩效应。一般来说，中性财政政策要求财政收支保持平衡。均衡财政政策的主要目的是避免财政赤字带来的通货膨胀、物价上涨等消极后果，以及财政盈余带来的通货紧缩、经济萧条等不良反应。值得注意的是，政府收支平衡的财政政策不一定是中性的财政政策，这是由于调整财政收支结构和平衡预算同样能起到调节经济的作用。

六、财政政策的效应

财政政策的效应，即财政政策对社会经济活动产生的作用结果，表现为社会经济应对财政政策所作出的反应。财政政策的效应既有积极的一面，也有消极的一面。一般来说，如果财政政策的实施能够达到既定的财政政策目标，则认为效应为积极的、有效的；反之，则认为效应是消极的、无效的。财政政策的效应包括乘数效应、挤出效应等。

乘数效应，指政府投资或公共支出增加、税收减少，对国民收入有加倍扩大的作用，从而产生宏观经济的扩张效应；政府投资或公共支出减少、税收增加，对国民收入有加倍收缩的作用，从而产生宏观经济的紧缩效应。乘数效应一般体现在税收乘数效应、购买性支出乘数效应、平衡预算乘数效应三个方面，分别表示执行有关税收、财政支出和维持财政收支平衡的财政政策对国民经济所带来的加倍的经济效应。

挤出效应，指由于政府通过实行扩张性财政政策，引起利率上升，或引起对有限信贷资金的竞争，导致民间部门投资减少，使政府扩张性财政支出的效应部分地甚至全部地被抵消。挤出效应存在两种发生机制：一是通过增加财政支出引起市场利率上升，利率上升会导致民间投资需求和消费需求减少；二是政府增加向公众的借款，引起政府和民间部门在借贷资金需求上的竞争，减少了对民间部门的资金供应，降低民间部门消费需求。这两种机制都在一定程度上抑制民间经济的发展，从而部分甚至全部抵消政府增加支出所带来的对经济的刺激作用。挤出效应受支出乘数的大小、货币需求对产出水平的敏感程度、货币需求对利率变动的敏感程度、投资需求对利率变动的敏感程度等因素的影响。一般认为，支出乘数越大，货币需求对产出水平的敏感程度越大，货币需求对利率变动的敏感程度越小，投资需求对利率变动的敏感程度越大，则挤出效应越大，反之挤出效应越小。

在衡量财政政策效应的有效性时，国内财政学领域的知名专家——陈共先生提出了一个基于“成本效益”思想的逻辑表达式：政策的有效性 = 政策的积极作用（实现政策目标产生的效果）/［政策研究费用 + 政策执行费用 + 补偿费用（或效率损失)］。政府为推行某项政策所需花费的研究费用、执行费用和补偿费用就构成了该项政策的成本，而该财政政策所产生的积极作用则可以认为是该财政政策的效益。对成本和效益进行比较分析，如果财政政策的成本大于效益，即该比值小于1，则认为该财政政策的有效性低；如果财政政策的成本小于效益，即该比值大于1，则认为该财政政策的有效性高。该公式的难点在于，有些成本和收益很难量化，具体数值很难进行估算。

第二节

财政政策与货币政策的协调配合

一、货币政策的内容

货币政策是指一国政府为了实现一定的宏观经济目标而制定的关于调整货币供给量和信用的基本方针及其相应的管制措施。货币政策有狭义货币政策和广义货币政策之分。狭义货币政策指中央银行为实现其特定的经济目标，运用各种货币政策工具调节货币供应量或信用量，从而实现货币均衡并进一步影响宏观经济运行的方针和措施的总称，包括信贷政策、利率政策和外汇政策等。广义货币政策指政府、中央银行和其他宏观经济部门所有与货币方面有关的各种规定和采取的一系列影响货币数量和货币收支的各项措施的总和。货币政策的目标包括稳定物价、充分就业、促进经济增长、平衡国际收支和金融稳定。

根据对总产出的影响，可把货币政策分为两类：扩张性货币政策（积极货币政策），即通过增加货币供应量达到扩张经济的作用；紧缩性货币政策（稳健货币政策），即通过减少货币供应量达到紧缩经济的作用。在经济萧条时，中央银行采取扩张性货币政策，通过降低利率来增加货币供给，大量货币投放到市场上，则市场总需求增加，刺激市场投资和净出口，经济开始复苏。反之，当经济过热、通货膨胀率太高时，中央银行可采取一系列措施来减少货币供给，以提高利率来抑制投资和消费，使总产出减少或放慢增长速度，从而将物价水平控制在合理水平之内。

货币政策工具又称货币政策手段，是指中央银行为调控中介指标进而实现货币政策目标所运用的策略手段。中央银行的政策工具主要有一般性货币政策工具、选择性货币政策工具和补充性货币政策工具等。其中，一般性货币政策工具是指西方国家多年来采用的三大政策工具，包括法定存款准备金政策、再贴现政策和公开市场业务政策。选择性货币政策工具，是指中央银行针对某些特殊的经济领域，以个别商业银行的资产运用与负债经营活动为对象，而采用的货币政策工具。补充性货币政策工具主要是指中央银行对信用进行直接控制和间接控制，如采用信用配额、直接干预、规定金融机构流动性比率、规定利率限制、特种贷款等工具。

二、财政政策与货币政策协调配合的必要性

在现阶段的中国，财政政策与货币政策是国家从宏观上统筹资金分配、维持经济稳定的两个不同的渠道，两者虽然都能对社会的总需求与总供给进行调节，但对消费需求与投资需求的作用机理是不同的，而且这种作用是不可相互替代的。因此，财政政策与货币政策的协调配合就显得尤为重要。具体可以从以下几方面来看两者的不同作用。

（一）两者的作用机制不同

财政政策是国家集中财政资金用于社会公共需要的具体措施，在国民收入的分配过程中，一直居于主导地位。财政政策通过收入政策和支出政策来影响社会总需求的总量和结构，从而在一次分配和再分配过程中扮演了重要的角色。在一次分配时更加注重效率，在二次分配时更加注重公平。例如，在实行扩张性财政政策时，国家增加投资或减少税收，使民间的消费需求和投资需求增加，反之亦然。相比之下，货币政策更多的是作用于基础货币之上，是一种基于国民收入分配和财政再分配的一种再分配。信贷资金是以有偿的方式来集中和使用的，主要是在资金盈余部门和资金短缺部门之间进行供给和需求的调剂，从而达到共赢的局面，其实质就是通过对信贷规模伸缩的影响来调节市场上的消费需求与投资需求。例如，当社会消费需求与投资需求过旺时，中央银行会采取紧缩性货币政策。银行采取各种措施多吸收企业、单位和个人的存款，同时减少市场上信贷的规模，达到缩减社会货币供应量，给经济降温的目的。

（二）两者的作用方向不同

财政政策和货币政策对经济的影响一般都是通过政策的实施，对社会总需求的总量和结构产生影响，从而达到一定的政策目的。社会总需求包括消费需求和投资需求两个方面。

消费需求包括个人消费和社会消费两个方面。个人消费需求的形成受财政政策结

构和信贷规模两方面的影响。财政政策通过不断完善的税收政策来影响个人的可支配收入，从而对个人消费需求的形成产生直接的影响。相比而言，货币政策工具主要是由银行通过调整利率等手段来实现对工资基金的管理监督，对储蓄贷款的规模结构调整以及对现金投放的控制，从而在一定程度上间接地影响个人的消费需求。但是这种影响的力度不如财政政策那样大，较为缓和。相比于个人消费需求的形成方式，社会消费需求基本上是通过财政支出形成的。这就导致了财政政策的实施可以影响社会消费需求的规模和结构，效果明显。而中央银行的货币政策对此则显得力不从心，对社会消费需求的影响收效甚微。

从投资需求的形成看，财政政策主要是起调整产业结构，促进国民经济结构合理化的作用，而货币政策的作用则体现在调整总量和产品结构上。这是由于在我国的现行市场经济体制下，财政资金的来源是国家税收，使用财政资金进行投资时无需支付利息，其成本较低；而通过向银行借贷资金进行投资时需要支付一定的利息费用，投资存在一定的成本，相对来说成本高。由此可以看出，通过使用财政资金扩大政府投资规模来刺激总需求比通过降低利率扩大银行借贷资金进行投资的成本要小很多，实施起来更加快速、明显、有效。因此，理论上应使用财政资金来进行固定资产投资，使用银行借贷资金进行流动性资金投资。

（三）两者在膨胀和紧缩需求方面的作用不同

在国民经济日常运行中，供给和需求均衡的状态基本不存在，经济会出现供大于求和求大于供两种情况。从宏观层面上看，这主要是由于财政政策和货币政策对扩张性政策和紧缩性政策的作用不同，以至于两种政策在行使其职能时分配不合理。在这种情况下，货币政策起主导作用，相当于扩张性政策和紧缩性政策的总阀门，这是由银行自身的“创造货币”能力所决定的。“创造货币”的能力不但决定了货币政策能够直接通过调整市场利率和信贷规模结构来达到刺激或减小社会总需求的目的，还可以在一定程度上，促进甚至抵消财政政策对总需求的扩张或紧缩效应。

由于财政与银行在影响市场消费需求与投资需求的过程中有不同的作用机制，从而达到不同的政策效果，因此财政政策与货币政策必须相互协调、配合运用。财政政策与货币政策各行其是，必然会产生碰撞与摩擦，从而减弱宏观调控的效应和力度，甚至互相抵消掉各自的政策效果，从而难以实现预期的调控目标。

目前，我国已持续多年保持经济的高速增长，现在正在经历财税体制改革、政府职能转变和国家经济转型等重大转变，财政可能会存在事多钱少的问题，政府减支是必然的趋势。就像李克强总理所说的，“能让民间办的让民间去办，能让社会办的让社会去办，好多事情政府应该放手让社会、让民间、让民营企业去办。让民间、让企业有更多的资金来促进发展，这样才是一个良性循环”。在这样一个政府职能转型的关键时期，如何通过体制改革来促进经济增长方式的转变，达到政府职能转变和中国经济转型的长久目标，要求我们的财政政策和货币政策必须通过最优组合来使多重政策协同发力，努力达到高质高效，最终实现政策目标[①]。

三、财政政策与货币政策协调配合的不同组合

财政政策和货币政策在协调配合干预经济时，会形成不同的“松紧搭配”，即或松或紧的两大政策进行搭配使用，协调配合。其搭配组合一般有四种：松财政政策+松货币政策、紧财政政策+紧货币政策、紧财政政策+松货币政策、松财政政策+紧货币政策。概括地说，两大政策一松一紧主要是为了解决社会经济当中的结构问题，而双松或双紧则主要是为了解决社会经济的总量问题。但是，在实际的运用过程中，还是应该根据客观的经济情况和政府及中央银行对经济情况的主观分析判断来决定该使用什么样的政策组合。一般来说，如果社会总需求明显小于总供给，就应采取松的政策措施，以扩大社会的总需求；如果社会总需求明显大于总供给，就应采取紧的政策措施，以抑制社会总需求的增长。

（一）松财政政策+松货币政策，即“双松”政策

松的财政政策是指通过减少国家税收或扩大政府财政支出规模来增加社会的总需求的政策。松的货币政策是指通过降低法定准备金率、降低利息率来扩大信贷支出的规模，增加货币的供给，从而增加社会总需求的政策。显而易见，在“双松”的政策条件下，社会总需求必然会扩大。这一政策组合可以有效地刺激社会需求，提高社会的生产能力，提升社会资源的使用效率，扩大就业机会，促进经济的增长。但货币大量涌入市场，经济复苏和物价上涨，容易造成通货膨胀的风险。

（二）紧财政政策+紧货币政策，即“双紧”政策

紧的财政政策是指通过增加税收、削减政府财政支出规模的方式来限制消费与投资，抑制社会的总需求的政策。紧的货币政策是指通过提高法定准备金率、提高利率来降低信贷支出的规模，减少货币的供给，从而减少社会总需求。可以看出，这种政策组合与上述的“双松”的政策组合作用正好相反，起了充分抑制社会总需求，减缓经济发展步伐，防止社会经济过热的作用。这一政策组合能够有效减弱或者消除通货膨胀的危害，减少经济泡沫的形成。但是，如果度掌握不好，则容易造成社会经济的低迷甚至停滞，失业率上升，不利于社会稳定向前发展。

（三）紧财政政策+松货币政策

紧的财政政策可以起抑制社会总需求，防止经济泡沫发生和制止通货膨胀的作用。松的货币政策的目的在于保持经济的适度增长。因此，这种政策组合的政策目标就是在控制通货膨胀的同时，保持适度的经济增长。

（四）松财政政策+紧货币政策

松的财政政策在于刺激社会总需求，解决经济萧条带来的失业率上升等问题，维持社会经济的稳定。紧的货币政策可以通过收缩银根，减少货币投放量来避免过高的通货膨胀率。因此，这种政策组合的政策目的是在保持经济适度增长的同时尽可能地

---

① 李克强：国务院常务会议讲话。

避免通货膨胀。长期运用这种政策组合，容易导致较大数额的财政赤字，不利于后续财政政策发挥作用。紧财政政策+松货币政策的政策组合与这一政策组合的政策目的看似一致，其实侧重点不同。前者注重的是防止通货膨胀，因此更适用于经济过热时；后者注重的是保持经济适度增长，因此更适用于经济萧条时。

在总量平衡的情况下，在调整经济结构和政府与公众间的投资比例时，一般会采取后两种方法，即财政政策和货币政策一松一紧的组合方法。"紧财政政策+松货币政策"的方法可以使公众以较低的利率从银行等借贷出更多的资金，补偿因增税措施而减少的居民可支配收入，其结果是政府投资减少，私人投资增多；"松财政政策+紧货币政策"的方法可以导致公众的可支配收入相对增多，但其借贷资本的成本增加，结果是居民投资减少，而政府投资增加。因而，两大政策一松一紧的组合方法可以有效地调节政府部门和私人部门的投资结构。

在经济失衡较为严重的情况下，政府和中央银行为了达到扩张或者收缩经济的目的，一般会使用"双松"或"双紧"的财政政策和货币政策。在经济萧条后期，社会失业率高，工厂设备大量闲置，社会资源得不到充分利用。此时，政府会实行"双松"的政策组合，从而缓解就业压力，充分利用社会上的生产资源，提高社会劳动生产率，达到刺激经济复苏的目的。在经济过度繁荣的后期，为了抑制经济的过度膨胀，降低社会总需求，减轻通货膨胀的压力，政府一般会采取"双紧"的政策组合，使经济得以稳定地向前发展。当然，在经济失衡程度较轻的情况下，政府和中央银行也会通过单独实行财政政策或货币政策，而不是组合的形式来达到一定的经济目标，调整经济运行。

在财政政策和货币政策组合的实际运用中，调节效应不仅影响社会总需求，还影响社会总供给。因此，在对市场经济实行紧缩的政策时，不仅可以通过实行紧缩的财政政策或货币政策抑制需求的增长，还可以通过实行宽松的政策来促进供给的增加，二者相互补充，相互促进。从结构的角度来看，无论总需求和总供给是否平衡，需求和供给在部门内部往往都是不平衡的，存在供大于求和供小于求的情况，且部门间存在差异。因此，不能单纯地采取紧的或松的政策调节，而应从结构失衡的具体情况出发，采取不同的政策组合方式加以调节。在调控宏观经济运行时，兼顾总需求和总供给，从而实现相应的宏观经济目标。

第三节

我国财政政策实施进程回顾

一、1978—1992年的财政政策探索与实践

从1978年我国政府开始实行改革开放政策到1992年明确提出建立社会主义市场

经济体制，经历了十多年的时间。这期间正是我国经济从计划经济体制向市场经济体制转变的过渡阶段。从1978年底到1984年10月的改革起步阶段，我国以农村改革为突破口并取得了较大成功，在城市也从扩大企业自主权入手进行了改革试点。从1984年10月到1988年9月的初步展开阶段，改革重点从农村转移到城市，以增强国有企业活力为中心，同时也从微观领域逐步扩展到宏观领域，涉及政治、科技、教育体制等多个领域。从1988年9月到1992年提出建立社会主义市场经济体制期间，进行了经济治理整顿，并不断推进市场化改革。在这期间，我国的商品经济得到了较好发展，市场逐步扩大，市场微观主体逐渐形成，市场机制开始发挥基础性作用，我国经济获得了前所未有的发展。计划经济运行机制逐渐被打破，新的市场运行机制尚在培育和发展阶段。但总体上看，我国实行的是有计划的商品经济体制，即计划与市场相结合的体制，政府在经济管理中开始有意识地发挥市场机制调控作用。我国财政也开始注重利用各种政策工具调控经济，逐步发挥市场机制配置资源的基础性作用，形成了独具特色的转型时期财政政策作用机制。

这一时期的财政政策又可根据经济周期分为三个较为明显的阶段性政策。

（一）1978—1981年的财政政策

1978年，党的十一届三中全会作出实行改革开放的重大战略决策，开始了我国从“以阶级为纲”到以经济建设为中心、从僵化半僵化到实行改革、从封闭半封闭到对外开放的历史性转变。改革开放战略决策的提出和实施，极大地激发了全国人民发展经济的热情，国民经济出现恢复性增长。1978年我国GDP增长率为11.7%，财政收入增长了28.2%。但新情况下，“急于求成”的倾向显现，经济趋热，各种问题相继出现，如农副产品价格上涨过快，固定增长投资增长过快，财政赤字严重，货币超量发行，出现通货膨胀、外贸逆差增加、国际收支缺口扩大的情况。

针对这种情况，当时采取的主要财政政策有：一是控制投资需求；二是控制消费需求，压缩各项开支；三是实行分级包干财政体制；四是发行国库券筹集财政收入；五是稳定市场，平抑物价；六是调整进出口商品结构，平衡国际收支。这次宏观调控实现了物价稳定、财政收支平衡、信贷平衡、国际收支平衡的预期目标。居民消费价格指数从1980年的7.5%下降到1981年的2.5%，商品零售价格指数从1980年的6.0%下降到1981年的2.4%。财政收支差额从1980年赤字68.90亿元，转为1981年盈余37.38亿元，中央财政状况有了很大改善。

此次调控所采取的主要是强制性的直接调控措施，以指令性的行政手段为主。直接调控在短期内收效明显，但经济大起大落，经济增长率从1980年的7.8%下降到1981年的5.2%。

（二）1982—1986年的财政政策

党的十二大明确提出“翻两番”的战略目标，即从1981年到20世纪末20年间，在不断提高经济效益的前提下，力争使全国工农业年总产值翻两番，在此背景下，经济过热的苗头逐渐显现。这一时期财政政策的主要措施包括：一是与货币政策相配合，控制投资支出；二是严格控制财政支出，抑制消费需求；三是积极增加财政收入；四是搞好财政综合平衡。这些措施有效抑制了经济过热的局面。1985 年，工业增速由上半年的 23. 1% 回落到 10. 2%；固定资产投资增长过快的势头得到初步控制，1986 年全社会固定资产投资同比增长 22. 7%，比上年回落 16. 1%；保证了财政收支平衡，1985 年全国财政收支转为盈余 5700 万元；1985 年金融机构贷款余额和货币供应量增速同比分别减慢 2. 5 个和 24. 8 个百分点。

由于当时经济的商品化和货币化程度还不高，各种政策工具尚不完善，因而对经济的调控并未取得理想效果。1986 年，大量基建项目已经上马并陆续完成，原材料、能源供应更为紧张，同时由于信贷资金的大部分都用在了固定资产投资上，企业的流动资金变得极其紧缺。受此影响，工业生产增长速度开始显著下滑。

（三）1987—1992 年的财政政策

从 1986 年第二季度起，针对企业流动资金紧张的问题，中央银行重新开始放松货币信贷投放。1987 年，国民经济实现了较好增长，GDP 增长 11. 6%，固定资产投资增速同比回落 1. 2 个百分点。但社会总需求仍然大于社会总供给，物价上涨幅度较大，投资和消费双膨胀，经济增长过快。1988 年全国零售商品物价总水平上涨 18. 5%，创下历史新高。针对这一情况，主要采取了下列财政政策：一是大规模压缩固定资产投资规模；二是控制社会消费需求；三是整顿财税秩序，大力推进依法治税；四是紧缩中央财政开支，努力实现财政收支平衡；五是实行税利分流，理顺国家和企业的分配关系。

这次宏观调控是改革开放后我国进行的宏观调控中比较重要的一次。由于经济失控的范围宽、来势猛、影响大，相比以往的历次宏观调控，此次调控的步伐比较急，采取的措施力度也比较大。因此，在经过不到一年的时间，经济就重新基本实现平衡，经济增长过快的势头得到控制，物价迅速回落，需求膨胀得到化解，固定资产投资的结构有所调整。但在具体操作过程中各项紧缩政策实施力度过大，出台时间过于集中，导致经济增长速度回落过快，降幅过大，国民经济出现"硬着陆"。GDP 增长率从 1988 年的 11. 3% 下降到 1990 年的 3. 8%。同时，伴随着经济增速的快速回落，企业经济效益明显下降，居民收入的增幅也有一定的下降。

二、1993—1997 年适度从紧的财政政策

1992 年邓小平同志南方谈话和党的十四大确立社会主义市场经济体制改革目标，促进了经济快速发展，但在经济快速增长和我国市场经济建设步伐加快的同时，也充分暴露了以前积累的一系列矛盾，出现经济全面过热的问题。1993 年第一季度 GDP 增长 14. 3%，6 月份工业总产值增幅达 30. 2%。总体来说，这一时期，投资和消费需求双膨胀，产业结构失调，通货膨胀加剧，国际收支出现逆差。

为了有效抑制经济过热的局面，引导国民经济良性发展，我国从 1993 年开始实施"双紧"的政策组合，即紧缩性的财政政策和紧缩性的货币政策。1993 年 9 月，国家发布 16 条措施，包括削减基建投资，通过审核排队的方式严控新开工项目，严格审批和认真清理开发区，停止出台新的价格改革措施等。具体采取的财政政策

包括：

（一）实行总量调控，加大对总需求的控制力度

1. 大力加强收入征管。一是强调依法治税；二是整顿税收征管薄弱环节；三是限期完成国库券发行任务。

2. 严格控制财政赤字。中央要求，地方财政预算收支必须严格执行《国家预算管理条例》，不准打赤字；已打赤字的地区，要及时调整地方预算，确保全年财政收支平衡。1994 年通过了《中华人民共和国预算法》，规定中央政府经常性预算不列赤字，地方各级预算不列赤字。从 1994 年起中央财政赤字主要通过发行国债的办法弥补，不再向中国人民银行透支或借款。通过严格控制财政开支，财政支出增幅从 1994 年的 24.1% 下降到 1997 年的 16.3%。

3. 强化投资管理以控制固定资产投资增长。1993 年，针对基本建设投资增长过猛的态势，政府不断加强投资管理，严控投资规模。1994 年，政府又颁布了《关于继续加强固定资产投资宏观调控的通知》。1995 年，继续严格控制固定资产投资规模，清理在建项目。1996 年，对固定资产投资实行项目资本金制度。

4. 严格控制社会集团购买力。如对社会集团购买力实行指标管理、专项审批、统计管理和监督检查等办法。

（二）调整支出结构，加强对国民经济薄弱环节的支持

适度从紧的财政政策，是在调控总量的同时实行有紧有松的结构性调整。

1. 支持农业发展。这一时期，主要通过增加投入和实行优惠政策等措施，支持农业发展，巩固农业的基础地位。

2. 支持企业技术进步。财政实施了一系列鼓励企业技术进步的措施，主要包括：允许企业根据国家统一规定选择加速折旧方法；允许企业技术开发费据实列入成本；允许企业借款利息计入资产价值或财务费用；根据国家的产业政策和科技政策适当增加了科技费用、技术改造拨款和贴息等。

3. 促进国有企业改革。如 1995 年财政对 18 个优化资本结构试点城市的国有工业企业，通过实行 15% 企业所得税优惠税率的办法补充企业资本金。

这一时期的财政政策调控，没有像过去那样采取直接行政命令的方式，而是注重运用经济手段，从市场经济的基本原则出发，通过经济政策和体制改革等措施进行宏观调控，体现了着眼于经济运行软着陆、总量从紧和结构调整兼顾、适度从紧财政政策和适度从紧货币政策的密切配合，以及调控和改革相结合的特点。财政政策实施效果明显。

一是经济增长速度和通货膨胀进入适度区域。GDP 增长率从 1993 年的 14% 缓慢下降到 1997 年的 9.3%，居民消费物价指数涨幅从 1994 年的 24.1% 下降到 1997 年的 2.8%。

二是投资、消费双膨胀现象逐步得到抑制。1997 年，全社会固定资产投资增长率为 8.8%，比 1993 年下降 53 个百分点；社会消费品零售总额比上年增长 10.2%，比 1993 年下降 19.6 个百分点。

三是经济效益逐步提高。按可比价格计算，农村居民人均纯收入实际增长率，由1993年的3.2%提高到1996年的9%，城镇居民人均可支配收入增长率也保持较好的增长态势。对外贸易实现顺差122亿美元，粮食总产量达到历史最高水平。

四是财政收入稳定增长，财经秩序明显改善。1994年分税制改革，初步建立了财政收入稳定增长的机制，1995—1997年财政收入增加3433亿元；乱收费和不合理减免税等现象明显减少，收缩地方减免税权力、整顿税收征管薄弱环节、开展全国财税大检查等举措取得显著效果。

三、1998—2004年的积极财政政策

1997年7月，亚洲金融危机在泰国首先爆发，泰铢迅速贬值，并迅速蔓延，席卷周边国家和地区。我国的贸易和投资受到了极大的影响，外贸出口甚至出现了负增长的态势。在极其严峻的国际经济环境下，我国坚持人民币不贬值的方针，在国际经济事务中成功地树立起负责任的大国形象。与此同时，我国消费低迷，市场出现供大于求的现象，产品积压，物价下降，公众预期降低，经济循环受阻。我国固定资产投资增长趋缓，银行部门提高贷款门槛，民间部门投资意愿降低。我国结构性矛盾凸显，产业结构、产品结构、地区结构和收入分配结构等问题愈来愈明显，通货紧缩不断逼近，经济增长率下降较多，经济发展面临严峻考验。

针对这种情况，我国政府及时制定了扩大内需的方针，实行积极的财政政策和稳健的货币政策，以促进宏观经济的发展。积极财政政策的主要内容有：

（一）增发长期建设国债，加强基础设施建设

1998年，中央财政预算调整方案将中央财政赤字调整为960亿元，比上年扩大400亿元，增发1000亿元长期建设国债，同时配套增加1000亿元银行贷款，全部用于基础设施建设。同时，中央财政还向国有独资商业银行发行了2700亿元的特别国债，以提高国有银行的资本充足率和抗风险能力。1999年，在年初预定500亿元长期建设国债发行规模的基础上，增发600亿元长期国债，中央、地方各一半，相应扩大中央财政赤字300亿元，以保持投资需求的较快增长。2000年，在年初决定的1000亿元长期建设国债发行规模的基础上，下半年又实行预算调整方案，增发500亿元长期建设国债，重点投向水利、交通、通信等基础设施的建设，科技和教育设施建设，环境整治与生态设施的建设和企业的改造，并向中西部地区倾斜。继续运用税收、价格等手段，鼓励投资，促进消费，保障人民收入的稳定增长，促进社会经济向前发展。2001年积极财政政策继续实行，发行1500亿元长期建设国债，其中1000亿元用于弥补前期基础设施在建项目后续资金不足和工程收尾，500亿元特种国债用于支持西部大开发。2002年继续发行长期建设国债1500亿元，其中，1250亿元列入中央预算，其余250亿元转贷地方使用。

1998—2004年，中央财政累计发行长期建设国债9100亿元。截至2004年末，7年实际累计安排国债项目资金8643亿元，并拉动银行贷款和其他配套资金超过2万亿元。

（二）调整税收政策，增强税收功能

为鼓励投资，以支持引进国外的先进技术设备，在将关税税率总水平由1997年底的17%逐步降为2004年的10.4%的同时，从1998年起，对国家鼓励发展的国内投资项目和外商投资项目进口的设备，在规定范围内，免征关税和进口环节税；1999年下半年起减半征收固定资产投资方向调节税，2000年起暂停征收；对符合国家产业政策的企业技术改造项目购置国产设备，准予按40%的比例抵免企业所得税。为刺激居民消费，1999年11月，对居民储蓄存款利息恢复征收个人所得税；1999年除香皂以外的其他护肤护发品的消费税税率由17%降为8%，对环保型汽车减按规定税率的70%征收消费税；从1999年8月1日起对涉及房地产的营业税、契税、土地增值税给予一定的减免，以鼓励住房消费和流通。为鼓励外贸出口，1998—2004年先后多次对出口退税进行了调整。为适应经济结构的战略性调整，对中西部地区和高新技术企业进行了各种税收支持。为支持金融体制改革和提高金融机构经营效益，降低了金融保险业的营业税税率以及证券交易印花税税率。

（三）调整收入分配政策，培育和扩大消费需求

1999—2003年，分四次提高机关事业单位人员的基本工资标准并相应增加离退休人员离退休费，国家为此累计安排增资支出6390亿元，其中中央财政支出3714亿元。同时，重视加强社会保障工作，不断完善社会保障体系。1998年至2004年，全国财政用于企业养老保险基金补助、国有企业下岗职工基本生活保障补助和城市居民最低生活保障的支出累计4464亿元。这些收入分配政策的调整、实施，进一步增强了居民的消费能力，有效拉动了内需。

（四）完善非税收入政策、规范分配关系

加大治理乱收费力度，减轻企业和居民的非税负担。1998—2004年，共取消收费项目1913项，降低了479个项目的收费标准，减轻社会负担1490亿元。同时，率先规范交通和车辆收费，从2001年起，将车辆购置附加费改为车辆购置税，税费改革迈出实质性步伐。此外，还进行了农村税费改革。

（五）加大对中西部地区转移支付力度，促进中西部地区发展

2002年实行所得税收入分享改革，当年所得税增量收入中央和地方按五五比例分享，从2003年起按六四比例分享，中央财政从所得税增量中多分享的收入，全部用于增加对地方主要是中西部地区的转移支付。为配合西部大开发战略和农村税费改革政策的实施，保护和改善西部生态环境，中央财政还对天然林保护、退耕还林（草）、农村税费改革造成的基层财政减收等进行转移支付补助。这些转移支付政策，大大增强了地方特别是中西部地区的财政保障能力，促进了区域和城乡协调发展。总的来看，这一时期，中国政府在实施积极财政政策的过程中，注意把握财政政策实施的方向和力度，注重短期措施与长期政策目标的协调，保持财政经济可持续发展，其主要特点在于政策选择正确和政策取向合理。积极财政政策的实施，有效地扩大了基础建设的投资，加快了基础设施建设步伐，优化了经济结构，基本解除了长期存在的经济增长的“瓶颈”。政策的实施还加大了技术革新力度，加大了教育和科研投入，推动了产业升级，完善了社会保障力度，提高了城镇居民的生活水平，大大地刺激了消费和投资，促进了国民经济的持续、健康、高速、稳定的增长。从国际影响来看，积极财政政策的实施也为周边国家和地区的经济金融稳定作出了重要贡献，提升了我国的国际地位。

专栏 14－1

积极财政政策

我国政府提出和实施的积极财政政策，是有其特定的经济社会背景和政策含义的。

其一，积极的财政政策是就政策作用大小的比较意义而言的。改革开放以来，由于多种原因，我国财政收入占 GDP 的比重，以及中央财政收入占全部财政收入的比重不断下降，出现了国家财政的宏观调控能力趋于弱化，“吃饭财政”难以为继的窘境。面对中国经济成功实现“软着陆”之后出现的需求不足、投资和经济增长乏力的新形势及新问题，特别是面对亚洲金融危机的冲击和影响，必须使我国财政政策尽快从调控功能弱化的困境中走出来，对经济增长发挥更加直接、更为积极的促进和拉动作用。这就是“更加积极”或积极的财政政策的主要含义。

其二，积极的财政政策是就我国结构调整和社会稳定的迫切需要而言的。随着改革开放的深入，市场化程度的不断提高，我国社会经济生活中的结构性矛盾也日渐突出，成了新形势下扩大内需、开拓市场、促进经济持续快速健康发展的严重障碍。而作为结构调整最重要手段的财政政策，显然应在我国的结构优化和结构调整中，发挥比以往更加积极的作用。此外，由于社会收入分配差距扩大，国有企业改革中下岗、失业人数增加，城市贫困问题的日渐显现等原因，作为社会再分配唯一手段的财政政策，也必须在促进社会公平、保证社会稳定方面发挥至为关键的调节功能。这是市场机制和其他政策手段所无法替代的。形势的变化，紧迫的客观需要，使中国的财政政策不能不走上前台，充分发挥其应有的积极作用。

其三，积极的财政政策不是一种政策类型，而是一种政策措施选择。中外的经济理论表明，现代市场经济条件下的财政政策，大体可分为扩张性财政政策、紧缩性财政政策和中性财政政策三种类型。如 20 世纪 30 年代美国的“罗斯福新政”，及其与之配套、至少实行了 10 年之久的扩张性财政政策；日本自 60 年代以来所奉行的扩张性财政政策等，都具有这种政策特征和政策取向。而我国当前实施的积极的财政政策，只是在适度从紧财政政策大方向下，根据变化了的新情况、新问题和始料不及的某些外部因素而采取的一种应对性财政政策举措，并非是一种政策类型。

我国分别于1998年和2008年两次提出实施积极财政政策。

1997年7月2日，以泰国宣布泰铢与美元脱钩为标志，亚洲金融危机爆发，其后，引发了一系列冲击。1998年上半年，我国出口增速逐月放慢，上半年出口增长7.6%，与1997年同期相比增幅回落18.6个百分点。为应对1997年爆发的亚洲金融危机，我国于1998年开始实施积极的财政政策。1998—2004年，长期建设国债共发行9100亿元，截至2004年末，七年累计实际安排国债项目资金8643亿元，具体投向包括：农林水利和生态建设2596亿元，占比为30%；交通通信基础设施建设1711亿元，占比为19.8%；城市基础设施建设1317亿元，占比为5%；中央直属储备粮库建设352亿元，占比为4.1%；环境保护投资312亿元，占比为3.6%；公检法设施建设180亿元，占比为2.1%。这是第一次积极财政政策。

2008年，由美国次贷危机引发的国际金融危机迅速蔓延。从2008年10月份起，国际金融危机冲击我国进出口形势，出口增速逐月下降。伴随外需急剧减少，经济增速趋缓，迫切要求扩大内需，拉动经济走出下滑的泥淖。从2008年11月份开始，新一轮积极财政政策开始走上舞台。此次积极财政政策包括五个重要投向：第一，扩大政府公共投资；第二，税费改革与结构性减税；第三，提高低收入群体收入，促进消费；第四，保障和改善民生；第五，支持科技创新和节能减排。此次积极财政政策的初期资金投入总规模约4万亿元，包括从2008年10月到2010年底，中央增加政府公共投资1.18万亿元左右以及其带动的地方和社会投资。这是第二次积极财政政策。

四、2005—2007年的财政政策

2005年开始，中国经济形势再次发生变化，出现了通货膨胀压力加大、房地产价格上涨的问题，我国政府开始实行稳健的财政政策，即稳中求进，稳中保进，以有保有压、有松有紧为原则，采取灵活微调的方式，在手段上更加注重运用法律和市场手段。调节房地产方面的政策主要包括：增加税收，提高首付比例，提高贷款利率，调整住房供应结构以及推进廉租房和经济适用房建设。在宏观层面则采用减少长期建设国债的发行规模，减少财政赤字总量，优化市场贷款结构和规模，创新金融产品等手段，进一步解决资金流动性过剩的问题，促进了经济的增长。

稳健的财政政策具有四方面的内涵：一是基本维持现有规模的赤字水平，保持政策的持续性和稳定性；二是积极增加财政收入，合理安排增长速度，增强市场对资源配置的基础性作用；三是优化支出结构，加强管理，提高效率；四是推动深化改革，促进经济增长方式的转变。总体思路可以概括为“控制赤字、调整结构、推进改革、增收减支”①。

---

① 陈共：《财政学》（第六版），中国人民大学出版社，2009年。

五、2008 年以来的财政政策

这几年，我国实行的都是积极的财政政策，2007 年之后，我国居民价格消费指数加速上涨，宏观调控更加频繁，一年之内 10 次上调了存款准备金率，5 次提高存贷款利率。2008 年，我国暂免存款利息个人所得税，下调了证券交易印花税、住房交易等相关税费。同时，以诸多举措加大金融对经济增长的刺激作用，加大对中小企业的支持力度。2009 年，我国大幅度增加了政府支出，用于社会保障和医疗等方面，并不断优化财政支出结构，推进结构性减税和税制改革。同年 8 月，温家宝总理在国务院常务会议上强调要“保增长、扩内需、调结构”，进一步安排部署了国家的宏观经济活动。2010 年，国家一方面保持适度的财政赤字和国债规模，另一方面增加在科学技术、环境保护等方面的财政支出，使国家经济进一步回升，国内需求强劲，经济总体上呈“高增长、低通胀”的良好态势。2011 年，我国继续实行积极的财政政策和稳健的货币政策。财政政策更加强调结构调整和包容性增长，并且坚持房地产调控政策方向不动摇、力度不放松，再加上稳健的货币政策的配合，经济得到进一步的发展。同年 3 月，财政部部长谢旭人在中国发展高层论坛上指出，中国将从完善财政体制、推进预算管理制度改革和深化税制改革三方面进一步深化财税体制改革。与此同时，房产税开始在重庆、上海等地试点征收，再加上“战略新产业规划”、“平衡贸易战略”的推进，以增长保民生，以民生促增长的发展模式大大提高了居民的生活质量，促进了经济平稳、健康、可持续向前发展。2012 年的财政政策，一方面注重保增长，另一方面向调整结构发力。当年的财政赤字超过一万亿元。扩大了地方政府直接发债试点的范围，对地方债等实施所得税减免优惠政策。同时，国家还扩大了房产税的试点范围，加大了对房地产业的调控力度。2013 年初，国务院总理温家宝在十二届全国人大一次会议上作政府工作报告时说，为实现今年经济社会发展的主要预期目标，必须继续实施积极的财政政策和稳健的货币政策，保持政策的连续性和稳定性，增强前瞻性、针对性和灵活性。为了更好地发挥积极财政政策在稳增长、调结构、促改革、惠民生中的作用，温家宝总理提出了适当增加财政赤字和国债规模，结合税制改革完善结构性减税政策，着力优化财政支出结构，继续加强地方政府性债务管理等四项财政政策建议。在 2013 年 12 月召开的中央经济工作会议中，提出了明年经济工作的总体要求和主要任务，并明确提出，继续实施积极的财政政策和稳健的货币政策。

第四节

我国实施财政政策的经验和未来政策走向

一、我国实施财政政策的经验

我国财政政策的实施取得了很好的效果。在财政政策的实施过程中，我们也取得了一定的经验。

（一）对政治经济形势要有准确的判断

准确判断国内外经济形势，并根据形势的发展变化及时调整财政政策措施，以及推动财政政策的转型，是财政政策实施和操作过程中的重要经验。在经济疲软时，我国的财政政策果断出击，刺激国内的消费和投资需求。在国内经济形势转变后，党中央和国务院及时调整政策，将财政政策调整为刺激需求与调整经济结构、调整分配政策、注重科技进步和发展教育等相配合，并及时调整实施力度，达到了很好的效果。随着经济的不断向前发展，出现了经济过热等现象，党中央、国务院根据科学发展观的要求及时调整策略，将财政政策的目标变为配合经济的宏观调控，解决结构性问题，注重标本兼治，为经济转型贡献了力量。

（二）通过增加财政支出来实施扩张性财政政策

扩张性财政政策包括增加政府支出和减少政府税收两种方法。我国实行的积极的财政政策以增发国债为手段，以扩大财政支出为方法，以刺激社会消费和投资需求为目的，大大提高了我国财政政策的实施力度。选用这种方法具有扩张效应大、掌握主动性等优点。政府在政策实施过程中调控得更加游刃有余，降低了政策实施的难度。相应财政政策对经济复苏的促进作用更加明显。

（三）财政政策和货币政策需协调配合

财政政策和货币政策的协调配合，是实行扩张政策时避免通货膨胀，实行紧缩政策时防止经济萧条的重要保障。目前，我国实行的是双稳健的政策组合，运用稳健的财政政策保持适度的经济增长，运用稳健的货币政策保障适度的货币供给。两种政策积极配合，在操作过程中微调，既有利于贯彻落实科学发展观，又有利于保持经济的稳定和较快增长。

（四）宏观调控政策目标需协调兼顾

在财政政策实施过程中，要时刻突出主要的政策目标，更要注重兼顾次要的政策目标。在扩大财政支出刺激投资需求的同时，调整经济结构，扶持农业的发展，配合西部大开发战略；在实行科教兴国战略的同时，大力推进科技进步，注重技术创新，改善出口结构，推动产业升级；在刺激国内消费需求的同时，注重调整分配政策，取消农业税，解决三农问题，提高中低层的收入水平；在扩大财政支出水平的同时，不断调整税制结构，推动税制改革，并带动银行信贷的增长，与货币政策相配合，从而发挥对经济的促进作用。

二、未来财政政策的走向

未来，我国发展面临的形势依然错综复杂，有利条件和不利因素并存。根据我国宏观经济运行的基本状况，宏观经济政策的实施应保持连续性、稳定性。财政宏观调控政策是国家基础性的宏观调控工具，在今后的一段时间内应继续实施以发挥市场决定性作用为目标的积极财政政策和稳健的货币政策。

（一）继续实施结构性减税政策，稳定宏观税负

在保持宏观税负总体稳定的基础上，充分发挥税收筹集财政收入、调节分配、促进结构优化和产业升级的职能作用，加快形成有利于科学发展、社会公平、市场统一的税收制度体系，更大程度、更大范围发挥市场在资源配置中的决定性作用。要强化税收筹集财政收入的功能作用，也要保持宏观税负相对稳定。因此，改革要税费联动、有减有增，兼顾需要与可能，既要考虑保障国家发展和人民对公共服务的需要，保持财力适度增长，又要充分考虑企业、个人的承受能力，将税收负担水平控制在合理范围之内。同时，解决以费代税造成的税费功能叠加问题，实现税费功能归位，规范政府收入秩序。

1. 建立规范的现代增值税制度

近期，在交通运输业和部分现代服务业全面推行“营改增”的基础上，逐步将邮电通信业、铁路运输业、建筑房地产业、金融和生活服务业等纳入改革序列。综合考虑财力许可等因素，可以逐步将不动产纳入增值税抵扣范围，进一步让利于市场主体和纳税人。

2. 进一步发挥消费税调节功能

适当扩大并调整消费税征收范围，把高耗能、高污染产品及部分高档消费品纳入征收范围，放大消费税引导合理消费行为的作用。研究将消费税由目前主要在生产（进口）环节征收改为主要在零售或批发环节征收。

3. 加快资源税从价计征改革

目前，原油、天然气资源税从价计征改革已在全国范围内实施，部分金属和非金属矿资源税从价计征改革试点在部分地区实施。下一步改革的重点是，推进煤炭资源税从价计征改革，清理取消相关收费基金，适当提高从量计征的资源品目的税额，逐步扩大资源税征收范围。

4. 加快推进房产税制度改革

要在认真总结上海、重庆等地试点经验的基础上，完善政策、科学决策，逐步建立统一完整的房地产税制度。

5. 建立健全综合与分类相结合的个人所得税制度

当前我国改革的重点应是适当合并相关税目，形成合理税率，完善税前基本扣

除，加快完善个人所得税征管配套措施。

6. 开征环境保护税

我国开征环境保护税条件日趋成熟，要尽快将现行排污收费改为征税，开征独立的环境保护税，促进形成节约能源资源、保护生态环境的发展方式和消费模式。

7. 加强和改进税收优惠政策设定

加强对税收优惠特别是区域税收优惠政策的规范管理。对执行到期的应彻底终止不再延续，对未到期限的要明确政策终止的过渡期，对带有试点性质且具有推广价值的，应尽快在全国范围内实施。区域发展规划应与税收优惠政策脱钩，严格禁止各种越权税收减免。

（二）优化财政支出结构，着力保障民生

牢固树立过“紧日子”的思想，严控“三公经费”等一般性支出，预算执行中原则上不出台新的增支政策。继续盘活财政存量，建立结转结余资金定期清理机制，加大资金统筹使用力度。

1. 支持实施农业可持续发展战略，加快转变农业发展方式

在确保国家粮食安全的前提下，支持农业“休养生息”，提高国内农业综合生产能力，开展现代农业示范区改革与建设试点，增加农产品国际供给能力，完善农产品价格和市场调控机制，大力支持精准扶贫。启动财政支持农民合作组织创新和农业生产全程社会化服务两项试点，开展国家农业综合开发现代农业园区、龙头企业带动产业发展、“一县一特”产业发展试点。

2. 积极推动城镇化进程，促进城乡发展一体化

支持建立多元可持续的资金保障机制，按照推进农业转移人口市民化的要求，完善相关财税政策，支持开展试点示范工作。

3. 支持中小企业发展，促进自主创新

大力促进中小企业发展，支持具有创新性、成长性和持续性的中小企业发展壮大，形成自主创新的坚实基础和产业分工细化的有效载体。

4. 加大民生财政投入，切实保障改善民生

在教育方面，以奖补方式鼓励社会力量举办学前教育，大力支持中西部农村地区幼儿园建设。提高义务教育经费保障水平。支持职业教育基础能力建设，提升职业院校教师素质。推动高等教育发展，完善研究生教育投入机制。

在社会保障和就业方面，提高企业退休人员基本养老金水平。提高优抚对象抚恤待遇，扎实做好城乡低保、自然灾害生活救助、疾病应急救助等工作。支持实施大学生就业促进计划。

在医疗卫生方面，提高基本公共卫生经费标准，提高新农合和城镇居民医保财政补助标准。推进建立大病医疗保险（放心保）制度，稳步推进基层医疗卫生机构综合改革和县级公立医院改革试点。在中西部地区开展了基层医疗卫生机构全科医生特岗计划试点。

在住房保障方面，加大对棚户区和农村危房改造的投入，支持完成保障性安居工程全年建设任务。在文化方面，推进公益性文化设施免费开放，加快公共文化服务体系建设。

（三）推进政府购买服务，提高财政支出效率

大力推进政府购买服务工作，促进政府职能转变。打破传统上政府垄断供应服务的模式，改变政府公共服务的提供方式，从政府养人、养事，到政府买事、买服务。让私人企业参与公共服务供给，从而将市场竞争机制和竞争压力带入公共服务领域，提高财政支出效率。应下大力气推进事业单位改革，转变政务和公共服务的提供方式，形成政府与事业单位和其他服务企业之间的市场通道和市场机制，推动我国政务和公共服务产业的快速发展。

（四）加强地方政府性债务管理，控制财政风险

积极响应农村土地制度改革，防范地方政府土地出让收入波动风险。十八届三中全会开启了新一轮农村土地制度改革。可考虑由中央财政主导建立地方政府债务风险稳定基金，余额滚动并委托全国社保基金运营管理；或与货币当局积极合作，加快市政债的改革进程，明确区分企业债务和政府债务，允许部分到期债务展期或借新债还旧债，以发展和改革来化解风险。

思考与讨论：

2013 年第四季度，是许多重要国际经济组织共同认为的世界经济“拐点”期。主要表现为世界主要的发达国家经济均摆脱负增长状态，逐步进入稳定增长阶段，而新兴工业化国家则转入中低速增长阶段，世界经济的增长引擎再次转到发达国家肩上。

（一）美国经济全面复苏

2013 年，美国经济取得了快速发展，成就令世界瞩目。从关键性的经济指标来看：全年经济增幅预期可达 2.8%，进入到经济正常增速范围；失业率水平已经达到 2008 年危机以来的最低值，12 月末的数据为 6.7%；通货膨胀始终保持在较低的水平，为 1.5%；居民收入保持良性增长，预计全年收入增速达到 2% 左右。总体上，美国经济形势呈现出“两高一低”和生产与分配格局基本稳定的良好局面。

美国经济的强劲复苏并非偶然。自 2008 年次贷危机演变成为美国经济危机，并席卷全球成为世界金融危机以来，美国一直致力于推进金融市场改革、促进实体经济发展、稳定房地产市场形势和完善宏观调控机制，走出了一条反危机、促增长的美国道路。

第一，金融市场改革。着力稳定金融市场，并积极推进金融市场改革，是应对危机挑战，恢复经济秩序的第一步。

第二，新能源革命。美国的页岩气和页岩油等新能源革命是新能源革命的典型代表，对美国产业竞争力和总供给曲线的改善作用巨大。

第三，制造业复兴。美国制造业复兴并不是偶然，除新能源革命带来的成本优势外，美国去杠杆化以后的金融市场对于风险分散能力有所下降，客观上需要在成熟的市场和法律环境下展开投融资活动，这为美国制造业的回流和复兴打下了金融基础。

第四，修复家庭资产负债表。美国房地产市场已进入稳步复苏的阶段，随着房地产价格上升，家庭资产负债表的情况也将得以进一步的修复。

第五，有序的政策退出安排。在退出安排中，美联储采用先退出第三轮量化宽松货币政策，这一方面向市场传递出紧缩的信息，另一方面保持央行对利率结构的控制能力。在市场逐步消化紧缩信息后，金融机构的货币创造能力开始增加，容易导致资产泡沫或通货膨胀，美联储再启动资产退出计划，逐步出售危机期间购入的票据、债券和其他证券，从而平抑资产价格的急剧波动（主要是上涨），并相应的回笼货币，缓解通货膨胀压力。

（二）日本、欧盟将先后进入复苏轨道

在美国经济全面复苏的同时，日本和欧盟的经济也发生了可喜的变化，相关成绩可圈可点。

安倍的“三支箭”战略当前已部分取得了其预期成果，如日本2013年经济增速预计将达到2.5%左右；CPI达到1.5%，接近日本政府预设的2%的政策目标；日元对美元贬值幅度达到30%，有效地促进了日本出口增长和国际收入改善。但我们同时也看到，上述政策效果主要表现为短期情形，要实现日本政府预定的“10年后日本人均国民总收入（GNI）增加150万日元”的目标还需要持续的中长期政策支撑才能够实现。

随着美国经济快速复苏，在欧元区采取的改革措施和有利环境的推动下，欧元区经济出现了明显改善，主要表现在以下两个方面：一是主权债务危机的风险已经大幅度缩小，金融市场的定价机制和效率得到了有效的恢复；二是欧元区经济指数得到了有效的恢复，2013年的“成绩单”进步很大。欧元区的GDP增速达到-0.3%，全年GDP增速预计可以达到0增长的状态，从而逐步进入到增长周期；失业率保持为12.1%，青年失业率依然偏高；各成员国平均债务率为85.6%。

（三）稳中求进、稳中有为的中国经济

2013年的中国经济，表现出稳定、创新和优化三个方面的特征。具体表现为：

1. 宏观经济形势基本稳定，各项经济指标保持良好

2013年GDP总量达到568845亿元，按可比价格计算，同比增长7.7%。物价水平保持基本稳定。全年CPI的值同比上涨2.6%。就业状况总体平稳，城镇化率达到53.73%。

2. 产业结构不断优化，服务业增速明显提升

第一产业增加值56957亿元，增长4.0%；第二产业增加值249684亿元，增长7.8%；第三产业增加值262204亿元，增长8.3%。第三产业占GDP的比重有所提升，占比水平达到46.1%，第一次超过了第二产业的占比情况。全年万元国内生产总值能耗比上年下降3.7%。

3. 经济增长动力结构稳步调整，出口形势渐趋明朗

2013年，最终消费对GDP增长的贡献率是50%，资本形成总额的贡献率是54.4%，货物和服务净出口贡献率是-4.4%。投资对经济增长的贡献率有所下降。全年固定资产投资（不含农户）436528亿元，扣除价格因素实际增长19.2%。家庭消费稳步增长，市场销售平稳扩大。2013年社会消费品零售总额234380亿元，扣除价格因素实际增长11.5%。贸易总额全球第一，出口增长有所回升。2013年，我国进出口总额达到41603亿美元，比上年增长7.6%，超过美国（约3.9万亿美元），成为全球第一贸易大国。

4. 收入分配格局有所改善，居民收入继续增加

2013年，城镇居民人均总收入29547元。其中，城镇居民人均可支配收入26955元，扣除价格因素实际增长7.0%。农村居民人均纯收入8896元，扣除价格因素实际增长9.3%。2013年全国居民收入基尼系数为0.473。全年农民工总量26894万人。

5. 金融市场总体稳定，货币信贷平稳增长

2013年末，广义货币（M2）余额110.65万亿元，比上年末增长13.6%。人民币贷款余额71.9万亿元，人民币存款余额104.38万亿元，存贷比为68.9%，较2012年的情况有所好转。从新增社会融资的情况看，2013年社会融资总规模达到17.29万亿元。其中，人民币贷款的规模上升到53%，较2012年有明显的提升；而委托贷款、信托贷款等类影子银行业务占比下降到28%，金融市场的风险得到明显控制；非金融企业的股票融资规模较小，只占到1%的水平，在股票发行注册制改革的推进下，通过多层次资本市场建设，

应得以发展和壮大。

（案例资料来源：闫坤、张鹏："新积极财政政策布局基本完成——2013 年我国宏观经济与财政政策分析报告"，《经济参考报》，2014 - 01 - 29）

根据上述材料回答：

1. 财政政策的内容有哪些？

2. 财政政策与货币政策应如何配合？

3. 未来我国财政政策应如何调整？

本章推荐阅读文献：

1. 郭庆旺、赵志耘：《财政学》，中国人民大学出版社，2002 年。

2. 蒋洪主编：《公共经济学（财政学）》，上海财经大学出版社，2006 年。

3. 理查德·A. 马斯格雷夫、佩吉·B. 马斯格雷夫：《财政理论与实践》，中国财政经济出版社，2005 年。

4. 约瑟夫·E. 斯蒂格利茨著：《经济学》（下册），中国人民大学出版社，1997 年。

5. 朱柏铭著：《公共经济学》，浙江大学出版社，2002 年。

本章主要参考文献：

1. 陈共著：《财政学》，中国人民大学出版社，2010 年。

2. 李健著：《金融学》，高等教育出版社，2010 年。

3. 马海涛、温来成、姜爱华：《财政学》，中国人民大学出版社，2013 年。

4. 鲁迪格·多恩布什、斯坦利·费希尔、理查德·斯塔兹著：《宏观经济学》，中国人民大学出版社，2010 年。

5. 李克强：2013 年中国经济会议发言稿。

6. 闫坤、张鹏："新积极财政政策布局基本完成——2013 年我国宏观经济与财政政策分析报告"，《经济参考报》，2014 年 1 月 29 日。

后　记

为了满足财政干部教育培训的需要，进一步提高财政干部的理论水平和对财税改革方向的把握，财政部干部教育中心组织编写了《当代中国财政理论与实践》。

本书分为基本理论、财政支出、财政收入、财政体制、财政管理、财政监督、财政政策七大模块。本教材改变传统的教科书式的写法，而采用专题的形式展开。每一模块自成一体，在介绍各模块基本理论和原则的基础上，梳理本模块的改革历程，剖析存在的问题，展望未来改革方向。在编写风格上，通过专栏、资料库等形式，介绍相关的财税术语。本书力求深入浅出、通俗易懂、简明扼要，希望能满足不同层次读者的学习需要。

担任本书撰稿任务的是：马海涛（中央财经大学教授）、童伟（中央财经大学教授）、姜爱华（中央财经大学教授）、肖鹏（中央财经大学教授）、何杨（中央财经大学副教授）、任强（中央财经大学副教授）、徐涛（中央财经大学副教授），并由马海涛负责统稿。初稿完成后，财政部办公厅、综合司、预算司、国库司、税政司、监督检查局、财科所、干部教育中心进行了审阅并提出了具体的修改意见。中国财政经济出版社在本书的编辑出版过程中给予了大力支持和帮助。在此，深表感谢！

本书疏漏和不足之处，希望各位读者不吝赐教，以便再版时修正。